[제4판]

사회복지실천론

[제4판]

사회복지실천론

김혜영 · 석말숙 · 최정숙 · 김성경

KNOWLEDGE COMMUNITY 공동체

『사회복지실천론』 제4판은 변화하는 사회복지실천현장과 정책 환경, 그리고 교육현장의 요구를 충실히 반영하고자 새롭게 개정되었다.

최근 우리 사회는 급격한 인구구조 변화, 심화되는 사회·경제적 불평등, 그리고 기후위기와 같은 복합적 사회문제에 직면하고 있다. 이러한 변화 속에서 사회복지사는 이전보다 더 높은 전문성과 윤리성을 요구받고 있다.

이번 개정판에서는 한국사회복지사협회의 '사회복지사 윤리강령' 개정 내용을 충실히 반영하여, 변화된 윤리적 기준과 실천 지침을 보완하였다. 이는 사회복지사의 전문적 정체성과 책임성을 강화하는 중요한 기반이 될 것이다.

또한 개정 작업 과정에서 그동안 이 책을 사용해 주신 교수님, 학생, 실무자 여러분의 귀중한 의견을 적극 수렴하였다.

이 책이 학부생과 대학원생은 물론 현장 실무자들에게도 신뢰할 수 있는 지침서가 되기를 기대한다. 앞으로도 사회복지실천과 교육현장에서 헌신하는 많은 독자 여러분의 지속적인 관심과 조언을 부탁드린다. 끝으로, 제4판이 세상에 나올 수 있도록 물심양면으로 애써주신 김동훈 사장님과 '공동체' 가족 여러분께 깊이 감사드린다.

2025년 8월

저자 일동

사회복지실천론 제3판은 최근까지의 사회복지실천현장과 정책 동향을 반영하고 최신의 사회복지실천 접근을 담아내고자 하였다. 또한 그동안 이 교재를 사용해 오신 여러분들의 조언을 적극 반영하였고 한국사회복지교육협의회의 최신 교과목 지침서를 참고하였다. 앞으로 학부생과 대학원생은 물론 실무자들의 지침서로도 활용될 수 있기를 기대해 본다.

이번 개정판에서는 '새롭게 선보이는 컨텐츠', '2판 내용의 심화', '구성 및 편집의 변경'이라는 세 가지 측면에서의 변화가 있다.

우선 새로운 컨텐츠로는 최근까지의 주요 사회복지전달체계 및 서비스의 변화, 즉 공공사례관리, 바우처 서비스, 커뮤니티케어의 등장 등으로 인한 실천현장의 동향, 사회복지실천이 수행되는 환경의 구조와 맥락 등 사회복지실천현장의 흐름을 소개하였다. 다음으로 사회복지사의 성찰적 실천과 인권 관련 내용을 첨가하였다. 또한 실천관점에서 사회구성주의 관점을 추가하였고 실천과정 마지막 단계인 평가 부분에서 사례평가, 기관평가, 프로그램 평가 등 다차원적 평가 유형과 질적 평가 방법 등을 새롭게 포함시켰다.

둘째, 내용을 심화시킨 부분으로 사회복지실천에서의 전문적 관계형성과 면접을 위해 효과적인 의사소통 방법과 기술들을 상세하게 제시하였고 사회복지실천의 사정도구, 사정 및 실행과정에서의 다양한 양식들을 보강하였다.

마지막으로 구성 및 편집 변경은 기존 교재에서 맨 마지막 장이었던 '사례관리'를 별도의 장으로 소개하지 않고 통합적 접근에 포함함으로써 학생들이 사회복지실천의 통합적 접근방법의 하나로서 사례관리에 대해 이해할 수 있도록 재구성하였다.

또한 실천과정은 기존의 5단계 구분에서 '초기단계', '사정 및 계획 단계', '실행단계', '종결단계'의 4단계로 보다 간결하게 재편성하였다.

집필진은 3판 개정판에 대해서도 사회복지실천현장과 교육현장에서 헌신하는 많은 독자들의 지속적인 관심과 조언을 기다린다. 끝으로 3판이 출간될 수 있도록 애써주신 김동훈 사장님과 공동체 가족 여러분의 노고에 깊은 감사를 드린다.

2020년 3월

저자 일동

초판이 출간된 지 4년 만에 개정판이 나오게 되었다. 집필진은 그간 이 교재를 사용하신 여러분들이 초판에 대해 말씀해 주신 조언과 비판은 물론, 그간의 사회복지실천현장의 변화를 반영하고자 노력하였다. 그리고 한국사회복지교육협의회에서 제안하는 교과목 지침내용도 다소 변화가 있었기 때문에 이를 최대한 반영하고자 하였다.

21세기 한국사회의 다변화는 사회복지현장에서 기존의 실천관점과 더불어 새로운 실천관점을 필요로 한다. 다시 말해, 일반사회복지실천(generic social work practice)의 이론적 기반인 생태체계관점, 강점관점은 여전히 지배적 관점이라 할 수 있다. 그 외에도 1990년대 후반부터 본격화된 국제결혼 이민자, 외국인 근로자, 북한이탈 새터민 인구의 유입은 실천현장에서 다문화 클라이언트에 대한 폭 넓은 이해와 지식 및 기술을 필요하게 만들었다.

이와 같은 사회복지실천현장의 변화에 발맞추어 2012년 한국사회복지교육협의회의 개정 교과목 지침서는 실천관점으로 생태체계관점, 강점관점, 다문화관점 등을 교육내용에 포함시키도록 하였다. 한편 한국에서는 1990년대부터 사례관리가 사회복지실천방법론의 하나로 각광받기 시작하였고, 점차 인구고령화를 비롯하여 복합적이고 장기적인 욕구를 가지고 있는 클라이언트의 증가로 인해 지역사회 내 분산되어 있는 서비스를 연계·조정하는 통합적 서비스 제공의 필요성이 더욱 증가하게 되었다.

본 개정서는 이러한 변화를 반영하여 다음과 같이 증보 개정하였다. 첫째, 제1부 제5장에서 우리나라 사회복지실천현장과 인력의 새로운 변화를 추가하였다. 둘째, 제2부의 사회복지실천관점 부분을 대폭 강화하고 강점관점, 다문화관점 등을 추가로 포함시켰다. 셋째, 제4부 제16장 '사례관리'는 실천현장에서 보다 쉽게 이해하고 적용할 수 있도록 내용을 개편하였다. 이 밖에도 초판의 내용을 보강하거나 최신 자료를 추가하기 위해 노력하였다.

집필진은 개정판에 대해서도 사회복지실천현장과 교육현장에서 헌신하는 많은 독자들의 지속적인 관심과 조언을 기다린다.

끝으로 개정판이 출간될 수 있도록 애써 주신 김동훈 사장님과 공동체 가족 여러분의 노고에 깊은 감사를 드린다.

2014. 여름

저자 일동

현대사회의 급격한 환경변화 속에서 인간의 다양한 욕구와 복잡한 문제에 대응하여 더 나은 삶의 질을 추구하고 조화로운 사회를 이룩하는 데 기여하기 위하여 사회복지는 새로운 도전과 성장을 모색해야 하는 사명을 갖고 있다.

초창기 사회복지실천 교육은 클라이언트의 문제를 해결하기 위한 방법을 중심으로 한 개별사회사업, 집단사회사업, 지역사회조직으로 구분하여 이루어졌다. 전통적 방법론은 클라이언트의 문제를 전체로 보지 않고 단편화시켜 클라이언트의 생활상의 문제에 전체적으로 개입하기보다는 사회복지사의 입장에서 적절히 치료할 수 있는 문제만을 부분적으로 돕는 접근이라는 비판을 받아왔다. 보다 향상된 실천을 위해 1970년대 이후 사회복지실천은 생태체계적 관점을 기반으로 클라이언트의 욕구와 문제를 전체적으로 고려하여 접근하는 일반사회복지실천(generic social work practice)을 지향하게 되었다. 또한 클라이언트의 문제치료에 초점을 둔 병리적 관점에서 점차적으로 탈피하여 클라이언트의 강점 및 자원 활용의 중요성을 강조하는 강점관점, 역량강화(empowerment) 관점 등을 모색하게 되었다.

오늘날 사회복지실천은 생태체계적 관점에서 인간과 환경 간의 상호작용을 고려하고, 전통적 방법론과 통합적 방법론, 그리고 새롭게 개발되고 있는 접근법에서 나온 지식과 기술들을 클라이언트의 문제와 욕구에 맞게 절충적으로 활용할 수 있어야 하겠다.

사회복지실천과 관련된 교과목인 '사회복지실천론'과 '사회복지실천기술론'의 내용적 구분에 대해 논란이 있는 가운데 한국사회복지교육협의회의 2004년 개정 교과목 지침서에 의하면, 사회복지실천론은 이론을 중심으로 실천의 이론적 관점, 역사적 발달과정, 면접과 관계형성, 개인, 집단, 가족, 지역사회에 대한 전반적인 실천과정과 사례관리 등을 포함하고 있다. 여기에다 2006년 개정 교과목 지침서에서 추가된 내용으로는 사회복지실천 대상 및 문제 개관, 면접론을 논하기 앞서 의사소통기술을 다루도록 하고 있다. 한편 실천모델별 개입기술, 개인, 집단, 가족, 지역사회에 대한 세부적인 실천기술 등은 사회복지실천기술론에서 다루어지도록 제안하고 있다.

교과목 지침서가 개정됨에 따라 사회복지실천론 교재의 변화 필요성을 인식하고, 2007년 1월 집필을 위한 첫 모임을 가진 이래 오랫동안 수차례의 집필회의를 통해 검토와 수정을 거듭한 후 초판을 내기에 이르렀다.

저자들이 주력한 점은 첫째, 사회복지를 전공하고자 하는 학생들이 사회복지실천론을 보다 쉽게 이해할 수 있도록 실제 사례와 예를 들어 설명하고자 하였다. 둘째, 각 장의 끝에 '생각해 볼 문제'를 첨가하여 내용에 대한 심화학습을 유도하였다. 셋째, 최근 한국사회복지교육협의회 교과목 지침서의 제안사항을 따르면서 동시에 실천의 핵심내용이라 할 수 있는 과정론에서 클라이언트 대상별(개인, 집단, 가족, 지역사회) 실천방법의 전체적 이해를 돕기 위해 비교적 상세하게 소개하고자 하였다.

이 책은 총 4부, 16장으로 제1부는 '사회복지실천의 개관'으로 제1장부터 제5장, 제2부는 '사회복지실천관점'으로 제6장에서 제8장, 제3부는 '상호작용과정으로서의 사회복지실천'으로 제9장에서 제10장, 제4부는 '사회복지실천과정론'으로 제11장에서 16장까지로 구성하였다. 제1부에서는 사회복지실천의 기본적 지식, 가치와 윤리, 실천현장에 대한 이해를 돕고자 하였다. 제2부에서는 (2부 설명), 제3부에서는 실천현장에서 사회복지사가 클라이언트를 포함한 다양한 체계들과의 관계 형성, 의사소통 및 면접 기술에 대해 설명하였다. 마지막 제4부에서는 사회복지사가 클라이언트체계와 함께 작업하는 과정에서 단계별로 필요한 지식과 기술에 대해 상세하게 다루었다.

김혜영 교수가 사회복지실천의 역사적 발달과정, 관계형성에 대한 이해, 과정론 중 집단개입, 지역사회개입, 평가 및 종결, 석말숙 교수가 사회복지실천현장에 대한 이해, 면접론, 과정론 중 접수, 개인개입, 최정숙 교수가 사회복지실천관점, 의사소통, 과정론 중 계획수립, 가족사정 및 가족개입, 마지막으로 김성경 교수가 사회복지실천의 개념과 정의, 가치 및 윤리, 과정론 중 개인 및 집단사정, 사례관리를 집필하였다.

출판이 예상했던 시간보다 상당히 지연되었음에도 묵묵히 기다려 주시고, 책에 대해 많은 기대를 해주신 공동체의 김동훈 사장님께 감사 드리며, 편집부 여러분의 노고에도 감사의 마음을 전한다.

2010년 1월

저자 일동

part 02 사회복지실천의 접근방법

part 03 사회복지실천의 과정

부록

Part 1

사회복지실천의 개관

CHAPTER

1 사회복지실천의 개념과 목적

1. 사회복지실천의 정의

사회복지실천(social work practice)은 1970년 이후에 활용되기 시작한 상대적으로 새로운 용어이다. 그 이전에는 개별사회사업(social casework)이라는 용어가 더 우세하게 사용되어 왔으며(Hepworth & Larsen, 2006), 1970년대 이후 사회복지를 실천하기 위한 통합적 접근을 강조하는 개념으로 사회복지실천이 사용되고 있다. 그러나 사회복지실천은 다양성과 복잡성 때문에 수많은 정의가 시도되어 왔고, 그 개념이 점차 확장되는 경향을 보인다.

1) 사회복지실천 이전의 정의

리치몬드(Mary Richmond)는 『사회진단(Social Diagnosis)』(1917)에서 개별사회사업을 "개인과 사회환경 간에 개별적인 의식적 조정을 통해 개인의 인격 발달을 도모하는 과정"이라고 하였다(이원숙, 2008).

그리고 펄만(Helen Perlman)은 "개별사회사업이란 문제(problem)를 갖고 있는 사람(person)이 전문적 원조기관(place)에 와서 주어진 과정(process)에 의해 도움을 받는 것이다"라고 정의하여 4P, 즉 문제(Problem), 사람(Person), 장소(Place), 과정(Process) 등의 구성요소로 설명하였다(이원숙, 2008).

즉, 사회복지가 발달하던 초기의 개별사회사업은 개인이나 개인의 성격 변화에 초점을 두고 이를 직접적으로 개입하기 위한 과정으로 설명되었다.

2) 사회복지실천의 정의

(1) 통합적 정의

개별사회사업이 사회복지실천으로 대체되면서 그 개념은 통합적 정의로 확장되었다.

핀커스와 미나한(Pincus & Minahan)은 "사회복지실천이란 사람과 자원체계 간의 연결(linkage) 및 상호작용(interaction)과 개인들이나 체계가 그 기능을 효율적으로 발휘하는 데 당면하는 문제에 초점을 두는 개입활동"이라고 통합적인 정의를 하였다(문인숙 외 공역, 1985).

한편 미국사회복지사협회(NASW)는 여러 차례 사회복지실천의 정의를 내린 바 있으며 계속 발전시켜 왔다. 최근 정의에 의하면, "사회복지실천이란 사회복지 가치, 원리 및 기술을 다음과 같은 목적을 위해 전문적으로 적용하는 활동이다. 즉, 개인, 가족, 집단의 상담 및 심리 치료를 위한 목적, 지역사회 또는 집단에게 사회복지서비스 및 보건서비스를 제공하거나 개선하도록 돕는 목적, 그리고 입법과정에 참여하는 목적을 위한 전문적 활동이다"(https://www.socialworkers.org).

그리고 미국사회복지교육협의회(CSWE)에서는 "사회복지실천은 서비스의 가치, 사회적 정의 및 경제적 정의, 인권과 인간의 존엄성, 인간관계의 중요성, 실천에서의 통합성과 유능성을 기초로 한다"로 정의하여 사회복지실천이 통합적이며 전문적 활동임을 강조하였다(https://www.cswe.org).

(2) 현대적 정의

사회복지실천의 현대적 정의는 세계화된 정의로 국제사회복지사연맹(IFSW)에서 여러 차례 정의를 내린 바 있다. 국제사회복지사연맹(IFSW)은 2000년 "사회복지실천은 인간의 삶의 질을 향상시키기 위해 사회변화, 인간관계에서의 문제해결, 인간의 권한부여와 자유를 촉진한다. 인권과 사회정의의 원리가 근본 원리이다"라고 정의를 내렸다(IFSW, 2000). 한편 2014년에는 2000년 정의를 확대하여 다음과 같은 현대적이며 세계적인 정의를 제시하였다. "사회복지실천은 사회변화와 사회 개발, 사회적 응집력, 인간의 권한부여와 자유를 촉진하는 실천 기반의 전문활동이다. 사회정의, 인권, 연대 책임(collective responsibility) 및 다양성 존중이 사회복지실천의 근본 원리이다."

본 서에서는 통합적 정의와 현대적 정의를 토대로 다음과 같이 정의하고자 한다. "사회복지실천은 사회정의 및 사회변화를 촉진하기 위해 개인, 가족, 집단, 기관, 지역사회의 역량을 강화하고 조직, 지역사회, 그리고 사회제도가 개인의 욕구와 사회문제에 대해 책임성을 증진하도록 사회복지 가치와 방법론을 적용하는 전문적 활동이다."

2. 사회복지실천의 목적과 기능

사회복지실천의 목적과 기능은 사회복지 역사의 초창기부터 논의되어 왔으며, 여러 전문단체들이 사회복지실천의 정의를 내리면서 동시에 규명하고자 노력해 왔다.

1) 사회복지실천의 목적

(1) 미국사회복지사협회의 목적

미국사회복지사협회는 "사회복지실천의 목적은 모든 사람의 복지를 향상시키고 기본적 인간 욕구를 충족시키며 권한부여를 시키는 것이다. 이를 위해 사회복지는 사회 환경 속의 개인의 복지(individual well-being in a social context)에 대한 초점과 사회의 복지(the well-being of society)에 대한 초점 등 이중적 초점의 통합적 특성을 갖는다"라고 밝혔다(NASW, 2017).

즉, 미국사회복지사협회의 사회복지실천의 목적에서는 '환경 속의 인간의 복지와 사회의 복지'를 주요 내용으로 하고, 모든 사회 구성원을 대상으로 하여, '복지 향상과 욕구충족, 권한부여'를 목적으로 하고 있음을 밝히고 있다.

(2) 미국사회복지교육협의회의 목적

미국사회복지교육협의회는 사회복지실천의 목적을 1994년 네 가지 항목으로 정리하였고, 2001년 다음 항목으로 구체화하였다.

① 개인, 가족, 집단, 조직, 그리고 지역사회가 목적을 달성하고 고통을 완화시키며, 자원을 활용할 수 있도록 도움으로써 이들의 사회기능을 촉진, 회복, 유지, 향상시키는 것이다.

② 인간의 복지를 촉진시키고, 빈곤, 억압, 그리고 그 이외의 사회적 불의(social injustice)를 경감시키는 것, 기본 욕구를 충족시키고 인간이 가지고 있는 잠재력 및 가능성 개발을 돕기 위해 필요한 사회정책, 서비스, 자원, 그리고 프로그램을 계획, 공식화, 시행하는 것이다.

③ 어려움에 처한 집단에게 권한부여를 하고 사회적·경제적 정의를 실현하기 위해 조직적·행정적 옹호와 사회운동을 통해 정책, 서비스, 자원, 그리고 프로그램을 추구하는 것이다.

④ 이러한 목적과 관련된 모든 전문적인 지식과 기술을 개발하고 실행하는 것이다.

이러한 목적은 사회복지실천의 적극적인 접근을 보여주고 있어 광범위한 목적을 지니고 있음을 밝히고 있다.

(3) 핀커스와 미나한의 목적

핀커스와 미나한(Pincus & Minahan, 1973; 문인숙 외 공역, 1985)은 사회복지실천의 목적으로 다음 네 가지를 제시하였다.

① 개인의 문제해결 및 대처 능력을 향상시킨다.

② 개인을 자원, 서비스, 기회를 제공해 주는 체계와 연결한다.

③ 그 체계들이 효과적이며 인도적인 운영을 하도록 촉진한다.

④ 사회정책의 개발과 발전에 기여하는 것을 목적으로 삼고 있다.

따라서 핀커스와 미나한(Pincus & Minahan)은 사회복지실천이 개인의 생활과정의 수행, 개인과 환경과의 상호작용, 그리고 자원체계 간의 상호작용에 초점을 두고, 더 나아가 사회정책을 변화시키는 데 목적을 두고 있음을 명시하고 있다.

2) 사회복지실천의 기능

사회복지실천이 이 사회에서 어떠한 기능을 갖는가에 대한 견해는 사회복지실천의 필요성을 설명하는 중요한 의미를 가진다.

헵워스와 라슨(Hepworth & Larsen)은 사회복지실천의 기능을 크게 세 가지로 정리하였다(Hepworth & Larsen, 2006).

① 개인의 사회적 기능의 향상 기능(enhancing social functioning)

② 개인의 역기능의 회복 및 치료 기능(remedying personal dysfunction)

③ 사회정의의 촉진 기능(promoting social justice)

즉, 사회복지실천의 기능은 사회복지실천의 목적을 달성하기 위해 사회복지전문가가 수행하는 기능으로, 이는 앞서 언급한 사회복지실천의 개념과 목적에서 기술된 것처럼 개인의 사회기능 증진뿐 아니라 사회적·경제적 정의를 실현하기 위한 조직적·행정적 옹호와 사회운동까지 포함한다.

미국사회복지사협회는 사회복지실천의 기능을 다음 6가지로 세분화하였으며, 사회복지사는 인간과 환경 간의 상호작용에 초점을 두고 다음의 사회복지실천 기능을 달성하기 위해 일하는 전문가라고 규정하였다(Minahan, 1981).

① 사람들의 역량을 확대하고, 문제해결능력과 대처능력을 향상시키도록 돕는다.

② 사람들이 자원을 획득하도록 돕는다.

③ 조직이 사람들에게 반응하도록 한다.

④ 개인과 환경 내의 다른 사람들과 상호작용을 촉진한다.

⑤ 조직과 제도 간의 상호관계에 영향을 미친다.
⑥ 사회정책 및 환경정책에 영향을 미친다.

또한 핀커스와 미나한(Pincus & Minahan)은 사회복지실천의 기능을 다음 7가지로 구분하였고, 사회복지사의 개입활동과 과업은 다음 기능 중 하나 또는 그 이상을 수행하는 것이라고 하였다(문인숙 외 공역, 1985).

① 개인의 문제해결과 대처 능력을 향상시키며 더 효과적으로 이용할 수 있도록 돕는다.
② 개인과 자원체계 간의 기본 연결을 성립시킨다.
③ 사람들과 사회자원체계 간의 상호작용을 촉진시키고 관계를 수정하여 새로운 관계를 형성한다.
④ 자원체계 내의 개인들 사이의 상호작용을 촉진시키며 관계를 수정하거나 형성한다.
⑤ 사회정책의 개발과 수정에 기여한다.
⑥ 물질자원을 분배한다.
⑦ 사회통제의 개입역할을 한다.

〈표 1-1〉 **사회복지실천의 기능 비교**

학자/기관	사회복지실천 기능
Hepworth & Larsen	• 개인의 사회적 기능의 향상 기능 • 개인의 역기능의 회복 및 치료 기능 • 사회정의의 촉진 기능
NASW	• 사람들의 역량을 확대하고, 문제해결능력과 대처능력을 향상시키도록 지원 • 사람들이 자원을 획득하도록 지원 • 조직이 사람들에게 반응하도록 함 • 개인과 환경 내의 다른 사람들과 상호작용 촉진 • 조직과 제도 간의 상호관계에 영향을 미침 • 사회정책 및 환경정책에 영향을 미침

Pincus & Minahan	• 개인의 문제해결과 대처능력을 향상시키며 효과적으로 이용할 수 있도록 지원 • 개인과 자원체계 간의 기본 연결을 성립 • 사람들과 사회자원체계 간의 상호작용을 촉진시키고 관계를 수정하여 새로운 관계를 형성 • 자원체계 내의 개인들 사이의 상호작용을 촉진시키며 관계를 수정하거나 형성 • 사회정책의 개발과 수정에 기여 • 물질자원을 분배 • 사회통제의 개입역할

3. 사회복지실천의 구성요소

사회복지실천의 핵심적인 요소(the core ingredients)가 무엇인가에 대한 견해는 사회복지실천의 정의에 대한 논쟁만큼 다양하지만, 중요한 이유는 사회복지실천의 정체성을 보여주기 때문이다. 본 서에서는 학자들의 다양한 견해를 살펴보고자 한다.

1) 바틀렛의 구성요소

바틀렛(Bartlett)은 NASW에서 사회복지실천이 다른 전문직과 공통되며 차별화된 구성요소가 무엇인지를 밝혀내는 작업적 정의를 내렸으며, 이에 가치, 목적, 사회적 승인, 지식, 방법론 등 다섯 가지 구성요소를 제시하였다(Bartlett, 2003 : 267-270).

(1) 가치(value)

가치는 사회복지실천의 기초가 되는 철학적 개념이다.

① 개인은 사회의 일차적 관심의 대상이다.

② 사회 구성원 간에는 상호의존성이 존재한다.

③ 사회 구성원들은 서로에 대한 사회적 책임을 갖는다.

④ 각 개인은 공통된 욕구를 가지고 있으며 본질적으로 고유하고 독특성을 가지고 있다.

⑤ 민주사회의 핵심 속성은 개인의 잠재력을 극대화하고 개인의 적극적 사회참여를 바탕으로 한 사회적 책임을 전제한다.
⑥ 사회는 구성원이 이러한 자아실현을 저해하는 요소를 극복하거나 예방할 수 있는 방법을 제공할 책임을 가진다.

(2) 목적(purpose)

사회복지실천은 다음과 같은 목적을 가진다.

① 개인과 집단이 환경과의 불균형으로 인해 발생하는 문제를 규명하고 이를 해결하거나 최소화하도록 돕는다.
② 불균형 발생을 예방하기 위해 개인, 집단, 환경 사이의 불균형의 잠재적 영역을 규명한다.
③ 개인, 집단, 지역사회의 잠재력을 최대한 이끌어 내고 강화한다.

(3) 사회적 승인(sanction)

사회적 승인(재가)은 사회로부터의 권한과 특권을 인정받는 것으로 사회복지실천과 사회복지전문직의 권한은 다음 세 조직으로부터 부여받아 발전해 왔다.

① 정부 기관과 관련 부처로 법적 근거에 따른 권한을 가지고 있다.
② 민간 기관으로 사회복지서비스를 제공할 책임을 가지고 있다.
③ 전문가 조직으로 전문직 자격을 관장하며 실천을 위한 교육 및 자격제도에 대한 통제를 한다.

(4) 지식(knowledge)

사회복지실천은 독자적인 지식을 가지고 있으며, 사회복지사는 이러한 지식을 습득하고 적용할 수 있어야 한다.

① 통합적 관점에서 인간발달과 행동 관련 지식
② 심리학적 지식
③ 의사소통 관련 지식

④ 집단 과정 관련 지식
⑤ 종교적 신념, 영적 가치 등을 포함한 문화적 다양성을 지닌 개인, 집단, 지역사회 관련 지식
⑥ 개인과 개인 간, 개인과 집단 간, 집단과 집단 간 상호작용 관련 지식
⑦ 지역사회 관련 지식
⑧ 사회서비스 및 사회서비스조직 관련 지식
⑨ 사회복지사의 감정, 태도, 행동 등 자기 이해

(5) 방법론(method)

사회복지실천의 방법론은 과정론을 포함하며 실천모델과 실천기술을 사용할 수 있는 역량을 갖추어야 함을 의미한다.

2) 콤튼과 갤러웨이의 구성요소

콤튼과 갤러웨이(Compton & Galaway, 1999)는 사회복지실천의 구성요소로 다음 6개의 체계를 제시하였다. 이는 핀커스와 미나한(Pincus & Minahan, 1973)의 네 가지 체계에 전문가체계와 의뢰-응답체계를 추가한 것이다.

① 변화매개체계

변화매개체계는 사회복지사와 사회복지기관 및 조직을 의미한다. 이때 사회복지사는 변화매개인으로 기능한다.

② 클라이언트체계

클라이언트체계는 서비스를 요청하거나 도움이 필요한 대상으로 개인, 가족, 집단, 지역사회를 의미한다.

③ 표적체계

표적체계는 변화매개인이 목적을 성취하기 위해 영향을 주거나 변화시킬 필요가 있는 대상을 의미한다.

④ 행동체계

행동체계는 변화매개체계가 목적을 달성하기 위해 상호작용하는 체계로 가족, 이웃, 전문가 등이 속한다.

⑤ 전문가체계

전문가체계는 전문가단체, 전문가를 육성하는 교육체계, 전문적 실천의 가치 등을 말한다.

⑥ 의뢰-응답체계(문제인식체계)

의뢰-응답체계는 클라이언트가 다른 사람이나 기관의 요청에 의해 변화매개체계로 오는 경우에 해당되는 체계이다. 의뢰체계는 서비스를 요청한 사람 또는 기관이며, 응답체계는 잠재적 클라이언트를 의미한다.

생각해 볼 문제

1. 개별사회사업이 사회복지실천으로 대체되면서 그 개념이 확대되었다. 개별사회사업의 개념과 사회복지실천의 개념의 차이에 대해 설명해 보시오.
2. 사회복지실천의 목적과 기능은 무엇인가?
3. 사회복지실천의 기능을 살펴보고, 내가 앞으로 더 학습해야 하는 기능은 무엇인지 설명해 보시오.
4. 사회복지실천의 구성요소를 살펴보고, 내가 앞으로 더 학습해야 하는 구성요소는 무엇인지 설명해 보시오.

CHAPTER

2 사회복지실천현장의 이해

1. 사회복지실천의 발달과정

1) 서구 사회복지실천의 역사

사회복지전문직의 출발은 영국의 산업혁명으로 인해 사회구조가 급격하게 변동하던 때부터이다. 봉건사회의 붕괴와 새로운 자본주의의 도래는 여러 가지 사회문제를 야기시켰고, 공적 사회복지제도로만 대응하기에 역부족이었다. 이러한 시기에 민간주도의 활동이 전개되기 시작하였고, 마침내 하나의 전문직으로 자리 잡게 된다. 영국에서 출발한 사회복지실천활동은 미국으로 전파되어 더욱 발전하게 되었다.

사회복지실천의 초창기에는 사회문제의 원인을 개인적 요인 혹은 사회환경적 요인으로 보는 두 가지 다른 시각이 존재하였다. 그 후 사회복지실천을 전문직으로 발전시키기 위한 노력과 더불어 사회경제적 환경의 변화에 영향을 받아 인간과 환경의 상호작용적 요인에서 문제의 원인을 찾기에 이른다. 따라서 오늘날 일반사회복지실천은 클라이언트의 문제해결을 위해 인간과 환경을 포괄하는 통합적 관점과 방법을 활용하고 있다.

이 절에 소개하는 서구사회의 사회복지실천 발달과정은 영국과 미국으로 제한하였다. 사회복지전문직이 태동한 배경에서 출발하여 각 시대별로 사회변화에 따른 전문직의 발전과 사회복지실천 이론의 발달을 중심으로 살펴보겠다.

(1) 19세기 말~1900년

18세기 후반부터 19세기에 걸쳐 본격화된 산업혁명은 사회적 대변혁을 초래하였다. 초기 산업사회에서는 비위생적 공장, 열악한 노동조건, 슬럼가 형성 등으로 질병, 빈곤, 범죄 등 새로운 사회문제가 대량으로 발생하였다.

엘리자베스 구빈법(1601)에 의한 공적 구빈사업만으로 수많은 사회문제를 다루는 것은 불가능한 일이었다. 이처럼 사회 전반에 걸친 대변혁은 민간 차원의 사회복지실천활동을 촉진시키는 계기가 된 것이다(이영분 외, 2001).

19세기 말부터 사회복지실천의 기원이라 할 수 있는 두 가지 흐름, 즉 과학적 자선사업과 사회개혁운동이 시작되었다. 과학적 자선은 자선조직협회의 설립으로 구체화되었으며, 빈민의 개인적 욕구 충족에 초점을 두었다. 반면 인보관 운동은 사회개혁운동으로 빈민가의 생활 개선과 같은 사회변화에 보다 많은 관심을 두었다. 자선조직협회와 인보관 운동의 태동 및 사회복지실천의 발달과정에 미친 영향에 대해 다음에서 살펴보았다.

① 자선조직협회

19세기부터 대도시를 중심으로 민간자선단체들이 산발적으로 출현하였으나, 단체들 간의 조정과 상호협력이 부족하여 서비스 제공이 중복되거나 혹은 누락되는 등의 비체계적인 측면이 많았다. 자선조직화 운동은 전국에 산재되어 있던 자선단체들 간의 연계와 조정을 통하여 보다 체계적이고 과학적인 자선활동을 전개하고자 등장하였다.

자선조직화 운동을 전개하였던 최초의 자선조직협회(COS : The Charity Organization Society)는 1869년 영국 런던에 창설되었다. 미국은 영국의 자선조직화 운동에 영향을 받아 1877년 버팔로(Buffalo)에 자선조직협회를 창립하였다.

이 협회는 빈곤자에 대한 무분별한 구제를 방지하고 공정한 서비스를 하는 것이 목적이었다. 이를 위해 구호신청자들의 가정을 방문하여 적합한 수혜자를 선정하고, 지속적인 감독과 충고를 통해 수혜대상자 가정이 독립적으로 생계를 꾸려갈 수 있도록 하였다.

자선조직협회에서 활동하는 자원봉사자의 조직을 우애방문자(friendly visitors)라고 불렀다. 우애방문자는 주로 기독교 사상을 지닌 중산층 이상의 부인들로서 협회의 위원회에서 구호하기로 결정된 빈곤가정 사례를 할당받았다. 이들은 해당 가정을 방문하여 가정생활, 아동교육, 가계경제 등에 대해 조언하고 지도하였다.

자선조직협회는 빈곤의 책임이 개인에게 있다고 보았기 때문에 최소한의 원조를 제공하고자 하였다. 원조의 대상은 구호받을 '가치가 있는 빈민'[1]에게 한정되어 있었다. 그러나 현대 사회복지실천에서 클라이언트로 여겨지는 알코올중독자, 매춘여성, 걸인 등에게는 원조를 제공하는 대신 기독교 사상에 입각하여 도덕적 책임을 갖도록 교화하였다(NASW, 1995).

우애방문자들의 활동은 빈곤계층에 대해 중산층의 가치관을 주입시키려는 사회통제적 성격이 있었음에도 불구하고 사회복지실천방법론의 발전에 상당한 기여를 하였다. 즉, 우애방문자의 가정방문, 면담, 기록, 분석 등의 활동은 사회복지실천방법론 중 개별사회사업(social casework)의 기초가 되었다. 또한 구호신청자에 대한 정보를 교환할 수 있는 연락기구를 설치한 것은 오늘날의 지역사회조직(community organization) 활동으로 발전하는 계기를 마련하였던 것이다.

② 인보관 운동

인보관 운동은 사회개혁운동으로서 빈곤지역의 중심지에서 빈민과 함께 생활하면서 지역사회 환경과 생활 개선을 목표로 시작되었다. 최초의 인보관은 1884년 런던에 설립된 토인비 홀(Toynbee Hall)이다. 설립자인 바네트 목사는 기독교 사회주의의 영향을 받아 사회계층 간의 격차를 줄이고, 물질주의로부터 인간의 가치를 회복하고자 하였다. 영국의 인보관 운동은 케임브리지 및 옥스퍼드 대학의 교수와 학생들이 참여하여 지역사회문제를 직접 확인하면서 활동을 전개하였다(함세남 외, 2001).

---

1) '가치가 있는 빈민'이란 모든 노력을 기울였지만, 여전히 불행하고 곤궁한 상태에 놓여 있는 사람을 일컫는다.

미국에서는 1885년 애덤스(Jane Addams)가 토인비 홀을 모델로 시카고에 헐 하우스(Hull House)를 설립하였고, 그 후 미국의 큰 도시들에 인보관이 많이 생겨났다. 초기 인보관에서 활동했던 사람들은 주로 중류 또는 상류 계층이었지만, 빈민가에 들어가 가난한 사람들과 함께 생활하면서 그들의 생활환경을 개선하고자 노력하였다. 그들은 노동자들에게 직업을 알선해 주었고, 글을 가르쳤으며, 공중위생에 대한 교육과 그들이 살아가는 데 필요한 기술들을 가르쳐 주었다. 인보관에서의 활동은 빈민 개개인에게 초점을 맞춘 것이라기보다 빈곤계층집단의 생활 개선에 관심을 두었다. 이 과정에서 도입된 방법이 집단사회사업(social group work)이다.

또한 빈곤문제가 단순히 경제적인 어려움에 국한하는 것이 아니라는 인식을 가지고 빈민들의 정신적·문화적 측면을 개선시키고자 하였다. 따라서 클라이언트의 문제를 해결하기 위해 다양한 프로그램을 실시하였는데, 유치원 및 취학 전 아동을 위한 모임, 오락과 문화생활을 위한 집단, 사회행동집단 등 다양한 집단활동 프로그램들이 있었다(류상열, 2002).

인보관 운동은 지역사회문제를 해결하기 위해 정책과 법률 제정에 영향을 미칠 수 있는 조직적인 활동을 시도함으로써 지역사회조직방법론의 발전에 기여하였다.

(2) 1900~1920년대

자선조직협회의 회원들은 자신들의 일을 전문직으로 만들고자 하는 열망을 갖기 시작하였다(NASW, 1996). 시대적으로도 19세기 후반부터 도시화에 수반되는 다양한 사회문제를 해결하기 위해 새로운 전문직이 필요한 때였다. 이 시기에 사회복지실천 교육과 훈련체계의 도입, 여러 분야에서 전문적 활동 전개, 전문적 지식과 기술의 이론화 작업 등 전문직으로서의 기반을 갖추기 시작하였다. 그러나 한편으로는 사회복지전문직에 대한 강한 도전에 직면하였던 시기이기도 하다.

① 전문적 교육과 훈련

사회복지실천의 전문적 교육은 1898년 뉴욕자선조직협회의 후원하에 공식적으로 시작되었다. 최초의 교육은 '여름자선학교(Summer School of Philanthropy)'로 불리는 6주간의 프로그램이었다. 이것은 1904년에 들어와 '뉴욕 자선학교'로 명칭이 변경되고 1년 정규과정으로 확대되어 진행되다가, 1910년에는 2년의 정규교육 프로그램으로 채택되었다. 2년 정규과정 교육을 위해 1919년까지 17개의 전문사회복지학교가 설립되었고, 그중 12개가 대학 내에 설립되면서 명실상부한 전문적인 교육훈련체계가 마련되었다.

② 전문적 실천활동

1905년 의사인 카보트(Richard C. Cabot)에 의해 매사추세츠 종합병원에 의료사회사업이 처음 만들어졌다(Trattner, 1989). 1906년 같은 병원의 퍼트넘(James Putnam)은 정신의료 부서에서 활동할 사회복지사를 채용하였는데, 이는 오늘날의 정신건강사회복지사의 전신이라고 할 수 있다(NASW, 1995). 이 무렵 공립학교는 학교와 학생들의 사회환경 간의 연계를 만들어 주기 위해 사회복지사를 활용하기 시작하였고, 1913년 교육위원회는 학교사회복지사를 공적으로 승인하였다. 그 밖에 아동복지, 교정사회복지 분야 등에서 사회복지사의 실천활동이 활발하게 전개되었다.

③ 전문지식의 이론화

개별사회사업을 체계화하는 데 기여한 가장 대표적인 이론서는 리치몬드(Mary Richmond)의 『사회진단』(1917)이다. 1900년에 필라델피아 자선조직협회의 총 책임자가 된 리치몬드는 저서에서 그간 우애방문자들의 활동내용 및 실천과정을 종합하였다. 사회진단은 의료적 모델에서 차용한 전문용어로 문제의 원인 – 결과 간의 관계를 가정하고, 원인을 찾는 활동을 한다. 실천과정은 조사 – 진단 – 치료의 일련의 단계를 포함하고 있다. 가장 핵심적인 실천과정은 정확한 원인분석을 위해 클라이언트와 그의 환경에 대해 철저하고 체계적으로 조사하고, 정보를 수집하는 단계이다. 빈곤의 원인은 주로 개인에게 문제가 있는 것으로 가정되었는데, 예를 들면, 부도덕성, 알코올중독, 잘못된 재산관리 등이었다.

리치몬드는 『개별사회사업이란 무엇인가?』(1922)라는 저서에서 개별사회사업이란 개인과 개인, 개인과 환경 간의 적절한 조화와 조정을 통해 인격의 발달 및 성장을 가져오게 하는 과정이라고 정의함으로써 '환경 속의 인간(person in environment)'의 개념을 고려하였다.

④ 사회복지전문직에 대한 도전

자선조직협회에 근간을 두거나 치료중심 기관과 관련이 있는 인물들은 사회복지전문직이 개인의 역할 수행 시에 발생하는 문제와 관련된 실천적인 지식 발전에 초점을 두어야 한다고 믿고 있었다.

반면 인보관 운동을 주도한 인물들은 전문직의 초점이 사회문제의 원인을 환경적 요인에서 찾아내고, 사회복지사는 사회 및 경제 이론에 기초하여 사회개혁을 목적으로 하는 전문직이어야 한다고 주장하였다.

이와 같이 사회복지실천의 초점에 대한 많은 논란이 있음에도 불구하고, 1915년경 사회복지사들은 새로운 힘을 가진 전문직으로서의 자신감을 갖기 시작하였다. 이즈음 전문직 내부의 고양된 분위기에 찬물을 끼얹는 듯한 강한 도전을 받게 되었다. 즉, 1915년 의학교육의 비평가인 플렉스너(Abraham Flexner)[2]가 전국 자선교정회의 위원회에서 「사회복지실천 전문직인가?」라는 보고서를 제출한 것이다. 이 보고서에서 사회복지실천이 전문직의 일반적 특성을 가지고 있긴 하지만, 사회복지의 경계와 목적이 지나치게 광범위하고 과학적 지식에 기반하고 있지 않기 때문에 사회복지사는 전문직이 아니라고 단언하였다.

이 보고서 이후 몇 년간 사회복지사들은 지적받았던 사항을 개선하려고 노력하였다. 전문학교의 수가 급속히 증가하였고, 교과과정을 표준화하는 시도를 하였으며, 전문직 단체가 공식화되었다. 또한 사회복지실천의 모든 분야에서 개별사회사업을 유일하고, 독특한 실천기술로 인식하고 이를 촉진하기 위한 일련의 회의들을 주최하였다(NASW, 1995).

2) 플렉스너는 당시 의학교육에 대한 연구에 있어 국제적인 명성을 얻고 있었던 교육자였다.

(3) 1921~1950년

1920년대 이후 프로이트(Freud)의 정신분석이 사회복지실천에 상당한 영향력을 미쳤다. 사회경제적 여건이 별로 문제가 없을 때는 사회개혁에 대한 관심보다는 개인의 적응문제에 초점을 두는 경향이 있다. 그러나 1929년의 세계 경제대공황은 관심의 초점이 개인에서 또다시 사회로 이동하게 되는 계기를 마련하였다.

경제대공황은 높은 실업률, 빈부격차의 심화, 계층 간의 갈등과 같은 심각한 사회문제를 발생시켰다. 이러한 사회적 변화는 빈곤문제를 개인의 탓으로 보던 시각에서 벗어나 사회구조적 문제로 수용하게 되었다.

1930년대는 사회복지전문직의 이론 및 실천적 측면에서 분화가 일어나는 시기로 볼 수 있다. 개별사회사업 내에서 진단주의 접근과 이와 대립되는 기능주의 접근이 발전하였고, 집단사회사업과 지역사회조직이 사회복지실천의 방법론으로 인식되기 시작하였다.

① 진단주의와 기능주의

진단주의 접근은 프로이트의 정신분석적 사고에 영향을 받아 과거 어린 시절에 대한 분석을 통한 진단을 중시한다. 진단주의 접근법의 주요 이론가인 해밀튼(Golden Hamilton, 1940)은 진단을 “문제를 가진 사람뿐 아니라 문제 자체를 이해하기 위해 가정하는 것”으로 정의하였다. 진단주의적 접근에서는 조사, 진단, 치료 단계를 개념화하고, 사회복지사와 클라이언트 간의 치료적 관계를 중요시하였다. 치료단계에서는 상담 및 치료를 위주로 하고 사회적 자원, 프로그램 개발, 자원 조정 등의 방법으로 부족한 면을 보충하였다(Jonson & Yanca, 2004). 이 접근은 이후 사회복지실천 이론의 발달에 상당한 영향을 미쳤고, 홀리스(Florence Hollis, 1972)에 의해 더욱 발전되었다.

이 시기에 개별사회사업 내에서 진단주의와는 또 다른 접근법인 기능주의가 발전하고 있었다. 랭크(Rank)의 연구에 기반을 두고 있는 기능주의 접근법은 클라이언트를 질병이 있거나 일탈한 자로 간주하기보다 특별한 서비스가 필요한 사람들이라고 보았다. 사회복지사는 클라이언트를 치료하는 대신 전문적 지식을 적용하여 그들과 함께 일하고, 기관의 기능을 수행한다(Jonson & Yanca, 2004).

기능주의 접근에서는 과거중심적인 분석과 해석이 클라이언트의 현재 환경상의 문제를 해결하는 데 도움이 되지 않는다고 가정하고 '여기-지금(here and now)'의 상황에 초점을 두었다. 인간은 과거에 얽매이는 존재가 아니라, 스스로 선택할 수 있는 의지와 성장에 대한 잠재적 힘이 있다고 믿었다. 따라서 클라이언트는 기관이 제공할 수 있는 기능의 한도 내에서 스스로 선택하고, 자신의 성장을 위한 과제를 수행하면서, 현재 그에게 시급한 문제해결과정에 참여할 수 있다.

1940년대 후반부터 1950년대에 들어오면서 대다수 사회복지사들이 공적 사회복지서비스의 확충과 생활환경 개선보다는 클라이언트의 사회부적응 문제에 관심을 돌리기 시작하면서 개별사회사업 이론과 기술의 발전에 다시금 주목하였다. 이러한 현상은 그동안 정부의 빈곤정책으로 대부분의 국민들이 빈곤과 같은 큰 문제는 해결된 상태라고 생각하였기 때문이다(NASW, 1995).

② 집단사회사업의 발전

인보관에서 실천하였던 집단사회사업은 점점 발전하여 1930년대 들어와서 사회복지실천방법론 중 하나로 인정받게 되었다.

1936년 '미국집단사회사업연구협회'가 결성되었고, 이는 1946년에 '미국집단사회사업협회(American Association of Group Workers)'로 발전하였다.

제2차 세계대전이 끝난 후 참전군인들이 지역사회로 돌아왔지만, 전쟁 후유증으로 인한 정신적 고통과 사회적응의 문제를 나타내는 이들이 많았다. 그들을 대상으로 정신의학적 집단사회사업이 활발하게 전개되었다. 1945년 이후에는 정신병원, 아동상담소 등에서 집단사회사업을 광범위하게 활용하였다.

③ 지역사회조직의 발전

미국에서는 1920년부터 주 단위 공적 복지기관이 설치되면서 지역사회조직사업은 새로운 국면으로 접어들었다. 1929년 세계 경제대공황은 지금까지의 민간사회사업의 한계점을 깨닫게 해주었다. 대공황에 대응하기 위한 루스벨트 대통령의 뉴딜정책은 공공영역에서 사회복지사를 대거 고용하는 계기가 되었다.

이런 상황에서 지역사회조직의 이론화에 큰 공헌을 한 것은 미국사회사업회의에 제출되었던 레인(R. P. Raine)의 보고서였다. 이 보고서는 오늘날 지역사회조직의 초석이 되었다는 점에서 의의가 있다(이영분 외, 2001). 즉, 지역사회조직의 개념, 방법 및 활동 등을 체계화하였고, 지역주민의 욕구와 자원 간의 조정을 주요한 기능으로 인식하고 있었다.

지역사회조직은 1944년에 9개 사회사업 필수교과목 중 하나로 포함되었다. 또한 1946년에 버팔로에서 열린 미국사회사업회의에서 '지역사회조직연구회'를 발족하기에 이른다.

(4) 1951~1960년

1950년대는 사회복지실천의 이론적인 면에서나 전문직 활동의 측면에서 통합을 추구한 시기이다. 이론적 측면에서는 기존 접근법의 통합을 모색하는 경향과 전통적인 3대 사회복지실천방법론의 공통기반을 새롭게 모색하고자 하는 경향이 나타났다. 전문직 단체 역시 실천분야나 방법론에 따라 각기 다른 7개의 전문협회로 분리되어 있다가 하나의 단체로 통합하기에 이른다.

① 사회복지실천 이론의 통합

진단주의 접근과 기능주의 접근의 논쟁이 지속되다가 1950년대에 들어와 이론적 통합이 이루어지게 된다. 펄만(Perlman)은 1957년 『개별사회사업 : 문제해결과정』이라는 저서에서 기본적으로 진단주의적 입장을 취하면서 기능주의의 견해를 수용하여 절충주의적 방식을 제시함으로써 진단-기능의 논쟁에 종지부를 찍게 된다.

펄만(Perlman)은 진단이라는 용어를 오늘날 사정(assessment)의 개념과 유사하게 사용하였다. 진단은 역동적인 것으로 클라이언트의 문제상황에 상호작용하는 요인들의 영향력을 파악하는 것이라고 보았다. 펄만은 문제를 병리적인 것이라기보다 일상생활의 한 부분으로 보고, 클라이언트의 사회기능을 강조하였다.

이 시기의 또 다른 경향은 세 가지 전통적 방법론의 공통적 기본 원리를 찾기 위한 노력이다. 그 결과 개별사회사업은 물론 집단사회사업, 지역사회조직에서도 실천의 과정(process)을 중시하고, 개별사회사업에서는 클라이언트뿐 아니라 그와 관련된 다른 사람들과의 상호관계를 고려하기 시작하였다(Jonson & Yanca, 2004).

② 전문직 단체의 통합

사회복지전문직 단체는 실천분야나 방법론에 따라 각기 다른 7개의 전문협회를 결성하였다가, 오랜 기간 타협 끝에 1955년에 전국사회복지사협회(National Association of Social Workers)로 통합하기에 이른다. NASW는 '의료사회복지사협회'(1918), '학교사회복지사협회'(1919), '미국사회복지사협회'(1921), '정신의료사회복지사협회'(1926), '집단사회복지사협회'(1946)의 다섯 개의 전문직 단체와 '지역사회조직사업'(1946)과 '사회사업조사'에 관한 두 개의 연구단체가 연합하여 결성되었다(NASW, 1995). 이제 사회복지사들은 실천분야나 접근방법에 관계없이 모두 동일한 전문직으로서의 정체성을 확립하기 시작하였다.

(5) 1961~1990년

이 시기는 새로운 문제와 클라이언트 집단이 나타나게 됨에 따라 새로운 이론과 서비스가 개발되었고, 기존의 방법론을 보다 발전시켜 나가는 시기이다. 이 시기 이론의 개발은 전통적 방법의 발전, 통합적 접근법의 정착, 특정 클라이언트 집단에 적용하기 위한 새로운 접근법 개발에 초점을 맞추었다.

① 전통적 방법론의 발전

1960년대는 개별사회사업의 진단주의적 접근(이제는 심리사회적 모델이라고 불리는)과 기능주의적 접근이 확장되고 발전하여 정교한 이론체계를 갖추어

나가게 되었다. 여기에는 환경 속의 인간, 과정(process), 사정(assessment), 상호작용(interaction), 개입(intervention) 등 다섯 가지 개념을 채택하고, 사회과학이론에서 차용한 사회체계이론과 의사소통이론을 함께 사용하기 시작했다(Jonson & Yanca, 2004).

또한 집단사회사업과 지역사회조직 실천이론이 꾸준히 개발되었고, 개별사회사업, 집단사회사업, 지역사회조직에서의 이론적 공통점을 발견하게 되었다. 즉, 문제해결과정이라는 개념이 세 가지 전통적 방법에 모두 사용되고 있는 것으로 나타났다.

② 통합방법론의 정착

1970년대에는 사회체계이론이 사회복지실천의 중요한 지식으로 급속하게 적용되었다. '환경 속의 인간(person in environment)'과 클라이언트—사회복지사의 상호작용 개념이 확장되었다.

모든 사회복지실천에 대한 통합적인 기반이 되었던 사고는 사실상 1920년대의 밀포드 회의에서 등장한 것이다(김연옥 외, 1995[3]). 그 후 사회복지실천의 통합화를 꾸준히 갈구해 왔다고 볼 수 있다.

바틀렛(Bartlett, 1970)의 '사회복지실천의 공통기반(The Common Base of Social Work Practice)'은 통합적 관점을 개념화하였다. 이 시기에 들어와서는 이론이 더 이상 개별사회사업, 집단사회사업, 지역사회조직이라는 방법론에 따라 각기 개발되는 것이 아니라 특정 문제와 욕구에 대응하기 위해 개발되었다. 이제 클라이언트의 복합적인 문제와 욕구에 대처하기 위해서는 일반사회복지실천(generic social work practice)이 더 적절한 것이 되었다(Johnson & Yanca, 2004).

이 시기에 통합방법론의 모델들이 활발하게 등장하였다. 즉, 핀커스와 미나한(Pincus & Minahan, 1973)의 '4체계 모델', 골드스타인(Goldstein, 1973)의 '단일화모델', 콤튼과 갤러웨이(Compton & Galaway, 1975)의 '문제해결과정모델', 저메인과 기터만(Germain & Gitterman, 1970)의 '생활모델' 등이다.

3) 밀포드 회의(1925)는 개별사회사업(social casework)에서의 공통된 지식과 기술의 8개 요소를 발표하였다.

③ 새로운 접근방법의 개발

특정 클라이언트 집단에 적용하기 위한 새로운 접근방법을 개발하는 데 주력하였다. 1960년대는 가족이 관심의 초점이 되어 가족을 대상으로 한 접근방법이 시작되었다. 급속한 산업화로 인한 도시화, 핵가족화는 가족연대를 약화시키면서 청소년 비행, 가족해체 등의 문제를 야기하였다. 가족의 다양하고 복합적인 문제는 가족치료 분야의 발전을 촉진시키는 계기가 되었다(Waring, 1983, 양옥경 외, 2001 재인용).

클라이언트 집단이 다양해지고, 새로운 문제가 발생됨에 따라 보다 구체적인 초점을 가진 접근이 필요해졌다. 따라서 1970년대에 들어와서는 행동주의모델, 위기개입모델, 과제중심모델 등 새로운 사회복지실천의 이론들이 나타나기 시작하였다.

(6) 1990년대~현재

1990년대의 사회복지 분야는 복지예산 삭감 및 사회복지서비스 축소에 대한 압력, 사회복지서비스의 민영화 등 보수주의적 분위기에 영향을 받아왔다. 특히 1996년 보수당 의회에 의한 복지개혁은 1945년 사회보장법 제정 이후 지속되어 오던 공공부조(AFDC : Aid to Families with Dependent Children) 원칙에 근본적인 변화를 가져왔다. TANF(Temporary Assistance to Needy Families)로 변화된 공공부조는 빈곤에 대한 개인의 책임성을 강조하고 근로의무를 촉진하는 법률로 수급기간을 5년으로 제한하였을 뿐 아니라, 출산을 포함한 빈곤을 유발하는 행동을 규제하였다.

민간영역에서는 매니지드 케어(managed care)가 보건, 정신보건, 약물남용 치료에 적용되었다. 매니지드 케어의 목적은 비용을 통제하고 서비스의 질을 보장한다는 것이지만, 실제로는 비용통제가 관심사인 것으로 보인다. 대다수의 매니지드 케어 법인은 인두제(capitation)로 운영하고 있고, 일정 기금을 서비스에 할당하고 있다. 클라이언트 개인이 제공받을 수 있는 서비스의 횟수는 제한되어 있다(Johnson & Yanca, 2004).

이러한 정책변화로 인해 사회복지사는 더 적은 자원으로 일해야 하는 압력을 받고 있다. 따라서 사회복지실천은 해결중심모델과 같은 단기개입에 좀 더 의존하고 있고, 클라이언트에 대한 지속적인 지지제공을 위해서는 사회적 지지망과 자조집단을 점점 더 많이 활용하려는 경향이 나타나고 있다.

2) 한국 사회복지실천의 역사

(1) 사회복지실천현장

우리나라에서 전문직으로서의 사회복지실천활동은 미국 선교사들에 의해 시작되었다. 1921년 감리교 선교사들에 의해 설립된 태화사회관은 한국에 설립된 최초의 인보관으로 지역사회의 환경을 개선하기 위한 사회계몽적 활동을 전개하였다.

실천현장에서는 해방 이후 미군 병원 및 세브란스 병원 등에서 사회복지사를 고용하였고, 1959년에 국립의료원에서 의료사회사업이 시작되었다. 이들의 실천과정은 미국의 1940년대 사회복지실천과정을 답습한 형태로 주로 개인심리치료와 가족상담에 치중하였다(이영분 외, 2001 재인용[4]).

1950년대부터 1960년대 초반에 이르는 기간은 한국전쟁의 영향으로 사회경제적 상황이 매우 피폐하였다. 많은 대상자들이 생활보호를 필요로 했던 상황에서 사회복지서비스의 성격은 자선적·구호적·사회대책적이었고, 주로 민간주도의 자발적이고 비전문적 차원에서 행해졌다. 이 시기에는 사회복지기관이나 시설의 운영이 민간인이나 종교단체 및 외원단체에 의해 이루어졌다. 외원단체들은 보건사업, 생활보호, 재해보호, 지역사회 개발 등 여러 방면에 걸쳐 사회복지사업을 수행하였다(함세남 외, 2001[5]). 몇몇 외원기관은 사회복지교육을 받은 전문인력을 고용함으로써 사회복지의 전문성에 대한 인식을 강화시키기도 하였다.

4) 카바 40년사 편찬위원회(1995). 외원사회사업 기관활동사.

5) 당시 한국에 주재했던 외원단체 수는 약 120여 개에 이르렀다. 기독교 아동복리회, 기독교 세계봉사회, 매노나이트 한국지부, 캐나다 유니테리안 봉사회, 홀트 아동복지회, 월드비전, 스웨덴 아동구호재단 등이 대표적이다.

하지만 외원기관들의 구호활동 서비스가 비조직적으로 이루어지자 1952년 한국외원단체협회(KAVA)를 결성하여 외원단체들 간의 협력 체제를 통해 보다 효율적인 서비스를 제공하였다. KAVA는 1970년대 초반까지 전쟁 이재민의 구호활동과 각종 사회복지 서비스를 제공하여 사회복지실천의 정착에 기여하였다.

1980년대부터 시설수용보호 서비스에서 탈피한 지역사회 중심의 사회복지실천이 관심을 끌었다. 1983년 개정된 사회복지사업법은 사회복지관의 설립 및 운영을 지원하는 근거가 되었고, 1989년에는 '사회복지관 설치 운영규정'이 제정되었다. 시·도 단위의 지역사회종합복지관이 1985년부터 설립되기 시작하여 2020년 현재 전국적으로 466개의 복지관[6]이 개설되어 있다. 사회복지전문 인력이 종합사회복지관으로 투입되면서 아동, 청소년, 노인, 장애인, 가족 등의 다양한 클라이언트들에게 전문적 서비스를 제공해 오고 있다. 지역사회종합복지관 외에도 노인종합복지관(2020년 현재 385개소[7]), 장애인복지관(2020년 현재 240개소[8]) 등 분야별 전문복지관이 전국적으로 설치되어 운영 중이다.

급격한 산업화에 따른 도시화, 핵가족화는 전통적 가족중심 가치관에 변화를 초래하였고 가족기능을 약화시키는 요인이 되었다. 특히 1998년 외환위기(IMF) 등 우리사회의 심각한 경제위기는 가정해체 현상을 유발시키는 요인 중 하나로 작용하였다. 이에 정부는 2004년부터 건강가정지원센터를 시범사업으로 실시하여 위기가정에 대한 지원을 시작하였다.

1990년대 후반부터 국제결혼이주여성 등 다문화가정이 증가함에 따라 이들의 한국사회 정착을 위한 지원 필요성이 제기되었다. 2008년 다문화가족지원법 시행에 따라 시·군·구에 다문화가족지원센터를 설치하기 시작하여 2014년 당시 217개소[9]로 정점을 찍었다. 하지만 2015년부터 건강가정

---

6) 한국사회복지관협회(http://www.kaswc.or.kr/).

7) 한국노인종합복지관협회(http://www.kaswcs.or.kr/).

8) 한국장애인복지관협회(http://www.hinet.or.kr).

9) 여성가족부(http://www.mogef.go.kr).

지원센터와 다문화가족지원센터를 통합 · 운영하는 시책에 따라 2020년 현재 전국적으로 건강가정지원 · 다문화가족지원센터가 통합 · 운영되는 곳이 183개소, 다문화가족지원센터 단독으로 운영되는 곳이 44개소, 건강가정지원센터는 24개소이다.

또한 지역사회 차원에서 아동 및 청소년을 위한 사회적 안정망을 구축하고 지원하기 위해 마련된 지역아동센터[10]는 전국적으로 4,108개소에 이른다. 이와 같이 지역사회 내 아동, 청소년, 장애인, 노인, 다문화가정과 취약계층가정을 위한 사회복지실천이 확대되고 있는 추세이다.

한편 1998년 사회복지사업법을 개정하여 사회복지시설 평가를 법제화하였다. 시설평가는 사회복지서비스 질 향상과 투명성을 담보하는 데 기여하고 있다.

2000년대 접어들어 사회복지서비스 전달체계의 동향은 공공과 민간이 협업하는 형태로 변화하고 있다는 것이다. 2015년 「사회보장급여의 이용 · 제공 및 수급권자 발굴에 관한 법률[11]」시행에 따라 연차별 지역사회보장계획을 수립하고 지역사회보장협의체[12] 및 실무협의체를 구성하여 공공과 민간이 협력하여 지역사회복지 발전에 힘쓰고 있다.

(2) 사회복지전문교육 및 전문직 단체

한국의 정식 사회복지 교육기관은 1947년 이화여자대학교 기독교학과 내 사회사업 전공이 설치되면서부터 출발하였다. 다음으로 1953년 중앙신학교의 사회사업학과가 뒤를 이었다. 1958년에는 서울대학교 대학원과 학부과정에 사회사업학과가 설치되었다. 사회복지입법에 선행하여 사회복지전문인력이 배출되게 되었는데, 이는 매우 드문 현상이며, 큰 특징이라 할 수 있다(이혜경, 1986).

10) 지역아동센터중앙지원단(http://www.icareinfo.info).

11) 2005년 시행된 지역사회복지협의체가 지역보장협의체로 명칭변경과 함께 공공사회복지전달체계 개편

12) 지역사회보장협의체는 시 · 도, 시 · 군 · 구, 읍 · 면 · 동 단위로 존재하고, 협의체 위원은 사회복지담당 공무원, 관내 사회복지기관 및 시설장, 지역주민 등으로 구성된다.

현재 사회복지교육은 2년제, 4년제 대학, 대학원 사회복지학과뿐 아니라 사이버대학, 평생교육원 사회복지 교육과정 등을 통해 급격하게 팽창하여 사회복지사 100만 명 시대에 돌입하였다.

1966년 창립된 한국사회복지교육협의회는 사회복지학부, 대학원 교육의 질을 향상시키고 배출되는 사회복지사들의 전문성을 강화하기 위해 대학 간의 긴밀한 연계와 협조를 하고 있다.

사회복지전문직 단체를 살펴보자면 해방 전후에 사회사업단체들이 존재하였으나,[13] 해방 직후 사회적 혼란과 한국전쟁을 계기로 유명무실해졌다. 1965년 한국 최초의 사회사업전문직 단체가 결성되었는데, 당시 병원이나 외원기관에서 일하고 있던 개별사회사업가들을 중심으로 '한국 Caseworker 협회'(1965)가 발족되었다. 1967년에는 '한국 Caseworker 협회'를 병합하여 모든 분야의 사회사업가를 회원으로 포함시킨 '한국 사회사업가협회'가 탄생하게 되었다. 이 협회는 1982년 한국사회복지사협회로 명칭을 바꾸고, 같은 해 협회 총회에서 한국사회복지사 윤리강령을 통과시킴에 따라 전문직으로서의 명분을 갖추게 되었다.

한국사회복지사협회는 17개의 지방협회와 산하전문단체로 대한의료사회복지사협회, 한국학교사회복지사협회, 한국정신보건사회복지사협회로 조직을 구성하고 있다.

2015년 9월 창설된 한국여성사회복지사회는 여성사회복지사의 권익옹호와 함께 우리 사회에 양성평등적 가치 실현과 정착을 위해 활동하고 있다.

(3) 사회복지법제 및 전문인력

1970년에 제정된 사회복지사업법은 사회복지법인, 시설, 인력 등에 관한 사항을 규정함으로써 민간 사회복지서비스 분야와 더불어 정부가 주관하는 공적 사회복지제도의 기틀을 마련하게 되었다. 1983년 5월 사회복지사업법의 개정에 따라 그간의 '사회복지사업종사자'에서 '사회복지사'로 법적 명칭이 변경되었다.

---

13) 조선사회사업연맹(1931). 중앙후생사업 연합회(1947) 창립(함세남 외, 2001).

1987년부터 공공영역에서 생활보호사업을 담당하는 '사회복지전문요원'을 전국 읍·면·동사무소에 배치하여 사회복지전달체계를 확립하고자 하였다. 이는 저소득층에 대한 빈곤 예방 및 대상자들의 욕구 충족과 사회적 자활을 지원하기 위해 사회복지행정을 전문화시키고자 한 것이다. 사회복지전문요원은 국민기초생활보호 대상자의 조사, 선정 등의 공공부조업무는 물론 지역사회의 노인, 장애인, 아동, 한부모가정 등에 대한 각종 사회복지서비스를 담당하고 있다. 1999년부터 사회복지전문요원은 별정직에서 사회복지직으로 전환되었고, 사회복지전문요원에서 사회복지전담공무원으로 명칭이 변경되었다. 사회복지전담공무원 자격취득을 위해서는 국가가 시행하는 공무원 시험에 합격해야 한다.

전국 16개 시·도에 사회복지공동모금회를 설립하여 국민이 자발적으로 낸 성금으로 조성된 재원(財源)을 효율적이고 공정하게 관리·운용함으로써 사회복지 증진에 이바지함을 목적으로 하고 있다.[14)]

1997년 사회복지사업법, 1998년 사회복지사업법 시행령과 사회복지사업법 시행규칙이 개정됨에 따라 1급 사회복지사는 국가시험에 합격해야 자격을 취득할 수 있게 되었다. 2003년부터 제1회 사회복지사 국가시험이 실시되어 일반사회복지사(general social worker)의 전문성을 높이는 데 기여하고 있다.

1997년에는 정신보건법이 시행됨에 따라 정신장애인의 치료 및 재활, 지역사회 복귀를 위해 '정신보건사회복지사'가 중추적 역할을 담당하게 되었다.

사회복지사 1급 자격증 소지자로서 다음의 영역에서 일하고 있는 사회복지사의 전문성을 살려 전문사회복지사 자격증을 취득할 수 있게 되었다. 즉, 2018년 사회복지사업법을 개정하여 정신건강·의료·학교 등 특정 영역에서 활동하고 있는 사회복지사의 전문성을 바탕으로 정신건강사회복지사, 의료사회복지사, 학교사회복지사 국가 자격증이 신설되었고 2020년부터 시행할 예정이다.

14) 사회복지공동모금회 설립은 사회복지공동모금법 제정(1997년)

정신건강사회복지사는 정신의료기관, 정신건강복지센터, 중독관리통합지원센터 등 영역에서 정신건강 서비스를 담당하게 된다.

의료사회복지사는 종합병원 등 이용하는 환자들에게 재활과 사회복귀를 위한 상담과 지도업무를 수행해 환자에게 보다 적합한 의료서비스를 지원한다. 특히 의료사회복지사는 지역사회 중심 통합 돌봄서비스(커뮤니티케어)와 관련된 일들을 수행할 수 있다.

학교사회복지사는 학교, 청소년상담복지센터 등에서 사례관리, 지역사회 자원 개발, 학교폭력 대처와 예방, 인터넷 중독 상담 등 업무를 담당해 학생 복지를 증진할 것으로 기대된다.

2. 사회복지실천 대상과 문제

1) 개인문제

사회복지실천 대상으로서 개인은 개별지도 혹은 개별실천(case work)의 대상을 의미한다. 사회복지실천의 초기단계에 사용된 개별사회사업은 개인의 부적응에 대한 치료적 개입을 강조하며, 사회문제에 대한 거시적 접근보다는 개별화된 문제에 대한 적응에 초점을 두는 미시적 접근이 중심적이었다.

개인적·사회적 문제에 직면해 있는 개인을 일대일로 만나 문제해결을 원조하는 활동을 개별지도 또는 개별사회사업이라고 한다. 개별실천은 클라이언트로 하여금 주변 환경에 적응하도록 도움을 제공하고 개인에 영향을 미치는 사회·경제적 결핍상태를 완화시켜 주기 위한 활동으로 대부분의 사회복지실천현장에서 가장 빈번하게 활용되는 접근방법으로 알려져 왔다.

개인대상 실천의 기원은 사회복지의 초창기인 1920년대에서 1930년대 사이에 활동하던 사회복지사들이 주로 자선조직협회(COS : Charity Organization Society)를 통해 개인과 가족을 지원하는 것에서 시작되었다. 특히 리치몬드(Mary Richmond)가 1917년에 『사회진단』이라는 저서를 통해 클라이언트를 돕는 개별사회사업의 접근방법들을 조직화함으로써 개인대상의 실천을 사회복지 최초의 전문적인 사회복지실천 방법으로 제시하였다. 이후 다양한 실천모델을 개발함으로써 개인대상의 실천유형은 다양하게 전개되어 오고 있다(백은령 외, 2007).

리치몬드(Richmond)는 개별사회사업을 "개개인, 그리고 개인과 그 사회환경 사이에서 의식적인 조정을 통해 개개인의 인격발달을 이루어 가는 과정"으로 정의하고 있다. 그리고 펄만(Perlman)은 "개별사회사업이란 사람들이 사회적 기능을 수행함에 있어서 그들의 문제를 보다 효과적으로 처리해 나가도록 돕는 사회복지기관에서 사용되는 한 과정"이라고 하였다.

사회복지 최초의 전문화된 방법론인 개별사회사업을 체계화시킨 리치몬드는 개인적 기능에 영향을 미치는 환경의 영향보다는 개인의 부적응에 대한 치료적 개입을 강조하였다. 그러나 개인에 대한 심리 내적 적응과 개입을 강조하던 초기의 개별사회사업의 경향은 개인의 문제를 사회환경과의 관련성 속에서 삶의 문제로 이해하고, 다양한 수준에 체계적으로 개입할 것을 강조하는 통합적 접근이 대두되면서 생태체계적 관점에서의 통합적 접근이 개별사회사업의 개념적 변화에 중요한 영향을 미치게 되었으며, 개별지도라는 용어보다는 개인대상의 실천(social work practice with individuals)이라는 용어로 바뀌었고, 개입의 영역도 점차 다양화되고 확대되고 있다.

우리나라에서는 시・군・구・읍・면・동사무소에 사회복지전담공무원이, 각종 사회복지관의 사회복지사, 종합병원의 의료사회사업가, 정신병원・정신건강센터의 정신건강사회복지사, 학교의 사회복지사, 보육시설(보육원), 양로원 등 각종 사회복지 단체 및 시설에서 근무하는 사회복지사들이 클라이언트에게 직접 서비스를 제공하고 있다.

개별실천의 활동은 국민기초생활보장 업무, 저소득층 자활보호대상의 자활과 관련된 업무, 재가복지업무, 독거노인 상담, 실직자를 위한 구직활동, 직업훈련을 원조하는 활동, 미혼모 상담, 입양상담, 아동을 위한 가정사업과 관련한 조사 및 상담, 학대 피해아동을 보호하고 가정에 개입하는 활동, 환자들의 의료비 문제 및 퇴원 후 생활에 대한 상담, 학교부적응 학생에 대한 상담, 정신건강센터에서 정신장애인들과의 상담 등을 들 수 있다(이종복 외, 2006).

또한 이러한 개별실천은 크게 직접실천과 간접실천으로 나누고 있다.

직접실천은 문제를 가진 사람과 직접적으로 만나고 문제해결을 위한 도움을 주고 서비스를 제공하는 것을 말하며, 임상사회사업 분야에서 클라이언트와의 면접이나 상담을 주로 활용하여 접근한다.

간접실천은 사회복지정책, 행정 등으로 사회복지에 필요한 분위기, 즉 기반이 되는 여건을 조성하는 방법으로 자원연계나 환경적 조정과 같은 개입을 말한다. 주로 지역사회 복지기관과 같은 곳에서 클라이언트의 주변체계에 개입하여 사회복지체계나 관련 자원들을 활용하는 방법이다.

외국에서는 클라이언트 대신 고객이나 서비스이용자와 같은 다른 용어를 사용하자는 움직임도 있으나, 고객이라는 용어는 사회복지서비스를 이용하는 사람들이 고객이라는 용어가 담고 있는 경제적인 선택의 자유를 가지고 있지 못하기 때문에 적절한 대체용어가 아니라는 의견이 많고, 서비스이용자는 일부 실천영역에서 클라이언트라는 용어 대신 사용하기에 적절한 것으로 간주되고 있다(최해경, 2009).

2) 가족문제

가족이란 그들 스스로를 가족으로 정의하고 지속적으로 서로에게 가족체계의 핵심적 요소로 간주되는 의무감을 주는 둘 이상의 개인으로 구성된 집단이다. 이는 한부모가정, 확대가족, 혈연·입양·결혼 등으로 제한되지 않는 친족의 개념, 레즈비언과 게이 부부 그리고 그들의 아이들을 포함하는 가족형태의 다양성을 인정하는 개념이다(NASW, 1995).

우리나라는 개인주의가 보편화되어 있는 서양문화권과는 달리, 가족이 우선된다는 가족주의적 특성이 아직까지도 많이 남아 있다. 그러나 20세기에 들어와서, 사회적·문화적인 변동이 급속도로 이루어졌고, 점차 대가족은 사라지고, 핵가족이 주류를 이루고 있다. 현재는 핵가족에서 한층 더 나아간 새로운 한부모가족, 혼합가족, 1인 가족, 위탁가족, 동성애가족, 공동체가족, 맞벌이가족, 노인가족 등 가족형태가 점차 늘어가고 있다.

즉, 현대가족의 변화추세는 규모가 점차 축소되고, 구성은 단순화되고 있으며, 개인의 자발적 선택에 의한 유연한 가족구성의 가능성이 높아지고 있다. 또한 이혼과 재혼 그리고 다양한 혼인형태의 증가현상이 나타나고 있다(안호용·김홍주, 2000). 가족문제를 다룰 때에는 이러한 변화를 고려하고, 특히 가족에 대한 관점의 변화 등과 같은 변화추세를 충분히 고려하여야 할 것이다.

가족의 주요 기능도 시대변화에 따라 그 중요성이나 내용 면에서 상당히 달라지고 있다. 양옥경(2000)의 조사에서는 미래의 가족기능이 출산이나 양육의 기능과 교육이나 사회화의 기능보다는 정서적 기능이 가장 중요하게 부각될 것이라고 전망하였다. 또한 가족주기도 결혼연령의 상승, 출산자녀 수의 저하, 평균수명의 연장 등으로 인해 출산과 양육기는 짧아지고, 자녀들을 출가시킨 후 노인부부만 남는 빈둥지 시기는 점차 길어지고 있다. 노년기 가족의 문제도 중요한 가족대상 실천의 문제로 대두되고 있다.

가족을 단위로 서비스를 제공하고, 가족 구성원들 간의 관계에 개입하여 문제를 해결하거나 경감시키기 위한 실천활동이 가족과의 실천이다.

가족과의 실천은 주로 부부간의 갈등, 부모와 자녀 간의 갈등, 다세대 간의 갈등 등을 해결하기 위해 사용되며, 가족체계에 대한 개입으로는 구조적 가족치료, 경험적 가족치료, 해결중심 가족치료 등이 있다.

대개의 가족실천모델들은 가족도 다른 사회체계와 마찬가지로 사회환경과 상호작용하며 발달주기에 따라 변화하는 하나의 개방된 체계로 간주한다. 따라서 문제의 해결도 가족 구성원 개인에게서 찾는 것이 아니라 가족 내의 상호작용적 체계의 유형과 관계형태에 초점을 둔다. 또한 가족 내 한 구성원의 변화는 모든 가족 구성원에게 영향을 미치며, 가족 구성원 모두는 가족 내에서 다른 가족원에게 일어나는 일의 영향을 받기도 한다.

3) 집단문제

통상의 의미로는 집단이란 공동관심이나 목표를 가진 두 사람 혹은 그 이상의 사람들의 모임이라고 볼 수 있다. 특히 집단은 집단의 크기, 구조, 성원 간의 유사성 등에 따라 집단의 성격이 결정되는 사회조직의 단위이기도 하다.

카트라이트와 젠더(Cartwright & Zander, 1986)는 집단의 특성으로 다음의 10가지를 제시하고 있다. 이들은 집단의 속성으로 열거한 후, 어떤 집단이든 같은 속성의 수가 많으면 많을수록 집단의 응집성이 높아지고, 집단 본연의 기능을 효율적으로 발휘할 수 있다고 하였다.

① 집단성원들의 빈번한 상호작용
② 그들 자신을 집단성원으로 규정
③ 타인들에 의한 집단성원으로서의 인정
④ 공동 관심사에 관한 규범 공유
⑤ 상관성 있는 역할체제(system)의 참여
⑥ 초자아적 대상이나 동일한 모델을 설정함으로써 상호 간의 동일시
⑦ 집단을 통한 욕구충족
⑧ 상호의존적 목표를 추구
⑨ 집단적인 일치감 지각
⑩ 외부환경에 대해 동일하게 행동하는 경향

인간은 태어나면서부터 집단에 소속되며 집단을 통하여 성장과 발달을 경험한다. 집단실천은 자신의 문제를 해결하거나 성장을 원하는 구성원들에게 사회복지사가 의도적으로 집단경험의 기회를 제공함으로써 집단성원의 요구와 문제를 해결하고, 개인의 성장·발달 및 사회화에 기여하는 사회복지실천의 한 방법이다.

집단의 유형은 학자마다 다양하게 분류하고 있으며, 목적에 따라서 집단을 분류할 경우 치료집단(treatment groups)과 과업집단(task groups)의 두 범주가 있다(Toseland & Rivas, 1995).

치료집단은 목적에 따라 지지집단(support groups), 성장집단(growth groups), 교육집단(education groups), 사회화 집단(socialization groups), 치유집단(therapy groups)으로 구분되며, 다소 심한 정서적·개인적 문제를 가진 성원들의 문제를 깊이 있게 탐색하고, 사회정서적 욕구를 충족시키려는 목적을 가진다.

집단치료에 참가한 자들은 문제를 갖고 참여한 자신이 비슷한 문제를 가진 다른 참여자들의 문제해결에 도움을 제공했다는 자긍심이 고조되면서 자신의 문제해결에 도움을 받게 된다. 이런 면에서 볼 때 집단치료는 개인의 부적응 행동을 변화시키는 데 개별치료보다 더 효과적일 수 있다.

집단치료는 동일한 또는 비슷한 문제를 가지고 있는 여러 명의 클라이언트를 한꺼번에 치료할 수 있다는 점에서 경제적이며 효율적이다. 그리고 클라이언트를 병리자로 보지 않기 때문에 단기에 치료할 수 있는 장점이 있으며, 비슷한 문제를 가진 사람들의 모임이기 때문에 동료애, 소속감, 동질감 등을 가질 수 있고, 집단 내에서 쉽게 마음을 열고 자기노출을 하기 때문에 집단성원의 잠재력 개발이 용이한 장점을 가지고 있다. 집단치료는 주로 심한 우울증 환자, 정신질환, 약물복용, 약물중독자, 음주문제를 가지고 있는 사람, 알코올중독자, 성폭력피해자, 이혼 후 충격상태에 있는 사람들을 대상으로 실시될 수 있다. 사회복지사는 집단역동에 대한 전문적인 지식을 활용해서 집단 내의 상호작용을 촉진하고 그 과정에 개입하여 집단성원들의 변화를 유도하게 된다(이종복 외, 2006).

과업집단은 특정 과업을 완성하거나 의무사항을 이행하고, 조직 또는 집단의 과업성취를 위해 구성된 집단이다. 팀, 자문위원회, 이사회, 행정집단, 협의회, TFT(Task Force Team) 등이 있다.

4) 지역사회문제

최근 사회복지 영역 중에서 가장 큰 변화가 일어나고 관심을 받는 분야가 지역사회복지실천이다. 지역사회는 학자들에 따라서 다양하게 정의되고 있으며 그 정의를 둘로 나누어 볼 때, 하나는 지역적인 특성을 강조하는 지리적인 지역사회를 의미하고, 다른 하나는 사회적으로 동질성을 띤 지역으로서의 지역사회를 의미한다.

지역사회실천은 사회복지사가 지역사회 수준에 개입하여 지역사회에 존재하는 각종 제도에 영향을 주고 지역사회의 문제를 예방하고 해결하고자 하는 일체의 사회적 노력을 의미하며, 이러한 사회복지사에게 요구되는 중요한 역할은 지역주민 스스로가 상호 협동노력에 의해 지역사회문제를 해결할 수 있도록 돕는 것이다.

즉, 지역사회 수준의 실천은 지역에 속한 주민들이 자신들의 사회적 기능 향상을 위해 필요한 의식개혁, 환경개선, 지역사회조직화 등을 자발적·주체적·협력적으로 해나갈 수 있도록 사회복지사가 안내자, 조력자, 조정자, 운동가, 전문가 등의 역할을 수행하는 것을 말한다. 이러한 활동을 수행하기 위해서 사회복지사는 지역사회 주민들의 성향을 파악하고, 지역사회의 문제·욕구를 파악하여 지역사회 주민들의 욕구충족에 필요한 자원들을 확인·발굴하여야 한다.

지역사회조직을 위해 사회복지사는 지역사회와 공통사업을 추진하기도 하고, 지역사회 주민들이 서로 모여 조직화될 수 있는 장소 및 기회를 제공하기도 한다.

지역사회 내에서 바자회를 열어 지역사회에 존재하는 다양한 자원을 동원·배분하는 과정에서 지역주민의 유대감을 조성하고 공동체 의식을 강화시키는 활동이 여기에 해당된다(이종복 외, 2006).

지역사회복지실천에는 지역사회보호활동과 지역사회조직활동이 혼합되어 있다.

가족의 기능이 약화되어 노인, 장애인, 소년소녀가장 등의 보호가 절실히 요구되는 가운데 이들을 시설보호가 아닌 지역사회가 중심이 되어 결식을 예방하고, 경제적·정서적인 안정을 도모하는 것이 지역사회보호활동이다. 예를 들면, 급식지원서비스, 보건의료서비스, 경제적 지원서비스, 일상생활지원서비스, 정서지원서비스 등이 있다.

지역사회조직활동은 지역사회의 문제를 해결하기 위하여 주민의 협력 아래 계획을 세우고 거기에 지역사회의 자원을 서로 연결하고, 조정하는 과정을 총괄하는 사회복지사의 활동이다. 예를 들면, 주민조직 강화 및 교육, 복지 네트워크 구축, 주민복지증진사업, 자원봉사관리사업, 사회조사 및 직원교육 등이 있다.

> **존슨과 얀카(Johnson & Yanca, 2007)가 구분한 클라이언트의 유형**
>
> - 자신을 위해 원조를 요청하고 그 요청이 적절한 사람
> - 다른 사람이나 다른 외부체계를 위해 원조를 요청하는 사람
> - 아동학대 사례에서 방임부모의 경우와 같이 타인의 사회적 기능을 방해하거나 위협하는 사람
> - 보다 심한 법적 제재를 면하기 위한 수단으로 법원이 서비스를 받도록 명령한 대로 원조를 요청하거나 이용하는 사람
> - 도움을 요청하나 부적절한 목적을 위해 원조를 요청하는 사람

3. 사회복지실천의 장

1) 사회복지실천현장의 개념

사회복지실천현장은 사회복지실천 분야 또는 서비스의 초점이 되는 문제영역을 포괄하는 개념으로서 '사회복지실천이 이루어지는 곳'을 의미하며, 클라이언트에게 사회복지서비스를 직접적으로 또는 간접적으로 제공하는 장(場, setting)을 말한다.

좁은 의미의 사회복지실천현장이란 사회복지실천이 이루어지는 '구체적인 장소' 혹은 사회복지서비스를 직접 또는 간접적으로 클라이언트에게 제공하는 사회복지기관을 뜻하며, 예를 들면, 종합사회복지관, 장애인복지관, 노인복지회관 등이 있다.

넓은 의미의 사회복지실천현장은 물리적인 '장소'라는 개념을 넘어 사회복지실천이 이루어지는 '분야(field)' 혹은 서비스의 초점이 되는 '문제', '대상집단(client)' 등을 모두 포함한다. 이는 단순히 물리적인 공간이나 장소만을 뜻하는 것이 아니라 사회복지실천이 이루어지고 있는 실천분야, 사회복지서비스를 제공하기 위해 직간접적으로 관련되는 모든 전문분야를 말한다. 이들 현장을 실천분야의 기준으로 분류하는 경우 대상별, 영역별, 혹은 장소(setting)별 등으로 구분한다.

- **대상별 분야** : 노인, 여성, 청소년, 장애인 등

- 영역별 분야 : 약물남용, 의료, 정신건강 등
- 장소별 분야 : 병원, 학교, 기업, 교도소 등

2) 사회복지실천현장의 분류

바틀렛(Bartlett, 1971)은 실천현장의 기준을 정의하기 어려운 이유 중의 하나가 사회복지가 수행되는 장과 프로그램 및 사회서비스가 본질적으로 변화되는 특성을 가지고 있기 때문이라고 하였다. 사회복지실천현장들은 사회 환경의 변화와 새로운 요구 출현에 의해 점차 다양하게 확대될 것이다.

(1) 기관의 기능 혹은 목적에 따른 분류

① 1차 현장

기관의 주된 기능과 목적이 사회복지서비스를 제공하는 것으로서 일반적으로 사회복지사들이 중심이 되어 활동한다. 예를 들면, 지역사회의 종합사회복지관, 노인복지관, 사회복귀시설 등이 있다.

② 2차 현장

기관의 1차적인 기능은 따로 있으며, 필요에 의해 사회복지서비스를 제공한다. 사회복지서비스가 기관의 목표달성과 서비스의 효과성에 미치는 긍정적 영향이 인정되어 사회복지실천이 부분적으로 수행되는 실천현장을 말한다. 예를 들면, 학교, 병원, 교정시설, 기업, 의료기관, 보육시설, 동사무소 등이 있다.

(2) 기관 설립주체 및 재원조달 방식

① 공공기관

정부의 지원에 의해 운영되며, 사회복지사의 업무는 정부규정이나 지침에 의해 규정되고 서비스를 계획하고 관리 · 지원하는 행정체계와 서비스를 직접 제공하는 집행체계로 나뉜다. 여기에 각종 사회보험 프로그램과 공공부조 프로그램 등이 모두 포함된다. 예를 들어, 읍 · 면 · 동사무소가 있다.

② 민간기관

순수 자원봉사적인 활동과 공공과 민간의 파트너십을 통해 행해지는 활동을 목적으로 하는 기관으로서 기부금이나 후원금, 재단전입금, 기타 서비스이용료 등을 주요 재원으로 하며, 서비스를 직접 제공하는 사회서비스기관과 간접서비스나 행정지원을 위해 조직된 협의체로 나뉜다. 예를 들어, 시민사회단체, 종교계, 사회복지 법인 및 재단을 통해 이루어지는 다양한 사회복지활동들이 포함된다.

(3) 서비스 제공방식

① 행정기관

사회복지서비스 전달체계를 효율적으로 운영하기 위해 행정업무를 수행하고 기관 간 연계 및 협의 업무를 담당한다. 업무상 사회복지사의 개입이 필요하거나 혹은 사회복지실천현장과의 교류가 필요하기 때문에 사회복지실천현장으로 중요하다. 관련 주요 부처로서 중앙정부의 사회복지행정기관으로는 보건복지부, 고용노동부, 교육부, 문화체육관광부 등이 있으며, 민간행정조직으로 사회복지협의체 등이 있다.

② 서비스 기관

주요 대상이나 문제영역에 따라서 서비스 기관이 분류되고 클라이언트에게 직접서비스를 제공하는 것을 목적으로 한다. 예를 들면, 아동상담소, 지역사회복지관, 보육시설 등이 있다.

(4) 주거서비스 제공 여부

① 생활시설

사회복지실천현장에서 생활시설은 클라이언트가 개인적으로 활동할 수 없거나 부양가족의 능력이 부족하여 주거를 포함하여 제반 사회복지서비스를 제공하는 기관을 말한다. 예를 들면, 장애인거주시설, 아동단기보호시설, 청소년쉼터, 노인전문요양시설, 미혼모시설, 그룹홈 등이 있다.

② 이용시설

사회복지실천현장에서 이용시설은 지역사회에 거주하는 클라이언트를 대상으로 서비스를 제공하는 곳을 말한다. 주거서비스는 제공하지 않는다. 예를 들면, 종합사회복지관, 노인복지회관, 장애인복지관, 청소년상담센터, 자활후견기관, 성폭력피해상담소, 영유아보육시설 등이 있다.

카머만의 사회복지실천현장 분류기준(Kamerman, 1998)

- **사회복지사의 실천범주** : 공공 혹은 민간 사회기관, 정부 또는 비정부 기관, 작업현장 · 병원 · 군사기지와 같은 특수기관
- **사회복지사가 개입하는 사회문제** : 아동 · 노인 · 배우자 학대, 물질남용, 노숙자, 만성정신질환, 빈곤문제 등
- **사회복지사가 지원하는 클라이언트 집단** : 아동, 청소년, 가족, 노인, 인종 및 민족, 난민 등 사회복지사가 실천하는 장에 대응하여 형성되고 발전된 실천범주, 사회복지사가 개입하는 사회문제, 사회복지사가 지원하는 클라이언트 집단

4. 우리나라 사회복지실천현장과 인력

1) 행정기관

(1) 공공기관

중앙부처인 보건복지부가 국가예산을 광역자치단체인 서울특별시 · 광역시 · 도로 하달하면 시 · 도는 다시 지방에 배정된 예산을 기초자치단체인 시 · 군 · 구로 하달한다. 다시 시 · 군 · 구는 보다 구체적인 집행을 배정된 예산에 의하여 최일선 기관인 읍 · 면 · 동과 사회복지기관에 하달하여 사회복지전문요원이나 사회복지기관의 직원들에 의해 이어지는 사회복지전달체계를 형성하고 있으며, 사회복지서비스의 지원기관으로서 간접서비스를 제공하고 있다.

사회복지전담공무원은 1987년 저소득층의 효율적인 보호와 복지 증진을 위하여 저소득층 밀집지역을 중심으로 배치되기 시작하였고, 국민기초생활보장제도의 도입에 앞서 인적 인프라의 확충 차원에서 1999년 일반직 공무

원인 사회복지직렬로 재임용되기에 이르렀다. 이후 늘어나는 복지수요에 대한 제공과 국민기초생활보장제도의 정착을 목표로 매년 단계적으로 충원되고 있다. 사회복지전담공무원은 사회복지사 자격소지자로서 구청, 읍・면・동사무소에 배치되어 대인서비스 등 직접서비스도 제공하며, 공무원으로서의 행정업무와 사회복지서비스를 동시에 담당하고 있다. 사회복지전담공무원이 맡고 있는 업무를 분야별로 나누어 보면, 보건복지부의 업무로는 공공부조로서 기초생활보장사업 및 자활사업, 의료급여, 사회복지서비스로서 저소득 노인, 아동, 장애인 지원사업, 소년소녀가장 지원사업, 노인일자리사업 등을 담당한다. 또한 지방공무원으로서 지방정부의 시책사업과 행정업무를 동시에 수행하고 있다.

아동복지법에 의한 아동복지지도원, 노인복지법에 의한 노인복지상담원, 장애인복지법에 의한 장애인복지상담원, 한부모가족지원법에 의한 한부모가족복지상담원 등이 있다.

(2) 민간기관

① 한국사회복지협의회

한국사회복지협의회는 비영리법인으로 한국의 사회복지사업기관들의 협의체를 말한다. 1952년 2월 한국사회사업연합회로 발기 창립되어, 1954년 2월 사단법인으로 인가되었다. 1961년 사단법인 한국사회복지사업연합회로 개칭하였다가, 1970년 5월 현재의 명칭이 되었다. 사회복지사업법에 의거하여 사회복지를 목적으로 하는 각종 사업과 활동을 돕고, 이를 위한 국민의 참여를 촉진하여 한국 사회복지의 향상과 발전에 기여하기 위하여 회원 및 관련단체 간의 연락・협의・조정・협동과 사회복지사업의 조장・지도를 주 업무로 하며, 정부에 대해서는 사회보장제도의 확립과 사회복지시책의 과감한 시행・개선 등을 건의한다. 또한 국제사회복지회(ICSW : International Conference of Social Welfare)의 회원국으로서 국제기구와의 교류를 통하여 민간외교의 전개와 함께 최신기술・지식의 도입을 도모한다.

② 사회복지공동모금회

사회복지공동모금회는 국민의 성금으로 마련된 재원을 효율적이고 공정하게 관리·운용하기 위해 설립된 단체를 말한다. 1994년 지방자치단체의 잘못된 성금모금과 사용을 막기 위하여 공무원의 모금행위 금지와 성금의 용도를 불우이웃사업에 한정하는 내용의 조례가 제정되고, 사회복지공동모금회법이 개정됨에 따라 1998년 11월 중앙과 전국 16개 시·도 지회의 통합 모금단체로 설립되었으며, 보건복지부장관의 지도·감독을 받는다. 주요 활동은 사회복지공동모금, 공동모금재원의 배분·운용·관리, 사회복지공동모금에 관한 조사·연구·홍보 및 교육훈련, 사회복지공동모금과 관련된 국제교류 및 협력 증진, 다른 기부금품 모집자와의 협력 등이 있다.

③ 직능단체

사회복지관협회, 노인복지시설협회, 장애인복지관협회, 자활후견기관협회, 재가노인복지협회, 아동복지협회 등이 있다. 이러한 단체들은 서비스대상자들에게 직접적인 서비스를 제공하기보다는 민간사회복지행정조직체로서 사회복지기관의 운영을 지원하고, 이를 통해 사회복지 서비스대상자들을 간접적으로 지원하는 역할을 담당하고 있다.

2) 서비스 기관

(1) 사회복지관

사회복지관은 지역사회를 기반으로 일정한 시설과 전문인력을 갖추고 지역주민의 참여와 협력을 통하여 지역사회복지문제를 예방하고 해결하기 위하여 종합적인 복지서비스를 제공하는 시설을 말한다.

사회복지관의 역할과 기능은 모든 사회복지관들이 천편일률적인 사업을 시행하는 것이 아니라 사회복지관의 위치, 지역적 특성, 대상별 특성, 복지관의 규모, 담당인력 등에 의거하여 각 사회복지관이 전문성, 효율성, 책임성을 최대한 살릴 수 있는 능력의 범위 내에서 사업을 선택적으로 시행하는 것이다.

<table>
<tr><th>기 능</th><th>사업분야</th><th>사업 및 내용</th></tr>
<tr><td rowspan="3">사례
관리
기능</td><td>사례발굴</td><td>지역 내 보호가 필요한 대상자 및 위기 개입대상자를 발굴하여 개입계획 수립</td></tr>
<tr><td>사례개입</td><td>지역 내 보호가 필요한 대상자 및 위기 개입대상자의 문제와 욕구에 대한 맞춤형 서비스가 제공될 수 있도록 사례개입</td></tr>
<tr><td>서비스연계</td><td>사례개입에 필요한 지역 내 민간 및 공공의 가용자원과 서비스에 대한 정보 제공 및 연계, 의뢰</td></tr>
<tr><td rowspan="3">서비스
제공
기능</td><td>가족기능 강화</td><td>1. 가족관계증진사업 : 가족원 간의 의사소통을 원활히 하고 각자의 역할을 수행함으로써 이상적인 가족관계를 유지함과 동시에 가족의 능력을 개발·강화하는 사업
2. 가족기능보완사업 : 사회구조 변화로 부족한 가족기능, 특히 부모의 역할을 보완하기 위하여 주로 아동·청소년을 대상으로 실시되는 사업
3. 가정문제해결·치료사업 : 문제가 발생한 가족에 대한 진단·치료·사회복귀 지원사업
4. 부양가족지원사업 : 보호대상 가족을 돌보는 가족원의 부양부담을 줄여주고 관련 정보를 공유하는 등 부양가족 대상 지원사업
5. 다문화가정, 북한이탈주민 등 지역 내 이용자 특성을 반영한 사업</td></tr>
<tr><td>지역사회보호</td><td>1. 급식서비스 : 지역사회에 거주하는 요보호 노인이나 결식아동 등을 위한 식사제공 서비스
2. 보건의료서비스 : 노인, 장애인, 저소득층 등 재가복지사업대상자들을 위한 보건·의료 관련 서비스
3. 경제적 지원 : 경제적으로 어려운 지역사회 주민들을 대상으로 생활에 필요한 현금 및 물품 등을 지원하는 사업
4. 일상생활 지원 : 독립적인 생활능력이 떨어지는 요보호대상자들이 시설이 아닌 지역사회에 거주하기 위해서 필요한 기초적인 일상생활 지원서비스
5. 정서서비스 : 지역사회에 거주하는 독거노인이나 소년소녀가장 등 부양가족이 없는 요보호대상자들을 위한 비물질적인 지원 서비스
6. 일시보호서비스 : 독립적인 생활이 불가능한 노인이나 장애인 또는 일시적인 보호가 필요한 실직자·노숙자 등을 위한 보호서비스
7. 재가복지봉사서비스 : 가정에서 보호를 요하는 장애인, 노인, 소년·소녀가정, 한부모가족 등 가족기능이 취약한 저소득 소외계층과 국가 유공자, 지역사회 내에서 재가복지봉사서비스를 원하는 사람에게 다양한 서비스 제공</td></tr>
<tr><td>교육문화</td><td>1. 아동·청소년 사회교육 : 주거환경이 열악하여 가정에서 학습하기 곤란하거나 경제적 이유 등으로 학원 등 다른 기관의 활용이 어려운 아동·청소년에게 필요한 경우 학습 내용 등에 대하여 지도하거나 각종 기능 교육</td></tr>
</table>

서비스 제공 기능	교육문화	2. **성인기능교실** : 기능습득을 목적으로 하는 성인사회교육사업 3. **노인 여가·문화** : 노인은 대상으로 제공되는 각종 사회교육 및 취미 교실운영사업 4. **문화복지사업** : 일반주민을 위한 여가·오락 프로그램, 문화 소외집단을 위한 문화 프로그램, 그 밖에 각종 지역문화행사사업
	자활지원 등 기타	1. **직업기능훈련** : 저소득층의 자립능력 배양과 가계소득에 기여할 수 있는 기능훈련을 실시하여 창업 또는 취업을 지원하는 사업 2. **취업알선** : 직업훈련 이수자 기타 취업희망자들을 대상으로 취업에 관한 정보제공 및 알선사업 3. **직업능력개발** : 근로의욕 및 동기가 낮은 주민의 취업욕구 증대와 재취업을 위한 심리·사회적인 지원 프로그램 실시사업 4. 그 밖의 특화사업
지역 조직화 기능	복지네트워크 구축	지역 내 복지기관·시설들과 네트워크를 구축함으로써 복지서비스 공급의 효율성을 제고하고, 사회복지관이 지역복지의 중심으로서의 역할을 강화하는 사업 – 지역사회연계사업, 지역욕구조사, 실습지도
	주민조직화	주민이 지역사회 문제에 스스로 참여하고 공동체 의식을 갖도록 주민 조직의 육성을 지원하고, 이러한 주민협력 강화에 필요한 주민의식을 높이기 위한 교육을 실시하는 사업 – 주민복지증진사업, 주민조직화 사업, 주민교육
	자원 개발 및 관리	지역주민의 다양한 욕구 충족 및 문제해결을 위해 필요한 인력, 재원 등을 발굴하여 연계 및 지원하는 사업 – 자원봉사자 개발·관리, 후원자 개발·관리

출처 : 보건복지부(2018). 2018 사회복지관 운영관련 업무처리 안내.

(2) 노인복지시설

건강하고 안정된 노후생활을 위하여 각종 노인복지서비스를 제공하는 시설을 말한다.

종 류	시 설	내 용
노인주거 복지시설	양로시설	노인을 입소시켜 급식과 그 밖에 일상생활에 필요한 편의를 제공함을 목적으로 하는 시설
	노인공동 생활가정	노인들에게 가정과 같은 주거여건과 급식, 그 밖에 일상생활에 필요한 편의를 제공함을 목적으로 하는 시설
	노인복지주택	노인에게 주거시설을 임대하여 주거의 편의・생활지도・상담 및 안전관리 등 일상생활에 필요한 편의를 제공함을 목적으로 하는 시설
노인의료 복지시설	노인요양시설	치매・중풍 등 노인성질환 등으로 심신에 상당한 장애가 발생하여 도움을 필요로 하는 노인을 입소시켜 급식・요양과 그 밖에 일상생활에 필요한 편의를 제공함을 목적으로 하는 시설
	노인요양공동 생활가정	치매・중풍 등 노인성질환 등으로 심신에 상당한 장애가 발생하여 도움을 필요로 하는 노인에게 가정과 같은 주거여건과 급식・요양, 그 밖에 일상생활에 필요한 편의를 제공함을 목적으로 하는 시설
노인여가 복지시설	노인복지관	노인의 교양・취미생활 및 사회참여활동 등에 대한 각종 정보와 서비스를 제공하고, 건강증진 및 질병예방과 소득보장・재가복지, 그 밖에 노인의 복지증진에 필요한 서비스를 제공함을 목적으로 하는 시설
	경로당	지역노인들이 자율적으로 친목도모・취미활동・공동작업장 운영 및 각종 정보교환과 기타 여가활동을 할 수 있도록 하는 장소를 제공함을 목적으로 하는 시설
	노인교실	노인들에 대하여 사회활동 참여욕구를 충족시키기 위하여 건전한 취미생활・노인건강유지・소득보장 기타 일상생활과 관련한 학습 프로그램을 제공함을 목적으로 하는 시설
재가노인 복지시설	방문요양 서비스	가정에서 일상생활을 영위하고 있는 노인으로서 신체적・정신적 장애로 어려움을 겪고 있는 노인에게 필요한 각종 편의를 제공하여 지역사회 안에서 건전하고 안정된 노후를 영위하도록 하는 서비스
	주・야간보호 서비스	부득이한 사유로 가족의 보호를 받을 수 없는 심신이 허약한 노인과 장애노인을 주간 또는 야간 동안 보호시설에 입소시켜 필요한 각종 편의를 제공하여 이들의 생활안정과 심신기능의 유지・향상을 도모하고, 그 가족의 신체적・정신적 부담을 덜어주기 위한 서비스
	단기보호 서비스	부득이한 사유로 가족의 보호를 받을 수 없어 일시적으로 보호가 필요한 심신이 허약한 노인과 장애노인을 보호시설에 단기간 입소시켜 보호함으로써 노인 및 노인가정의 복지증진을 도모하기 위한 서비스
	방문목욕 서비스	목욕장비를 갖추고 재가노인을 방문하여 목욕을 제공하는 서비스

노인보호 전문기관	중앙노인 보호전문기관	① 국가는 지역 간의 연계체계를 구축하고 노인학대를 예방하기 위하여 다음 각 호의 업무를 담당하는 중앙노인보호전문기관을 설치·운영하여야 한다. 1. 노인인권보호 관련 정책제안 2. 노인인권보호를 위한 연구 및 프로그램의 개발 3. 노인학대 예방의 홍보, 교육자료의 제작 및 보급 4. 노인보호전문사업 관련 실적 취합, 관리 및 대외자료 제공 5. 지역노인보호전문기관의 관리 및 업무지원 6. 지역노인보호전문기관 상담원의 심화교육 7. 관련 기관 협력체계의 구축 및 교류 8. 노인학대 분쟁사례 조정을 위한 중앙노인학대사례판정위원회 운영 9. 그 밖에 노인의 보호를 위하여 대통령령으로 정하는 사항
	지역노인 보호전문기관	② 학대받는 노인의 발견·보호·치료 등을 신속히 처리하고 노인학대를 예방하기 위하여 다음 각 호의 업무를 담당하는 지역노인보호전문기관을 특별시·광역시·도·특별자치도(이하 "시·도"라 한다)에 둔다. 1. 노인학대 신고전화의 운영 및 사례접수 2. 노인학대 의심사례에 대한 현장조사 3. 피해노인 및 노인학대자에 대한 상담 4. 피해노인가족 관련자와 관련 기관에 대한 상담 5. 상담 및 서비스 제공에 따른 기록과 보관 6. 일반인을 대상으로 한 노인학대 예방교육 7. 노인학대행위자를 대상으로 한 재발방지 교육 8. 노인학대사례 판정을 위한 지역노인학대사례판정위원회 운영 및 자체사례회의 운영 9. 그 밖에 노인의 보호를 위하여 보건복지부령으로 정하는 사항
노인 일자리 지원기관		① 노인의 능력과 적성에 맞는 일자리지원사업을 전문적·체계적으로 수행하기 위한 전담기관(이하 "노인일자리전담기관"이라 한다)은 다음 각 호의 기관으로 한다. 1. 노인인력개발기관 : 노인일자리개발·보급사업, 조사사업, 교육·홍보 및 협력사업, 프로그램인증·평가사업 등을 지원하는 기관 2. 노인일자리지원기관 : 지역사회 등에서 노인일자리의 개발·지원, 창업·육성 및 노인에 의한 재화의 생산·판매 등을 직접 담당하는 기관 3. 노인취업알선기관 : 노인에게 취업 상담 및 정보를 제공하거나 노인일자리를 알선하는 기관

노인 일자리 지원기관	② 국가 또는 지방자치단체는 노인일자리전담기관을 설치·운영하거나 그 운영의 전부 또는 일부를 법인·단체 등에 위탁할 수 있다. <신설 2011. 4. 7.> ③ 노인일자리전담기관의 설치·운영 또는 위탁에 관하여 필요한 사항은 대통령령으로 정한다. <개정 2011. 4. 7.> ④ 제1항 제2호의 노인일자리지원기관의 시설 및 인력에 관한 기준 등은 보건복지부령으로 정한다. <신설 2013. 6. 4.> [본조신설 2005. 7. 13.]
학대피해 노인 전용쉼터	① 국가와 지방자치단체는 노인학대로 인하여 피해를 입은 노인(이하 이 조에서 "학대피해노인"이라 한다)을 일정 기간 보호하고 심신 치유 프로그램을 제공하기 위하여 학대피해노인 전용쉼터(이하 "쉼터"라 한다)를 설치·운영할 수 있다. ② 쉼터의 업무는 다음 각 호와 같다. 1. 학대피해노인의 보호와 숙식제공 등의 쉼터생활 지원 2. 학대피해노인의 심리적 안정을 위한 전문심리상담 등 치유 프로그램 제공 3. 학대피해노인에게 학대로 인한 신체적, 정신적 치료를 위한 기본적인 의료비 지원 4. 학대 재발 방지와 원가정 회복을 위하여 노인학대행위자 등에게 전문상담서비스 제공 5. 그 밖에 쉼터에 입소하거나 쉼터를 이용하는 학대피해노인을 위하여 보건복지부령으로 정하는 사항

출처 : 노인복지법[시행 2019. 12. 12.][법률 제15881호, 2018. 12. 11., 타법개정].

(3) 장애인복지시설

장애인의 인간다운 삶과 권리보장을 위해 장애인의 의료, 교육, 직업재활, 생활환경 개선 등을 제공하여 장애인의 생활안정에 기여하는 등의 장애인복지서비스를 제공하는 시설을 말한다.

<table>
<tr><th>종 류</th><th>시 설</th><th>내 용</th></tr>
<tr><td rowspan="5">장애인 거주시설</td><td>장애유형별 생활시설</td><td>장애유형이 같거나 또는 유사한 장애를 가진 사람들을 입소 또는 통원하게 하여 그들의 장애유형에 적합한 의료·교육·직업·심리·사회 등 재활서비스와 주거서비스를 제공하는 시설</td></tr>
<tr><td>중증장애인 요양시설</td><td>장애의 정도가 심하여 항상 도움이 필요한 사람을 입소하게 하여 상담·치료 또는 요양서비스를 제공하는 시설</td></tr>
<tr><td>장애영유아 생활시설</td><td>6세 미만의 장애영유아를 입소 또는 통원하게 하여 보호함과 동시에 그 재활에 필요한 의료·교육·심리·사회 등 재활서비스를 제공하는 시설</td></tr>
<tr><td>장애인 단기보호시설</td><td>장애인을 일정 기간 보호하여 장애인에게 필요한 재활서비스를 제공하는 시설</td></tr>
<tr><td>장애인 공동생활가정</td><td>스스로 사회적응이 곤란한 장애인들이 장애인 복지전문 인력에 의한 지도와 보호를 받으며 공동으로 생활하는 지역사회 내 소규모 주거시설</td></tr>
<tr><td rowspan="3">장애인 지역사회 재활시설</td><td>장애인 복지관</td><td>장애인에 대한 각종 상담 및 사회심리 재활시설·교육·직업·의료재활 등 장애인의 지역사회 생활에 필요한 종합적인 재활서비스를 제공하고 장애에 대한 사회적 인식개선사업을 수행하는 시설</td></tr>
<tr><td>장애인 주간보호시설</td><td>장애인을 주간에 일시보호하여 장애인에게 필요한 재활서비스를 제공하는 시설</td></tr>
<tr><td colspan="2">장애인체육시설, 장애인수련시설, 장애인심부름센터, 수화통역센터, 점자도서관, 점서 및 녹음서 출판시설</td></tr>
<tr><td>장애인 직업재활 시설</td><td colspan="2">장애인보호작업장, 장애인근로사업장</td></tr>
<tr><td>장애인 의료재활 시설</td><td colspan="2">장애인을 입원 또는 통원하게 하여 상담, 진단·판정, 치료 등 의료재활서비스를 제공하는 시설/ 재활병·의원</td></tr>
<tr><td>기타시설</td><td colspan="2">장애인생산품 판매시설 외</td></tr>
</table>

출처 : 장애인복지법(일부개정 2011년 3월).

(4) 아동·청소년 복지시설

아동, 청소년이 건강하고 행복하게 자랄 수 있도록 복지서비스를 제공하는 시설을 말한다.

종 류	시 설	내 용
아동복지 시설	아동양육시설	보호대상아동을 입소시켜 보호, 양육 및 취업훈련, 자립지원 서비스 등을 제공하는 것을 목적으로 하는 시설
	아동일시 보호시설	보호대상아동을 일시보호하고 아동에 대한 향후의 양육대책수립 및 보호조치를 행하는 것을 목적으로 하는 시설
	아동보호 치료시설	아동에게 보호 및 치료 서비스를 제공하는 다음 각 목의 시설 가. 불량행위를 하거나 불량행위를 할 우려가 있는 아동으로서 보호자가 없거나 친권자나 후견인이 입소를 신청한 아동 또는 가정법원, 지방법원소년부지원에서 보호위탁된 19세 미만인 사람을 입소시켜 치료와 선도를 통하여 건전한 사회인으로 육성하는 것을 목적으로 하는 시설 나. 정서적·행동적 장애로 인하여 어려움을 겪고 있는 아동 또는 학대로 인하여 부모로부터 일시 격리되어 치료받을 필요가 있는 아동을 보호·치료하는 시설
	공동생활가정	보호대상아동에게 가정과 같은 주거여건과 보호, 양육, 자립지원 서비스를 제공하는 것을 목적으로 하는 시설
	자립지원시설	아동복지시설에서 퇴소한 사람에게 취업준비기간 또는 취업 후 일정 기간 동안 보호함으로써 자립을 지원하는 것을 목적으로 하는 시설
	아동상담소	아동과 그 가족의 문제에 관한 상담, 치료, 예방 및 연구 등을 목적으로 하는 시설
	아동전용시설	어린이공원, 어린이놀이터, 아동회관, 체육·연극·영화·과학실험전시 시설, 아동휴게숙박시설, 야영장 등 아동에게 건전한 놀이·오락, 그 밖의 각종 편의를 제공하여 심신의 건강유지와 복지증진에 필요한 서비스를 제공하는 것을 목적으로 하는 시설
	지역아동센터	지역사회 아동의 보호·교육, 건전한 놀이와 오락의 제공, 보호자와 지역사회의 연계 등 아동의 건전육성을 위하여 종합적인 아동복지서비스를 제공하는 시설
	아동보호 전문기관	지방자치단체는 학대받은 아동의 발견, 보호, 치료에 대한 신속처리 및 아동학대예방을 담당하는 아동보호전문기관을 시·도 및 시·군·구에 1개소 이상 두어야 한다. 다만, 시·도지사는 관할 구역의 아동 수 및 지리적 요건을 고려하여 조례로 정하는 바에 따라 둘 이상의 시·군·구를 통합하여 하나의 아동보호전문기관을 설치·운영할 수 있다. 1. 아동학대 신고접수, 현장조사 및 응급보호 2. 피해아동 상담·조사를 위한 진술녹화실 설치·운영 3. 피해아동, 피해아동의 가족 및 아동학대행위자를 위한 상담·치료 및 교육 4. 아동학대예방 교육 및 홍보 5. 피해아동 가정의 사후관리 6. 자체사례회의 운영 및 아동학대사례전문위원회의 설치·운영 7. 그 밖에 대통령령으로 정하는 아동학대예방사업과 관련된 업무

아동복지 시설	가정위탁 지원센터	지방자치단체는 보호대상아동에 대한 가정위탁사업을 활성화하기 위하여 시・도 및 시・군・구에 가정위탁지원센터를 둔다. 다만, 시・도지사는 조례로 정하는 바에 따라 둘 이상의 시・군・구를 통합하여 하나의 가정위탁지원센터를 설치・운영할 수 있다. 1. 가정위탁사업의 홍보 및 가정위탁을 하고자 하는 가정의 발굴 2. 가정위탁을 하고자 하는 가정에 대한 조사 및 가정위탁 대상 아동에 대한 상담 3. 가정위탁을 하고자 하는 사람과 위탁가정 부모에 대한 교육 4. 위탁가정의 사례관리 5. 친부모 가정으로의 복귀 지원 6. 가정위탁 아동의 자립계획 및 사례 관리 7. 관할 구역 내 가정위탁 관련 정보 제공 8. 그 밖에 대통령령으로 정하는 가정위탁과 관련된 업무
	아동권리 보장원	보건복지부장관은 아동정책에 대한 종합적인 수행과 아동복지 관련 사업의 효과적인 추진을 위하여 필요한 정책의 수립을 지원하고 사업평가 등의 업무를 수행할 수 있도록 아동권리보장원(이하 "보장원"이라 한다)을 설립한다. 1. 아동정책 수립을 위한 자료 개발 및 정책 분석 2. 제7조의 기본계획 수립 및 제8조 제2항의 시행계획 평가 지원 3. 제10조의 위원회 운영 지원 4. 제11조의2의 아동정책영향평가 지원 5. 제15조, 제15조의2, 제15조의3, 제16조, 제16조의2의 아동보호서비스에 대한 기술지원 6. 아동학대의 예방과 방지를 위한 제22조 제3항 각 호의 업무 7. 가정위탁사업 활성화 등을 위한 제48조 제6항 각 호의 업무 8. 지역 아동복지사업 및 아동복지시설의 원활한 운영을 위한 지원 9. 입양특례법에 따른 국내입양 활성화 및 입양 사후관리를 위한 다음 각 호의 업무 가. 입양아동・가족정보 및 친가족 찾기에 필요한 통합데이터베이스 운영 나. 입양아동의 데이터베이스 구축 및 연계 다. 국내외 입양정책 및 서비스에 관한 조사・연구 라. 입양 관련 국제협력 업무 10. 아동 관련 조사 및 통계 구축 11. 아동 관련 교육 및 홍보 12. 아동 관련 해외정책 조사 및 사례분석 13. 그 밖에 이 법 또는 다른 법령에 따라 보건복지부장관, 국가 또는 지방자치단체로부터 위탁받은 업무

출처 : 아동복지법[시행 2019. 7. 16.][법률 제16248호, 2019. 1. 15., 일부개정].

시 설	내 용
한국청소년 상담 복지개발원 (제22조)	1. 청소년 상담 및 복지와 관련된 정책의 연구 2. 청소년 상담·복지 사업의 개발 및 운영·지원 3. 청소년 상담기법의 개발 및 상담자료의 제작·보급 4. 청소년 상담·복지 인력의 양성 및 교육 5. 청소년 상담·복지 관련 기관 간의 연계 및 지원 6. 지방자치단체 청소년복지지원기관의 청소년 상담·복지 관련 사항에 대한 지도 및 지원 7. 청소년 가족에 대한 상담·교육 8. 청소년에 관한 상담·복지 정보체계의 구축·운영 9. 그 밖에 청소년상담원의 목적을 수행하기 위하여 필요한 부수사업
청소년상담 복지센터 (제29조)	〈서울시 청소년상담복지센터 주요 사업〉 1. **상담** : 개인면접 및 집단상담, 심리검사, 사이버상담, 전화상담(청소년전화 1388) 2. **긴급구조 및 위기개입** : 위기청소년 긴급구조 및 서비스 지원, 일시보호소 운영 3. **찾아가는 상담** : 청소년동반자 프로그램, 교육적 선도 프로그램, 학교부적응 청소년 지원 프로그램, 찾아가는 부모교육 프로그램 4. **자활 프로그램** : 성실 두드림존(취약계층 청소년 자립지원 프로그램 운영) 5. **연계지원서비스 CYS-NET** : 지역사회 청소년통합지원체계, Network 운영(서울시 청소년상담실협의회 운영, 실행위원회 운영, 1388 청소년지원단, 학교연계사업 등)
이주배경 청소년지원센터 (제30조)	① 여성가족부장관은 제18조에 따른 이주배경청소년 지원을 위한 이주배경청소년지원센터를 설치·운영할 수 있다. ② 이주배경청소년지원센터의 설치·운영 등에 필요한 사항은 대통령령으로 정한다. ※ 이주배경청소년지원재단의 주요 기능 – 이주배경 청소년 복지에 관한 종합적 안내, 청소년과 부모 상담 및 교육 – 이주배경 청소년의 지원을 위한 인력 양성 및 연수 – 이주배경 청소년에 대한 국민의 올바른 이해를 돕기 위한 사업 – 이주배경 청소년의 실태에 관한 조사 및 연구 – 이주배경 청소년의 사회적응을 위한 프로그램 개발 및 보급 등
청소년쉼터	가출청소년에 대하여 가정·학교·사회로 복귀하여 생활할 수 있도록 일정 기간 보호하면서 상담·주거·학업·자립 등을 지원하는 시설
청소년 자립지원관	일정 기간 청소년쉼터 또는 청소년회복지원시설의 지원을 받았는데도 가정·학교·사회로 복귀하여 생활할 수 없는 청소년에게 자립하여 생활할 수 있는 능력과 여건을 갖추도록 지원하는 시설
청소년치료 재활센터	학습·정서·행동상의 장애를 가진 청소년을 대상으로 정상적인 성장과 생활을 할 수 있도록 해당 청소년에게 적합한 치료·교육 및 재활을 종합적으로 지원하는 거주형 시설

청소년회복지원 시설	소년법 제32조 제1항 제1호에 따른 감호 위탁 처분을 받은 청소년에 대하여 보호자를 대신하여 그 청소년을 보호할 수 있는 자가 상담·주거·학업·자립 등 서비스를 제공하는 시설

출처 : 청소년복지 지원법[시행 2019. 3. 19.][법률 제15988호, 2018. 12. 18., 일부개정].

(5) 한부모가족 복지시설

한부모가족의 생활안정과 복지증진에 이바지함을 목적으로 한다.

시 설	내 용
모자가족 복지시설	1. **기본생활지원** : 생계가 어려운 모자가족에게 일정 기간 동안 주거와 생계를 지원 2. **공동생활지원** : 독립적인 생활이 어려운 모자가족에게 일정 기간 동안 공동생활을 통하여 자립을 준비할 수 있도록 주거 등을 지원 3. **자립생활지원** : 자립욕구가 강한 모자가족에게 일정 기간 동안 주거를 지원
부자가족 복지시설	1. **기본생활지원** : 생계가 어려운 부자가족에게 일정 기간 동안 주거와 생계를 지원 2. **공동생활지원** : 독립적인 생활이 어려운 부자가족에게 일정 기간 동안 공동생활을 통하여 자립을 준비할 수 있도록 주거 등을 지원 3. **자립생활지원** : 자립욕구가 강한 부자가족에게 일정 기간 동안 주거를 지원
미혼모자가족 복지시설	1. **기본생활지원** : 미혼 여성의 임신·출산 시 안전 분만 및 심신의 건강 회복과 출산 후의 아동의 양육 지원을 위하여 일정 기간 동안 주거와 생계를 지원(제5조에 따른 지원대상자 중 미혼이 아닌 여성의 임신·출산 시 안전 분만과 출산 후 양육 지원을 포함한다) 2. **공동생활지원** : 출산 후 해당 아동을 양육하지 아니하는 미혼모 또는 미혼모와 그 출산 아동으로 구성된 미혼모자가족에게 일정 기간 동안 공동생활을 통하여 자립을 준비할 수 있도록 주거 등을 지원
일시지원 복지시설	배우자(사실혼 관계에 있는 사람을 포함한다)가 있으나 배우자의 물리적·정신적 학대로 아동의 건전한 양육이나 모의 건강에 지장을 초래할 우려가 있을 경우 일시적 또는 일정 기간 동안 모와 아동 또는 모에게 주거와 생계를 지원하는 시설
한부모가족 복지상담소	한부모가족에 대한 위기·자립 상담 또는 문제해결 지원 등을 목적으로 하는 시설

출처 : 한부모가족지원법[시행 2019. 6. 19.][법률 제15989호, 2018. 12. 18., 일부개정].

(6) 정신건강증진시설

정신장애인과 가족의 욕구에 기초하여 정신장애인의 지역사회 생존과 적응에 필요한 다양한 재활과 복지서비스를 개발, 연결, 제공하며, 정신장애인의 능력 고취와 기능수준 향상을 통해 사회복귀를 돕기 위해 설립된 시설을 말한다.

시 설	내 용
정신요양시설 (제22조)	정신의료기관에서 의뢰된 정신질환자와 만성정신질환자를 입소시켜 요양과 사회복귀 촉진을 위한 훈련을 행하는 시설을 말한다.
정신의료기관 (제19조)	의료법에 따른 의료기관 중 제19조 제1항 후단에 따른 기준에 적합하게 설치된 병원(이하 "정신병원"이라 한다) 또는 의원 및 병원급 의료기관에 설치된 정신건강의학과를 말한다.
정신건강복지센터 (제15조)	정신건강증진서비스의 질적 향상을 위한 노력과 초기, 중증정신질환자의 지역사회정신건강서비스전달체계 및 지지체계 형성, 재활, 사회적응을 도와 인간적인 삶을 영위할 수 있도록 하고, 소아·청소년을 포함한 일반 시민들의 정신질환의 예방과 증진을 도모한다. 또한 정신건강복지센터는 자살예방상담, 정신질환 관리, 우울증 예방, 알코올중독 관리 등을 실시하는 시설이다.
정신재활시설 (제26조)	정신질환자를 정신의료기관에 입원시키거나 정신요양시설에 입소시키지 아니하고 사회복귀 촉진을 위한 훈련을 행하는 시설을 말한다. 1. **생활시설** : 정신질환자 등이 생활할 수 있도록 주로 의식주 서비스를 제공하는 시설 2. **재활훈련시설** : 정신질환자 등이 지역사회에서 직업활동과 사회생활을 할 수 있도록 주로 상담·교육·취업·여가·문화·사회참여 등 각종 재활활동을 지원하는 시설 3. 그 밖에 대통령령으로 정하는 시설

출처 : 정신건강증진 및 정신질환자 복지서비스 지원에 관한 법률(2017년 정신보건법에서 이름 변경) [시행 2019. 12. 12.][법률 제15907호, 2018. 12. 11., 일부개정].

(7) 노숙인복지시설

노숙인 발생 예방 및 노숙인들이 심신장애를 극복하여 정상적인 사회생활로 복귀할 수 있도록 신체적·심리적 치료의 재활기능을 담당하고, 실직 노숙인들에게 숙식서비스를 제공하여 생활안정 도모, 입소자들의 생활을 도와 취업의 기회를 제공하는 시설을 말한다.

시 설	내 용
노숙인 복지시설	노숙인복지시설의 종류는 다음 각 호와 같다. 1. **노숙인일시보호시설** : 노숙인 등에게 일시보호 및 복지서비스 연계 등을 제공하는 시설 2. **노숙인자활시설** : 노숙인 등의 자립을 지원하기 위하여 전문적인 직업상담·훈련 등의 복지서비스를 제공하는 시설 3. **노숙인재활시설** : 신체 및 정신장애 등으로 자립이 어려운 노숙인 등에게 치료 및 재활서비스를 제공하는 시설 4. **노숙인요양시설** : 건강상의 문제 등으로 단기간 내 가정 및 사회복귀가 어려운 노숙인 등에게 요양서비스를 제공하는 시설 5. **노숙인급식시설** : 제11조에 따른 급식시설 6. **노숙인진료시설** : 제12조에 따른 진료시설 7. **쪽방상담소** : 쪽방 밀집지역에서 쪽방거주자에 대한 상담·취업지원·생계지원, 그 밖의 행정지원 서비스를 제공하는 시설 8. 그 밖에 보건복지부령으로 정하는 시설
노숙인 종합지원센터	노숙인종합지원센터는 다음 각 호의 업무를 수행한다. 1. 제10조, 제12조 및 제13조에 따른 주거·의료·고용 지원을 위한 상담 및 복지서비스 연계 2. 제14조에 따른 응급조치 3. 복지서비스 이력 관리 4. 심리상담 5. 그 밖에 보건복지부령으로 정하는 사항

출처 : 노숙인 등의 복지 및 자립지원에 관한 법률
[시행 2019. 7. 16.][법률 제16242호, 2019. 1. 15., 일부개정].

(8) 여성 및 가족, 다문화 복지시설

여성 및 가족 복지기관은 여성 개개인의 인간다운 삶을 보장하고 조화로운 가족관계를 활성화하고, 가족생활이 지닌 가치를 강화하며, 가족 구성원 개개인의 건전한 인격발달과 사회인으로서의 기능을 수행할 수 없는 개인과 가족을 지원하기 위해 설립된 기관을 말한다.

시 설	내 용
성매매피해자 등을 위한 지원시설 (제9조)	1. **일반 지원시설** : 성매매피해자 등을 대상으로 1년의 범위에서 숙식을 제공하고 자립을 지원하는 시설 2. **청소년 지원시설** : 19세 미만의 성매매피해자 등을 대상으로 19세가 될 때까지 숙식을 제공하고, 취학·교육 등을 통하여 자립을 지원하는 시설 3. **외국인 지원시설** : 외국인 성매매피해자 등을 대상으로 3개월(「성매매알선 등 행위의 처벌에 관한 법률」 제11조에 해당하는 경우에는 그 해당 기간)의 범위에서 숙식을 제공하고, 귀국을 지원하는 시설 4. **자립지원 공동생활시설** : 성매매피해자 등을 대상으로 2년의 범위에서 숙박 등의 편의를 제공하고, 자립을 지원하는 시설 **제11조(지원시설의 업무)** ① 일반 지원시설은 다음 각 호의 업무를 수행한다. 1. 숙식 제공 2. 심리적 안정과 피해 회복을 위한 상담 및 치료 3. 질병치료와 건강관리를 위하여 의료기관에 인도(引渡)하는 등의 의료지원 4. 수사기관의 조사와 법원의 증인신문(證人訊問)에의 동행 5. 법률구조법 제8조에 따른 대한법률구조공단 등 관계 기관에 필요한 협조와 지원 요청 6. 자립·자활 교육의 실시와 취업정보 제공 7. 국민기초생활 보장법 등 사회보장 관계 법령에 따른 급부(給付)의 수령 지원 8. 기술교육(위탁교육을 포함한다) 9. 다른 법률에서 지원시설에 위탁한 사항 10. 그 밖에 여성가족부령으로 정하는 사항 ② 청소년 지원시설은 제1항 각 호의 업무 외에 진학을 위한 교육을 제공하거나 교육기관에 취학을 연계하는 업무를 수행한다. ③ 외국인 지원시설은 제1항 제1호부터 제5호까지 및 제9호의 업무와 귀국을 지원하는 업무를 수행한다. ④ 자립지원 공동생활시설은 다음 각 호의 업무를 수행한다. 1. 숙박 지원 2. 취업 및 창업을 위한 정보 제공 3. 그 밖에 사회 적응을 위하여 필요한 지원으로서 여성가족부령으로 정하는 사항

성매매방지 중앙지원센터 (제19조)	① 국가는 성매매방지활동 및 성매매피해자 등에 대한 지원서비스 전달체계의 효율적 인 연계·조정 등을 위하여 성매매방지중앙지원센터(이하 "중앙지원센터"라 한다)를 설치·운영할 수 있다. ② 중앙지원센터는 다음 각 호의 업무를 수행한다. 1. 이 법에 규정된 지원시설·자활지원센터·상담소(이하 "상담소 등"이라 한다) 간 종합 연계망 구축 2. 성매매피해자 등 구조체계 구축·운영 및 성매매피해자 등 구조활동의 지원 3. 법률·의료 지원단 운영 및 법률·의료 지원체계 확립 4. 성매매피해자 등의 자립·자활 프로그램 개발·보급 5. 성매매피해자 등에 대한 지원대책 연구 및 홍보활동 6. 성매매 실태조사 및 성매매 방지대책 연구 7. 성매매 예방교육 프로그램의 개발 8. 상담소 등 종사자의 교육 및 상담원 양성, 상담기법의 개발 및 보급 9. 그 밖에 여성가족부령으로 정하는 사항 ③ 중앙지원센터의 운영은 여성가족부령으로 정하는 바에 따라 비영리법인 또는 단체에 위탁할 수 있다. ④ 그 밖에 중앙지원센터의 조직·운영 및 종사자의 자격기준 등에 관하여 필요한 사항은 대통령령으로 정한다.
성폭력 피해 상담소 (제18조)	상담소는 다음 각 호의 업무를 수행한다. 1. 상담 및 현장 방문 2. 지원시설 이용에 관한 고지 및 지원시설에의 인도 또는 연계 3. 성매매피해자 등의 구조 4. 제11조 제1항 제3호부터 제5호까지의 업무 5. 성매매 예방을 위한 홍보와 교육 6. 다른 법률에서 상담소에 위탁한 사항 7. 성매매피해자 등의 보호를 위한 조치로서 여성가족부령으로 정하는 사항
자활지원센터 (제15조)	국가 또는 지방자치단체는 성매매피해자 등의 회복과 자립에 필요한 지원을 제공하기 위하여 자활지원센터를 설치·운영할 수 있다. 자활지원센터는 다음 각 호의 업무를 수행한다. 1. 작업장 등의 설치·운영 2. 취업 및 기술교육(위탁교육을 포함한다) 3. 취업 및 창업을 위한 정보의 제공 4. 그 밖에 사회 적응을 위하여 필요한 지원으로서 여성가족부령으로 정하는 사항
건강가정 지원센터 (제35조)	제3장 건강가정사업을 살펴보면, 제21조 가정에 대한 지원, 제22조 자녀양육 지원의 강화, 제23조 가족단위 복지 증진, 제24조 가족의 건강 증진, 제25조 가족부양의 지원, 제26조 민주적이고 양성평등한 가족관계의 증진, 제27조 가족단위의 시민적 역할 증진, 제28조 가정생활문화의 발전, 제29조 가정의례, 제30조 가정봉사원, 제31조 이혼예방 및 이혼가정 지원, 제32조 건강가정교육, 제33조 자원봉사활동의 지원 등을 실시한다.

다문화가족 지원센터 (제12조)	1. 다문화가족을 위한 교육·상담 등 지원사업의 실시 2. 결혼이민자 등에 대한 한국어교육 3. 다문화가족 지원서비스 정보제공 및 홍보 4. 다문화가족 지원 관련 기관·단체와의 서비스 연계 5. 일자리에 관한 정보제공 및 일자리의 알선 6. 다문화가족을 위한 통역·번역 지원사업 7. 그 밖에 다문화가족 지원을 위하여 필요한 사업

출처 : 성매매방지 및 피해자보호 등에 관한 법률
[시행 2018. 9. 14.][법률 제15450호, 2018. 3. 13., 일부개정];
건강가정기본법[시행 2018. 7. 17.][법률 제15350호, 2018. 1. 16., 일부개정];
다문화가족지원법[시행 2018. 6. 13.][법률 제15204호, 2017. 12. 12., 일부개정].

(9) 자원봉사 관련기관

자원봉사센터는 자원봉사활동, 개발·장려·연계·협력 등의 사업을 수행하기 위하여 법령과 조례 등에 의하여 설치된 기관·법인·단체 등을 말한다. 광역시·도 및 시·군·구에서 자원봉사센터가 운영되고 있다.

시 설	내 용
특별시·광역시·도 자원봉사센터	• 특별시·광역시·도 지역의 기관·단체들과의 상시협력체계 구축 • 자원봉사 관리자 및 지도자의 교육훈련 • 자원봉사 프로그램의 개발 및 보급 • 자원봉사 조사 및 연구 • 자원봉사 정보자료실 운영 • 시·군·자치구 자원봉사센터 간의 정보 및 사업의 협력·조정·지원 • 그 밖에 특별시·광역시·도 지역의 자원봉사 진흥에 기여할 수 있는 사업
시·군·자치구 자원봉사센터	• 시·군·자치구 지역의 기관·단체들과의 상시협력체계 구축 • 자원봉사자의 모집 및 교육·홍보 • 자원봉사 수요기관 및 단체에 자원봉사자 배치 • 자원봉사 프로그램의 개발·보급 및 시범운영 • 자원봉사 관련 정보의 수집 및 제공 • 그 밖에 시·군·자치구 지역의 자원봉사 진흥에 기여할 수 있는 사업

출처 : 자원봉사활동 기본법[시행 2017. 7. 26.][법률 제14839호, 2017. 7. 26., 타법개정].

(10) 학교현장

1987년 교육부에서 학교사회사업 시범연구사업을 시작하면서 공식적인 학교사회복지사 활동을 시작했으며, 사회복지사업법 시행령 개정(2018. 11. 23)에 따라 유예기간 종료(2020. 12. 12) 이후에는 국가자격증 발급이 이루어진다. 현재 학교사회복지사가 학교에 계약직이나 정규직으로 채용되어 활동하거나 지역사회기관에 소속된 채 학교에 파견되는 형태로 운영되고 있다.

학교사회복지사는 학생과 학생을 둘러싼 환경 중 가장 교육적 주체인 학교와 가정, 그리고 지역사회의 관계를 증진시키고 서로 보완·협력할 수 있도록 중재하고 연계하는 방법을 통해 학생의 다양한 욕구를 충족시키는 서비스를 제공한다.

(11) 교정기관과 시설

교정기관과 시설은 법무부의 교정국과 보호국 산하의 기관과 시설을 모두 포함해야 한다(최옥채, 1998). 즉, 지방교정청과 교도소 등을 포함하는 교정기관과 시설, 소년원과 보호관찰소 등의 보호시설로 구분하는 이들 현장은 주요 사회복지실천현장이 되어야 한다.

이들 기관과 시설에서 사회복지사는 범죄자나 비행청소년의 재활 및 사회복귀를 돕고, 범죄의 처벌 대신 사회의 적응을 도움으로써 지역사회의 범죄예방 및 문제해결을 도모하는 역할을 수행할 수 있다. 실천대상은 범죄자 및 비행청소년 피해자 및 그들의 가족, 범죄가 발생한 지역사회 등이며, 1987년 정부에서 교정시설에 전공자를 특별채용한 적이 있으나 아직까지 법제화되지는 않고 있다.

3) 최근 실천현장의 흐름과 동향

최근 공공성 강화와 관련된 복지정책들이 실행되고 있는 사회복지실천 현장들의 흐름과 구체적인 동향을 살펴보고자 한다.

(1) 공공 사례관리

지방자치단체 통합사례관리는 2012년 시군구에 희망복지지원단이 설치되면서 활성화되었으며 민관협력사례관리 체계도 실제적으로 마련되었다. 2017년부터는 서울시 찾아가는 동주민센터 사업의 전국 확산으로 "읍면동 복지허브화" 사업이 "찾아가는 보건복지서비스"(2017년 8월 국정과제로 확정)로 명칭이 변경되었으며 읍면동 단위의 통합사례관리 사업도 강화되고 있다. 읍면동 복지허브화는 주로 읍면동 지역과 권역을 중심으로 다양한 공공과 민간 주체가 협력하여 지역복지를 강화하기 위한 전달체계 개편으로 볼 수 있다(보건복지부, 2017).

찾아가는 복지서비스에서는 읍면동에 '찾아가는 복지전담팀'을 설치(팀장 포함 3명 이상)하여 찾아가는 복지상담, 위기가구 통합사례관리, 방문건강관리, 민간자원연계를 활용하고, 특히 복지통(이)장제 및 읍면동 단위 지역사회보장협의체 전국 시행・운영, 읍면동 주민 자치회와 상호협력을 강화한 복지사각지대 발굴, 서비스 안내 등 역할 강화를 꾀하고 있다. 찾아가는 동주민센터의 사례관리는 다양한 위기에 놓인 주민이 위기 상황을 극복하고 지역사회 내 구성원으로서 살아갈 수 있도록 사례관리자가 게이트 키퍼(gate keeper) 역할을 수행한다(보건복지부, 2017). 동 단위 민간복지기관과 통합사례관리로 지역 내 복지기관, 기타 유관기관 및 단체 등이 참여하여 수시 또는 정기적인 회의를 하며 사례의 효과적인 개입을 위한 정보공유, 역할분담, 주 사례기관 선정 등이 이루어진다(안기덕, 2017).

시군구 희망복지지원단은 복지 사각지대 발굴・지원과 찾아가는 보건복지서비스 강화를 위한 총괄·기획 기능 집중 및 전문성을 강화하며 일반 사례관리 업무를 읍면동에서 수행함에 따라 읍면동의 상담·사례관리 실적 평가 및 서비스 질 관리, 지역 자원 총괄관리의 역할을 한다. 이 외에도 컨설팅・교육・슈퍼바이저 등 읍면동 지원을 위한 역할 강화 업무가 있다(보건복지부, 2018).

특히 통합사례관리사업은 대상자 발굴, 초기상담, 대상자 접수, 욕구 및 위기도 조사, 사례회의, 대상자 구분・선정, 서비스제공계획 수립, 서비스 제공 및 점검, 종결, 사후관리 총 10단계로 구성되어 있으며, 희망복지지원단은 읍면동에서 초기상담 후 의뢰된 사례관리가구에 대해 대상자 접수부터 종결까지의 사례관리를 수행하고 있다(보건복지부, 2018).

〈고난도 사례 분류 기준〉

- 초기상담 시 주요 문제에 '안전(학대, 폭력, 방임 등)'과 '정신건강'의 두 가지 영역이 모두 포함된 사례
- 긴급복지지원법상 위기상황에 놓인 사례
- 지역사회 내 자원이 부족하거나 협력체계가 미흡한 경우 등 동에서 자체 해결이 불가능한 사례

(2) 사회서비스원과 커뮤니티케어

'사회서비스'란 국가・지방자치단체 및 민간부문의 도움이 필요한 모든 국민에게 복지, 보건의료, 교육, 고용, 주거, 문화, 환경 등의 분야에서 인간다운 생활을 보장하고 상담, 재활, 돌봄, 정보의 제공, 관련 시설의 이용, 역량 개발, 사회참여 지원 등을 통하여 국민의 삶의 질이 향상되도록 지원하는 제도로 정의할 수 있다(사회보장기본법 제3조 제3항).

사회서비스의 특성은 다음과 같다.

- Community Based : 지역사회에 기반하여 지역 주민의 니즈(needs) 반영
- Consumer Driven : 이용자에게 선택권을 부여하여 복지 분야에 "소비자 주권" 개념 도입
- Social Investment : 인적자원 개발을 위한 사회투자적 성격

지난 10여 년의 사회서비스 정책이 일자리 창출을 위한 서비스 발굴 및 확충, 사회서비스 시장 형성 및 산업화, 사회서비스 품질 제고를 목표로 추진되어 왔다면, 현 정부는 사회서비스 공공성 강화와 좋은 일자리 확충을 전면적으로 부각했다는 점에서 차별성을 보인다. 최근 사회서비스 영역에

서는 사회서비스원 설립, 사회서비스 일자리 확충, 커뮤니티케어 추진 등이 중점적으로 논의되었다. 2018년 5월에는 사회서비스원 설립 및 운영의 법적 근거가 되는 「사회서비스 관리 및 지원에 관한 법률안」이 발의되었다.

사회서비스원은 광역자치단체에서 설립, 운영하는 공익법인으로 국공립 어린이집, 요양시설, 종합재가센터 등 국공립 사회서비스 제공기관을 위탁받아 운영하는 등 사회서비스를 직접 제공하는 역할을 수행한다. 사회서비스원 설립은 사회서비스의 공공성 및 투명성과 서비스 종사자들의 일자리 질을 높이기 위한 국정과제로 추진되고 있다(보건복지부, 2019).

사회서비스원의 주요 역할은 다음과 같다.

① 국·공립 서비스 제공기관을 지방자치단체로부터 위탁받아 직접 운영하면서 서비스 제공

- 신규 설치시설 우선 위탁, 위·불법 발생 또는 평가 결과 저조 시설, 기타 시·군·구청장이 위탁하고자 하는 경우 등

〈표 2-1〉 **전통적 사회복지서비스와의 차이점**

	사회복지서비스	사회서비스
공급주체	국가	제3섹터(지역사회 기반)
대 상	수급자 등 빈곤층에 한정	서민·중산층까지 확대
서비스 내용	기본적 생활보장 서비스	기본적 생활보장 이외에 일상생활 지원·인적자본 확충 등 다양한 서비스
재정지원 방식	공급자 지원	수요자 지원
비용 부담	전액 국비 지원	본인 일부 부담
품질관리	국가(일방적)	국가, 지자체, 제공기관

출처 : 보건복지부 홈페이지.

- 사회서비스원에서 제공하는 서비스 유형은 기본적으로 모든 사회서비스를 대상으로 하되, 구체적인 서비스 유형 및 운영 시설의 종류는 시·도지사가 지역 여건 및 특성 등을 고려하여 결정. 다만, 서비스 수요가 많고 공공성 향상에 대한 국민 요구가 높은 '보육,

요양' 분야는 필수로 제공

② '종합재가센터'를 설립하여 각종 재가서비스를 통합 · 연계 제공
  - (예시) 장기요양, 노인돌봄, 장애인활동보조 등 유사서비스 종합제공
  - 재가서비스 사업의 규모화, 공공기관의 서비스 제공자 직접 고용 등을 통해 종사자 고용 안정성 및 처우개선 유도. (현행) 단일 서비스, 단시간, 시급제 → (개선) 통합서비스, 기본근무시간 보장, 월급제

③ 민간 제공기관의 서비스 품질향상을 위해 재무 · 회계 · 노무 등 상담 자문, 대체인력 및 시설 안전점검 등 지원

④ 지방자치단체의 지역사회 내 사회서비스 질 제고 등을 위한 정책 지원

⑤ 기타 공공성 제고 등을 위해 시 · 도지사가 필요하다고 인정하는 사업

이러한 사회서비스원의 설립과 커뮤니티케어 선도사업의 시작은 사회서비스 분야의 공공성 강화와 포괄성, 통합성 향상을 가능하게 할 새로운 패러다임을 형성하게 될 것이다(강혜규 외, 2019). 커뮤니티케어란 케어가 필요한 주민(노인, 장애인 등)들이 살던 곳에서 개개인의 욕구에 맞는 서비스를 누리고 지역사회와 함께 어울려 살아갈 수 있는 주거, 보건의료, 요양, 돌봄, 독립생활의 지원이 통합적으로 확보되는 지역주도형 사회서비스 정책이다(보건복지부, 2018). 즉, 첫째, 지역사회가 자기 실정에 맞는 통합돌봄 모델을 자주적으로 기획하고, 둘째, 수요자를 중심에 두고 주거, 보건의료, 요양, 돌봄 등 서비스를 지방자치단체와 민간기관이 협력하여 제공하는 전달체계를 마련하며, 셋째, 돌봄이 필요한 사람들이 읍면동 케어 안내창구를 통해 원스톱으로 상담과 안내를 받고, 살던 곳에서 욕구에 맞는 다양한 서비스를 통합적으로 누릴 수 있는 계기를 마련하게 되었다.

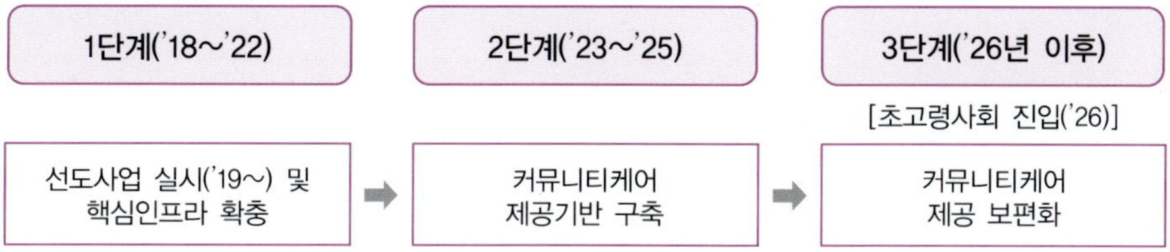

[그림 2-1] 지역사회 통합돌봄 로드맵

출처 : 보건복지부(2019). 지역사회 통합 돌봄(커뮤니티케어) 선도사업 추진계획.

생각해 볼 문제

1. 서구사회에서 일반사회복지실천(generalist social work practice)의 정착에 영향을 미친 역사적 배경에 대해 생각해 보시오.
2. 영국과 미국의 사회복지실천이 태동된 배경과 한국의 그것을 비교해 보고, 한국에서 사회복지전문직이 노력해야 할 앞으로의 과제에 대해 토론해 보시오.
3. 독일, 일본, 스웨덴 등 교재에 제시되지 않은 국가들의 사회복지실천 발달과정을 조사하여 토론해 보시오.
4. 사회복지실천의 대상을 구체적으로 설명하시오.
5. 사회복지사들이 활동하고 있는 주요 현장 가운데 1차 실천현장에는 어떠한 것들이 있는가?
6. 복지선진국들과 비교하여 우리나라에서 아직 개발되지 않은 사회복지실천현장은 어떠한 것들이 있으며 앞으로의 전망에 대해서도 설명하시오.
7. 본인이 관심있는 사회복지실천현장은 무엇인가?

CHAPTER

3 사회정의와 사회복지실천의 가치

1. 인권의 개념

인권(Human Rights)은 고정불변의 개념이 아니기 때문에 개념을 정의하기는 쉽지 않다. 과거에 인정받지 못한 권리들이 지금은 인권으로 보장되는 것처럼 인권의 내용은 새롭게 등장하는 내용으로 항상 수정되고 있어 인권의 영역은 확장되고 있다. 본 서에서는 사전적 정의와 법률적 정의를 살펴보고자 한다.

1) 사전적 정의

인권의 사전적 의미는 '인간이 인간답게 존재하기 위한 보편적이고 절대적인 인간의 권리 및 지위와 자격', '인간으로서 당연히 누려야 할, 인간답게 살 권리' 등을 의미한다. 이는 인간(人間) + 권리(權利)의 합성어이며, 영어인 'human rights'를 번역한 것이다(국가인권위원회, 2018).

2) 법률적 정의

'인권'이라는 용어가 분명한 의미를 지닌 중요한 개념으로 등장하게 된 것은 1948년 UN총회를 통해 「세계인권선언(Universal Declaration of Human Rights)」이 선포된 이후라고 볼 수 있다(국가인권위원회, 2018).

세계인권선언의 전문에서는 “모든 인류 구성원 고유의 존엄성과 동등하고 양도할 수 없는 권리의 인정은 세계의 자유, 정의 및 평화의 기초이다”(국가인권위원회 인권교육센터, http://edu.humanrights.go.kr)라고 밝히고 있어 인권을 ‘모든 인간이 존엄한 존재가 되기 위해 가져야 할 당연한 권리’로 보고 있다. 이는 인권의 사전적 개념을 보다 적극적으로 해석한 개념이다.

한편 우리나라 국가인권위원회법 제2조 제1호에서는 “인권이란 헌법 및 법률에서 보장하거나 대한민국이 가입·비준한 국제인권조약 및 국제관습법에서 인정하는 인간으로서의 존엄과 가치 및 자유와 권리를 말한다”라고 정의하고 있다.

이러한 세계인권선언과 국내법에 의한 정의에 따르면, 인권이란 ‘인간으로서의 본질적이고 선천적인 권리로서 인간 존엄성과 가치를 인정받고, 인간답게 살아가는 데 필요한 법적으로 보장된 권리’라고 할 수 있다.

2. 인권의 유형화

1) 자유권과 사회권으로서 인권

「세계인권선언」이 나온 이후 국제법으로서 구속력이 있는 구체적 인권규범이 요구되었고, 1966년 유엔 총회는 「경제적·사회적·문화적 권리에 관한 국제규약(‘A규약’ 또는 ‘국제 사회권 규약’)」과 「시민적·정치적 권리에 관한 국제규약(‘B규약’ 또는 ‘국제 자유권 규약’)」을 채택하였다. 두 협약은 1966년 채택되어 1976년에 발효되었다(평택대학교 다문화가족센터 편, 2008).

(1) 자유권(B규약) : 시민적·정치적 권리

시민적·정치적 권리는 자유권으로 명명되기도 하며, 여기에는 공적 권력이나 사적 억압으로부터 개인의 자유를 보호할 수 있는 내용이 중심을 이룬다. 자유권은 「세계인권선언」 제3~21조와 「시민적·정치적 권리에 관한 국제규약(B규약, 자유권규약)」(전문과 본문 53개조)에서 규정하고 있다(국가인권위원회, 2018).

- 생명권, 신체의 자유와 안전을 누릴 권리
- 차별받지 않고 법의 평등한 보호를 받을 권리, 남녀에게 동등한 권리 보장
- 고문과 잔인하거나 비인도적·모욕적인 취급, 형벌을 받지 않을 권리
- 양심과 사상 및 종교의 자유, 표현의 자유, 집회와 결사의 자유
- 사생활 및 개인정보, 가족생활을 존중받을 권리
- 정치 활동을 할 권리
- 적법절차에 따라 공정한 재판의 권리, 무죄추정의 원칙

(2) 사회권(A규약) : 경제적·사회적·문화적 권리

경제적·사회적·문화적 권리는 사회적 평등을 기초로 배분적 정의에 근거하여 제한된 가치의 생산과 자원의 배분에서 형평성을 보장받는 권리이다. 사회권은 「세계인권선언」 제22~27조와 「경제적·사회적·문화적 권리에 관한 국제규약(A규약 혹은 사회권 규약)」(전문과 본문 31개조)에서 규정하고 있다(국가인권위원회, 2018).

- 자유로운 선택에 따라 노동할 권리
- 차별받지 않고 동일노동에 대해 동등한 보수를 받을 권리
- 공정하고 쾌적한 노동조건에 대한 권리, 연소자 노동 보호
- 근로시간의 합리적 제한¸ 정기적 유급휴일을 포함한 휴식과 여가를 가질 권리
- 노동조합을 결성·가입하며 자유롭게 활동할 권리(노동자의 단결권)
- 노동쟁의권과 파업권
- 사회보험을 포함한 사회보장에 대한 권리
- 가정의 보호 및 지원에 관한 권리, 적절한 생활수준을 영위할 권리
- 가능한 최상의 신체 및 정신 건강을 영위할 권리
- 교육받을 권리, 문화를 향유할 권리

2) 인권의 3세대 유형화

인권의 3세대 분류는 프랑스 법학자 바삭(K. Vasak)의 3단계 인권론에 근거한 것이고, 오늘날 국제사회에서 일반화된 구분법이다. 바삭은 인권을 자유권과 사회권으로 분류하는 유형화가 이분법적이고 대립적 성격에 근거한 범주 분류로 지나치게 이데올로기적이며 단순화시켰다는 비판적 시각을 가지고 제3의 인권범주를 제안하였다(권혜령, 2018).

(1) 제1세대 인권 : 시민적 · 정치적 권리(자유권)

제1세대 인권은 시민적 · 정치적 권리로 자유권에 해당한다. 개인주의에 기반을 두고 민주주의와 시민사회를 효과적으로 공정하게 조직화하는 데 필수적으로 간주되는 기본적 자유에 집중한다. 그리고 또한 이 권리는 자연권의 일부로 간주되며, 법률적 메커니즘을 통해서 이루어진다(김형식 · 여지영 공역, 2001). 신체의 자유와 사상의 자유로 구분되며, 이는 보호되어야 할 기본권이다.

따라서 제1세대 인권은 국가의 통치와 간섭으로부터 개인의 정치 참여 및 자유를 보장하기 위한 권리로서 정부의 역할을 제한하기 때문에 소극적 권리 또는 대국가적 방어권이라고 불린다. 그 보호를 위해 국가가 "하지 말아야 할 것들"을 구체화하여 '~로부터의 자유'라는 성격을 가지고 있다(국가인권위원회, 2018; 김형식 · 여지영 공역, 2001).

시민적 · 정치적 권리와 동일하게 구체적으로는 생명권, 비인도적 처우와 형벌의 금지, 강제 노동의 금지, 선거권, 참정권, 거주이전의 자유와 주거를 선택할 자유, 공정한 재판의 보장, 법 앞에서 인간다운 대우, 사생활에 대한 개입금지, 사상, 양심, 종교의 자유, 의견과 표현의 자유 등을 규정한다.

(2) 제2세대 인권 : 경제적 · 사회적 · 문화적 권리(사회권)

제2세대 인권은 경제적 · 사회적 · 문화적 권리로 국가의 책임과 의무를 강조하고 적극적으로 제공할 것을 요구하는 적극적 권리이다. 제2세대 인권은 사회권으로 '~에 대한 권리'라는 성격을 가지며, 노동권, 복지권, 일반 사회권, 문화에 대한 권리 등이 포함된다. 따라서 이 영역의 권리는 국가에 대한 소극적 방어권을 본질로 하는 자유권과 달리 국가에 대한 적극적인 요구권이 핵심이라고 할 수 있다(국가인권위원회, 2018; 김형식·여지영 공역, 2001).

구체적으로는 사회보장에 대한 권리, 일할 수 있는 권리와 실업으로부터 보호받을 수 있는 권리, 일정 기간의 유급휴가를 포함한 휴식과 여유를 즐길 권리, 교육을 받을 권리 등을 말한다. 이들 권리는 일정 기준의 분배 정의에 따른 물질적인 가치에 대한 요구를 포함하고 있기 때문에 자원 배분에 국가의 개입을 필요로 한다(국가인권위원회, 2018; 김형식·여지영 공역, 2001).

(3) 제3세대 인권 : 연대와 단결의 권리(집합적 권리)

제3세대 인권 영역은 '연대와 단결의 권리'로 집합적 권리라고도 일컬어지는데, 현재 사회에서 개인을 중심으로 한 인권이 집단중심으로 옮겨오고 구조적인 문제로 중심축이 변해가는 것을 보여주는 것이다. 앞의 두 권리에 비해 연대와 단결의 권리는 논의의 역사가 그리 길지 않고 제도적으로 확립되지도 않은 생성단계에 있는 권리이다(권혜령, 2018; 김형식·여지영 공역, 2001).

제3세대 인권은 '연대'의 원칙에 근거한 집단적 권리로서 개인, 국가, 공·사단체, 국제공동체 등 모든 사회적 행위자들의 협력적 노력에 의해서만 실현될 수 있는 권리이다. 따라서 제3세대 인권은 제1, 2세대 인권 범주들이 전제하는 개인주의적 경향을 극복하는 새로운 인권의 범주로서 평화유지, 환경보호, 지속가능하고 평등한 발전 등 현대 사회가 직면한 새로운 도전들이 국가적·국제적 공동협력 없이는 해결될 수 없다는 점에서 '연대'적 성격을 강조한다. 구체적으로는 전쟁 없는 평화로운 사회 생활을 누릴 권리, 환경에 대한 권리, 민족자결권, 문화유산에 대한 권리, 경제개발에 참여하고 개발이익의 분배에 참여할 권리를 규정한 발전권 등이 이에 속한다(권혜령, 2018).

3. 인권과 사회복지

1) 인권의 3세대 유형화와 사회복지

인권과 복지의 관계는 밀접한 연관이 있음에도 불구하고 오랫동안 인권과 복지는 분리해서 다루어져 왔다. 국가가 사람이 살아가는 데 있어 필요한 최소한의 조건을 제공할 기본적인 책임이 있다는 점에는 동의하는 많은 사람들도 복지를 인간의 기본적인 권리로 보는 사람은 많지 않았다. 과거에는 많은 사람들이 시민적·정치적 권리만 인권의 영역으로 간주하는 경향이 있었기 때문이다. 그러나 시대적 발전에 따라 인권의 개념이 확장되고 인권과 복지의 관계에 대한 인식도 달라졌다. 이에 따라 사회복지 분야에서도 인권에 대한 관심이 상당히 높아졌다(국가인권위원회, 2018).

(1) 제1세대 인권(자유권)과 사회복지의 관계

인권의 3세대 유형화 중 제1세대 인권인 자유권은 국가가 보장해야 하는 기본권으로 우리나라의 헌법, 국가인권위원회법 그리고 기타의 법률에서 개인이 보장받을 수 있는 권리로 명기하고 있다. 따라서 사회복지정책 및 실천을 통해 보장하는 권리가 아닌 우리나라 국민이라면 기본적으로 국가가 보장해야 하는 기본권이다.

따라서 제1세대 인권과 사회복지와의 직접적 관련성은 다소 약한 편이다. 그러나 사회적 약자 중 자유권이 침해받는 경우가 많기 때문에 이 경우 사회복지사는 클라이언트의 자유권을 대변하고 옹호하는 옹호활동을 수행한다(평택대학교 다문화가족센터 편, 2008).

(2) 제2세대 인권(사회권)과 사회복지의 관계

제2세대 인권(사회권)은 사회복지와 관련성이 가장 높은 편으로 경제적·사회적·문화적 권리는 사회복지정책과 긴밀하게 연결되어 있다. 사회권은 사람이 사람답게 살며, 개인의 역량을 실현시키는 데 필요한 사회적 요건을 규정한 것으로서 구체적이고 적극적인 국가의 역할을 강조한다. 경제적 · 사회적 · 문화적 권리의 실현을 위해서는 주거와 교육, 의료 등의 시설을 확충하고 사회보장제도와 복지서비스를 제공해야 하므로, 국가 차원에서의 투자가 요구된다는 점에서도 사회복지정책과 맞닿아 있다고 할 수 있다.

「경제적 · 사회적 · 문화적 권리에 관한 국제규약」의 조항들은 사회복지정책이 추구해 온 내용을 명시하고 있다고 할 수 있다. 사회복지 정책의 핵심 영역인 노동의 권리와 노동조합에 가입할 권리, 사회보장을 받을 권리, 가정과 아동이 보호를 받을 권리, 적절한 생활 수준을 영위할 권리, 건강을 유지할 권리, 교육받을 권리, 문화생활을 영위할 권리 등을 규정하고 있다(국가인권위원회, 2018).

(3) 제3세대 인권(집합적 권리)과 사회복지의 관계

제3세대 인권(집합적 권리)은 개인 차원의 권리가 아닌 집단 차원의 권리로 지역사회나 국가적 차원에서 또한 세계적으로 함께 참여하여 만들어 나가는 권리이다. 따라서 제3세대 권리의 의무보유자는 개인뿐만 아니라 공 · 사적 집단, 국가, 국제기구 등으로 서로 간의 연대가 강조된다. 이러한 제3세대 인권은 사회복지 실천방법 중 지역사회조직, 국제사회복지실천 등과 관련이 높다고 할 수 있다. 제3세대 인권을 실현하는 중요한 수단 중 하나는 지역사회조직, 국제사회복지실천이 되겠지만, 제3세대 인권은 아직 제도적으로 확립되지도 않은 생성단계에 있는 권리로 보편적으로 승인되었다고 하기에는 이론적 · 현실적 한계가 존재한다.

2) 인권과 사회복지 관련법

인권을 보장하는 사회복지는 법의 제정과 그 맥을 같이한다. 우리나라 사회복지는 보완적 개념에서 제도적인 개념으로 전환됨에 따라 복지권은 모든 국민에게 부여되는 시민적 권리로 변화하고 있다.

우리나라의 헌법 제34조에서 "모든 국민은 인간다운 생활을 할 권리를 가진다"고 선언하면서 국가는 사회보장과 사회복지의 증진 등을 위한 의무가 있고 국민은 복지권을 가지고 있음을 분명하게 규정하고 있다. 그리고 자원의 공평한 분배에 대한 권리인 사회권은 사회보장기본법과 다양한 사회복지 관련법에서 구체화하고 있다. 특히 사회보장기본법 제3조에서는 국민의 권리로 사회복지제도를 설명하고 있다.

〈헌법 제34조〉

① 모든 국민은 인간다운 생활을 할 권리를 가진다.
② 국가는 사회보장·사회복지의 증진에 노력할 의무를 진다.
③ 국가는 여자의 복지와 권익의 향상을 위하여 노력하여야 한다.
④ 국가는 노인과 청소년의 복지향상을 위한 정책을 실시할 의무를 진다.
⑤ 신체장애자 및 질병·노령 기타의 사유로 생활능력이 없는 국민은 법률이 정하는 바에 의하여 국가의 보호를 받는다.
⑥ 국가는 재해를 예방하고 그 위험으로부터 국민을 보호하기 위하여 노력하여야 한다.

〈사회보장기본법 제3조〉

1. "사회보장"이란 출산, 양육, 실업, 노령, 장애, 질병, 빈곤 및 사망 등의 사회적 위험으로부터 모든 국민을 보호하고 국민 삶의 질을 향상시키는 데 필요한 소득·서비스를 보장하는 사회보험, 공공부조, 사회서비스를 말한다.
2. "사회보험"이란 국민에게 발생하는 사회적 위험을 보험의 방식으로 대처함으로써 국민의 건강과 소득을 보장하는 제도를 말한다.
3. "공공부조"란 국가와 지방자치단체의 책임하에 생활 유지 능력이 없거나 생활이 어려운 국민의 최저생활을 보장하고 자립을 지원하는 제도를 말한다.
4. "사회서비스"란 국가·지방자치단체 및 민간부문의 도움이 필요한 모든 국민에게 복지, 보건의료, 교육, 고용, 주거, 문화, 환경 등의 분야에서 인간다운 생활을 보장하고 상담, 재활, 돌봄, 정보의 제공, 관련 시설의 이용, 역량 개발, 사회참여 지원 등을 통하여 국민의 삶의 질이 향상되도록 지원하는 제도를 말한다.
5. "평생사회안전망"이란 생애주기에 걸쳐 보편적으로 충족되어야 하는 기본욕구와 특정한 사회위험에 의하여 발생하는 특수욕구를 동시에 고려하여 소득·서비스를 보장하는 맞춤형 사회보장제도를 말한다.

4. 사회복지실천의 가치

1) 가치의 개념

가치(value)는 지식(knowledge), 기술(skill)과 함께 사회복지실천의 3대 요소로서, 사회복지실천을 '어떻게(how)' 실행하는가 하는 방향성과 관련 있다. 사회복지실천에서 지식은 인지적 측면이며, 기술은 실천행동과 관련이 있다면, 가치는 사회복지실천의 감정적·정서적 측면으로 볼 수 있다(Johnson & Yanca, 2007). 가치란 일반적으로 믿음 및 신념으로 사회가 바람직하다고 여기는 것, 사회 구성원들이 행동해야 하는 방식, 적절한 삶의 조건에 대한 믿음을 의미한다.

따라서 가치란 일반적으로 사회 구성원들에 의해 결정된 바람직함의 기준으로 '무엇이 좋고 바람직한 것인가'에 대한 믿음으로 표현된다.

2) 사회복지실천의 가치

사회복지전문직은 윤리적이며 가치지향적인 전문직으로 사회복지실천에서 가치와 윤리는 중심을 차지하고 있다(Reamer, 1993).

(1) 사회복지실천의 이중적 가치 책임

사회복지사는 가치 지향에 있어 클라이언트와 사회에 대한 이중적 책임(dual responsibility)을 가진다. 이러한 이중 체계는 「NASW 윤리강령」에 잘 나타나 있다(http://www.socialworkers.org).

• 인간존엄성 존중

클라이언트가 사회적으로 책임 있는 자기결정권을 행사할 수 있는 존재라는 가치를 지닌다.

• 사회정의 지향

사회복지사는 정보, 서비스, 자원에 대한 접근에 대한 공평한 배분과 기회의 균등, 그리고 의사결정에 모든 사람의 실질적인 참여를 보장하고자 노력한다.

(2) 레비(Levi)의 사회복지전문직의 가치 범위

레비(Charles Levi)는 사회복지실천 가치에 우선하는 사회복지전문직 자체의 가치의 범위를 다음 세 가지로 나누어 설명하였다(Levi, 1973, 양옥경 외, 2005 재인용).

① 사람 우선의 가치

전문직 수행의 대상인 인간 자체에 대해 전문직이 갖추고 있어야 할 기본적 가치관이다. 개인의 가치와 존엄성, 개인의 건설적인 변화에 대한 능력과 욕구, 상호책임성, 소속의 욕구, 공통적인 인간의 욕구, 그리고 개개인의 독특성에 대한 가치 등이 속한다.

② 결과 우선의 가치

사람에 대해 서비스를 제공했을 때 초래하는 결과에 대한 가치관으로 공평한 기회 부여와 차별 금지 등 사회적 책임에 대한 가치이다.

③ 수단 우선의 가치

서비스를 수행하는 방법 및 수단과 도구에 대한 가치관이다. 인간의 자기결정권 존중, 비심판적 태도 유지 등이 속한다.

(3) NASW의 사회복지전문직의 핵심가치

NASW는 사회복지전문직의 기본적 가치로 다음 6가지를 정리하며 각 가치에 따른 윤리기준을 설정하고 있다. 그리고 사회복지전문직의 임무는 다음 핵심가치를 바탕으로 한다고 강조한다(http://www.socialworkers.org).

① 서비스(service)

사회복지사는 타인에 대한 서비스를 자기 이익에 우선하는 가치를 지니며, 욕구가 있는 사람들을 돕고 사회문제를 다루기 위해 자신의 지식, 가치와 기술을 사용한다. 사회복지사는 금전적 보상을 기대하지 않고 자신의 전문직 기술을 자발적으로 제공하는 가치를 갖는다.

② 사회정의(social justice)

사회복지사는 사회적 변화, 특히 취약하고 억압받는 개인 및 집단과 함께 또는 이들을 위해 사회적 변화를 추구하는 가치를 지닌다. 사회복지사가 추구하는 사회변화를 위한 노력은 여러 형태의 사회적 불공평에 그 주된 초점을 맞춘다.

③ 인간 존엄성 및 가치(dignity and worth of the person)

사회복지사는 개인적 차이와 문화적 및 인종적 다양성을 고려하면서 보호와 존경의 자세로 모든 사람을 존중하는 가치를 지닌다. 사회복지사는 클라이언트가 자기결정권을 행사하도록 지원하며 클라이언트의 욕구에 초점을 맞추고 역량을 강화하도록 도우며 변화의 기회를 증진시키도록 노력한다.

④ 인간관계의 중요성(importance of human relationships)

사회복지사는 인간관계가 변화를 위한 중요한 매개체라는 점을 인식하여 원조과정에 있는 모든 사람과 파트너로 관여한다. 사회복지사는 개인, 가족, 집단, 조직 및 지역사회의 복지를 증진하고 회복, 유지 및 향상을 위해 인간관계가 강화되도록 적극적으로 노력한다.

⑤ 진실성(integrity)

사회복지사는 사회복지전문직의 사명, 가치관, 윤리원칙, 윤리기준을 항상 숙지해 이에 일치되게 실천한다. 사회복지사는 정직하고 책임 있게 행동하며, 자신들이 속한 조직의 구성원으로서 윤리적인 실천을 한다.

⑥ 역량(competence)

사회복지사는 자신의 전문지식과 기술을 확충하고 이러한 지식과 기술을 실천에 적용하도록 애쓴다. 사회복지사는 사회복지전문직의 지식 기반이 확충되도록 힘써야 한다.

따라서 NASW 윤리강령에서는 사회복지전문직의 역사를 통해 형성된 이러한 핵심가치가 사회복지만의 독특한 목적 및 관점을 이루는 바탕이 된다고 주장한다. 그리고 이러한 핵심가치가 사회복지전문직의 독특성을 반영하며, 이러한 핵심가치로부터 나오는 원칙은 인간 경험의 복합성과 관계상황 안에서 균형을 이루어야 한다고 한다.

(4) 우리나라 사회복지사협회의 사회복지전문직의 핵심가치

한국사회복지사협회는 사회복지사(전문직) 윤리강령과 사회복지(기관) 윤리강령을 구분하여 제시하고 있다(http://www.welfare.net). 그 두 가지 윤리강령에서는 핵심가치를 구체적으로 설정하고 있지 않지만, 각 윤리강령 전문과 윤리기준을 통해 다음과 같은 가치를 도출할 수 있다(부록 1 참조).

① 인간 존엄성 가치 및 클라이언트의 권익 옹호

인본주의 및 평등주의 사상에 기초하여 인간 존엄성의 가치와 클라이언트의 권익을 옹호하는 가치를 지님

② 클라이언트의 주체성과 자기결정권

인간의 자유권과 생존권을 존중하여 클라이언트의 주체성과 자기결정권을 보장하는 가치를 지님

③ 사회정의와 평등 · 자유와 민주주의 가치

사회정의와 평등 · 자유와 민주주의 가치에 따라 사회적 및 경제적 약자를 옹호함

④ 사회복지사의 전문성 및 공정성

사회복지사는 스스로 전문적 지식과 기술을 개발하고, 사회적 가치를 실현하는 전문가로서의 능력과 품위를 유지하기 위해 노력함

5. 사회복지전문직의 윤리

1) 가치와 윤리의 관계

일반적으로 가치가 '무엇이 좋고 바람직한 것인가'에 관한 것이라면, 윤리는 '무엇이 옳고 그른가'에 관한 것이다. 따라서 가치는 믿음, 신념과 관계가 있으며, 윤리는 행동을 판단하는 기준과 지침이 된다.

가치와 윤리는 상호관련성이 높으며, 사회복지전문직의 윤리는 가치로부터 나왔다. 특히 사회복지전문직의 가치와 다른 사람 또는 타 전문직의 가치 사이에 존재하는 공통점과 차이점을 명료화하기 위해 윤리강령이 요구된다. 따라서 사회복지 윤리강령은 사회복지전문직의 정체성을 보여준다.

2) NASW 사회복지전문직 윤리강령의 주요 내용

NASW 윤리강령은 사회복지실천에 있어 윤리적 기준에 대한 가장 포괄적이며 현대적인 진술을 담고 있으며, 서문, 목적, 윤리적 원칙, 윤리적 기준 등 4개 부분으로 구성되어 있다. NASW 윤리강령은 사회변화에 따라 지속적으로 개정되어 왔으며, 2021년 최신 버전이 발표되었다. 「NASW 윤리강령」(2021)은 다음과 같다.

(1) 서문

서문은 사회복지실천의 사명과 전문직의 핵심가치, 사명에 대한 진술을 요약하고 있다.

① 인간복지를 증진하고 모든 사람의 기본적 욕구충족에 도움을 줌

사회복지사는 인간의 기본적 욕구인 의식주, 의료 등에 대해 중요한 관심을 두고, 특히 취약하고 억압받고 빈곤한 계층의 욕구 및 능력에 특별한 관심과 권한부여를 강조한다.

② 생태체계적 관점

사회복지사는 사회환경 안의 개인의 복지 및 사회복지에 초점을 둔다.

③ 사회정의와 사회변화를 촉진

사회복지사는 클라이언트를 위하여 그리고 클라이언트와 함께 사회정의와 사회변화를 촉진한다.

④ 문화 다양성과 인종 다양성에 대한 민감성과 차별 및 사회 부정의 해소

사회복지사는 문화 다양성과 인종 다양성에 민감하며, 차별 · 억압 · 빈곤 및 기타 사회 부정의(social injustice)를 해소하기 위해 노력한다.

⑤ 클라이언트의 범위

사회복지의 대상인 클라이언트의 범위는 개인, 가족, 집단, 조직, 지역사회를 포괄한다.

⑥ 사회복지의 주요 가치

사회복지는 서비스, 사회정의, 인간 존엄성 및 가치, 인간관계의 중요성, 진실성, 역량 등 주요 가치에 근거한다.

〈서문(Preamble)〉

사회복지 전문직의 기본적인 사명은 인간의 복지를 향상시키고 모든 사람의 기본적인 인간적 요구를 충족시키는 것이며, 특히 취약하고 억압받고 빈곤 속에 살아가는 사람들의 요구와 권한 강화에 중점을 두는 것이다. 사회복지의 역사적이고 개념적인 특징은 사회복지 전문직이 사회환경 안에서 개인의 복지와 사회의 복지에 초점을 맞춘다는 데 있다. 사회복지실천이 근본적으로 관심을 두는 것은 생활문제를 일으키거나 그에 영향을 미치고 심화시키는 환경요인에 주의를 기울이는 것이다.

사회복지사는 사회 정의와 사회 변화를 증진시키기 위해 클라이언트와 함께 일하고 그들을 대신하여 활동한다. '클라이언트'는 개인, 가족, 집단, 조직, 지역사회를 의미한다. 사회복지사는 문화 다양성과 인종의 다양성에 민감하며, 차별 · 억압 · 빈곤 그리고 기타 유형의 사회 불의를 없애기 위해 노력한다. 이러한 행동은 직접실천, 지역사회조직, 지도감독(supervision), 상담, 행정, 옹호, 사회적 및 정치적 행동, 정책 개발과 시행, 교육, 그리고 조사와 평가 등의 형태로 나타날 수 있다. 사회복지사는 또한 사람들이 스스로 자신의 욕구를 다루는 역량을 강화하도록 지원한다. 사회복지사는 더 나아가 조직, 지역사회, 기타 사회제도가 개인 욕구와 사회문제에 대해 책임성을 증진하도록 노력한다.

사회복지전문직의 임무는 핵심가치에 기반을 두고 있다. 이 핵심가치들은 (사회복지) 전문직의 역사를 통해 사회복지사들이 견지해 온 것으로 사회복지실천의 독특한 목적 및 관점에 기반을 두고 있다.

- 서비스
- 사회정의
- 인간의 존엄성 및 가치
- 인간관계의 중요성
- 진실성
- 역량

이러한 핵심가치의 구성은 사회복지 전문직의 독특성을 반영한다. 핵심가치들과 그로부터 파생된 원칙은 인간경험의 맥락과 복잡성 안에서 균형을 이루어야 한다.

(2) 윤리강령의 목적

NASW 윤리강령의 목적은 다음과 같다.

① 윤리강령은 사회복지실천 사명에 기반이 되는 핵심가치를 확인한다.

② 윤리강령은 사회복지전문직의 핵심가치를 반영하며, 사회복지실천의 지침으로 사용되어야 할 일련의 구체적 윤리기준을 요약한다.

③ 윤리강령은 전문직 의무에 갈등이나 윤리적 불확실성이 발생할 때 사회복지사가 적절한 고려사항을 확인해 볼 수 있도록 제정되었다.

④ 윤리강령은 일반 대중이 사회복지전문직의 책임으로 간주할 수 있는 윤리기준을 제공한다.

⑤ 윤리강령은 신규 사회복지사에게 사회복지실천의 사명, 가치, 윤리기준, 윤리원칙을 사회화한다.

⑥ 윤리강령은 사회복지사가 비윤리적 행위에 관여하고 있는지를 사정하기 위해 사회복지전문직 자체가 사용할 수 있는 기준을 명확히 표명한다. NASW는 회원에 대해 제기된 윤리적 고충신고를 판결하기 위해 공식절차를 두고 있으며 회원은 이를 준수해야 한다.

(3) 윤리원칙

윤리원칙은 핵심가치와 추구할 기준으로 6가지를 설정하고 있다.

① 가치 : 서비스

- 윤리원칙 : 사회복지사의 주요 목표는 욕구에 처한 사람들을 도우며 사회문제를 해결하고자 하는 것이다.

② 가치 : 사회정의

- 윤리원칙 : 사회복지사는 사회적 불공평에 도전한다.

③ 가치 : 개인의 존엄성 및 가치

- 윤리원칙 : 사회복지사는 개인의 타고난 존엄성과 가치를 존중한다.

④ 가치 : 인간관계의 중요성

- 윤리원칙 : 사회복지사는 인간관계의 본질적인 중요성을 인식한다.

⑤ 가치 : 진실성

- 윤리원칙 : 사회복지사는 신뢰감을 주도록 행동한다.

⑥ 가치 : 역량

- 윤리원칙 : 사회복지사는 자신의 능력이 미치는 범위 안에서 실천을 하며, 자신의 전문기술을 발전 및 강화시킨다.

(4) 윤리적 기준에 대한 구체적 원칙

NASW는 사회복지사의 전문적 활동과 관련된 윤리적 기준을 다음 6가지 주제로 구체적으로 구분하고 있다.

① 사회복지사의 클라이언트에 대한 윤리적 책임

- 사회복지사는 클라이언트에 대해 동반자로서 인간존엄성 관련 윤리적 책임을 갖고 개인정보와 비밀보장, 동의의 고지, 기록에의 접근, 사회복지사와 클라이언트 간의 신체적 접촉·성희롱·성적 관계 금지 등 의무조항 및 금지조항 등을 제시하였다.
- 개정 윤리강령의 주요 변경으로 기술(technology) 사용에 관한 부분이며, SNS 등 정보통신수단을 사용할 때 지켜야 할 윤리규정을 상세히 제시하였다.

② 사회복지사의 동료에 대한 윤리적 책임

- 사회복지사의 동료 관계와 관련된 윤리 규정으로 존경, 비밀보장, 다학문간 협동, 슈퍼비전, 서비스 의뢰, 동료 및 훈련생과의 성희롱·성적 관계 금지, 동료의 손상에 대한 금지 등 의무조항 및 금지조항 등을 규정하였다.
- 개정 윤리강령의 주요 변경으로 동료와의 관계에서도 기술(technology) 사용에 관한 부분으로 클라이언트나 다른 동료들을 구두, 서면, 정보통신수단을 통한 비방 금지 조항을 제시하였다.

③ 사회복지사의 실천현장에서의 윤리적 책임

- 사회복지사의 실천현장 관련 윤리규정으로 슈퍼비전, 교육 및 훈련, 업무평가, 기록, 의뢰, 행정, 능력개발, 감독자에 대한 의무, 노사분쟁 관련 의무조항 및 금지조항 등을 규정하였다.
- 개정 윤리강령의 주요 변경으로 사회복지사는 SNS 사이트 또는 전자매체를 사용하는 동안 발생할 수 있는 이중 또는 다중 관계에의 개입을 금지하고 있다.

④ 사회복지사의 전문가로서 윤리적 책임

- 전문가로서 사회복지사의 차별·사적 행위·사기·기만·손상·잘못된 권유 등 금지조항 등을 규정하였다.

⑤ 사회복지사의 사회복지전문직에 대한 윤리적 책임

- 전문직으로서 성실성, 평가와 조사 관련 의무조항을 규정하였다.

⑥ 사회복지사의 사회 전반에 대한 윤리적 책임

- 전문직으로서 사회복지 제도, 사회적·정치적 행동, 공공의 긴급사태 등 관련 의무조항을 규정하였다.

3) 한국사회복지사협회 사회복지전문직 윤리강령의 주요 내용

한국사회복지사협회의 사회복지사 윤리강령은 2023년 5차 개정되면서 시대 변화와 사회적 요구를 반영하여 개인정보 보호, 다양성 존중 등에 대한 내용을 강화했다.

(1) 서문

서문은 사회복지의 이념, 전문직의 사명과 핵심가치를 요약하고 있다.

① 인본주의·평등주의 사상에 기초하며, 사회정의와 평등·자유와 민주주의 가치 존중

② 모든 인간의 존엄성과 가치를 존중, 자유권과 생존권의 보장활동에 헌신

③ 클라이언트의 사회적 지위와 기능을 향상시키기 위해 클라이언트와 함께 일하며, 사회제도 개선과 관련된 제반 활동에 주도적으로 참여

④ 클라이언트의 주체성과 자기결정권을 보장하는 데 최선을 다하고, 부당하게 희생되는 일이 없도록 함

⑤ 사회복지사는 전문적 지식과 기술을 개발하고, 사회적 가치를 실현하는 전문가로서의 능력과 품위를 유지하기 위해 노력

(2) 핵심가치 및 윤리기준

핵심가치는 인간 존엄성과 사회정의이며, 윤리기준은 5가지 영역에서 사회복지사의 책임과 의무를 명료화하고 있다.

① 기본적 윤리기준

사회복지사는 전문가의 품위와 자질을 유지하고, 클라이언트를 차별 대우하지 않으며, 전문성 개발을 위한 노력을 하고 전문적 관계를 이용하여 부당한 영리를 취하지 않는다.

② 클라이언트에 대한 윤리기준

사회복지사는 클라이언트에 대하여 동반자로서 인간존엄성을 존중하며, 클라이언트의 권익옹호와 자기결정권을 최우선의 가치로 삼고 클라이언트의 사생활을 존중하고 보호하는 데 노력한다. 특히 사회복지사는 클라이언트에 대한 문서 정보, 전자 정보, 기타 민감한 개인 정보를 보호하며 제3자에게 공개할 때는 클라이언트에게 안내하고 동의를 얻어야 한다.

③ 동료에 대한 윤리기준

사회복지사는 존중과 신뢰로써 동료를 대하며, 사회복지전문직의 이익과 권익을 증진하기 위해 동료와 협력하고, 사회복지사는 슈퍼바이저의 전문적 지도와 조언을 존중해야 하며, 슈퍼바이저는 사회복지사의 전문적 업무수행을 도와야 한다.

④ 사회에 대한 윤리기준

사회복지사는 정치적 영역이 클라이언트의 권익과 사회복지 실천에 미치는 영향을 인식하여 사회정의 실현을 위한 사회정책의 수립과 법령 제·개정을 지원·옹호해야 한다. 그리고 사회복지사는 지역사회, 국가, 전 세계와 그 구성원의 복지 증진, 삶의 질 향상, 그리고 자연환경을 위해 적극적으로 노력해야 한다.

⑤ 기관에 대한 윤리기준

사회복지사는 기관의 사명과 비전을 확인하고, 정책과 사업 목표를 달성하기 위해 노력하고 기관의 부당한 정책이나 요구에 대하여, 전문직의 가치와 지식을 근거로 대응하고 제반 법령과 규정에 따라 해결하도록 노력해야 한다.

6. 사회복지실천의 윤리적 딜레마

1) 사회복지실천에서의 윤리적 딜레마

사회복지사들은 전문적 가치와 윤리기준을 가지고 있음에도 불구하고 실천현장에서 다양한 범주의 윤리적 딜레마를 겪게 된다.

사회복지실천에서의 윤리적 딜레마는 문제상황에서 서로 상반되는 해결책이 모두 그럴듯하고 완전하지 못할 때 발생하거나, 전문적 윤리기준 중 두 가지가 서로 갈등할 때 일어난다.

이러한 윤리적 딜레마를 해결하는 데 지침이 되는 것이 전문적 윤리강령이지만, 최선의 행동을 선택하기 위해서는 각 대안들을 면밀히 검토하고 우선순위를 두어야 한다(Kirst-Ashman & Hull, 2008). 즉, 윤리강령은 윤리적 결정을 내리는 데 지침을 제공하지만, 일반적으로 사회복지사에게 발생하는 특정한 상황에 대한 해답을 제공하지는 않는다.

사회복지사들이 겪는 윤리적 딜레마는 직접적 실천과 간접적 실천에서 모두 발생할 수 있다. 직접적 실천에서 발생하는 윤리적 딜레마는 개인, 가족, 집단 클라이언트와 일할 때 발생하는 것이며, 간접적 실천에서 발생하는 윤리적 딜레마는 지역사회조직, 사회정책 수립 및 행정활동을 할 때 발생하는 딜레마이다(고미영 외 공역, 2002).

2) 윤리적 딜레마의 예시

(1) 직접적 실천에서의 윤리적 딜레마 예시

〈사례 3-1〉

영미는 고등학교를 중퇴한 22세 미혼모로서 2세 된 여아와 함께 A모자복지시설에 거주하고 있다. 현재 주간에는 어린이집에 아기를 맡기고 직업훈련기관에서 미용기술을 배우고 있다.

그러나 영미는 열심히 직업훈련기관에 다니지 않으며, 6시에 어린이집에서 돌아오는 아기를 제대로 돌보지 않은 채 아기를 재운 후 야간외출을 하여 시설의 정문을 닫는 10시에 귀가하곤 한다. 때로는 혼자 살면서 장사하시는 어머니에게 아기를 맡기고 외박을 하여 어머니가 사회복지사에게 어려움을 호소하기도 한다.

영미가 계속 문제행동을 보여 A모자복지시설의 사회복지사가 정신과의원에 의뢰한 결과 영미는 경증의 우울증과 불안장애로 진단받았다. 그러나 영미는 병원에서 받아온 약도 잘 복용하지 않고 의사와의 상담약속도 잘 지키지 않으며 시설에서 제공하는 부모교육에도 참석하지 않고 있다.

영미는 계속 직업훈련기관의 결석, 아동방임, 프로그램 미참여 등 무책임한 행동을 하며 시설의 규정을 위반하고 있다. 사회복지사와 상담 시 아동양육에 대한 부담감을 호소하며 노력하겠다고 하지만 생활태도는 나아지지 않고 있다.

시설의 사회복지사가 영미와 영미의 어머니를 만나 상담을 하는 과정에서 영미의 어머니는 본인도 영미도 아기를 양육할 능력이 없고 아빠도 없는 상황에서 건강한 양부모에게로 입양이 최선의 선택이라고 강조하였다. 그러나 영미는 아기를 양육하겠다는 주장을 되풀이하고 있다.

영미와 아기를 담당하는 사회복지사는 다양한 윤리적 딜레마에 직면하고 있다.

첫째, 클라이언트(영미)의 자기결정권과 의사결정능력이 없는 클라이언트(영미 아기)의 권리와 이익을 보호할 수 있는 적절한 조치 간의 갈등이 있다.

둘째, 클라이언트(영미)의 선택능력에서 오는 문제로 영미는 이미 정신질환을 진단받았고 양육모로서 책임감 있는 행동을 하지 못하고 있다. 이러한 상황에서 올바른 문제해결을 위한 선택능력이 있는지의 문제가 있다.

셋째, 클라이언트의 선택이 가져올 예상에서 생기는 갈등으로 영미가 양육하기로 결정하였을 때 영미는 앞으로 계속 적절한 양육을 할 수 있을지 또는 입양을 결정하였을 때 입양이 최선의 선택이 될 수 있는지의 문제가 있다.

(2) 간접적 실천에서의 윤리적 딜레마 예시

〈사례 3-2〉

B장애인종합사회복지관에서는 서울시에서 지원을 받아 지난 해부터 중증장애인 이동목욕서비스를 제공하고 있다. 이동목욕서비스를 제공하는 지역은 거동이 불편한 중증장애인들이 많이 살고 있는 빈곤한 지역이어서 이동목욕서비스에 대한 욕구가 매우 높은 편이다. 현재는 20명의 중증장애인에게 2주에 한 번씩 이동목욕서비스를 제공하고 있다.

팀에서 내년 사업계획과 예산계획을 수립하면서 이동목욕서비스 예산이 동결되었으므로 한 달에 한 번씩 목욕서비스를 제공하여 서비스 대상을 늘리고, 기존 이동목욕서비스를 받은 장애인은 제외하며, 그동안 서비스를 받지 못했던 중증장애인을 새로 발굴해 40명에게 목욕서비스를 제공하는 것으로 결정하였다.

그러나 내년 사업계획이 알려지자 기존 서비스 대상 중증장애인들은 서비스 수혜를 지속적으로 받고 오히려 목욕서비스를 더 자주 해줄 것을 요구하고 있어 담당 사회복지사는 매우 난감한 상황이다.

B장애인종합사회복지관과 담당 사회복지사는 자원배분과 관련된 윤리적 딜레마에 직면하고 있다.

여기에서 관련된 것이 '분배적 정의'인데, 이는 부족한 자원을 개인과 지역사회 집단, 조직 등에 어떻게 배분할 것인가를 결정하는 기준과 윤리적 개념을 어떻게 사용할 것인가를 포함하고 있다(고미영 외 공역, 2002).

첫째, 제한된 자원의 분배와 관련된 윤리적 딜레마에 직면하고 있다. 이 사회복지사는 책임감 있는 프로그램을 운영하는 데 충분한 자원을 가지고 있지 못한 상황에서 제한된 자원으로 20명에게 책임 있는 서비스를 분배할 것인가 또는 40명에게 최소한의 서비스를 분산하여 분배할 것인가에 대한 딜레마에 처해 있다.

둘째, 기존 수혜자와 잠재적 수혜자 간의 형평성의 문제이다. 기회의 형평성을 강조한다면, 기존 수혜자가 아닌 잠재적 수혜자에게 기회를 주어야겠지만, 제한된 자원을 수혜자들의 개별 욕구수준에 따라 분배하게 된다면 또 다른 선정방식이 도입되어야 한다.

(3) 기타 예시

윤리적 딜레마의 다른 예로 다음과 같은 것들이 있다(제석봉 외 공역, 2006).

〈사례 3-3〉

(1) 15세 소녀가 그녀의 아버지가 자신을 학대해 왔는데 최근 몇 주 동안 달라진 것처럼 보인다고 이야기한다. 그 소녀는 사회복지사에게 경찰에 신고하지 말 것을 요청한다. 그녀가 다른 사람에게 말했다는 것을 아버지가 알게 된다면 보복할 것이라고 말한다.
(2) 17세 소녀가 사회복지사에게 부모님에게 알리지 않고 낙태를 할 수 있도록 도와달라고 말한다.
(3) 고등학교 2학년 클라이언트가 아르바이트를 하면서 고용주의 돈을 훔쳐 여분의 수입을 올리고 있다고 말한다. 그런데 사회복지사는 클라이언트에게 첫 만남에서 그들의 대화를 모두 비밀로 할 것이라고 강조하였다.

3) 윤리적 의사결정의 과정

사회복지사가 사회복지실천현장에서 경험하게 되는 윤리적 딜레마를 해결하기 위한 정확한 공식은 존재하지 않는다. 더구나 모든 경우에 적용되는 윤리적 원칙이나 기준이 있다는 것도 바람직하지 않다.

그럼에도 불구하고 사회복지사는 경험하는 윤리적 딜레마에 대해 윤리적 결정을 내려야 하고, 이때 윤리적 의사결정의 우선순위와 윤리적 의사결정의 과정은 도움이 된다.

(1) 윤리적 의사결정의 우선순위(심사원칙)

사회복지사가 윤리적 딜레마에 대해 윤리적 판단을 내릴 때 가장 우선적으로는 관련된 법을 지키고 사회복지사 윤리강령의 여러 가지 기준들을 고려해야 하지만, 관련법과 지침, 윤리강령으로도 해결되지 않을 때는 윤리적 의사결정을 내릴 수 있도록 윤리적 원칙과 지침을 알고 있어야 한다.

이에 대해 먼저 강조한 학자는 리머(Reamer, 1995)로 모순적 상황에서의 의사결정 지침으로 6가지를 제안하였다.

첫째, 개인의 기본 생존조건 우선원칙으로 인간 생존의 필수적인 조건(생명, 의식주 등)은 교육 및 여가활동 등 부가적 재화보다 우선한다.

둘째, 개인의 행복추구권으로 한 개인이 기본적 행복을 누릴 권리는 다른 사람이 자기결정을 할 권리보다 우선한다.

셋째, 개인의 자기결정권으로 개인이 자발적으로 자유의사에 따라 법이나 규칙, 규정의 준수는 존중된다.

넷째, 협회·단체의 법 및 규칙보다 개인의 행복추구권 우선의 원칙으로, 양자 간의 갈등이 일어날 경우 개인의 기본적 행복권의 보호가 필요한 경우 규칙의 준수보다 우선한다는 원칙이다. 이 경우는 매우 조심스러운 원칙이다.

다섯째, 전문가 집단 결정의 원칙으로 사회복지사가 윤리적 결정을 내릴 경우 다른 전문가 집단과 의논한 후 결정하는 원칙이다.

여섯째, 윤리적 결정과정의 증거서류원칙으로 윤리적 결정과정에 대한 서류를 모두 첨부하는 원칙이다.

돌고프 등(Dolgoff et al.) 역시 윤리적 의사결정의 우선순위를 '윤리적 원칙의 심사기준(ethical principles screen)'이라고 부르면서 윤리적 원칙은 위계가 있고, 그 위계에 따라 윤리적 의사결정을 할 것을 제안하고 있다(Dolgoff et al., 2005).

첫째, 개인의 기본적 욕구충족 원칙으로 사회복지사는 어떤 윤리원칙보다 가장 개인의 생명 및 기본 조건을 충족하는 데 노력해야 한다.

둘째, 공평한 처우 원칙으로 사회복지사는 클라이언트를 공평하고 균등하게 대우해야 한다.

셋째, 자유로운 자기결정권 및 자유의 원칙으로 사회복지사는 클라이언트가 자유롭게 자기결정을 내리고 자유를 보장받도록 해야 한다.

넷째, 최소한 침해의 원칙으로 클라이언트는 손상으로부터 보호받고 최소한으로 위해를 받도록 하는 원칙이다.

다섯째, 삶의 질 향상의 원칙으로 클라이언트는 보다 나은 삶의 질에 도달할 수 있도록 보장받아야 하며, 이에 우선하는 원칙은 첫째와 넷째 원칙이다.

여섯째, 사생활 및 비밀 보장의 원칙으로 사회복지사가 클라이언트가 제공하는 모든 정보에 관해 비밀을 지켜야 하는 원칙이다.

일곱째, 진실과 정보를 알릴 권리로 클라이언트가 진실을 알고자 할 때 사회복지사는 진실된 정보를 제공할 의무가 있다.

양옥경 등(2004)은 윤리적 결정의 우선순위를 사회복지실천의 가치전제를 기준으로 하여 다섯 가지로 제안하였다.

첫째, 생명보호로 사회복지사는 개인이나 사회의 기본적인 생존의 보장을 가장 중요하게 생각해야 한다.

둘째, 자기결정권으로 사회복지사는 클라이언트의 자율과 자유와 독립성을 최대한 존중하는 실천을 해야 한다.

셋째, 비밀보장과 알 권리로 사회복지사는 클라이언트의 정보에 대해 비밀을 보장하고, 클라이언트가 진실을 알고자 할 때는 알고자 하는 권리를 보장해야 한다.

넷째, 균등한 기회 제공으로 사회복지사는 모든 인간이 소득보장, 학업 및 취업, 의료혜택 등 균등한 기회를 제공받을 수 있도록 하여야 한다.

다섯째, 규칙준수로 사회복지사는 자신이 자발적으로 수용하는 규칙과 규정을 따라야 한다.

〈표 3-1〉 윤리적 의사결정의 우선순위(심사원칙)

구 분	Reamer(1995)	Dolgoff, Loewenberg & Harrington(2005)	양옥경 외(2004)
윤리원칙 1	• 개인의 기본 생존조건 우선 원칙	• 개인의 기본적 욕구충족 원칙	• 생명보호
윤리원칙 2	• 개인의 행복추구권	• 공평한 처우 원칙	• 자기결정권
윤리원칙 3	• 개인의 자기결정권	• 자유로운 자기결정권 및 자유 원칙	• 비밀보장과 알 권리
윤리원칙 4	• 협회 · 단체의 법 · 규정보다 개인의 행복추구권 우선 원칙	• 최소한 침해의 원칙	• 균등한 기회 제공
윤리원칙 5	• 전문가 집단 결정의 원칙	• 삶의 질 향상의 원칙	• 규칙준수
윤리원칙 6	• 윤리적 결정과정의 증거서류 원칙	• 사생활 및 비밀 보장의 원칙	
윤리원칙 7		• 진실과 정보를 알릴 권리	

(2) 윤리적 의사결정의 과정

윤리적 딜레마 상황에서 사회복지사의 의사결정은 일련의 단계를 밟아서 체계적으로 접근하는 것이 중요하다. 명확하게 공식화된 일련의 단계를 따름으로써, 사회복지사는 윤리적 결정의 질을 향상시킬 수 있다(고미영 외 공역, 2002).

〈단계 1〉 윤리적 이슈를 규명한다.
이때 상황에 대한 정보를 수집하고 갈등을 일으키는 사회복지실천의 가치도 분명히 한다.

〈단계 2〉 윤리적 결정에 의해 영향을 받을 가능성이 있는 개인이나 집단, 조직을 규명한다.

〈단계 3〉 실행 가능한 모든 행동방침과 각각의 경우에 포함되는 참여자들, 그리고 각 경우의 잠재적 이익과 위험을 잠정적으로 규명한다.

〈단계 4〉 다음의 관련사항을 고려하여, 각각의 행동방침을 찬성 또는 반대하는 이유와 근거를 철저하게 검토한다.
① 윤리강령, 법과 규정

② 사회복지실천 이론과 원칙

③ 개인적 가치, 특히 자신의 가치와 갈등을 일으키는 가치들

〈단계 5〉 동료와 전문가와 상담한다.

〈단계 6〉 결정을 내린 후 의사결정 증거서류를 첨부한다.

생각해 볼 문제

1. 한국사회복지사협회의 사회복지전문직의 핵심가치와 나의 가치는 일치하는가?
2. 가치와 윤리의 차이는 무엇인가?
3. 윤리갈등 예시 <사례 3-3>에 대해 나는 어떻게 윤리적 결정을 할 것인가?

CHAPTER

4 사회복지사의 전문성과 성찰적 실천

1. 사회복지전문직의 정체성

1) 사회복지전문직의 정체성 개념

사회복지의 발달역사에서 사회복지직은 전문직인가의 논의와 함께 전문직 정체성은 무엇인가가 그동안 끊임없이 제기되어 왔다. 전문직 정체성은 '다른 전문직과 구별되는 특성과 전문직에 종사하는 사람이 스스로 전문직업인으로 인식하는 주관적 평가'를 의미한다(박종우, 1994 재인용). 사회복지의 전문직 정체성의 의미를 바커(Barker, 1987)는 두 가지로 설명했다.

- 첫째는 전문직으로서 사회복지의 정체성을 일컫는 말이다. 이는 초창기부터 전문직화를 추구해 온 사회복지가 다른 전문직과 구별되는 특성을 의미한다.
- 둘째는 전문직 구성원으로서의 사회복지사들이 가지는 전문직업인으로서의 정체성을 말한다. 이는 전문직의 속성들을 내면화시킴으로써 전문적 성장과 발전을 도모하는 과정이다. 이것은 전문직의 지식, 기술, 자격을 소유하고 활용하며 전문직의 가치와 윤리를 존중하는 정도를 말한다.

2) 사회복지의 전문직 속성

사회복지의 전문적 속성은 전문직으로서의 특성을 의미하는 것으로 그린우드(Greenwood)는 사회복지사는 이미 전문직이며 계속 전문직화의 과정 중에 있다고 강조하였다(Greenwood, 1957).

(1) 그린우드(Greenwood)의 전문직 속성

그린우드(Greenwood, 1957)의 사회복지의 전문직 속성으로 다음 다섯 가지를 제시하며, 이는 모든 전문직이 갖는 속성이라고 설명하였다.

① 체계화된 이론(systematic body of theory) : 체계화된 지식기반과 기술

전문직인가 비전문직인가를 구분하는 가장 중요한 요소로 체계화된 지식기반과 기술을 의미한다. 따라서 사회복지전문직을 수행하기 위해서는 전문교육과 훈련이 요구된다.

② 전문적 권위(professional authority)

클라이언트와의 관계에서 사회복지직에 부여된 전문적 권위와 신뢰가 있어야 한다. 이를 위해 사회복지사는 전문적 교육을 통해 역량을 개발해야 한다.

③ 사회적 승인(sanction of the community, 재가)

사회복지전문직에 부여되는 권한과 특권이 사회적으로 승인되기 위해 전문 교육기관과 전문적 교육과정, 전문자격증 체계 등이 요구된다.

④ 전문직 윤리강령(regulative code of ethics)

전문직의 특권이 잘못 사용되는 것을 방지하고 구체적 윤리기준을 제공하기 위해 공식적이며 체계화된 윤리강령이 있어야 한다. 이러한 윤리강령은 이타적이고 공공서비스 지향적이며 전문직 행동의 기준이 된다.

⑤ 전문직 문화(the professional culture)

전문직은 전문적 가치나 규범을 공유하고 전문협회 등 네트워크를 통해 유지된다. 동일 분야에서 오랜 교육과 훈련을 통해 전문가집단에의 동일시된 고유문화를 가지는 특성이 있다

(2) 홀(Hall)의 전문직의 태도적 속성

홀(Hall, 1968)은 전문직의 태도적 측면의 주요한 속성으로 다음 다섯 가지를 제시하였다(박종우, 1994 재인용).

① 전문조직의 활용

전문조직을 활용하여 직업의 가치와 신념, 정체성을 강화하고 학술모임 등을 통해 공동체 의식을 형성한다.

② 공공서비스에 대한 신념

서비스의 속성이 개인이나 개인이 속한 집단의 이익이 아니라 대중을 위한 공공서비스를 추구한다는 신념이다.

③ 자기 규제에 관한 신념

전문직의 업무에 대한 판단은 전문가와 그 동료가 가장 잘 판단한다는 신념을 의미한다.

④ (경제적 이익추구 이상의) 전문직 소명의식

전문직에 대한 외부 보상과 경제적 이익이 적더라도 자신의 직업에 대한 헌신을 목적으로 인식하는 소명의식을 갖는 것을 의미한다.

⑤ 실무의 자율성

업무에 대한 자율성을 갖고 전문적 판단을 하는 것을 의미한다.

결국 사회복지가 전문직인가 아닌가에 대한 논쟁은 이제 더 이상 의미가 없으며, 사회복지직은 이미 전문직의 속성을 갖춘 것으로 평가된다. 따라서

전문직 구성원이 지식, 기술, 자격을 소유하고 활용하고 전문직의 가치와 윤리를 존중하며 전문가협회를 통한 공동체의식을 함양함으로써 전문직의 속성들을 내면화시키는 것이 더 중요한 이슈로 판단된다.

2. 사회복지사의 직무와 역할

헵워스(Hepworth) 등은 사회복지사가 수행하는 역할을 ① 직접적 서비스 제공자, ② 체계연계 역할, ③ 체계개발자, ④ 체계 유지 및 향상 역할, ⑤ 조사연구자 등 다섯 가지로 나누고 있다(Hepworth et al., 2006).

❙그림 4-1❙에서 보는 바와 같이, 직접적 서비스 제공에 관련된 역할에는 케이스워크 또는 상담, 부부 및 가족 치료, 집단서비스, 교육자/ 정보제공자가 있다. 그리고 체계연계 역할에는 중개자, 사례관리자/ 조정자, 중재자 그리고 클라이언트 옹호자가 있다. 체계 유지 및 향상 역할에는 조직분석가, 촉진자, 팀 구성원, 자문, 슈퍼바이저가 있다. 그리고 조사연구자에는 조사연구자와 조사소비자의 역할이 있다. 그리고 마지막으로 체계개발자에는 프로그램 개발자, 계획자, 정책 및 절차 개발자, (입법 및 사회정책에 대한) 옹호자 역할이 있다.

콤튼과 갤러웨이(Compton & Galaway)에 의하면, 개입단계에서 사회복지사의 역할에는 중개자, 조력자, 교사, 중재자, 옹호자의 다섯 가지 역할이 있다(Compton & Galaway, 1989). 그리고 커스트-애쉬먼과 헐(Kirst-Ashman & Hull)은 직접실천에서 사회복지사가 주로 수행하는 역할로 앞에서 제시된 다섯 가지 역할 외에 평가자와 사례관리자/ 조정자를 포함시키고 있다(Kirst-Ashman & Hull, 2009).

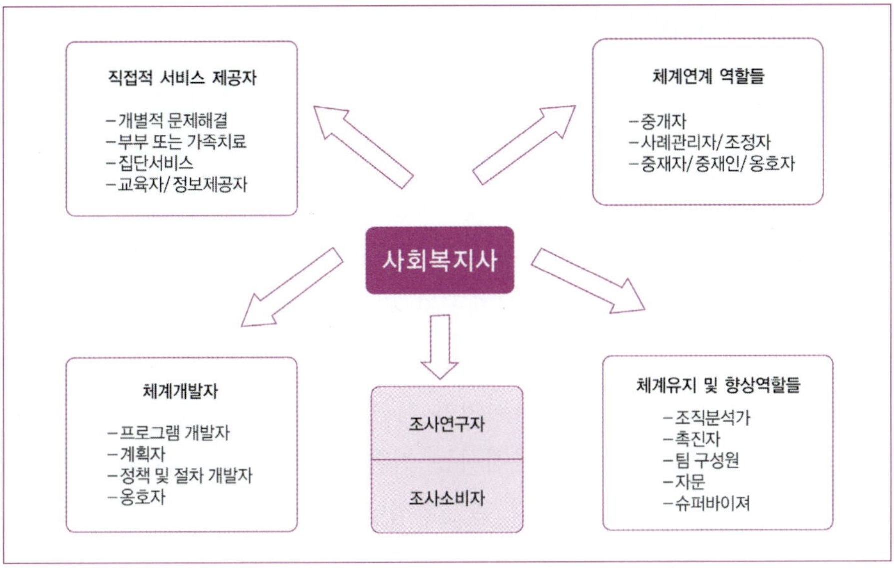

❙그림 4-1❙ 사회복지사의 역할

출처 : Hepworth et al.(2006).

한편 재스트로우(Zastrow, 1999)는 사회복지사가 개인, 집단, 가족, 조직, 지역사회와 작업하는 데 있어서 다양한 역할을 수행해야 한다고 하면서 조력자(enabler), 중개자(broker), 능력고취자(empowerer), 행동가(activist), 중재자(mediator), 협상가(negotiator), 교육자(educator), 시도자(initiator), 조정자(coordinator), 조사자(researcher), 집단촉진자(group facilitator), 대중연설가(public speaker) 등의 역할을 수행해야 한다고 제시하고 있다.

이처럼 사회복지사는 사회복지실천현장에서 다양한 개인들과 집단을 대상으로 활동하며, 지속적으로 변화하는 지역주민들의 욕구에 따라 과제를 수행하는 것이 요구되므로 다양한 역할을 수행해야 한다. 본 서에서는 헵워스(Hepworth)의 견해를 중심으로 사회복지사의 역할을 살펴보고자 한다.

1) 직접서비스 제공하기

사회복지사는 클라이언트와 직접 대면하여 클라이언트의 욕구와 문제를 해결하기 위해 심리적인 치료 및 상담과 같은 직접서비스를 제공한다. 또한 클라이언트가 필요로 하는 정보를 제공하거나, 집단이나 대중에게 효과적인 사회기술을 교육하는 기능을 제공한다. 예를 들면, 심리치료사나 상담자, 가족치료사, 집단지도자, 정보제공자 및 교육자 등의 역할이 있다.

심리치료사나 상담자의 역할은 특히 개별사회사업(case work)과 집단사회사업(group work)의 접근에서 중요시되어야 하는 역할이라 할 수 있다. 이러한 역할을 수행하기 위해서 사회복지사는 기본적으로 인간의 심리와 발달을 이해하고 있어야 하며, 면접이나 관계형성에 대한 실천기술을 습득하여야 한다. 특히 최근에는 약물중독이나 정신건강의 문제를 가지고 있는 클라이언트가 증가하고 있기 때문에 이러한 문제를 해결하기 위한 전문적 지식과 기술을 갖추는 것이 필요하다.

효과적인 교육자로서의 역할을 수행하기 위해 사회복지사는 많은 전문지식과 정보를 알아야 한다. 예를 들면, 청소년에게 성교육을 제공하거나 장애아동 부모들에게 장애아동 양육기술 등을 교육시키는 것을 들 수 있다. 또한 클라이언트의 특정 행동을 변화시키도록 돕기 위해서는 개인이나 집단상담, 의사소통기술 등을 포함한 대인적 실천기술을 갖출 필요가 있다.

2) 다양한 체계와 연결하기

클라이언트는 종종 기존의 사회기관이 제공하지 못하는 자원을 필요로 하고, 유용한 자원에 대한 정보가 부족하거나 그것을 이용할 능력이 부족하다. 그래서 사회복지사는 사람들을 다른 자원과 연결시키는 역할을 수행하며 클라이언트를 다른 체계와 연계하는 역할을 한다.

(1) 중개자

중개자는 클라이언트가 필요로 하는 지역사회의 자원이나 서비스 체계를 연계하는 역할로서 사례관리의 핵심적 기능을 수행한다. 중개자는 주민이 필요로 하는 법률적 도움이나 다른 자원을 얻도록 도와주며, 지역사회의 다양한 집단, 기관, 단체들이 상호이익을 도모하기 위해 교류할 수 있도록 돕는 역할을 한다. 예를 들면, 주민들이 스스로 필요로 하는 자원이 어디에 있다는 것을 가르쳐 줌으로써 이에 접근할 수 있게 해주는 것이다.

중개자의 역할을 위해서는 사회복지사가 지역사회의 자원(임시보호기관, 쉼터 등)이나 기관의 특성에 대해 충분한 지식과 정보를 가지고 있어야 한다. 특히 기관의 수혜자격 기준(소득이나 연령제한 등)에 대한 지식을 필요로 한다. 즉, 사회복지사는 다양한 서비스와 활용 가능한 프로그램에 관한 지식이 있어야 하고, 각 개인의 강점과 약점에 관한 사정을 해야 하며, 자원에 접근하는 절차를 이해하고 있어야 한다. 또한 중개하려면 사회복지사가 서비스 전달체계의 다양한 부분들과 지속적 상호작용을 촉진하는 것이 필요하다. 사회복지사는 누가 클라이언트에게 가장 많은 도움을 줄 수 있는지 파악하고 있어야 한다(Kirst-Ashman & Hull, 2009). 한마디로 능력을 갖춘 사회복지사가 되려면 클라이언트의 욕구를 파악하는 능력뿐 아니라 이를 충족시킬 수 있는 자원체계에 대한 정보에 정통해야 할 필요가 있다는 것이다(엄명용 외, 2000).

(2) 사례관리자/ 조정자

사례관리자는 클라이언트의 욕구나 문제가 무엇인지를 파악한 후 필요한 자원이나 서비스를 개발하고 연계시켜 주며, 이러한 서비스가 서비스의 목표에 따라 지속적으로 잘 제공되고 있는지를 관리하고 도와주는 역할이다. 특정 기관의 제한된 자원만으로는 클라이언트의 문제를 효과적으로 해결할 수 없거나 다른 체계에 의뢰하는 것만으로 문제해결을 하기에 능력, 기술, 지식 또는 자원이 부족할 경우 사회복지사는 클라이언트의 욕구를 사정하고 다른 체계에서 제공되는 재화와 서비스의 전달을 조정하는 사례관리자의 역할을 담당하게 된다. 사례관리자의 역할은 다른 어떤 역할보다 클라이언트와 그 환경 간의 공유영역에서 실천가로서 기능해야 한다(최해경, 2009).

(3) 중재자(판단자)

중재자는 기관이나 조직의 차원에서 서로 다른 두 집단 간의 갈등이나 이해관계를 관철시키는 역할자로서 견해가 다른 개인이나 집단 사이의 의사소통을 향상하고 타협하도록 돕고, 양측이 서로의 입장을 이해하고 있는지 확인해야 한다. 또한 중재자는 자원의 개발을 위해서 집단이나 조직 간에 네트워크를 형성하거나, 기관 내 의사소통이나 갈등 등을 조절한다. 중재자는 위치를 분명히 하고, 의사를 잘못 전달하는지를 인식하며, 관련 당사자가 입장을 명확히 밝히도록 도와주는 역할이 필요하다.

성공적인 중재자 역할을 위해 사회복지사는 쌍방이 상대방의 주장이 가지는 합법성을 인정하도록 돕고, 쌍방이 모두 성공적 결과를 희망하고 있음을 이해시키며, 갈등조정기술을 적절하게 활용할 수 있어야 한다(Compton & Galaway, 1989; Kirst-Ashman & Hull, 2009).

(4) 클라이언트 옹호자

옹호란 사회정의를 지키고 유지하려는 목적으로 개인, 집단, 지역사회의 입장에서 직접적으로 대변·개입·지지하는 행동을 포함한다. 사회복지실천 초창기부터 사회복지사의 주요 역할인 옹호자의 역할은 클라이언트 개인이나 집단의 권익보호를 위해 새로운 자원이나 서비스를 제공하도록 대신 촉구하는 정치적인 역할을 수행하며, 특히 클라이언트가 필요한 것을 얻을 힘이 거의 없을 때 적절하다. 중재자의 역할이 양측의 이해를 절충하고 타협하여 공동의 이해영역을 도출하는 역할임에 비해, 옹호자의 역할은 클라이언트의 이해와 권리만을 대변하는 역할이다. 단, 사회복지사는 클라이언트의 권리나 이익을 법적인 범위 안에서만 옹호할 수 있다(김융일 외, 1995).

사례옹호(case advocacy) – 클라이언트 개인이나 가족들에게 자격이 있음에도 불구하고 서비스가 거부되었을 때 이 서비스를 받을 수 있도록 돕고 이 서비스가 이들의 존엄성을 지켜주는 방식으로 전달되도록 하는 것

계층옹호(class advocacy) – 특정 계층이나 집단에게 영향을 미치는 정책, 실천 혹은 법을 변화시키고자 하는 것

계층옹호와 사회행동이 적절한 경우(Hepworth et al., 2006)

① 서비스나 급여가 수혜자격을 가진 집단이나 지역사회에게 거부되었을 때
② 서비스나 실천이 비인간적이거나 대결적이거나 혹은 강요적일 때
③ 인종, 성별, 성적 지향, 종교, 문화, 가족형태 혹은 다른 요인 때문에 차별적인 실천이나 정책이 실시될 때
④ 서비스나 급여의 틈새가 불필요한 어려움을 가져오거나 역기능에 기여할 때
⑤ 정부 또는 기관의 정책과 절차, 지역사회 혹은 직장에서 하는 일이 집단의 사람들에게 불리하게 영향을 미치거나 이들을 표적으로 할 때
⑥ 상당히 많은 사람들이 공통욕구를 가졌으나 이를 위한 자원이 이용 가능하지 않을 때
⑦ 클라이언트의 시민 혹은 법적 권리가 거부되었을 때

3) 체계유지와 강화하기

(1) 조직분석가

정책, 서비스 전달체계와 과정을 분석하고 보다 효율적으로 운영될 수 있도록 복지기관이나 조직을 만드는 역할을 하며, 조직이론과 행정이론에 관한 지식은 이 역할을 수행하는 데 필수적이다.

(2) 팀성원

많은 기관에서 사회복지사는 클라이언트의 문제와 서비스 전달에 협력하는 임상팀의 일원으로 활동하게 된다. 여러 기관 및 공공기관에서 전문가나 기관과 팀 협력을 통해 클라이언트의 문제를 복합적으로 사정하여 타 전문가가 제공할 수 있는 유용한 정보를 클라이언트에게 연계하는 독특한 역할이다. 팀 구성원으로서 사회복지사는 가족역동과 관련된 자료수집에 기여하고, 가족 구성원과의 치료적 작업에 관여한다.

(3) 촉진자

서비스 전달을 방해하는 요인을 정확하게 파악한 후 서비스 전달체계를 강화하는 방법을 계획하고 실행하는 역할을 한다. 기관 행정가들에게 관련된 정보데이터를 제공하고, 문제를 제기하는 임원회의를 추천하며, 저항하는 행정가에게 압력을 행사하기 위해 다른 직원들과 합동으로 작업하고, 필수적인 기관 내부 서비스 교육에 참가하는 등의 활동을 포함한다.

(4) 자문가

자문은 사회복지사가 클라이언트에 대한 지식, 기술, 태도를 발전시키고 수정해서 클라이언트에게 효과적으로 서비스를 전달할 수 있도록 하는 과정이다. 즉, 자문은 사회복지사나 서비스제공자가 다른 직종의 전문가에게 클라이언트의 문제해결을 위한 자문을 제공하는 것을 말한다. 또한 사회복지사도 전문지식이 필요한 문제에 대해서는 전문사회복지사 등으로부터 자문을 받아야 한다.

4) 연구와 조사 활용하기

연구자는 관심 있는 주제에 관한 문헌연구나 자신의 실무에 대한 평가, 프로그램에 대한 분석, 지역사회 욕구조사 등의 활동을 통해 이론적 또는 실천적인 전문직으로 발전시키는 활동을 수행하는 역할을 한다. 즉, 지식개발을 위해 조사나 연구 등을 수행하고 관련분야에서의 조사, 연구 및 실무의 진행과 평가 등을 통해 전문이론의 발전을 도모하고 동료들과 그 결과를 공유한다. 또한 사회복지사는 자신이 제공한 서비스를 과학적이고 체계적으로 평가할 책임이 있으며, 이러한 과정을 위해 사회복지사는 연구를 수행하고 또한 연구들을 활용해야 한다.

5) 체계 개발하기

프로그램 개발자, 기획가, 정책 및 절차 개발자, 옹호자로서 새롭게 나타나는 사회문제에 대한 제한점을 파악하고 이를 보완한다. 또한 사회복지사는 미충족된 클라이언트의 욕구, 서비스 간의 괴리, 예방적 서비스에 대한 욕구로 인해 기관의 서비스를 확대하거나 개선하기 위해 체계발전과 관련된 역할 등을 담당한다.

프로그램 개발자로서 사회복지사는 클라이언트의 새로운 욕구에 반응하여 서비스를 개발할 기회를 가지는데, 결혼이민자를 위한 교육 프로그램이나 성폭력피해자를 위한 지지집단 등이 그 예다.

계획수립가로서의 사회복지사는 공식적·비공식적으로 영향력 있는 사람들과 함께 지금껏 제대로 충족되지 못했거나 새로운 욕구를 반영하는 프로그램을 계획하기 위해 협력한다.

정책 및 절차 개발참여자는 클라이언트의 욕구를 평가하고 어떠한 정책과 절차들이 클라이언트에게 최선인지 혹은 부적합한지 평가하는 가장 중요한 전략적 위치에 있다. 따라서 사회복지사는 정책 및 절차와 관련된 의사결정에 적극적으로 참여해야 하나, 이러한 활동의 참여 정도는 대체로 기관의 행정방식에 의해 결정된다.

옹호자로서 사회복지사는 사회정의를 증진하는 것을 목적으로 하는 법률과 사회정책을 옹호하기 위해 클라이언트 집단, 사회복지사 집단, 관련 전문가 집단들에 동참할 수 있다(최해경, 2009).

> **사회복지실천가들의 말**(Bisman, 1994, 최해경, 2009 재인용)
>
> "나는 사람들이 더 나은 삶을 살아가도록 개개인을 돕는 일을 하고 싶었고 그럼으로써 더 나은 세상을 만들고 싶었다. 그래서 이 두 가지를 할 수 있는 사회복지실천을 선택했다."
>
> "나는 내가 사람들의 문제해결을 돕는 일을 할 것이라고 항상 생각했다. 어릴 때부터 나는 다른 사람들에 관한 강력한 직관력을 가졌다. 내가 받은 사회복지실천 관련훈련이 그 직관을 어떻게 활용할지를 내게 가르쳐 주었다."

3. 사회복지사의 자기인식

1) 자기인식(Knowledge of Self)[1]의 중요성

사회복지사에게 가장 중요한 도구는 자신이다. 자신이라는 도구를 잘 사용하기 위해서는 사회복지사는 반드시 높은 자기인식을 가지고 있어야 한다. 사회복지사가 자기인식을 가지고 있어야 자신과 클라이언트의 차이를 잘 이해할 수 있다(Johnson & Yanca, 2007).

자기인식은 자신의 가치, 신념, 태도, 행동습관 등을 깨닫고 이것들이 사회복지실천에서의 관계와 의사결정에 어떻게 영향을 미치는지를 정확하게 인식하는 것을 의미한다(이영분 외, 2002).

사회복지사는 자신이 누구인가에 대한 자기인식이 필수적으로 요구되는데, 자기인식은 자기성찰적인 자세로 지속적으로 자기를 이해하려고 하고 자기를 탐구하려는 행동이 있을 때 가능하다. 따라서 사회복지사는 자신의 개인적 문제와 취약한 영역, 욕구, 감정, 생각, 행동에 대한 자기인식을 발전시켜야만 비로소 클라이언트에 대해 객관성을 가지고 반응할 수 있다.

<표 4-1>은 자기인식이 높은 수준의 사회복지사와 낮은 수준의 사회복지사의 특성을 비교한 것이다(제석봉 외 공역, 2006).

---

1) Knowledge of Self는 자기인식, 자아인식, 자각 등으로 번역되고 있다.

〈표 4-1〉 자기인식의 수준에 따른 사회복지사 특성 비교

높은 수준의 자기인식을 가진 사회복지사	낮은 수준의 자기인식을 가진 사회복지사
자신의 개인적 감정을 확인·분류한다.	자신의 개인적 감정을 회피하거나, 인식하지 못한다.
자신의 감정이 어디서 종결되는지, 그리고 클라이언트의 감정이 어디서 시작되는지 안다.	자신의 개인적 감정을 클라이언트에게 투사한다.
자신의 취약한 영역과 미해결된 이슈를 인식하고 받아들인다.	미해결된 문제들이 객관성을 방해하므로 부적절하게 반응한다.
개인적인 가치들과 상담관계에 대한 가치의 영향력을 이해한다.	클라이언트에게 감정적으로 반응하지만 왜, 어떻게 그런 것인지 이해하지 못한다.
내적인 대화를 인식하고 관리한다.	자기패배적 사고를 이해하지 못하기 때문에 비주장적으로 행동한다.
개인적인 방어기제를 이해하고 통제한다.	자신의 방어적인 반응을 알지 못한다.
언제, 어떻게 클라이언트가 사회복지사의 스타일에 반응하고 있는지를 안다.	개인적인 가치에 의해 관계가 무의식적으로 영향을 받으며, 그 가치의 영향력을 관리하지 못한다.
자신이 어떻게 결과에 영향을 미치는지 이해한다.	자신의 행동이 다른 사람에게 어떻게 영향을 미치는지 인식하지 못한다.
클라이언트에 대한 반응에 기반하여 행동을 수정한다.	클라이언트의 요구와 반응에 기반하여 행동하지 못하고 오히려 자신의 요구와 스타일에 기반하여 행동한다.
개인적인 장점과 약점에 기반하여 직업적인 목표를 설정한다.	개인적이고 직업적인 요구를 인식하지 못하기 때문에 목표설정을 회피하거나 제한한다.

출처 : 제석봉 외 공역(2006), p. 89.

2) 자기인식 증진시키기

사회복지사에게 자기인식 증진은 필수적이고 경력 내내 계속되는 과정이다. 사회복지사는 높은 수준의 자기인식을 가질 때만 클라이언트에게 객관적으로 반응할 수 있으므로, 자기인식을 증진하도록 노력해야 한다.

사회복지사의 자기인식을 증진시키는 방법은 여러 가지가 있다.

(1) 슈퍼비전 받기

자기인식을 증진시키기 위해 가장 빈번히 사용되는 방법은 슈퍼바이저와 동료로부터 슈퍼비전을 받는 것이다. 슈퍼바이저 또는 동료와 실천상황과 자신의 문제를 논의하고 적극적으로 경청하는 것은 자기인식을 증진시키기 위한 중요한 수단이다. 사회복지사가 스스로 인식하지 못하는 자신의 관심, 요구, 태도, 감정, 역량, 그리고 클라이언트와의 관계를 슈퍼바이저 또는 동료들은 인식할 수 있기 때문이다(Johnson & Yanca, 2007).

이때 중요한 점은 사회복지사가 슈퍼바이저 또는 동료들로부터의 도움에 개방적이어야 한다. 슈퍼바이저와 동료들은 대부분 자신들의 피드백 또는 분석을 상대방에게 전달하는 것에 대해 조심스러워 한다. 따라서 자아인식을 증진하고자 하는 사회복지사는 피드백에 대해 방어적이지 않게 반응할 준비가 되어 있으며, 그럴 의지와 능력이 있다는 것을 보여주는 것이 중요하다. 이것은 자아인식을 증진하고자 하는 사회복지사가 슈퍼바이저와 동료들의 피드백에 대해 무조건적으로 동의하라는 의미는 아니며, 비공격적인 반응-비난하거나 변명하지 않고 경청하는 것을 의미한다(제석봉 외 공역, 2006).

따라서 사회복지사가 슈퍼바이저와 동료로부터의 슈퍼비전을 통해 자아인식을 증진하고자 한다면, 안정적인 분위기에서 적극적인 경청기술을 사용하여 경청해야 한다.

(2) 인간발달, 인간행동에 대해 학습하기

사회복지사가 자기인식을 증진시키기 위해 또 사용할 수 있는 방법은 학습이다. 인간발달 및 인간행동에 대한 심리학, 사회학, 인류학, 생물학적 이해를 위한 학습은 자기이해를 증진시키는 데 상당한 도움을 준다(Johnson & Yanca, 2007).

많은 사회복지사들은 대학 및 대학원에서 사회복지학을 공부하는 과정에서 이미 자기인식을 많이 증진시킨다. 사회복지학을 학습하면서 자신의 사고 및 행동을 이해하고 역기능, 편견, 차별성향 등을 인식하는 경향이 있다.

그러나 자기인식의 증진은 한번에 달성될 수 없으며, 이것은 오랜 시간 동안 증진되어 간다. 따라서 사회복지사는 자기인식을 증진시키는 동안 자신의 불완전성을 수용하는 동시에 자기의 가치를 인정해야 한다.

(3) 자신을 이해하기

자기인식의 핵심은 '나는 누구인가'라는 질문에 대한 대답이다. 이 질문은 다양한 다른 차원, 즉 감정·사고·행동체계, 개인적 욕구, 클라이언트에 대한 영향, 능력의 한계, 개인적·문화적 가치, 취약한 영역 등에 대한 이해 측면에서 탐구될 필요가 있다(제석봉 외 공역, 2006).

① 감정·사고·행동체계 이해하기

사회복지사가 자신을 이해하기 위해서는 자신의 감정·사고·행동을 파악할 필요가 있다.

감정·사고·행동체계는 변화하고 성장한다. 감정은 가치, 태도, 도덕코드, 편견 등이 포함되고, 사고는 지식, 신념, 삶의 철학, 고정관념 등이 포함되며, 행동은 기술, 행동, 생활 스타일, 차별 등이 포함된다(Johnson & Yanca, 2007).

사회복지사가 자신이 어떻게 느끼고, 어떻게 생각하고, 어떻게 행동하는지를 인식하는 것은 자기인식의 중요한 측면이며, 이것은 클라이언트를 이해하는 데 기초가 된다. 만일 사회복지사가 자신의 감정을 완전히 파악하지 못한다면 다른 사람의 감정을 이해하는 가장 중요한 수단인 공감을 훼손할 수 있기 때문이다.

사고에서 사회복지사는 자신의 내적인 대화에서 자기패배적 사고로 인한 부정적인 자기대화(나는 선하지 않다 등)를 인식할 필요가 있으며 이러한 사고를 중지시켜야 한다. 부정적 자기대화는 감정적인 고뇌를 일으킬 수 있으며 상담수행을 방해할 수 있다(제석봉 외 공역, 2006).

또한 행동에서 사회복지사는 부정, 투사, 합리화, 억압 등 방어기제에 대해 알고 있어야 하며, 자신이 방어기제를 사용하는 상황을 주목해야 한다. 그럼으로써 사회복지사는 자신이 언제 더 방어적인 모습을 보이는지 인식하며 자신의 반응과 행동을 변화시키기 위해 조치를 취할 수 있기 때문이다. 예를 들어, 클라이언트가 화를 내거나 적대적일 때 사회복지사가 반격하는 식의 충동적인 반응보다는 공감할 시간을 갖고 클라이언트가 불만을 표현하게 격려하도록 자신을 훈련시킬 수 있다(제석봉 외 공역, 2006).

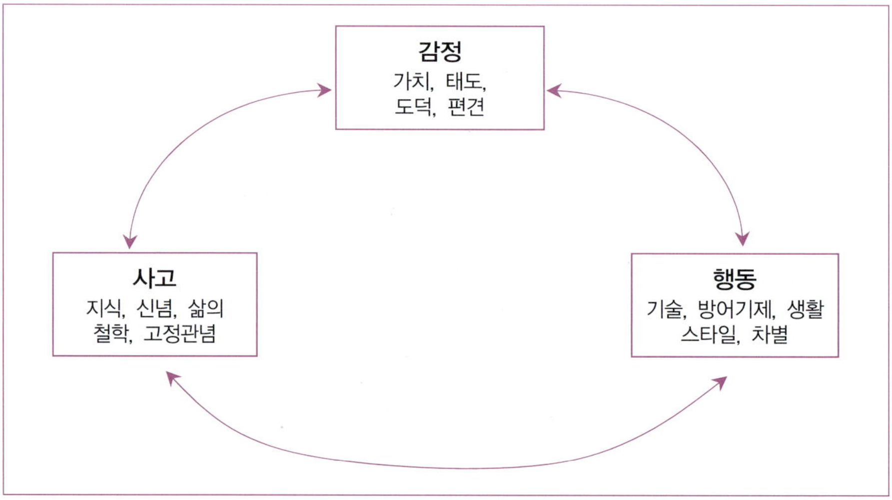

| 그림 4-2 | 감정 · 사고 · 행동체계로서 인간

출처 : Johnson, L. C., & S. J. Yanca(2007).

② 개인적 요구 이해하기

사회복지사도 사랑과 존경, 그리고 인정받으려는 욕구를 가진다. 사회복지사가 개인적 욕구에 대한 자기인식이 부족하면 무의식적으로 클라이언트가 이야기한 것에 대해 적절한 관점을 유지하기 어려우므로 상담을 방해할 수 있다.

사회복지실천에 방해를 주는 사회복지사의 개인적 욕구는 다음과 같다(제석봉 외 공역, 2006).

- 호감을 얻으려는 요구 : 사회복지사에게 이 욕구가 사회복지실천에서 달성하고자 하는 목적보다 더 강할 경우 문제가 된다. 이 경우 클라이언트와 논쟁 혹은 갈등을 부적절하게 회피하거나 환심을 사기 위해 애쓰게 되기 때문에 진행을 방해할 수 있다.

- **지위 또는 명성에 대한 요구** : 사회복지사의 명성에 대한 욕구가 지나친 경우 클라이언트 중심이 아니라 방법 중심적이 될 수 있거나 클라이언트의 요구를 간과할 수 있다.
- **통제에 대한 요구** : 사회복지사가 자신이 클라이언트의 문제를 떠맡고 그 해결책을 통제하려고 할 때 클라이언트의 자기결정의 원칙을 손상시킬 수 있다.
- **완벽주의** : 사회복지사가 완벽주의자인 경우 자신의 일을 현실적으로 평가할 수 없으며, 클라이언트의 실패를 자기의 탓으로 돌리거나 비현실적인 목표를 세워 클라이언트를 압박할 수 있다.
- **충족되지 않는 사회적 요구** : 충족되지 않는 사회적 요구를 가진 사회복지사는 클라이언트와 지나치게 밀접한 관계를 가질 수도 있고, 상담관계를 오용할 수 있다.

③ 클라이언트에 대한 영향

사회복지사는 클라이언트가 어떻게 반응하고 있는지 알 시간을 가질 필요가 있으며, 스스로 능력을 가지고 있음에도 가끔 잘못 말하거나 행동할 수도 있다는 것을 알고 있으며 받아들인다. 그리고 사회복지사가 일이 과도하거나 개인적인 스트레스가 있을 때 클라이언트에게 부정적인 영향을 미칠 수도 있다.

④ 개인적 가치와 문화적 가치

사회복지사의 가치체계는 사회복지실천의 방법과 결과에 영향을 미치는 중요한 변수이므로 개인적인 가치와 선호에 대한 사회복지사의 자기인식은 효과적인 상담에서 없어서는 안 된다. 개인적인 가치에 대한 자기인식은 사회복지사가 클라이언트의 행동에 대한 편견을 관리하는 첫 번째 단계이다.

그리고 문화적인 자기인식은 사회복지사에게 다른 문화의 다양성을 인정하고 존중하도록 준비시킨다. 특별히 낙태, 안락사, 성적 지향, 종교, 학대 등의 이슈는 가치지향적이므로 이런 문제를 다룰 때 자신의 가치를 클라이언트에게 드러내되, 강요받는다고 클라이언트가 느끼지 않도록 해야 한다.

3) 자기인식 증진시키기 연습

사회복지사는 자신의 가치관과 욕구에 대해 보다 명확히 파악하기 위해서는 연습이 필요하다.

(1) 재스트로우(Zastrow)의 자기인식 증진 연습

재스트로우(Zastrow, 2007)는 인간을 돕는 전문가들에게 자신의 가치관을 보다 명확하게 파악하기 위해 다음과 같은 연습을 제안하고 있다.

- 나는 자신에 대해 어떻게 느끼고 생각하고 있는가?
- 나는 나의 기본 욕구를 어떻게 해결하나?
- 나의 가치체계는 무엇이며 그것이 어떻게 나의 행동과 다른 사람과의 대인관계에 영향을 주는가?
- 내가 생활하며 일하는 조직에서 나는 어떻게 관계를 맺고 있는가?
- 나의 생활양식은 무엇인가?
- 나의 기본 철학은 무엇인가?

(2) 존슨과 얀카(Johnson & Yanca)의 자기인식 증진 연습

앞에서 기술한 것과 같이 존슨과 얀카(Johnson & Yanca, 2007)는 사회복지사는 자신을 이해하기 위해서는 자신의 감정・사고・행동을 파악할 필요가 있다는 것을 강조하였다. 그것을 위해 확인해야 하는 영역으로 다음 사항을 제시하고 있다(Johnson & Yanca, 2007).

① 나의 생활 스타일과 인생철학에 대한 이해 : 나의 성격, 결혼 및 가족, 일, 돈 등 기본적인 삶의 양식에 대한 자신의 신념체계

② **나의 가치체계 이해** : 인간 본성, 인간과 자연의 관계, 시간적 지향(과거, 현재, 미래 중 강조하는 시간) 등 기본적 가치관

③ **나의 가족배경 및 문화배경 이해** : 부모님 및 조부모의 고향, 부모님의 양육방식, 부모님의 생활 스타일 등에 대한 이해

④ **나의 인생경험 이해** : 나는 어느 정도 다양한 연령층과 접촉하였는지, 어떤 요보호자들(장애인, 빈곤계층, 만성질환자, 중환자 등)과 만남의 경험이 있는지에 대한 이해

⑤ **개인적 욕구** : 나의 기본적 욕구, 성장욕구, 소속욕구, 다양성 인정욕구 등에 대한 이해

생각해 볼 문제

1. 사회복지사의 역할을 설명하시오.
2. 나의 MBTI 성격검사 결과는 무엇이며, 결혼 및 가족, 일, 돈 등 기본적인 삶의 양식에 대한 자신의 생각은 무엇인가?
3. 나는 예비사회복지사로서 전문직 정체성을 가지고 있는가?

Part 2

사회복지실천의 접근방법

CHAPTER

5 사회복지실천의 지식기반과 관점

1. 사회복지실천의 지식기반

바틀렛(Bartlett, 1970)은 『사회복지실천의 공통기반(The Base of Social Work)』에서 사회복지활동은 확고한 지식을 기반으로 이루어져야 하고, 지식이 실천을 이끌어 나가야 한다고 주장한다. 바틀렛은 모든 사회복지실천의 공통기반은 개인과 환경에 대한 이중초점이라고 하여 사회복지사는 개인에 대한 환경적 요구와 그 개인이 가지고 있는 대처능력 사이의 균형을 이루어 주기 위해 노력해야 한다고 하였다. 저메인과 기터만(Germain & Gitterman, 1980)도 『사회복지실천 생활모델(Life Model of Social Work Practice)』에서 개인치료와 사회개혁이라는 두 가지 측면에 동시에 개입하는 사회복지실천의 전통을 통합하는 실천을 주장하였다. 이들은 개인과 개인에게 영향을 주는 사회・물리적 환경 간의 역기능적 교류를 개념화하려고 하였으며, 사회복지사는 개인과 환경 사이의 역기능적 교류에 개입해야 한다고 강조하였다(엄명용・김성천・오혜경・윤혜미, 2005). 미국사회복지사협회(NASW, 1981)의 실천헌장에도 '사회복지실천의 목적은 모든 사람들의 삶의 질을 향상시키기 위해 개인과 사회 사이의 상호유익한 상호작용을 증진시키거나 회복시키는 것'이라고 명시하고 있다.

이와 같이 사회복지의 실천에서 주요하게 초점을 두는 기본 시각이자 공통기반은 '환경 속의 인간(person in environment)' 개념과 관련되며, 사회복지실천활동은 이러한 인간과 사회환경의 상호작용과 교류에 초점을 두고 이 관계를 개선하기 위한 활동에 주력하는 것이라 할 수 있다. 이러한 활동은 한편으로 개인의 성격, 역기능, 능력 및 기술 부족에 대한 지원을 위주로 하는 개인변화에 초점을 두는 활동이 될 수 있고, 다른 한편으로는 사회의 자원과 기회가 공정하게 배분되도록 힘쓰며, 개인의 기본적 욕구충족을 위한 각종 사회복지 정책 및 행정의 변화와 개혁을 시도하는 사회변화활동이 될 수도 있다(엄명용 외, 2005).

사회복지사는 이처럼 개인의 역량을 확장시키고 문제해결 및 대처능력을 향상시키는 것은 물론 사회환경 개선을 위해 정책에 영향력을 행사할 수 있어야 하며, 개인과 환경 사이의 역기능적 교류를 개선하고 상호작용을 촉진하는 실천활동을 할 수 있어야 한다. 이를 위해 이와 같은 실천활동을 뒷받침할 수 있는 사회복지실천지식을 갖추고 구체적인 실천방법과 기술들을 익히고 훈련하는 것이 필요하다. 따라서 사회복지실천을 위한 기반으로서의 지식은 '환경 속의 인간'을 이해할 수 있기 위해 인간에 대한 이해, 환경에 대한 이해, 이들의 교류에 대한 이해를 돕는 내용이 포함되어야 하며, 또한 인간과 환경 사이의 관계와 교류를 개선할 수 있는 실천방법에 관한 내용을 포함하여야 할 것이다.

마타이니와 로워리(Mattaini & Lowery, 2007)는 2007년에 발간한 『사회복지실천의 기반(Foundations of Social Work Practice)』 중 '지식기반'에 대해 다루는 부분에서 사회복지실천이 개인(생리적 · 정서적 · 행동적 · 사회적 존재)과 가족, 집단, 지역사회, 조직(사회문화적 실재), 개인과 사회적 실재와 물리적 세계 사이의 관계를 다루며, 이들이 실천의 '원재료(raw materials)'가 되기 때문에 이에 대한 지식을 갖추는 것이 필요하고, 따라서 사회문제나 실천에 대한 지식뿐 아니라 이를 뒷받침하는 생리학과 유전학, 생태학, 행동과학과 큰 체계를 조사하는 원리들인 사회학, 인류학, 문화분석을 포함하는 기초과학에 대한 지식을 갖추는 것이 필요하다고 하였다. 다음에서는 사회복지실천의 기반이 되는 지식의 차원과 내용에 대해 살펴보고자 한다.

1) 사회복지실천 지식의 차원과 내용

사회복지실천은 구체적인 변화를 초래하기 위해 지식을 활용하고 이론을 적용하는 과정이다(Sheafor & Horejsi, 2008). 시포린(Siporin, 1975)은 사회복지실천에서 사용되는 지식을 기능에 따라 사정 관련 지식(assessment knowledge)과 개입 관련 지식(intervention knowledge)으로 나누고 있는데, 사정 관련 지식은 개인의 욕구와 문제, 상황 등을 이해하기 위한 지식으로, 사회복지사가 개입 이전에 클라이언트의 심리적 · 사회적 · 문화적 특징들을 이해하고, 클라이언트의 문제가 발생하는 상황적 맥락을 분석하는 데 필요한 지식을 말하며, 개입 관련 지식은 사회복지사가 개인이나 집단, 지역사회를 돕기 위한 실천과정에서 활용하는 실천이론과 개입방법에 관한 지식을 말한다.

터너(Turner, 1996)는 이론을 오리엔테이션 중심의 기초이론과 구체적 행위 중심의 실천이론으로 분류할 수 있다고 하였으며(연세사회복지실천연구회 역, 2004 재인용), 쉐퍼와 호레이시(Sheafor & Horejsi, 2008)도 사회복지실천을 위한 이론을 크게 '기본 이론'과 '실천 준거틀'로 구분하여 소개하고 있는데, 다음에서는 쉐퍼와 호레이시(2008)의 분류를 따라 사회복지실천 지식의 차원과 내용을 살펴보고자 한다.

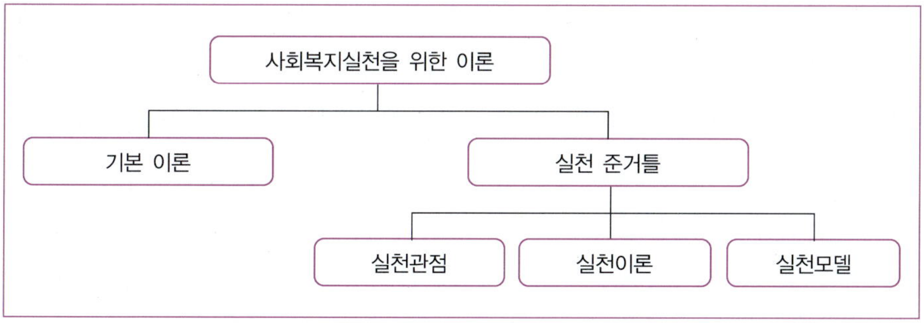

| 그림 5-1 | 사회복지실천을 위한 이론의 틀

출처 : Sheafor & Horejsi(2008).

기본 이론(orienting theories)은 행동을 기술하고 설명하며 어떤 문제가 왜 그리고 어떻게 진전되는지에 대한 설명을 제공한다(Mailick, 1990, Sheafor & Horejsi, 2008 재인용). 개인으로부터 환경에 이르기까지 다차원적인 삶의 이슈를 다루는 사회복지학문의 특성상 사회복지실천 분야에서 활용되는 지식은 사회과학 및 인접학문의 지식을 포함하게 되는데, 기본 이론은 심리학을 비롯해 문제가 발생하는 사회적 맥락에 대한 이해를 돕는 사회학, 정치학, 경제학, 문화인류학 등의 기초사회과학 지식을 포함하며, 이는 사회복지실천에 중요한 배경지식을 제공하게 된다. 인간발달, 성격, 가족체계, 사회화, 조직기능, 정치권력 등과 관련된 이론뿐 아니라 빈곤, 가정폭력, 정신장애, 10대 임신, 범죄 등의 구체적인 사회문제 유형과 관련된 이론들도 여기에 해당된다. 이런 기본 이론들은 인간 및 사회현상에 대한 이해와 설명을 제공하지만, 이를 어떻게 변화시킬 수 있을지에 대한 지침을 제공하기는 어렵다.

실천 준거틀(practice frameworks)은 인간의 행동이나 상황, 사회환경을 바라보는 시각과 설명을 제공하며, 또한 어떻게 변화시킬 수 있을 것인가에 대한 지침을 제공한다. 쉐퍼와 호레이시(Sheafor & Horejsi, 2008)는 실천 준거틀을 '실천관점', '실천이론', '실천모델'의 세 가지 유형으로 분류하여 설명하고 있다.

실천관점(practice perspectives)은 실천에 대해 생각하고 조망하는 방법으로, 사회적 기능을 바라보는 개념적 렌즈라 할 수 있고, 또한 실천상황에서 무엇이 중요하게 고려되어야 하는지에 대한 폭넓은 지침을 제공하는 것이다. 실천관점은 카메라 렌즈처럼 배경이 되는 현상과 특정 현상을 확대하거나 초점을 두게 한다. 사회복지실천 분야에서 인간과 사회환경 사이의 관계를 사정하기 위해 공통적으로 사용하는 대표적이고 포괄적인 관점으로 생태체계관점을 들 수 있다. 일반사회복지실천관점(generalist perspective)은 사회복지사의 관심을 다양한 실천역할 수행의 중요성과 다양한 차원의 개입 가능성에 초점을 두게 한다(Sheafor & Horejsi, 2008). 최근에는 강점관점과 다문화관점, 사회구성주의관점이 강조되고 있다.

실천이론(practice theories)은 실천관점보다는 구체성을 띠는 것으로, 어떤 행동이나 상황에 대한 설명을 제시하고 어떻게 그런 행동이나 상황이 변화될 수 있는지에 대한 지침을 제공한다. 실천이론은 특정 타입의 변화를 가져오는 안내지도 역할을 하며, 대부분의 실천이론은 하나 혹은 그 이상의 기본 이론에 뿌리를 두고 있다. 실천이론에 해당되는 심리사회접근법은 기본적으로 정신역동이론과 자아심리학에 기반을 두고 있으며, 행동주의 접근법은 학습이론에 바탕을 두고 있고, 인지행동접근법은 인지이론, 학습이론, 행동주의 이론 등에 기초하고 있다(Sheafor & Horejsi, 2008).

실천모델(practice models)은 사회복지실천활동을 이끌어 가는 데 사용되는 일련의 개념과 원리들의 집합체이다. 실천이론과 달리 실천모델은 행동에 대한 특정 설명을 시도하지 않는다. 예를 들어, 위기개입은 위기상황에 대한 단일 설명에 기초한 것이 아니기 때문에 실천이론이라기보다는 실천모델로 본다. 같은 이유로 과업중심 실천도 모델이라는 용어를 사용한다. 대체로 모델은 인간행동이론으로부터 파생되기보다는 경험과 실험으로부터 개발된 것이다(Sheafor & Horejsi, 2008). 일반적으로 실천모델로 분류되는 것들로는 과업중심 모델, 위기개입모델, 생활모델, 문제해결모델 등을 들 수 있다.

위에서 언급한 실천관점, 실천이론, 실천모델 이외에 사회복지사가 원만한 과업수행을 위해 알아야 하는 규칙, 절차, 양식, 특정 활동과 관련된 자원의 내역, 자원조달 방법, 서비스 연결망에 대한 정보 등 운용지침 형태의 지식(Frank, 1980, 엄명용 외, 2005 재인용)이 또한 사회복지실천에 활용된다. 또한 실천지혜(practice wisdom), 암묵적 지식(tactic knowledge)으로 지칭되는 지식이 사회복지실천현장에서 활용되는데, 이는 실천현장에서 귀납적으로 만들어진 지식의 종류이다. 최근 과학적 절차를 거친 지식, 증거기반 지식이 사회복지실천에서 활용되어야 한다는 움직임에 의해 도전을 받고 있지만 실천을 통한 앎, 경험적으로 얻게 되는 지식이 사회복지사의 사고와 행동에 영향을 미치고 있으며, 이러한 지식이 오히려 클라이언트의 다양성과 개별화를 존중하는 능력을 포함하는 것일 수 있음을 또한 고려해야 할 것이다.

이와 같이 사회복지실천의 기반이 되는 지식은 절충적이고, 다학문적이며, 복합적인 성격을 갖는데, 지식에 기반한 사회복지실천을 하기 위해서는 위에서 언급한 지식의 내용들을 갖추는 것뿐 아니라 존슨과 얀카(Johnson & Yanca, 2007)가 지적한 것처럼 유용한 지식을 평가할 수 있는 능력, 특정 상황에 적용할 수 있는 지식을 선택하는 능력, 상황 속의 클라이언트에 대한 지식과 새로운 지식을 시험적으로 사용하는 개방성과 논리적・체계적・비판적・창의적으로 생각할 수 있는 능력을 함께 갖추어야 할 것이다.

본 장에서는 사회복지실천의 지식기반 중 사회복지실천의 관점에 초점을 두어 생태체계관점, 강점관점, 다문화관점, 사회구성주의 관점에 대해 살펴볼 것이다.

2. 생태체계관점

1) 생태체계관점의 이론적 기초

생태체계관점이란 흔히 생태체계론(ecosystems), 생태적 체계론(ecological systems), 생태적 관점(ecological perspective) 등과 호환되어 사용되는 용어로, 체계이론(Bertalanffy, 1967)과 생태이론(Auerswald, 1968)이 결합된 것이라 할 수 있다. 브론펜브레너(Bronfenbrenner, 1979)는 인간발달과정을 분석하는 가운데 체계론적 관점을 확대하여 '생태적 체계(ecological system)'라는 용어를 사용하였고, 이 용어는 저메인과 기터만(Germain & Gitterman, 1980)이 생활모델이라는 사회복지실천모델을 제시하는 가운데 생태체계모델(eco-systemic model)을 도입하면서 사회복지실천에 자리 잡게 되었다(엄명용 외, 2005 재인용).

여기서는 생태체계관점의 이론적 기초가 되는 일반체계이론, 사회체계이론을 포함하는 체계이론과 생태학이론에 대해 간략히 살펴보겠다.

(1) 체계이론

체계란 상호연관성이 있고 상호의존적인 부분과 과정으로 구성되어 있는 전체로, 체계이론은 이러한 체계가 기능하고, 성장하고, 발달하고, 다른 체계와 상호작용한다는 원칙을 설명한다.

일반체계이론은 고전 천문학에서 최초로 사용되었고, 켄트(Kent)와 헤겔(Hegel)이 형이상학을 공식화하는 데 사용하였으며, 19세기 후반부터 자연과학에서 광범위하게 활용되다가 문화인류학자인 베이트슨(Bateson)이 인공두뇌학(한 체계 내의 환류통제 방법에 관한 연구)에 관심을 가지고 체계이론을 인간관계에 적용할 수 있도록 이론적 기초를 많이 제공한 것으로 보고된다(Tuner, 1996). 베이트슨이 A가 B를 일으킬 수도 있지만 B가 A를 일으킬 수도 있다는 순환적 인과론을 강조함에 따라 현재 상호작용하는 관계 속에서 나타나는 한 사람의 행동을 순환적 고리의 망으로 개념화할 수 있게 되었다. 일반체계이론의 창시자로 추정되는 베르탈란피(Bertalanffy)는 유기체들 간 연관성을 인식하고, 체계란 각 부분에서는 따로 발견되지 않는 총체적인 속성을 지니며, 이런 속성들은 전체를 형성하는 부분들이 만들어 낸 관계로부터 생겨난다고 하였다. 1920년대 말에 그는 살아 있는 유기체를 '조직화된 체계'로 간주할 필요가 있음을 강조하였고, 1930년대와 1940년대에 일반체계이론의 주요 개념들을 개발하였다(Tuner, 1996). 주요 개념으로 경계, 개방/ 폐쇄체계, 항상성, 안정상태, 평형상태, 투입/ 전환/ 산출/ 피드백, 동귀결성/ 다귀결성을 제시한다.

사회체계이론이란 일반체계이론의 개념을 개인, 집단, 조직, 지역사회 등 사회체계에 확대·적용시킨 이론으로, 인간을 둘러싸고 있는 다양한 사회체계들을 규명하고 개인과 다양한 체계들 간의 상호 관련성 및 의존성에 관심을 갖는 이론이다(양옥경 외, 2011). 일반체계이론의 개념이 다소 추상적이고 실천적인 적용의 어려움 때문에 인간사회의 심리사회적 구조와 그 관계를 설명하기 위해 사회학 분야에서 파슨스(Parsons)가 사회체계이론을 발달시켰고, 사회복지실천 분야에서 핀커스와 미나한(Pincus & Minahan, 1973)의 4체계이론(클라이언트체계, 변화매개체계, 표적체계, 행동체계)의 개발로 이어지게 되었으며(장인협, 1989), 시포린(Siporin, 1980)과 메이어(Meyer, 1983), 콤튼과 갤러웨이

(Compton & Galaway, 1999) 등도 체계이론의 개념과 기술을 도입, 소개, 제안하게 되었다.

이전의 행동과학에서 개인의 기능에 주요 초점을 두었다면, 이와 달리 체계론적 관점에서는 보다 총체적인 것에 초점을 두며, 대인관계를 표적으로 할 경우 사람들 간 행동이 상호적이라는 사실을 강조한다. 체계이론은 사회복지실천가들에게 개념적 준거를 제공하는데, 짝을 이루는 변수들 간의 인과관계로부터 인간과 상황이 하나의 상호연관된 전체라는 관점으로 인식을 전환하도록 해준다(Tuner, 1996).

체계이론은 클라이언트의 행동과 기능수행에 영향을 미치는 생물학적·사회적 체계들의 상호작용에 초점을 맞추도록 하며, 체계의 모든 부분은 다른 부분에 의해 영향을 받는다는 원칙에 의해 클라이언트체계의 변화를 돕는 개입지점과 유형이 있음을 상기시키고, 개인, 가족, 조직과 같은 클라이언트체계 개념과 변화과정을 설명해 주는 용어와 비유를 제공하였다(Sheafor & Horejsi, 2008).

주요 개념을 살펴보면 다음과 같다.

① 체계

체계(system)란 상호의존적이며 상호영향을 주고받는 부분들로 구성되어 있는 전체를 의미한다. 이는 다시 말하면, 상호관계를 맺고 있는 구성단위들의 집합체이지만 구성단위들의 단순집합이 아니라 구성단위 간의 상호작용 또는 관계양상을 포함하는 하나의 전체 또는 단위를 의미한다. 이런 맥락에서 체계의 속성은 '전체는 각 부분들의 합보다 크다'로 정의된다(엄명용 외, 2005).

모든 체계는 홀론인데, 홀론(holon)이란 희랍어의 holos(전체)의 처음 부분과 proton 또는 neuron(작은 분자)의 끝부분이 결합되어 형성된 합성어로, 특정 체계가 그 체계를 구성하고 있는 보다 작은 체계의 입장에서 보면 전체 체계인 동시에, 그보다 큰 체계의 입장에서 보면 그 큰 체계의 부분 또는 구성분자가 되는 현상을 말한다(엄명용 외, 2005). 예를 들어, 가족이라는 체계는 그 체계를 구성하고 있는 부모와 자녀, 가족성원이라는 부분을 통합하는 전체체계이며, 가족을 둘러싼 지역사회와 같은 큰 체계의 입장에서는 부분 또는 구성분자가 되는 것을 말한다.

② 경계

경계(boundary)는 살아 있는 세포를 둘러싼 막에 비유할 수 있으며, 체계를 둘러싸고 외부와의 접촉을 통제하는 비가시적 경계를 말한다(Zastrow & Kirst-Ashman, 1997). 경계는 온전한 체계의 원형을 둘러싸고 그것을 보호하며, 따라서 누가 체계 내부에서 규제되어야 하고 누가 체계 외부에 남아 있어야 하는지를 결정짓는다. 경계는 한 체계를 다른 체계와 구분해 주거나 체계의 한 부분을 다른 부분과 구분해 주는 경계들로, 경계는 벽과 같은 물리적 경계를 의미할 수도 있고, 정서적이고 심리적인 것일 수도 있다. 예를 들어, 개인의 신체적인 경계는 피부가 되며, 사회체계의 경계(가족, 조직, 지역사회)는 덜 명확하지만 그중 가족과 관련된 예로 대가족, 핵가족, 부부, 부모, 형제자매 등을 나누는 관념적 경계들을 들 수 있다. 경계를 기준으로 에너지나 정보교류의 양에 차이가 있으며, 경계는 명확성(clarity), 투과성(permeability), 유연성(flexibility) 등의 속성을 가지고 있다. 경계는 임의적이긴 하지만 전체 체계로 기능하는 하나의 단위나 실체로 규정하는 데 유용한 은유가 된다. 경계가 없었다면 개인의 기능을, 또는 별개의 분리된 하위체계들에서의 기능을 발전적으로 분화시키지 못했을 것이다(Tuner, 1996).

③ 개방체계와 폐쇄체계

체계는 외부환경과 어느 정도로 상호작용하는지, 어느 정도로 조직화되어 있는지에 따라 개방적일 수도, 폐쇄적일 수도 있다. 개방체계는 체계의 경계에 투과성이 있어서 경계 내·외부 간에 에너지, 정보 등의 상호교환이 이루어지는 체계를 말한다. 폐쇄체계는 다른 체계와 상호작용하지 않으며, 정보나 에너지의 투입 또는 산출이 없는 것을 말한다. 개방체계는 외부로부터 성장 및 발달에 필요한 정보나 에너지를 자유롭게 받아들임으로써 체계 자체의 기능을 유지·발전시킬 수 있는 반면, 폐쇄체계는 시간이 지남에 따라 구성원들 사이의 구별이 없어지고 점차 동질성을 띠게 되어 체계 내의 조직 구성 및 그 기능은 쇠퇴하게 된다(엄명용 외, 2005).

엔트로피(entropy)란 분해되고 해체되고 혹은 무너지거나 사멸하게 되는 체계들의 경향을 일컬으며, 부적 엔트로피(negative entropy) 혹은 네겐트로피(negentropy)는 엔트로피의 반대개념으로, 체계를 유지하고자 하고 발전을 도모하며 생존하는 힘을 말한다(Sheafor & Horejsi, 2008). 폐쇄체계에서는 엔트로피가 증가하는 경향이 있으며, 개방체계에서는 네겐트로피라고 하는 반대과정이 존재하는데, 개방체계는 자유롭게 드나들 수 있는 에너지에 접근할 수 있기 때문에 체계가 그 에너지를 가지고 조직하고 구성할 수 있다. 예기치 못한 환경의 영향에 대한 폐쇄체계의 전형적인 반응은 조직을 상실하는 것, 체계가 와해되는 방향으로 변화하는 것인 반면, 같은 현상에 대한 개방체계의 전형적인 반응은 자신의 구조를 보다 높은 수준으로 또는 보다 복합적인 수준으로 정교화하거나 변화시킨다(Tuner, 1996).

④ 투입, 전환, 산출, 피드백

투입(inputs)은 체계 외부로부터 체계 내로 유입되는 에너지나 정보 등을 의미한다. 전환(throughputs)은 투입물을 처리하여 체계의 기능 유지에 필요한 형태로 전환하는 작용을 의미한다. 산출(outputs)은 전환활동을 통해 나타나는 결과물이 체계 밖으로 나타나 다른 체계에 영향을 미치는 것을 의미한다. 피드백(feedback)은 체계가 자신의 기능을 모니터하고 안정된 상태를 유지하기 위해 필요한 것으로, 피드백을 통해 새로운 행위를 산출하거나 기존의 행위를 조절함으로써 스스로의 목적을 향해 나아가도록 하는 과정에 필요한 것이다. 부적 피드백은 산출이 양적 혹은 질적인 면에서 기대하는 바를 충족시키지 못한다는 정보를 전달해 변화를 촉구하는 것이며, 정적 피드백은 산출이 바람직하다고 확인시켜 주며 안정성 혹은 현재보다 빈도나 강도를 상향조정할 것을 장려하는 것이다(Compton, Galaway & Cournoyer, 2005).

⑤ 동귀결성과 다귀결성

동귀결성(equifinality)은 각 체계의 시작지점이 다르다 하더라도 같은 결과에 이를 수 있다는 것을 의미하며, 다귀결성(multifinality)은 각 체계들이 유사한 상황에서 시작하였더라도 체계 내 구성요소들 간의 상호작용 양상, 체계 외부와의 상호작용 양상에 따라 다른 결과들을 발생시킬 수도 있다는 것을 말한다(Sheafor & Horejsi, 2008). 이는 바람직하다고 여기는 동일한 결과를 얻기 위해 다양한 투입과 상호작용 지원을 통한 실천의 가능성을 보여주는 것이며, 특정 조건이나 상태에 있는 클라이언트체계에 대한 지원을 통해 다른 결과를 가져올 수 있다는 것을 또한 보여주는 것이다.

(2) 생태학이론

생태학이라는 용어는 유기체와 환경 간의 상호작용을 연구하는 생물학에서 유래된 것으로, 1866년 독일의 생물학자 헤켈(Haekel)에 의해 최초로 하나의 학문분야로 소개되었다(김동배 · 이희연, 2003 재인용).

사회학 연구의 한 영역인 인간생태학은 1차 세계대전 이후 발달하기 시작하였으며, 생물학적 생태학으로부터 영향을 받았고 동물과 생물의 생태계로부터 많은 개념을 가져왔다(박명숙, 1999). 1950년대에 이르러 생태학적 관점은 지역사회와 환경에 대한 인간의 집합적인 적응, 기능적인 상호의존성에 초점을 두었다. 사회사업실천의 초기에 생태학이론은 20세기 초반 개별사회사업의 성격에 대한 도전으로 발전하였고, 사람이 새로운 환경에서 환경의 요구에 적응하고 인간이 상황을 구조적으로 바꾸는 것을 강조하였으며(Grief & Lynch, 1983), 이론이 진전되면서 생태학이론은 체계의 개인과 환경 각각의 요소가 아닌 교류적 절차를 강조하는 것으로 발전하였다. 생태학에서 가장 핵심적인 질문은 유기체가 환경과 적응적 균형을 이루는 과정에서 성공 혹은 실패하는 방법과 원인에 관한 것이다(Gitterman, 1996). 저메인(Germain, 2002)은 생태학이론을 인간발달에 접목하여 인간과 환경 간 적응적 교류에 중점을 두고 부적응이란 환경이 어떠한가를 설명하는 동시에 생활에서 초래되는 스트레스들을 적절히 다루어야 한다는 시각을 중심으로 이 이론을 설명하였다. 인간의 성장과 발달에 관심을 가지고 설명하는 생태학의 주 개념으로는 적응, 스트레서, 스트레스, 대처능력과 같은 상호교류의 개념들이 있으며, 이는 삶이라는 계속된 흐름 속에서 인간과 환경 간 동적인 상호작용의 실체를 파악하는 데 도움이 되는 틀을 제공한다.

2) 생태체계관점의 주요 개념

생태체계관점은 체계의 구조와 성질을 설명해 주는 체계이론의 개념들에 생태학이론의 개인과 환경 사이의 상호작용, 상호의존, 상호교류, 적합성, 적응 등의 개념을 도입하여, '환경 속의 인간'에 대한 포괄적이고 총체적이며 통합적인 이해와 실천을 가능하게 하는 개념적 준거틀을 제공한다. 사회복지실천에서 사용되는 생태체계관점은 사회문제를 다룸에 있어 개인, 환경, 개인과 환경 간의 상호적 관계 모두에 초점을 둔다(Germain & Gitterman, 1995). 개인과 개인을 둘러싼 환경은 사회적·물리적·역사적 맥락, 즉 생태체계라는 단일체계 속에 공존하는 요소들로 간주되며, 개인과 환경 모두는 특정 상황 속에서 양자가 끊임없이 영향을 주고받는 관계를 고려하며 파악되어야 하고 실천을 위한 지점과 방법을 선택할 수 있어야 한다.

생태체계관점의 주요 개념은 다음과 같다.

(1) 환경

환경은 '일정한 기간에 걸쳐 특정한 지리적 및 사회적 장소에서, 개인과 가족의 일생에서, 그리고 사회 및 문화체계 속에서, 사람과 사람들의 상호작용 및 교류가 지속되는 것'이라고 정의할 수 있다(Germain, 1989; Pincus & Minahan, 1989; Siporin, 1989).

환경에는 다양한 사회체계뿐 아니라 물리적 환경까지 포함된다. 사회환경은 개인, 집단, 가족, 지역사회, 조직, 계층, 문화라는 몇 가지 층들로 구분할 수 있고, 물리적 환경은 기후와 같은 자연적인 물리적 환경, 환경의 자연현상으로부터 인간을 보호하기 위한 형성된 환경으로 구분하기도 한다. 인간의 삶은 유한하며 제한된 공간에 살고 있기 때문에 시간과 공간은 역시 매우 중요한 환경 차원이다(Andreae, 1996).

콤튼과 갤러웨이(1999)는 환경을 네 가지 상이한 수준으로 구분하는데, 상황, 미시수준(micro level), 중간수준(mezzo level), 거시수준(macro level)이 그것이다. 상황, 즉 개인이 처한 개별상황은 개인이 어느 특정한 순간에 경험하고 지각하는 환경의 부분으로, 이는 우리가 세계에 대한 개념을 형성하고 세계관과 충돌하기도 하고 세계를 다루기 위해 특정한 행동을 발전시키는 직접 마주치는 환경이다(Magnusson & Allen, 1983). 미시수준 환경은 물리적이고 사회적인 전체 환경 가운데 한 개인이 일정한 기간 동안 일상생활에서 직접 접촉하고 상호작용할 수 있는 부분을 말한다(Magnusson & Allen, 1983). 자신의 가족에서의 경험, 학교에서의 경험, 직장 및 여타 사회적 상황에서의 경험, 또는 여가시간 중의 경험들이 포함된다. 중간수준 환경은 미시환경의 특성과 기능에 여러 방식으로 영향을 주고 그것을 결정하는 환경의 부분(Magnusson & Allen, 1983)으로, 여기에는 주요 집단, 조직, 제도들 간의 관계가 포함되며, 이러한 관계들은 학교, 직장, 교회, 오락, 지역사회 자원과 같은 개인의 일상생활에 영향을 준다. 거시수준 환경은 그 속에서 살고 있는 집단 대부분의 성원들에게 공통되는 환경으로, 기술, 언어, 주거, 법, 관습, 규제를 포함하여 개인이 성장해 온 보다 큰 사회의 물리적·사회적·문화적·경제적·정치적 구조를 포함한다.

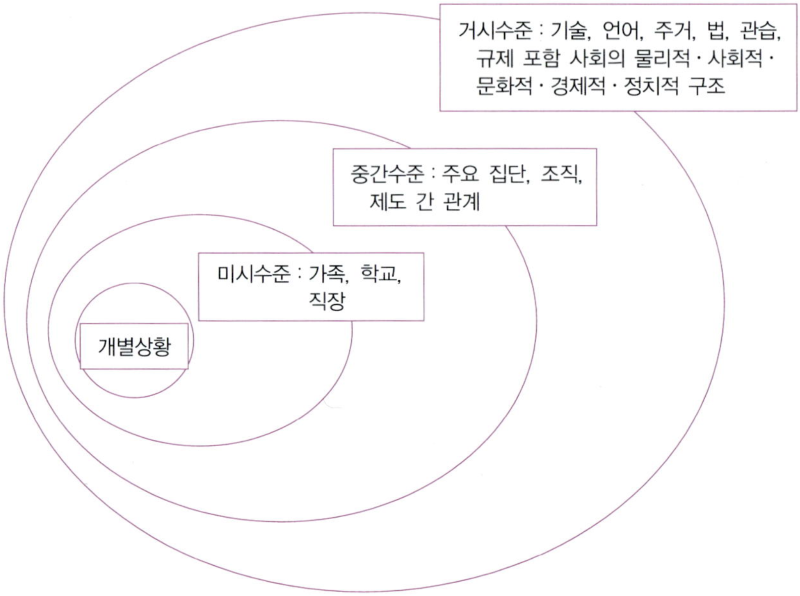

| 그림 5-2 | 환경의 네 가지 수준

(2) 환경 속의 인간

생태학적 관점에서는 '환경 속의 인간'이라는 전체적 인간관을 가지고 있으며, 인간은 사고, 감정, 행동을 가진 생물학적·심리학적·영적·사회적·문화적 존재로서 환경을 구성할 뿐 아니라 환경에 의해 영향을 받는 상호교환적인 위치에 있다(Meyer, 1983). 생태학적 관점에서는 사람들이 가족, 친구, 직장, 종교 등 그들 주변의 다양한 체계와 끊임없이 상호작용함을 전제하고 있고, 인간과 환경은 지속적인 상호작용과 상호교환을 통해 서로에게 영향을 미치고 상호적응하는 호혜적 관계를 유지한다고 보는 시각을 가지고 있다.

(3) 적응, 개인과 환경 간 적합성

생태체계이론에서 말하는 적응(adaptation)이란 '개인 대 환경의 적합성(person : environment fit)(Germain & Gitterman, 1995)'을 의미한다. 이 '적합(fit)'이란 개인 또는 집단의 욕구, 권리, 목적, 능력 등과 개인이나 집단이 처한 문화·역사적 맥락 속에 존재하는 물리적·사회적 환경의 성질 및 그 운영상황 사이의 맞물림 상태, 즉 개인의 욕구와 사회적 요구 사이의 조화와 균형의 정도를 의미한다(엄명용 외, 2005). 인간과 환경 사이의 이러한 적응적 균형을 적합성(goodness-of-fit)(Germain, 1979)이라 하고, 특정한 종이 가장 효과적으로 기능할 수 있는 '가장 적합한(fit best)' 곳, 특정한 장소나 환경을 적소(niche)라 한다(Sheafor & Horejsi, 2008).

(4) 수용능력, 경쟁, 전문화

수용능력(carrying capacity)은 특정 생태체계 안에서 살 수 있는 종의 최대숫자를 말한다. 종의 인구가 생태체계의 수용능력을 초과하게 되면 질병, 기근, 약탈 등이 일어나 해당 인구를 감소시킨다고 본다. 경쟁(competition)은 생태학적 공동체를 형성하는 주요 과정으로, 자원이 제한되는 경우 생태체계를 구성하는 다양한 종은 생존을 위해 경쟁하게 된다고 본다. 전문화(specialization)는 변화하는 환경에 대처하기 위한 적응의 한 형태로, 전문화가 경쟁을 감소시키는 이점이 있지만 고도로 전문화된 종은 급변하는 환경의 영향에 더 취약하다. 일반적으로 전문화는 상대적으로 안정된 환경에서 종의 생존력을 향상시키지만 급변하는 환경에서는 생존력이 감소하게 된다(Sheafor & Horejsi, 2008).

(5) 공생

공생(symbiosis)은 하나 혹은 둘 모두가 유익을 얻는 두 종 간의 빈번한 상호작용을 말한다. 세 가지의 공생유형이 있는데, 상리공생(mutualism)은 벌과 꽃의 관계처럼 두 종 모두에게 이득이 되는 상호작용을 말하며, 편리공생(commensalism)은 한 종에게는 유익이 되나 다른 종에게는 유익이나 해를 끼치지 않는 것을 말하고, 기생(parasitism)은 한쪽에게는 해가 되나 기생하는 종에게는 이익이 되는 것을 말한다(Sheafor & Horejsi, 2008).

3) 생태체계관점의 사회복지실천적 함의

생태체계이론은 상황적·환경적 맥락 속의 인간, 인간과 환경의 호혜적 상호작용(reciprocal interaction)과 교류, 진화적 변화로서의 발달, 개인과 환경의 적합성(goodness-of-fit), 적응과 같은 개념들을 사회복지실천에서 고려하고 적용할 수 있게 하였다. 특히 '환경 속의 인간' 맥락에 초점을 유지하게 하며, 인간의 욕구와 문제를 인간 혹은 환경 자체의 산물이 아니라 상호교환의 산물로 보게 하고, 개인·가족·집단·조직·지역사회를 상호연계 속에서 이해할 수 있게 한다는 점에서 사회복지실천의 통합적 접근을 뒷받침하는 주요 개념틀이자 관점으로 평가된다(Germain & Gitterman, 1995; Miley et al., 2007; Sheafor & Horejsi, 2008).

개인, 가족, 집단, 조직, 지역사회의 복합적 기능과 상호연관성과 역동적 망을 이해할 수 있게 하는 것은 클라이언트에게 중요한 체계와 하위체계, 상위체계의 존재를 인식함으로써 보다 포괄적이고 효과적인 사정과 평가를 할 수 있게 할 뿐 아니라 변화가 어느 수준의 체계에서든 일어날 수 있다는 희망을 제공한다. 또한 '환경 속의 인간'으로서의 클라이언트의 문제 및 욕구를 해결하기 위해 인간과 사회적 조건 개선 및 교류 개선을 위해 상호연관된 수준에서 전체 관련체계의 다양한 차원에서의 실천방법과 기법, 기술을 적용할 수 있도록 실천영역을 확장시킬 수 있게 하는 데 기여하였다(Tuner, 1996).

3. 강점관점

현대의 사회복지실천의 특징은 개인과 환경 간의 균형에 대한 강조, 강점중심의 접근, 클라이언트의 자기결정의 존중, 권익옹호자로서의 역할 강조, 클라이언트의 임파워먼트(empowerment)에 대한 강조, 현존 지역사회에서의 다양한 지원의 확보와 유지 등을 강조하는 것이다.

이러한 변화추세와 더불어 강점관점에 기반하여 실천되고 있는 모델들로는 임파워먼트모델, 레질리언스모델, 해결중심모델 등을 들 수 있다. 이 장에서는 우선 강점관점의 개념과 특징 등에 대해 살펴보고자 한다.

1) 강점관점의 등장배경

강점관점은 사회복지실천에서 문제에 초점을 둔 문제중심 접근이 문제를 해결하지 못하는 것을 인식함에 대한 반성으로부터 발전되었는데, 만성정신질환을 가진 클라이언트들이 그들의 삶에서 원하는 것이 무엇인가에 초점을 두어야 한다는 생각에서 시작되었다.

C.O.S.와 인보관 운동에서 볼 수 있듯이 사회복지실천은 오랫동안 자원에 대한 탐색과 이를 적극적으로 클라이언트의 문제해결에 활용하려는 실천기술들이 개발되고 강조되어 왔다. 이러한 경향은 1970년대부터 사회복지실천에 생태체계적 관점의 활용이 증가하면서 개인뿐만 아니라 가족, 집단, 지역사회 등의 환경체계에서 적절한 자원을 찾아내고, 이를 개인과 연결시켜 개인의 문제를 해결하고자 하면서 더욱 강조되었다.

2) 강점관점에 따른 중요한 변화

강점관점에 따른 사회복지실천을 전개하기 위해서는 다음과 같은 전환이 필요하다(장인협, 2005).

- **문제가 아닌 도전으로** : 문제를 문제로 보는 것이 아니라 도전의 전환점과 성장의 기회로 간주할 때 문제를 의미 있게 변화시킬 수 있다. 도전은 클라이언트와 사회복지사 모두에게 새로운 사고방식과 행동양식을 갖게 한다.
- **병리가 아닌 강점으로** : 병리적 관점은 문제의 원인을 치료하는 데 초점을 두기 때문에 보다 많은 강점과 장점을 볼 수 없지만, 강점에 초점을 둔다면 보다 다양한 상황과 대안을 마련할 수 있게 된다. 강점관점으로 바라보았을 때, 문제를 가장 잘 알고 있는 것은 클라이언트이며, 클라이언트는 자신의 문제를 해결할 수 있는 자원을 이미 가지고 있으므로 그 자원을 끌어내어 활용할 수 있도록 원조하는 일이 중요해진다.
- **과거가 아닌 미래로** : 강점지향적 관점은 미래의 성장을 위한 이용 가능한 자원을 발견하기 위해 현재를 탐색하며 문제해결을 하고 더 나은 미래를 위해서 지금 할 수 있는 것, 앞으로 할 수 있는 것을 발견하고 적극적으로 활용하는 것이 중요하다.

〈표 5-1〉 **병리적 관점과 강점관점의 비교**

병리적 관점(pathology)		강점관점(strengths)
개인을 사례, 즉 진단에 따른 증상을 가진 자로 규정한다.	개 인	개인을 독특한 존재, 즉 강점을 가진 기질, 재능, 자원을 가진 자로 규정한다.
치료의 초점이 문제에 있다.	초 점	치료의 초점이 가능성에 있다.
클라이언트의 진술은 전문가에 의해 재해석되어 진단에 활용된다.	개인적 이야기와 실천가의 관계	클라이언트의 진술은 그 사람을 알아가고 평가하는 중요한 방법 중 하나이다.
사회복지사는 클라이언트의 진술에 회의적이다.		사회복지사는 클라이언트의 진술을 인정한다.
어린 시절 상처는 성인기의 병리를 예측할 수 있는 전조이다.	아동기의 외상	어린 시절의 상처는 개인을 약하게 할 수도 있고 강하게 할 수도 있다.
치료의 핵심은 실무자에 의해 고안된 치료계획이다.	치료작업의 중심	치료의 핵심은 개인, 가족, 지역사회의 참여이다.
사회복지사는 클라이언트 삶의 전문가이다.	전문가	개인, 가족, 지역사회가 클라이언트 삶의 전문가이다.

선택, 통제, 헌신, 개인적 발달의 가능성은 병리에 의해 제한된다.	가능성	선택, 통제, 헌신, 개인적 발달의 가능성은 열려 있다.
실천을 위한 자원은 전문가의 지식과 기술이다.	자 원	실천을 위한 자원은 개인, 가족, 혹은 지역사회의 강점능력과 적응기술이다.
원조목적은 행동, 감정, 사고관계의 부정적인 개인적·사회적 결과와 증상의 영향을 감소하는 것이다.	원 조	원조목적은 그 사람의 삶에 함께하며 가치를 확고히 하는 것이다.

출처 : Saleebey(1996), pp. 296-306.

3) 강점관점의 이론적 특징과 주요 개념들

(1) 강점관점의 정의

강점관점이란 클라이언트를 독특한 존재로서 다양성을 인정하고 존중하면서 클라이언트의 결점보다는 강점에 초점을 두어 가능한 모든 자원을 활용하여 역량을 실현해 나가도록 돕고자 하는 것이다(장인협, 2005).

사회복지실천에서 말하는 강점관점의 개념과 특성들은 다음과 같다(Miley, K. K., O'Melia, M., & Dubois, B., 2001).

- 강점관점이란 모든 인간은 성장하고 변화할 능력을 이미 내면에 가지고 있고, 문제가 생겼을 때 문제를 해결할 능력과 힘을 가지고 있다고 보는 관점이다.
- 사회복지사들이 이러한 타고난 힘을 원조할 때, 긍정적인 성장의 가능성이 촉진된다.
- 사람들은 잠재력과 지배력과 자기실현의 개발을 향하여 노력한다.
- 강점관점은 사회복지의 근본적 가치인 인본적 가치와 사회정의에 관련된 가치에 일치한다.
- 강점은 원조과정의 특징인 인본적이고 윤리적이며 정치적인 가치에 더욱 상응한다.
- 강점관점을 적용함으로써 클라이언트체계의 존중과 원조를 조화시키는 분위기가 창출된다.

(2) 강점관점의 이론적 특징

강점관점의 이론적 특징을 살펴보면 다음과 같다(장인협, 2005).

① 철학기반−강점을 지닌 '소비자'

강점이론에서는 클라이언트의 잠재력과 재능 등을 발견하고 인식할 것이 강조되며, 소비자 스스로의 자기결정권이 중요시되고 있다.

② 문제는 다루지 않고 개인과 환경의 '강점을 강화'하는 데 초점

강점이론에서는 기존의 실천에서처럼 문제를 직접적으로 다루기보다는, 문제를 최소화하여 다루거나 직접적으로 다루지 않고 철저하게 개인과 환경의 강점을 발견하고 인식하여 이를 강화할 것을 강조하고 있다.

③ 궁극적 목적은 문제해결 이상의 '삶의 질' 향상

강점이론에서는 정신장애인을 위한 기존의 실천에서 문제해결을 목적으로 두고 이를 위해 노력해 왔으나, 이들이 바람직한 상태를 이루기 위해서는 문제해결을 이루는 것 이상의 포괄적인 '삶의 질'을 이루었을 때라고 하고 있다.

④ 문제해결

강점이론에서는 문제해결을 하는 데 있어서 전문가가 아닌 소비자가 결정을 하도록 하고 있다. 또한 이를 위해 전문가에 의한 공식적 서비스보다는 지역사회 내 자연적 자원, 예컨대 비공식적 자원 등을 우선적으로 활용하도록 하고 있다.

⑤ 주요 과정

강점이론에서는 문제해결 이상의 바람직한 상태인 삶의 질을 이루기 위한 주요 과정으로서 소비자의 적극적인 관여와 관계를 중심으로 하여 강점사정을 시행한다. 그리고 이러한 과정에서 인식된 소비자의 내적·외적 강점을 강화하기 위한 계획과 개입을 하며, 소비자 중심의 모니터링 및 평가를 한다. 강점이론에 의한 개입의 예로는 일상생활 영역에서 지역사회 내 자원획득 등이 있다.

4) 강점관점의 주요 원리와 문제사정

(1) 강점관점의 주요 원리

문제 자체에 대한 관심보다는 해결점을 발견하고 강점을 강화시키는 데 주요 초점이 있는 강점관점을 실천하기 위한 원칙은 다음과 같다(천정웅, 2010).

① 모든 개인, 집단, 가족, 지역사회는 강점을 가지고 있다. 이는 사회복지사로 하여금 클라이언트의 문제에 집중하기보다는 클라이언트와 그를 둘러싼 환경의 강점을 찾는 데 초점을 두도록 하는 것을 의미한다.

② 트라우마와 학대, 병과 투쟁은 인간을 상처 입게 하지만 동시에 도전과 기회의 자원이다. 이는 사회복지사는 클라이언트가 가지고 있는 문제의 영향을 인정하지만, 그에 대한 해석을 달리하여 문제가 상처를 줄 뿐만 아니라 성장을 위한 도전과 기회라는 긍정적 시각을 유도하는 것을 의미한다.

③ 개인, 집단, 지역사회를 성장시키고 변화시키기를 원한다면 능력의 상급한계를 모른다고 가정한다. 이 원칙은 사회복지사가 먼저 클라이언트나 관련체계의 변화 가능성을 한계지어서는 안 된다는 의미로 사회복지사가 열린 마음으로 클라이언트의 변화 가능성을 지지할 때 더 큰 효과를 얻을 수 있다는 것이다.

④ 클라이언트와 상호협력하여 최선을 다해 클라이언트와 일한다. 이 원칙은 강점관점에서 지향하는 클라이언트와 전문가를 제시해 주는 것으로, 사회복지사와 클라이언트는 수평적인 관계를 가지고 상호협력함으로써 함께 문제상황을 변화시켜 나간다는 것을 의미한다.

⑤ 모든 환경은 자원들로 가득 차 있다. 이는 사회복지사가 자원의 중요성을 인식하고 환경 안의 자원을 사정하고자 한다면 기존에 예상하거나 자원이라고 생각하지 못했던 자원들을 환경 안에서 발견할 수 있다고 보는 것이다.

⑥ 보호와 환경을 강조한다. 이는 클라이언트 보호뿐만 아니라 맥락 안의 모든 상황을 이해하고 해석하며 개입해야 함을 강조하는 것이다.

(2) 강점관점과 사정

강점관점을 통한 사정은 매우 중요한데, 클라이언트의 문제를 실천가가 어떻게 정의하는가에 따라, 그리고 어떻게 평가하며, 상황과 관련된 역동적 요소에 어떤 의미를 부여하는가에 따라 그 실천적 개입의 방향과 방법이 달라지기 때문이다(Weick, et al., 2006, 장인협, 2005 재인용).

강점 찾기

- 사람들이 배운 것
- 개인적 자질, 특성 및 미덕
- 사람들이 주변 세상에 대해 알고 있는 것
- 사람들이 가지고 있는 재능
- 문화적 및 개인적 스토리
- 사람들이 가지고 있는 자부심
- 지역사회
- 영성

5) 강점관점의 유용성과 한계점

강점관점은 수많은 이론과 모델이 내재되어 있어 다양한 분야의 실천방법들과 유사한 점이 많다는 점에서 다른 실천방법을 이해하고 익히는 데 필요한 기본 지식이 된다. 그리고 강점관점은 사고방식의 변화를 제공함으로써, 문제에 대한 인식의 전환을 이룰 수 있어 사회복지사로 하여금 사회복지실천의 변화를 도모하는 전환점을 제공함과 동시에 클라이언트에 대한 선입견을 없앨 수 있다.

보다 중요한 것은 전문가와 서비스이용자가 서로 협력할 때, 가장 효과적인 실천이 이루어질 수 있다는 것이다. 특히 서비스이용자의 지식과 경험은 실천과정에서 중요한 자원이 된다. 전문가는 이를 존중해 주고 주위에 존재하고 있지만, 우리가 생각하지 못한 자원을 연결시키는 역할을 수행함으로써 서비스이용자가 중심이 되어 수립된 목표는 더욱더 긍정적인 효과로 이어질 수 있을 것이다.

4. 다문화관점

1) 다문화관점의 등장배경

다문화사회란 다인종·다문화사회 또는 다민족·다문화사회를 의미하는 것으로 한 사회 내에 여러 인종 또는 민족이 함께 어울려 사는 사회를 말한다(이혜경, 2009). 역사적으로 볼 때 다문화 국가에 대비되는 단일민족국가 개념은 근대사회 이후에 등장한 것으로 역사, 언어, 종교를 공유하는 민족집단을 옹호하기 위한 정치적 단위이다. 사실상 순수한 민족국가는 거의 없고 대부분 다민족, 다인종이 혼합된 다민족 국가이다(엄한진, 2006 : 50).

특히 냉전체제 종식 이후 국제사회는 이데올로기에 의한 지역 구분을 벗어나 국가 간 경계를 넘은 정보와 경제, 인적교류의 확대로 탈국가 현상이 가속화되고 있다. 정보기술의 발달은 지역적인 거리나 국경을 무의미하게 만들고 신자유주의 시장경제의 파급과 개방화는 세계화를 초래하였다. 세계는 바야흐로 정보와 자본, 노동력이 국경을 자유롭게 넘나드는 다문화시대로 전환되고 있다.

한국사회도 역시 외국인 유입과 이민이 과거에 비해 급증하면서, 오랫동안 단일문화로 인식[1]되어 오던 우리 사회가 이제 다양한 민족과 문화와 공존해야 하는 현실에 직면해 있다.

다민족·다문화사회에서의 가장 중요한 고민은 이러한 집단을 어떻게 통합해 가는가 하는 것이다. 통합의 문제는 크게 동화주의 대 다원주의의 이분적 논리로 이루어져 왔다(조옥라 외, 2006). 동화주의(assimilation)란 "다양한 민족과 인종적 배경의 사람들이 제약에서 벗어나 더 큰 사회에서 상호작용

1) Martinello(2002, 윤 인 역)는 단일문화 사회와 다문화사회의 구분은 단지 신화에 불과하며, 모든 인간사회는 그 방식이 다를 뿐 모두 다문화사회라는 주장을 한다.

하게 되는 과정이다. 그리고 민족집단의 구성원들이 고유의 문화를 포기하고 핵심 문화로 흡수되어 문화적으로 동질성을 가지게 되는 것이다".

'용광로(melting pot)' 효과로 불리는 동화주의는 1960년대까지 미국사회 이민정책의 중요한 과제로 인식되었다. 미국에서 1820년과 1970년 사이에 주로 유럽국가에서 4,500만 명이 넘는 이민자들이 미국에 들어왔고, 새로이 도착한 대다수의 사람들은 자신의 고유문화를 포기하고 앵글로계 미국인의 삶의 방법을 받아들였다고 말한다.

다문화주의는 1965년 "캐나다 이중언어주의와 이중문화주의 위원회"(The Canadian Commission on Bilingualism and Biculturalism)의 보고서에서 캐나다 사회 내의 다양한 사람들을 대표하기 위해 처음 사용되었다. 1960년대 말 서구의 시민권 운동을 기폭제로 1971년 캐나다가 서구 국가들 중에서 처음으로 다문화주의를 국가정책으로 채택하였다(이용승, 2004; 최무현, 2008). 이후 프랑스, 독일 등의 유럽국가에서도 다문화주의를 공식적으로 강조하기 시작하였고, 이를 통해 다문화주의는 영미권 사회의 이민자 및 소수 집단의 사회통합 원리로 자리 잡게 되었다(엄한진 · 이선민, 2006). 미국에서는 1990년대에 이르러 이주민이 전체 인구의 12%를 육박하면서 노동시장이 불안정해졌고, 1992년에 발생한 LA사태[2]로 인해 인종갈등이 심화되었음을 인식하게 되면서 다문화를 인정하는 목소리가 높아지기 시작하여(박은정, 2007), 그 이후 다문화주의라는 용어를 활발히 사용하기 시작하였다.

한국도 1990년대부터 외국인 이주 노동자들과 결혼이주여성의 수가 급격히 증가함에 따라 2000년대에 들어서면서 다문화주의가 본격적으로 논의되기 시작하였다.

한국은 2007년 제정된 재한외국인처우기본법과 2008년 제정된 다문화가족지원법 등을 통하여 외국인근로자와 결혼이민자에 대한 지원대책을 신속하게 마련하였고, 외국인근로자센터, 다문화가족지원센터 등을 설치하여 다문화가정에 대한 지원서비스를 실시하고 있다.

---

2) 흑인 로드니 킹이 LA에서 과속운전하다 도주하던 중 백인경찰 4명으로부터 심한 구타를 당하였는데, 재판에서 배심원단이 경찰에 대해 무죄판결을 내리자, LA 폭동이 발생하여 3일간 54명이 사망하였고, 한인상가가 집중공격의 대상이 되었음

앞으로 점차 증가할 것으로 예상되는 결혼이민자와 자녀, 외국인근로자, 북한이주민 등 문화적 소수자에 대해 다문화적 관점에서의 사회복지실천에 대한 논의는 지속적으로 이루어져야 할 것이다.

2) 다문화관점의 주요 개념

(1) 문화적 다양성

문화적 다양성(cultural diversity)이란 다양한 민족집단이 자기 고유의 문화적 정체성을 보유하면서 사회와 공존하거나, 모든 사회 구성원이 공유하는 문화를 보전하면서 다양한 민족집단의 상호작용을 표방하는 것을 말한다. 또한 언어나 의상, 전통, 사회를 형성하는 방법, 도덕과 종교에 대한 관념, 주변과의 상호작용 등 사람들 사이의 문화적 차이를 포괄하는 개념이다(최명민 외, 2009). 베르니에(Bernier, 2002)는 문화적 다양성을 바라보는 입장이 다양하다고 주장한다. '문화적 다양성'이라는 용어가 전 세계에 존재하는 문화집단의 정체성을 의미하며, 각각의 문화집단은 언어, 종교, 민족성, 역사 등의 고유한 특성에 의해서 결정되는 독특한 정체성을 가진다고 보는 견해가 있다. 이것보다 넓은 의미로, 현존하는 문화들의 독특한 특성의 다양성뿐만 아니라 생활양식의 다원성이라는 차원에서 문화적 다양성을 바라보는 이도 있다(최혜지 외, 2013).

(2) 문화다원주의와 다문화주의

문화다원주의(cultural pluralism)와 다문화주의(multiculturalism)는 둘 다 다문화 모형에 해당한다. 이 모형은 소수민족의 주류사회로의 동화가 아닌 공존에 목표를 둔다. 즉, 다양한 문화나 가치, 다양한 민족집단과 그들의 개별적인 언어와 습관들을 그대로 한 나라 속에 공존시키는 정책이다. 1970년대 이후 캐나다, 호주, 미국사회는 그 전까지 추구하였던 동화모형을 포기하고 다문화모형으로 이민자 통합방식을 변경하였다.

문화다원주의와 다문화주의는 다양성을 인정하고 사회적 통합을 추구한다는 점에서는 동일하지만, 그 전제조건과 실현방법이 달라 서로 구분된다.

문화다원주의는 주류사회와 문화를 인정하고 문화적 다원성을 수용하는 것이고, 다문화주의는 주류사회와 소수민족사회 및 이민자를 모두 동등한 자격으로 인정한다.

미국에서는 문화다원주의를 사회통합의 원리로 적용하고 있고, 캐나다, 호주는 다문화주의를 추구하고 있다. 그것은 각각 '자유방임주의적 접근'과 '국가개입주의적 접근'과 일치한다. 미국에서 국가는 소수민족과 이민자들이 고유문화를 유지하도록 지원하는 데 아무런 역할도 수행하지 않고 자유방임으로 일관하고 있으나, 캐나다, 호주에서는 국가가 적극적으로 개입하여 소수민족과 이민자의 고유문화를 발전시키는 데 도움을 주고 있다(이종복 외, 2012).

(3) 문화적 역량

① 문화적 역량의 개념

다문화사회에서 다양한 문화적 배경을 가진 사람들을 접하는 전문가들에게 요구되는 문화적 역량(cultural competency)은 문화적 민감성(cultural sensitivity)으로 인식되어 왔으나, 최근에는 문화에 따라 다르게 나타나는 가치, 태도, 신념 등을 이해하고 존중할 수 있는 개인의 능력을 강조하고, 이러한 능력을 직업현장에서 적절하게 활용할 수 있는 개인의 역량으로 보다 구체화시키고 있다(윤갑정 · 김미정, 2007; Lynch, 1999).

문화적 역량은 문화적 다양성, 문화적 민감성, 다문화주의, 다문화적 적응에 대한 고찰에서 시작되어 한 단계 더 나아간 개념이다. 럼(Lum, 2005)은 문화적 역량을 사회복지실천의 관점에서 각 문화에 내재하는 강점과 자원을 인정하면서 소수문화집단에 대해 가지고 있는 부정적 개념으로부터 근본적으로 전환함을 의미한다고 하였다. 즉, 문화적 역량은 문화적 다양성 속에서 다른 문화적 관점을 존중하고 문화적 능력을 가지기 위한 문화적 인식과 민감성을 넘어선 포괄적이고 복합적인 개념이다(Brach & Fraser, 2000).

문화적 역량은 일반적으로 서비스 전달체계나 기관, 실천가 개인이 다문화 상황에서 효과적으로 서비스를 전달할 수 있게 하는 일관된 행동이나 태도, 정책을 의미한다(Cross, Barzon, Dennis, & Issacs, 1989).

② 문화적 역량의 구성요소

사회복지실천에서 문화적 역량의 주요 구성요소는 문화적 인식, 문화적 지식, 문화적 기술이라고 지적되고 있다(NASW, 2001). 다음은 문화적 역량의 주요 세 가지 차원인 인식, 지식, 기술을 중심으로 웨이버(Weaver, 2005), 럼(Lum, 2007) 등 여러 학자들이 정리한 개념들이다(노충래 · 김정화, 2011).

가. 문화적 인식

- 실천가 자신의 문화적 배경에 대한 자기인식
  - 실무자의 문화적 배경이 전문적 실천에 미치는 영향을 가늠할 수 있는 것
- 타 집단 문화의 다양성에 대한 인식
- 자신의 문화와 타 집단 문화와의 차이, 원조과정에 미치는 영향에 민감하기
- 겸손, 존경, 개방성, 비심판적 태도, 사회정의 등의 가치를 견지하는 것
  - 인종적 · 민족적 · 문화적 차이의 존재를 인정하고 고정관념을 피하는 것
  - 문화집단 간에 존재하는 권력의 차이, 차별과 편견의 경험에 대한 인식
  - 인간의 다양성을 이해하고 이를 인정하는 태도

나. 문화적 지식

- 다양한 문화와 문화집단에 관한 지식
- 역사 : 특정 인구집단의 경험적 역사, 입국 및 이주 관련 역사에 대한 지식
  - 다양한 문화집단이 가지고 있는 역사, 전통, 가치체계, 세계관, 가족체계 등

- 다양한 문화집단의 출신국가의 사회·경제·정치적 상황
- 이주를 촉발하게 한 상황 및 이주과정이나 이주 후의 경험
- 차별과 경제적 빈곤, 억압의 경향, 역동성, 그리고 그 결과

• 문화 : 특정 인구집단의 의사소통 유형, 세계관, 신념체계, 가치관 등에 관한 지식
• 현실상황 : 집단 내 단체 및 조직, 지역사회 내 정착상황, 지원 법률 및 제도, 사회적응 상황 및 과정, 정신건강문제, 가족상황, 강점 및 약점 등에 관한 지식
• 문화에 대한 개념적·이론적 틀을 형성하는 데 익숙해지는 것

다. 문화적 기술

• 문화적으로 적절한 개입기술
  - 개입과정에서 문화적으로 적절한 기술과 전략
  - 클라이언트의 문화적 배경을 서비스 제공과 기획과정에 포함시키는 능력 혹은 문화적 배경에 맞도록 실천과정과 기술을 유동적으로 변화시킬 수 있는 능력
  - 다문화와 관련된 문제인식에 기반하여 적절한 개입기술과 전략 축적 노력
  - 개인적·집합적 사회정의와 경제정의를 달성하도록 광범위한 차원의 개입 실시
  - 제도화되어버린 억압의 원인과 그 영향에 대항해서 싸울 수 있는 전략 제공
• 민감한 의사소통기술, 문제해결기술
  - 특정 문화집단과 상호작용하고 그들의 문제해결과정에 책임감 있게 참여하는 기술
  - 다른 문화권의 사람들과 효과적으로 의사소통할 수 있는 능력

> **문화적 역량을 갖춘 사회복지사**
>
> (1) 문화적 역량을 갖춘 사회복지사는 인간행동, 가치, 편견, 선입관, 그리고 개인적인 한계에 대한 자신의 감정을 적극적으로 알아간다. 이를 위해 내담자와의 관계에 방해가 되는 자신의 편견, 가치, 고민거리를 배제시킬 수 있는 훈련이 중요하다.
>
> (2) 문화적 역량을 갖춘 사회복지사는 자신과 문화적으로 다른 내담자의 세계관을 이해하려고 능동적으로 시도한다. 세계관은 사람이 어떻게 자신과 세상의 관계를 인식하는가로 정의될 수 있다. 이는 그 사람의 문화적 성장배경이나 인생경험과 밀접하게 연관되어 있다. 내담자의 세계관을 이해하기 위해 그가 가지고 있는 인간행동에 대한 가정이나 편견, 가치가 무엇인지 물어볼 필요가 있다.
>
> (3) 문화적 역량을 갖춘 사회복지사는 자신과 다른 문화의 내담자와 일할 때 적절하고 잘 맞고 섬세한 개입전략과 기술을 적극적으로 발전시키고 실행한다. 사회복지사가 내담자의 삶의 경험과 문화적 가치에 일치하는 개입양식과 목표를 설정할 때 대부분의 내담자를 보다 더 효과적으로 도울 수 있을 것이다.
>
> (4) 문화적 역량을 갖춘 사회복지사는 조직적이고 제도적인 힘이 문화적 역량의 발전을 어떻게 증진시키거나 저해하는지를 이해한다. 내담자의 문제는 문화적 표현을 억압하는 제도에서 비롯될 수 있기 때문에 문화적 역량을 조직의 관점에서 보는 것은 필수이다. 사회가 다양성에 가치를 두고 다문화가 된다면 조직은 다문화적 방향으로 나아가야 한다. 즉, 새로운 규칙이나 규율, 정책, 실제 업무, 조직 내의 구조가 다문화를 확장시킬 수 있도록 고안할 필요가 있다.
>
> *위의 목표는 문화적 역량이 적극적이고 발전적이며 계속되는 과정이며, 달성되는 것이라기보다는 달성하기를 열망하는 것을 전제하고 있다(Derald Wing Sue, 이은주, 2010).*

5. 사회구성주의 관점

1) 사회구성주의 관점의 등장배경

사회구성주의는 2차 세계대전 이후 대두되기 시작한 포스트모더니즘 운동의 한 부분(Witkins, 2012)으로, 모더니즘이 인간과 자연, 사회, 절대적 진리에 대한 인식방법에서 본질주의, 보편주의, 이분법적 사고를 강조한다면, 포스트모더니즘은 다양성, 차이, 비본질주의를 강조하며 탈중심적이고 다원적인 사고, 탈이성적 사고를 특징으로 한다. 모더니즘에서 문제는 객관적으로 존재하기 때문에 외부관찰자가 실제로 파악할 수 있는 것으로 정의한다면, 포스트 모더니즘은 객관적 지식과 절대적 진실이 가능하다는 모더니즘의 신념에 도전하며, 인간은 누구에게나 똑같이 존재하는 하나의 우주가 아니라 각자의 관찰과 인식행위를 통해 다르게 구성된 여러 우주에 살고 있다고 가정한다. 따라서 사실(facts)은 관점(perspectives)으로 대체되며, 절대적으로 옳은 기준은 없다고 가정하면서 지식의 소유자에게 특권과 권한을 부여하였던 모더니즘의 시각에 도전한다(Becar & Becar, 2016).

한편 사회복지실천영역에서는 사회복지직이 전문직인가 하는 도전을 받는 상황에서 전문성을 인정받을 수 있는 지식체계를 갖추기 위해 객관적 설명력을 갖춘 이론에 기반한 실천을 하고자 하였다. 사회복지실천에 전문적 과학적 속성을 더하기 위해 지식철학적 기반으로 논리실증주의를 받아들였는데, 논리실증주의란 지식을 축적하는 과정에서 관찰, 측정, 검증을 중시함으로써 누구에게나 일반적으로 적용될 수 있는 객관적 지식을 강조하는 것이다. 이러한 논리실증주의는 사회복지전문직의 교육과 실천에서 1950년대에 이르러 확실한 지위를 차지하게 되었고, 1970년 중반까지 흔들림 없이 유지되었다(Rodwell, 1998, 엄명용 외, 2019 재인용). 1970년대와 1980년대 초반에 사회복지 인접 학문인 사회학, 교육학, 심리학 등의 전문영역에서 논리실증주의에 대한 비판이 일기 시작하면서 사회복지전문직 안에서도 여러 학자들 사이에 사회복지실천에 있어서 논리실증주의, 경험론적 패러다임의 유용성을 둘러싼 논쟁이 벌어졌다. 포스트모더니즘과 구성주의적 도전은 모더니즘에 기반한 경험론적 패러다임, 논리실증주의에 기초한 학문분야에 비판의 수위를 높였다. 구성주의의 도전은 이전에 제기하지 않았던 인식과 지식에 대한 의미를 고찰하고 외부로부터 주어진 객관적 지식에 대한 맹목적인 수용에 대하여 회의를 가져보는 것이다. 경험론을 바탕으로 하는 객관주의 지식의 형태에서는 모든 이론이나 지식이 참고기준이 되어 그 안에서 세상을 보고 문제를 해결해 나아가게 되어 있어 그 지식의 틀을 벗어나기 어려우며 그 안에 내재되어 있는 가치관이나 한계성에 대해 의심을 가지기 어렵다. 특히 과학적이라고 믿어지는 경험론적으로 또는 객관적으로 검증된 이론들과 지식의 경우 너무나 쉽게 그러한 지식의 근저에 깔린 철학적 가치나 정치적 혹은 이념적인 기초를 간과해버리기 쉽다(고미영, 2000). 현대 포스트모더니즘에서 가하는 비판은 이렇게 경험론적으로 만들어진 이론이 시대와 문화, 인간의 가변상황과 조건들에 대하여 침묵하고 완전 진공상태와 같은 데에서 이론이 적용되기를 주장하고 있다는 점이다(고미영, 2000). 과학적 방법론들에 대한 신봉과 경험론적 패러다임이 유일한 지식으로 받아들여지는 현실에서는 어떤 다른 대안을 모색하는 것이 쉽지 않고, 이 때문에 구성주의는 이러한 지식에 대한 회의로부터 시작되었고, 계속적으로 앎은 무엇이며 지금까지 침묵해 온 지식의 우월성과 지배에 관하여 질문하고 있는 것이라고 할 수 있다(고미영, 2000).

2) 사회구성주의 관점의 특성과 기본시각

(1) 구성주의에 대한 이해

① 구성주의 기본 전제(Turner, 1996)

• 철학적 상대주의

구성주의의 철학적 요소에는 인식론적 상대주의로 알려진 학파의 기본 개념들이 포함되어 있다. 이 학파의 기본 입장은 첫째, 보편적 진리는 존재하지 않으며, 둘째 삼라만상이 모두 그 나름의 고유한 특징을 지니는 것은 아니고 삼라만상을 해석하는 여러 가지 다른 방식들이 존재할 뿐이라는 것이다. 인식론적 상대주의란 사실과 논리는 언제나 주어진 사고체계와 그에 따르는 언어의 틀 안에서 형성되고, 또 그에 따라 결정된다고 보는 견해이다. 상대주의는 확실한 것, 절대적인 것, 불변하는 것을 거부한다.

상대주의 입장의 반대편에는 철학적 실재론이 존재하는데, 이는 세상의 '실재성(realness)'과 객관적 존립이라는 측면에서 근본적으로 상반되는 견해를 갖는 입장이다. 실재론자는 현실이란 관찰자 의존적이 아닌 존재적으로 존립하는 세계라는 입장을 견지하는 반면, 상대론자는 그런 세계가 설사 존재하는 듯 보일지라도 현실이란 실상 인간의 지각과 인식이라는 도구에 의해 결정되는 관찰자 의존적인 것이며, 현실 자체가 아니라 이 세상에 대한 여러 가지 해석을 드러내는 것뿐이라는 입장을 보이고 있다. 이것이 구성주의의 철학적 근원이 되는 상대주의 입장이다.

• 구성주의 인식론

구성주의 인식론적 입장에서 볼 때 지식은 인식하는 사람과 별개로 존재하는 객관적 세계나 '현실'에 대한 느낌으로 구성되는 것이 아니라, 관찰자의 수만큼 많은 세계들 또는 현실들을 만들어내는, 인식하는 사람 개인의 창조물이라는 것이다. 그런데 사람들이 어떻게 하나의 세계를 공통적으로 체험하는 것처럼 보이는가 하는 질문에 대해서는 단일한 객관적 '실재(real)' 세계가 존재하는 데 따르는 결과가 아니라 합의에 의해 성립된 언어, 사고, 경험상의 세계에 근거를 두고 있다는 것이다.

구성주의에서 인식이라는 현상은 어딘가에 존재하는 '사실(fact)'이나 사물을 움켜잡아 머릿속에 집어넣는 것이 아니라 사물에 대한 경험은 인간의 구조에 의한 특별한 방법을 통해 인정받게 되며, 이는 설명 속에 등장하는 바로 '그것(the thing)' 자체를 가능하게 만든다는 것이다. 인식행위 하나하나가 세상을 드러내는 역할을 한다(Maturana & Varela, 1987 : 25-26, Turner, 1996 재인용).

구성주의 인식론은 생물학자 마투라나(Maturana)와 발레라(Valera)가 수행한 실험과 이론적 작업에 힘입어 발전했다. 그들이 기여한 부분은 전통적인 '실재론적 인식론(realist epistemology)'에 역행하는 것이었다. 두뇌는 그 구조상 자신이 어떠한 방식으로 환경의 자극(동요)을 받을 것인지를 '결정'할 수 있다는 것이며, 따라서 신경생리학적 차원에서 볼 때 두뇌가 환경에 의해 좌우되는 것은 결코 아니라는 것이다.

② 구성주의 유형

구성주의의 분류에 대해서는 학자마다 다르게 나누고 있는데, 마호니(Mahoney, 1991)는 구성주의를 다음과 같이 나누어 유형화하였다.

• 급진적 구성주의

구성주의 연속선상에서 이상주의 축의 극단에 위치한 입장으로 마투라나, 발레라, 바츨라비크가 기본적으로 지지하고 있는 입장이다. 자가생성(autopoiesis), 즉 자가조직체계(self-organizing system)에 관한 이론이나 연구에 잘 나타나 있다.

급진적 구성주의는 전통적 의미의 존재론적 이상주의, 즉 가상적 현실을 포함하여 그 어떤 현실도 우리의 개인적 경험을 초월하여 존재하는 것은 없다는 주장에 매우 근접하는 것이다. 급진적 구성주의가 표방하는 입장은 현실은 단 하나만 존재하는 것이 아니라 지각하는 사람의 수만큼 많이 존재한다는 것이다(Goodman, 1984 : 31-34; Watzlawick, 1990 : 131-151). 급진적 구성주의자들에게 담화의 대상이 되는 것은 인간 신경계의 산물로, 뉴턴학파나 데카르트학파가 주장하는 단일한 실재나 인식 가능한 객관적 세계에 대한 확신과는 뚜렷이 다른 입장을 가진다.

• 비판적 구성주의

인식할 수는 없으나 벗어날 수 없는 실재 세계가 존재한다는 것과 그 세계가 미치는 영향을 부정하지 않는다. 비판적 구성주의자는 비판적, 가상적 실재론자로서 우주가 '사물'이라 불리는 존재물로 이루어져 있다는 점을 받아들이지만 우리가 사물을 '직접적'으로 인식할 수 있는 가능성은 부정하는 것이다. 비판적 구성주의의 대표인물로는 귀다노(Guidano), 마호니(Mahony) 등을 들 수 있다. 비판적 구성주의자에게 개인은 자기고유의 경험을 자급자족하는 단독생산자가 아니라 개인적 현실의 '공동창조자(co-creator)' 또는 공동구성자(co-constructor)로 간주될 수 있으며, 접두사 '공동(co)'은 개인의 사회적이고 물리적인 환경과의 상호의존적 관계를 강조하기 위해 붙여진 것이다.

최종혁(2004)은 구성주의를 급진적 구성주의와 사회적 구성주의로 구분하여 설명하고 있다. 급진적 구성주의는 개인의 인지적 작용을 더욱 강조하는 데 반해 사회적 구성주의는 개인이 속해 있는 사회문화적 상황에 더욱 주안점을 둔다는 것이다. 거겐과 비고츠키(Gergen & Vygotsky) 등의 사회구성주의자들이 주장하는 바에 따르면 각 이론들은 개인의 인지적이며 경험론적인 과정뿐만 아니라 사회적인 과정을 거쳐서도 생겨난다. 거겐(Gergen, 1985)은 사회구성주의는 세계에 대하여 묘사, 설명, 평가하는 사회적 과정과 연관되어 있다고 보았고, 문화와 지역사회와 기관들은 세상을 보는 방법에 영향을 준다고 하였다(Payne, 2005).

(2) 구성주의와 사회구성주의

구성주의가 '본질적이고 객관적인 진실이란 존재하지 않는다'고 가정하는 측면에서는 사회구성주의와 유사하나, 구성주의로부터 사회구성주의로의 이동은 경험적 인식론에서 사회적 인식론으로의 이동을 의미한다(Gergen, 1985, 정문자 외 2018 재인용). 즉, 개인이 자신의 경험에서 실재를 어떻게 구성하는가로부터 사람들이 나름 사실이라고 받아들이고 의미를 부여하는 사회를 구성하고 수정하고 유지하기 위해 어떻게 상호작용하는가에 초점을 두는 것으로의 이동이다. 구성주의가 실재의 주관적 구성이나 창조와 관여되는 신경체계의 작동에 중점을 두는 경향이 있다면, 사회구성주의는 그보다도 사회적 해석이나 언어, 가족, 문화의 내적, 주관적 측면을 보다 강조한다(Freedman & Combs, 2009).

〈표 5-2〉 구성주의와 사회구성주의의 비교

구성주의	사회구성주의
• 실재(reality)는 발견되는 것이 아니라 개인이 구성하는 것이다. • 궁극적 혹은 선호하는 실재는 매우 개인적인 문제다. • 사람이나 현상에 관한 진실을 객관적으로 관찰할 수 없고 객관적 사실로 알 수도 없다. 다만, 우리가 그것들을 구성한다는 것만 알 수 있을 뿐이다. • 진리는 내가 구성하는 것이다.	• 실재는 사회(가족, 친구, 또래, 집단, 민족, 국가 등)적으로 구성된다. • 실재는 언어를 통해 구성되고, 이야기를 통해 조직되고 유지된다. • 실재/ 진리는 언어라는 사회적 상호작용을 통해 내가 구성하는 것이다. • 자기(self)에 대한 경험은 타인과의 지속적인 상호작용에서 이루어진다.

출처 : 정문자 외(2018).

호프먼(Hoffman, 2004)은 모더니즘, 구성주의, 사회구성주의의 차이를 비교하면서 모더니즘은 '진리(실재)는 객관적으로 정확하게 알 수 있다'고 본다면 구성주의자는 '진리는 내가 구성하는 것이다'라고 보는 것이고, 사회구성주의자는 '진리는 언어라는 사회적 상호작용을 통해 내가 구성하는 것이다'라고 보는 것이라고 하였다.

(3) 사회구성주의 관점의 기본 시각

사회구성주의자는 우리가 세계의 실체라고 알고 있는 것은 실재로서 엄연히 존재하는 객관적 실체가 아니라 사회적 상호작용을 통해 우리가 만들어 낸 것이라는 것이다. 주로 언어라는 수단을 통해 세계를 묘사하거나 만들어 내는데 언어는 실체가 아니라 실체를 표현하는 하나의 도구에 불과하며 모든 언어는 어떤 현상을 나름대로 표현해 내고 있기 때문에 실체를 나타내는 유일한 언어표현은 존재하지 않으며 다양한 언어표현이 나름의 효용성을 갖는 것이다. 이런 측면에서 사회구성주의자는 우리가 경험하는 세계나 상황과 관련된 유일한 '진리'보다는 묘사나 기술의 효용성에 더 많은 관심을 가지고 있다.

주어진 현상이나 상황에 대해 다양한 형태의 구성과 반응이 가능하며 그것들 모두는 나름대로의 진리 속성을 가지고 있고, 그렇기 때문에 다양한 형태의 진리가 동일하게 존중받아야 한다고 본다. 어떤 현상이나 상황을 인식, 이해, 묘사하면서 그것에 의미를 부여하는 행위가 구성(construction)이라고 불리는 것이다. 이러한 구성이 개인 혼자에 의해 이루어지기보다는 다른 사람과의 관계와 상호작용을 통해 형성된 우리 자신의 신념, 전제, 전통, 규범 등의 렌즈를 통해 현실을 구성하고 주변 사람과 함께 공동으로 구축한 인식의 여과장치를 가지고 어떤 현상을 마주 대하게 된다는 것이다. 따라서 우리의 경험은 우리에게 있는 그대로 주어지는 것이 아니라 우리의 관계 속에서 공동으로 구성된다는 것이고 이것이 바로 사회구성(social construction)의 개념이다(엄명용 외, 2019).

사회구성주의 관점은 여러 학자들이 설명한 내용에 기반해 다음과 같이 요약할 수 있다(Reedman & Combs, 2009; Witkin, 2012 : 19).

첫째, 본질적인 진실이란 존재하지 않고, 진실과 허위를 구분할 수 있는 절대적이며, 모든 것을 초월하는 기초는 없다고 본다. 따라서 누구에게나 정확하게 존재하는 실재란 존재하지 않으며 우리가 할 수 있는 것은 경험을 해석하는 것뿐인데, 언제나 다양한 해석이 가능하고 그 어떤 해석도 진정으로 옳은 사실은 아니다.

둘째, 실재는 사회적으로 구성된다. 즉, 사회적 신념, 법칙, 관습, 의식주 습관, 심리적 구성물 등은 사람들이 삶을 살아가면서 사회적 상호작용을 통해 함께 구성하여 생긴 것이다. 지식은 특히 언어를 통한 사회적 합의과정을 통해 유지된다. 사회가 조직화되고 제도화되는 방식에 따라 우리가 아는 것이 다르게 구체화된다. 지식도 역사적, 문화적, 사회적 상황에 따라 변하는 것으로 본다. 우리가 당연하게 여기는 지식을 비판적으로 바라볼 것을 요구한다. 빈곤이나 범죄 같은 사회문제의 원인에 대해서, 그리고 인간의 변화 능력 등에 대해서, 인간과 환경 간 관계에 대해서 세상에서 일반적으로 받아들여지고 있는 명시적 또는 묵시적 믿음체계를 비판적인 시각에서 바라볼 것을 요구한다. 지식을 사회행동의 한 형태로 본다. 지식을 다르게 구성하면 다른 종류의 사회행동이 가능하며 정당화될 수 있다.

셋째, 실재는 언어를 통해 구성된다. 즉, 실재를 바라보는 관점, 세상이나 신념체계는 객관적으로 존재하는 것이 아니라 언어를 통해 구성되고 언어적 상호작용을 통해 언제나 변화할 수 있다. 의미를 창출해 내고 창출된 의미를 유지하는 것은 주로 언어를 통한 사회적 교류작용의 힘이다. 언어는 실체를 반영하는 투명한 도구가 아니라 의미 또는 현실을 구성해 내는 힘을 가진 존재다.

넷째, 실재는 이야기를 통해 조직되고 유지된다. 실재가 언어를 통해 구성된다면, 그것은 우리가 일상적으로 말하는 이야기에서 생겨나고 소멸된다. 즉, 이야기는 실재에 대한 지식을 조직하고 유지하고 순환하는 데 핵심적 역할을 한다.

3) 사회구성주의 관점의 사회복지실천적 함의

사회구성주의 관점은 사회복지실천에 중요한 함의를 제공한다. 터너(1996), 버(2003), 위트킨(2012)이 제시한 내용을 중심으로 정리해 보면 다음과 같다.

첫째, 사회구성주의 관점은 모든 진리는 사회적 구성물이라는 시각을 가지므로 클라이언트의 신념을 키운 역사, 문화, 사회적 맥락을 중요하게 고려하게 한다. 실천의 초점은 클라이언트가 생각하는 문제현실, 특히 자신의 환경적 특성과 상호작용하는 실재로서의 문제에 대한 자신의 지각, 이해, 정의에 있다. 심리사회적 문제는 존재론적 의미에서 실재하기보다는 언어와 사고 속에서 존재하고 문제에 대해 클라이언트가 언어적으로 표현하고 생각하는 것들은 관련된 사회문화적 가치, 규범, 정의와 상호작용하는데, 실천의 초점이 되는 것은 바로 그러한 표현과 생각이 지닌 본질이라 할 수 있다. 맥락에 대한 이해와 인식 역시 구성의 산물로 간주되기 때문에 객관적 맥락 현실을 드러내려 하기보다 클라이언트가 제시한 맥락 현실 인식이 문제해결을 위해 얼마나 유용한 것인지에 초점을 둔다. 맥락 안에서 갖게 된 클라이언트 자신의 경험, 클라이언트가 이해하고 있는 맥락의 내용이 중시되며, 어떤 문제의 맥락이 다르게 구성되면 문제와 관련된 판단, 문제해결을 위해 필요한 행동의 종류, 클라이언트가 발휘할 수 있는 강점, 문제해결을 위해 필요하거나 동원 가능한 자원 등이 달라질 수 있다.

둘째, 사회구성주의 관점의 실천에서는 클라이언트가 생각하고 해석하는 것이 삶에 어떤 영향을 미치는지를 탐색한 후 대안적 의미를 생성해 내는 것이 가능한지 살펴보고 어떤 버전의 의미가 특정 목적을 위해 더 유용한지를 살펴보는 접근을 할 수 있다. 또한 사회가 클라이언트를 규정하는 언어에 대해서도 동일하게 적용되는데, 사회의 지배적 담론에 의해 정당화된 '이름 붙이기(Labeling)'와 그에 기초한 배제나 억압으로 인해 불이익을 당하는 사람들에 대해 대안적 담론과 실천 비전을 제시할 수 있다. 사회구성주의 관점을 가진 사회복지실천가는 사회 내 지배적 담론의 권위를 당연시하기보다는 그것을 비판적으로 바라보면서 대안을 제시하려고 한다. 또한 그

대안적 담론이 사회에서 영향력을 획득하고 정당성을 인정받을 수 있도록 노력한다.

셋째, 사회구성주의 관점에서는 사회복지실천가가 클라이언트보다 우월한 입장에서 클라이언트를 이끌어 가는 전문가가 아니라 동등한 입장에서 클라이언트가 새로운 통찰을 갖도록 도와주는 역할을 한다. 사회구성주의 관점을 가진 실천가는 다원주의 세계관을 가지고 각 클라이언트의 사례에 임하게 되는데, 자신의 문제에 대해 클라이언트 각자가 가지고 있는 견해, 신념을 배우고자 하는 자세가 요구된다. 사회구성주의에 근거를 둔 접근방법은 문제의 본질에 관한 생각을 발전시키기 위해 실천가 대신 클라이언트에게 전문가 역할을 부여하면서 실천가와 클라이언트 간 공조체제와 상호협동의 필요성을 강조하고 있다. 다양한 관점을 가진 사람들 사이에서 대화는 상호관점의 차이를 알아내는 역할을 한다. 사회복지사의 역할은 대화 참여자들이 상대방의 관점을 존중하면서 서로 대화를 통해 영향을 주고받는 과정 속에서 그들의 잠재력을 극대화할 수 있는 사회적 구성에 합의하도록 이끄는 것이다. 이 과정에서 핵심은 참여자들 모두의 관점을 평등하게 존중해 주면서 그들 간 합의를 위한 조정을 하는 것이다. 합의적 공동구성이 불가능한 경우 적어도 상대방이 가지고 있는 관점을 최대한 이해할 수 있도록 하는 것이다.

넷째, 사회구성주의 관점을 기반으로 한 실천방안은 협동작업을 통해 구성된 현실에 바탕을 두어 이끌어 내게 된다. 이때 개입방안은 사회복지사의 전문지식으로부터 나오는 것이 아니라 협동작업을 통해 구성된 현실내용으로부터 사회복지사와 클라이어트 간 상호합의로부터 나오는 것이어야 한다. 문제상황의 정의 또는 문제를 확인하는 모든 과정에서 다양한 가치와 관점을 가지고 있는 모든 이해당사자가 관여해야 한다.

일부 내러티브 접근으로 다룬 사례들에서 사람으로부터 문제를 분리시키는 작업은 필수적은 것으로 간주된다. 외현화기법(문제를 클라이언트와 별개로 이름 붙여주는 과정)은 클라이언트로 하여금 그 문제를 자기 내부가 아니라 외부에 위치한 적으로 바라보게 함으로써 문제를 달리 생각하는 시각과 문제에 대한 해결책을 자유롭게 발전시킬 수 있도록 돕는다. 문제를 자신의 정체성과 융합시킨 듯이 보이는 경우 특히 도움이 되는 것으로 알려지고 있다.

다섯째, 사회구성주의 관점에서는 가치를 명확하게 드러내고 그것이 실제의 삶 속에 어떻게 영향을 미치는지 탐색하는 것을 선호한다. 사회구성주의 관점을 가진 실천가는 클라이언트들이 귀담아들을 만한 귀중하고 다양한 관점들을 소유하고 있다고 믿고 이를 배우고자 하는 자세를 취한다. 사물을 바라보는 타인의 독특한 방식을 이해하려 하다 보면 우리의 생각과 이해의 지평을 확장시켜 나가게 된다.

생각해 볼 문제

1. 사회복지실천을 위해 사회복지사가 갖추어야 할 지식기반은 무엇이며, 어떤 요소들이 포함되어야 한다고 생각하는지 논의해 보자.
2. 사회복지실천의 기본 관점인 생태체계관점의 이론적 기초와 주요 개념에 대해 설명하고, 이러한 관점이 사회복지실천에 주는 함의를 생각해 보자.
3. '환경 속의 인간' 개념을 보여주는 실제 삶의 현상을 사례로 들어보자.
4. 사회복지실천에서 강점관점의 등장배경에 대해 설명해 보시오.
5. 사회복지사로서 강점관점에 기반한 나의 특성은 무엇인가?

CHAPTER

6 사회복지실천의 통합적 접근

1. 통합적 접근

1) 통합적 접근의 등장배경

통합적 접근은 사회복지실천을 개인/ 환경, 임상적 실천/ 사회행동, 미시체계/ 거시체계와 같이 이분법적으로 구분하여 별개로 다루어 온 것에 대한 문제인식에 기반하여 이들 간의 상호관련성을 인식하는 데서 출발하였다. 또한 개별사회사업, 집단사회사업, 지역사회조직과 같이 개인이나 집단, 가족, 지역사회 각각에 제한되는 접근방법보다 여러 유형이나 규모의 체계와 관계 맺을 수 있는 접근방법의 필요와 모든 사회복지실천에 공통적으로 적용될 수 있는 통합적 접근의 필요에서 등장하게 되었다(Pincus & Minahan, 1973, 문인숙 · 조성경 · 김선심 · 김융일 · 조흥식 · 윤현숙 공역, 1994 재인용).

스텀프(Stumpf, 1970)는 전통적 방법이 문제를 전체로 보지 않고 단편화시켜 클라이언트의 생활상의 문제에 전체적으로 개입하기보다는 사회복지사의 입장에서 적절히 처리할 수 있는 문제만을 부분적으로 잘라내어 돕는 형식을 취해왔다고 주장하면서(전재일, 1981 재인용) 분화되어 있던 전통적 방법에 대해 비판하였다. 브라이어(Briar) 역시 전통적인 방법의 한계를 지적하고 있는데, 첫째, 전통적인 방법은 주로 제한된 특정 문제중심의 개입을 하고 있어 최근의 복잡한 문제상황에 적절히 개입하기 어려운 상황이 발생하고, 따라서 전통적 방법은 이러한 외부적 환경에 의한 자체적인 한계점에 도달해 있다는 것이다. 둘째, 전통적 방법은 지나친 분화와 전문화로 서비스의 파편화 현상을 초래함으로써 다양한 문제와 욕구를 가지고 있는 클라이언트가 여러 기관이나 사회복지사를 찾아다녀야 하는 부담감을 야기한다는 것이다. 셋째, 전문화 중심의 교육훈련은 사회복지사의 분야별 직장이동에 도움을 주지 못한다고 지적한다. 넷째, 공통기반을 전제하지 않는 분화와 전문화는 각각 별개의 사고와 언어 및 과정을 보여줌으로써 사회복지전문직의 정체성 확립에 장애가 된다고 하였다(김융일 · 조흥식 · 김연옥, 1995 재인용).

이와 같이 분화되어 있던 사회복지실천 방법을 통합하려는 시도로 1958년에 미국사회복지사협회(NASW)가 '사회사업실천의 작업정의' 보고서에서 사회복지실천을 정의내렸고, 그 이후 1970년에 바틀렛이 『사회복지실천의 공통기반』에서 개인과 환경에 대한 이중초점을 내용으로 하는 사회복지실천의 공통기반을 묶어내었다. 또한 1970년대에 체계이론이 사회복지실천의 주요 이론으로 활용되면서 '환경 속의 인간(person in environment)' 개념이 확장되었고, 이 개념에 근거한 통합적 접근모델들로 핀커스와 미나한(Pincus & Minahan, 1973)의 '4체계 모델', 골드스타인(Goldstein, 1973)의 '단일화 모델', 콤튼과 갤러웨이(Compton & Galaway, 1975)의 '문제해결과정 모델', 저메인과 기터만(Germain & Gitterman, 1980)의 '생활모델' 등이 등장하면서 통합적 접근방법의 구축을 위한 노력이 진전되었다. 통합적 접근노력은 사회복지실천에 공통적인 개념, 기술, 과업 및 활동이 있다고 가정하고 공통된 요인을 연관지음으로써 사회복지실천의 전문적 정체성의 기초를 마련하고자 하는 목적이 있었으며(문인숙 외 공역, 1994), 하나의 전문직으로서 자리매김하려는 사회복지전문직의 발달적 맥락(Reid, 2002, 이원숙, 2008 재인용)으로 설명된다.

한편 우리나라에서는 1976년에 핀커스와 미나한(Pincus & Minahan)의 『사회사업방법론 : 통합적 접근』이 번역되어 소개되면서 통합방법론에 대한 관심이 시작되었다(문인숙 외 공역, 1994). 1996년에는 한국사회복지학회의 학술대회 주제로 '한국사회복지의 통합적 접근'이 다루어졌으며(한국사회복지학회, 1996), 그 후 통합적 접근이라는 용어는 제너럴리스트 실천(장인협, 1999; 조휘일 · 강정숙 · 권순미 · 권현진 · 김경희, 2005; 이원숙, 2008), 일반주의 관점(한인영 · 장수미 · 최정숙 · 박형원 공역, 2006)이라는 용어와 함께 사용되면서 '환경 속의 인간'에 대해 총체적이고 다차원적인 수준에서 접근하는, 사회복지실천의 공통되는 기반을 반영하는 주요 접근방향을 제시하는 용어로 사용되고 있다.

2) 통합적 접근의 개념

전재일(1981)은 통합적 접근이란 전통적 방법의 전부 또는 일부를 조합해서 교육함으로써 한 명의 사회복지사가 복수의 방법을 통합적으로 사용하여 클라이언트에게 개입할 수 있도록 하려는 것이라고 하였다. 김융일 등(2000)은 더 나아가 사회복지실천에서 통합적 접근(integrated or unitary, generalist approach)이란 사회복지사가 개인, 집단, 지역사회 등 다차원적 체계들에서 발생되는 사회문제에 대처해 나가기 위하여 활용할 수 있는 공통된 하나의 원리나 개념을 제공하는 '방법의 통합화'를 의미한다고 하였다.

통합의 형태에 대해서는 여러 논의가 있지만 통합의 형태를 결합적 접근방법, 다중적 접근방법, 단일화 접근방법 세 가지로 나누어 언급한 내용(전재일, 1981)을 살펴보면 다음과 같다.

먼저 결합적 접근방법(combination approach)은 클라이언트의 문제 및 상황에 따라 전문 분화된 각종 방법을 단수 혹은 복수의 형태로 임기응변식으로 사용하는 것을 말한다.

둘째, 다중적 접근방법(multi-method approach)은 각 방법상의 원리와 기술을 비교해 공통성, 유사성, 차이성, 다양성을 확인하고, 이들 방법 간의 상호관련성을 조합하여 사용하는 것을 말한다.

셋째, 단일화 접근방법(unitary approach)은 전문직으로서 사회복지실천의 공통된 기반을 재확립하고 방법을 특징짓는 총체적 관점과 틀을 확정하여 방법의 재편성을 도모해 나가는 것을 말한다.

그중 단일화 접근방법이 1970년대 통합적 접근을 지향하는 학자들에 의해 강조되어 세 가지 통합형태 중 사회복지실천에서 가장 실용적으로 활용되고 있다(김융일 외, 1995).

3) 통합적 접근방법의 특징

통합적 접근방법의 특징은 다음과 같이 제시할 수 있다(김융일 외, 1995). 첫째, 통합적 방법은 사회복지실천에 본질적인 개념, 활동, 기술, 과업 등에 공통적인 기반이 있음을 전제한다. 둘째, 통합적 방법의 가치는 클라이언트의 잠재성을 인정하며, 이들 잠재성이 개발될 수 있다고 보고, 미래지향적인 접근을 강조한다. 셋째, 사회복지의 지식은 과거의 심리 내적인 정신역동적 측면으로부터 상황 속의 인간을 이해하고자 하는 일반체계이론까지 확대된 개념을 사용한다. 넷째, 과거 사회복지의 개입은 주로 인간에게 초점을 두거나 환경에 초점을 두는 2궤도 접근으로 이루어져 왔으나, 통합적 방법은 이 양면적 상호작용에 초점을 둠으로써 인간과 환경의 공유영역, 즉 사회적 기능 수행영역에 사회복지사가 개입해야 함을 강조한다. 다섯째, 클라이언트의 존엄성을 인정하고, 클라이언트의 참여와 자기결정 및 개별화를 극대화할 것을 강조하며 사회복지실천과정의 계속적인 평가를 주장한다.

커스트-애쉬먼과 헐(Kirst-Ashman & Hull, 2009)은 통합적 접근을 지향하는 일반사회복지(generalist)실천을 절충주의적 지식기반, 전문적 가치들, 어떤 규모의 체계든 표적으로 할 수 있는 광범위한 기술의 적용이라고 정의하면서 사회복지의 지식, 가치, 기술 측면에서 조명하였다.

마일리, 오멜리아, 듀보이스(Miley, O'Melia, & Dubois, 2007)는 통합적인 접근법으로서의 일반사회복지실천이 다음과 같은 주요 전제를 가진다고 하였다. 첫째, 인간행동은 사회적·물리적 환경과 불가분의 관계에 있다는 것, 둘째, 인간체계의 기능을 향상시키는 데는 체계 자체의 변화, 체계와 환경 간 상호작용의 수정, 환경체계의 변화가 포함되므로 다차원적인 사정과 복합적 개입방법을 활용한다는 것, 셋째, 개인에서 사회에 이르기까지 다양한 수준의 인간체계에서의 실천에 유사한 사회복지실천과정이 적용된다는 것, 넷째, 직접적 실천을 넘어 조사·연구를 실시·적용하는 것뿐 아니라 정의로운 사회정책을 지향할 책임을 가진다는 것이 그 내용이다.

이원숙(2008)은 통합적 접근으로서 일반사회복지실천에 대해 여러 학자들의 견해와 최근의 동향을 반영하여 그 특징을 잘 정리하고 있는데, 그 내용을 소개하면 다음과 같다.

- 첫째, 체계이론, 생태학이론 혹은 생태체계이론 등 체계이론을 바탕으로 한 절충주의적 지식기반을 가지고 있다.
- 둘째, 일반주의 실천은 사회복지전문직과 동일시되고 이에 따른 사회복지전문직의 전문적 가치를 준수하고 윤리적 원칙을 적용한다.
- 셋째, 다차원적 접근, 즉 미시(개인, 가족, 소집단), 중간(조직체, 공식적 집단), 거시(지역사회, 사회체계)의 다양한 규모의 체계에 개입하고 이를 위해 광범위한 기술을 적용한다.
- 넷째, 조직구조 속에서 슈퍼비전을 받으면서 일한다.
- 다섯째, 다차원적 개입에 따라 다양한 사회복지사의 역할(상담자, 교육자, 중개자, 사례관리자, 동원가, 중재자, 촉진자, 옹호자)을 수행한다.
- 여섯째, 계획된 변화과정을 가지고 있다. 과정이 핵심적 요소이지만 학자에 따라 문제해결과정이나 계획된 변화과정, 임파워먼트 접근법에서와 같이 대안적 과정으로 제시되기도 한다.
- 일곱째, 다양성, 인권과 사회정의가 점차 강조되고 있다.
- 여덟째, 조사기반의 실천과 실천기반의 조사 등 조사와 실천의 연계성이 강화되고 있다.

최근 강점관점과 임파워먼트 접근이 사회복지실천에서 강조되면서 통합적 접근과 결합되고 있는 추세인데, 존슨과 얀카(Johnson & Yanca, 2007)는 문제해결과정과 강점관점의 결합을 시도하였고, 커스트-애쉬먼과 헐(Kirst-Ashman & Hull, 2009)은 임파워먼트를 일반사회복지실천의 주요 구성요소로 포함시켰으며, 마일리 등(Miley et al., 2007)은 임파워먼트 접근 일반사회복지실천을 제안하고 있다.

2. 사례관리실천

1) 통합적 실천으로서 사례관리의 등장 배경[1)]

(1) 미국의 사례관리의 등장 배경

미국에서 사례관리가 본격적으로 등장한 것은 1960년대이며, 이는 정부, 전문가집단, 클라이언트집단 등 다양한 주체의 필요에 의한 것이었다. 미국에서 통합적 실천으로서 사례관리의 등장 배경은 다음과 같이 정리된다(김성경, 2024).

① 탈시설화 경향에 따른 지역사회보호

미국에서 1960년대부터 시작된 탈시설화 경향으로 지역사회를 중심으로 한 복지서비스 제공이 강조됨에 따라, 시설에서 퇴소한 클라이언트를 지역사회 내에서 지속적으로 보호하고 관리할 수 있는 방법으로 대두된 실천모델이 사례관리이다.

② 클라이언트의 복합적 욕구 증가에 따른 서비스의 통합

미국 사회복지 사례관리의 등장 배경은 복합적인 욕구를 갖는 복지대상자는 증가하는 반면, 기존 사회복지서비스는 단편화・분절화되어 있어 이에 대응방안이 절실하였다는 데 있다. 이에 1971년 보건・교육・복지부(HEW)에서 '사회서비스의 통합(Services Integration)'을 강조하면서, 사회복지서비스 간의 연결과 조정이 본격화되었다. 이에 사례관리실천은 보다 효과적으로 서비스를 제공하는 접근방법으로 인정받게 된 것이다.

③ 사회복지재정의 축소 및 지방화, 서비스의 책임성 강조

미국에서 사례관리는 연방정부의 복지정책의 변화와 더불어 1975년 미국의 사회보장법 개정과 1980년대 신보수주의 정부가 등장하면서 큰 변화가 일어났다.

---

1) 김성경(2017)의 3장을 요약 정리함.

- 사회복지에서 정부 역할의 축소와 공공지출의 삭감은 기존의 사회복지정책에서 새로운 방향전환이 필요했으며 지방분권화와 더불어 강조된 것이 지역사회보호였다.
- 사회복지서비스가 연방정부에서 주정부나 지방정부로 이관되는 변화가 이루어졌다. 이러한 정책으로 지역사회 서비스를 조직화하고 통합적으로 관리하는 통합적 실천이 필요하게 되었다.
- 비용효과적인 실천방법이 요구됨에 따라, 클라이언트를 위해 다양한 서비스를 계획하고 조정하며, 서비스 전달에서 비용효과적인 실천방법인 사례관리가 강조되기 시작했다.

④ 통합적 실천으로서 사례관리 강조

1970년대 이후 미국 사회복지학계에서는 통합실천방법으로서 사례관리가 강조되기 시작했다.

(2) 영국의 사례관리의 등장 배경

영국의 사회복지 사례관리는 대규모 수용시설에서 탈피하여 지역사회 보호(community care)를 도입하면서 시작되었으며, 사례관리는 지역사회보호에서 본격화되었고 그 후 보호관리(care management)로 발전해 왔다. 따라서 사례관리의 등장배경은 미국과 약간의 차별성이 있다.

① 탈시설화 경향에 따른 지역사회보호

영국에서 1960년대 지역사회 재가복지서비스가 강조됨에 따라, 탈시설화된 클라이언트를 지역사회 내에서 지속적으로 보호하고 관리할 수 있는 방법으로 대두된 실천모델이 사례관리이다.

② 복합적 욕구를 가진 클라이언트에 대한 보건 · 복지서비스의 통합

영국 사례관리의 등장 배경의 또 중요한 요인은 복합적 욕구를 가진 클라이언트에 대한 적절한 지역사회보호를 위하여 보건 · 복지서비스 통합을 시도하고 있으며 그 통합의 방법으로 사례관리를 채택하고 있다는 점이다.

③ 케어의 혼합 경제 강조

1990년대 영국의 사례관리의 등장 배경에는 '케어의 혼합경제'로 사회복지 제공자의 다각화와 지방정부의 서비스제공과 구매의 분리 정책의 영향이 있다. 이에 다양한 자원, 즉 공공과 민간부문으로 이루어진 케어서비스의 패키지를 구성하여 제공하는 케어 매니지먼트(care management) 제도가 도입되었다.

(3) 우리나라 사례관리의 등장 배경

우리나라의 사회복지 사례관리 역시 지역사회보호(재가복지사업)의 필요성에서 시작되었다. 미국과 영국의 사례관리와 달리 우리나라의 사례관리는 탈시설화에 대한 관심은 저조한 상황에서 지역사회 빈곤가구를 지원하기 위한 복지현장의 필요로 등장한 재가복지사업에서 출발하였다. 그리고 그 재가복지사업은 1990년대 사회복지시설의 다양화 및 전문화 방향 속에서 전문적 서비스인 사례관리로 발전하였다.

① 지역사회보호의 확산

우리나라에서 지역사회보호는 외국과 같이 시설보호의 대안으로 탈시설화의 결과 등장한 보호체계라기보다는 재가보호대상자 및 자활보호대상자를 위한 재가복지사업에서 발전했다. 우리나라에서 재가복지사업은 1987년 민간 차원에서 도입된 이래, 1992년부터 정부의 지원이 이루어졌고, 1993년 개정 노인복지법에 재가복지가 법제화되면서 재가복지사업으로서 사례관리가 인정되기 시작하였다.

② 시설의 다양화 및 탈시설화 경향

우리나라의 사회복지시설은 시설의 소규모화 및 다양화, 탈시설화 경향이 동시에 진행된 양상을 보여 왔다. 1990년~2000년대 사회복지 관련법의 개정에 의해 아동복지시설, 장애인복지시설, 노인복지시설, 여성복지시설 등 대상별 사회복지시설들이 소규모 시설화, 전문적 기능을 가진 시설로 전환되면서 다양한 욕구를 가진 서비스 수요자를 위해 사례관리 접근방법이 적용되고 있다.

③ 클라이언트의 복합적 욕구 증가에 따른 서비스의 통합 및 전문화

2000년대 정부의 취업성공패키지사업, 맞춤형방문 건강관리사업, 자활사례관리사업, 드림스타트사업, 취약한 부모가족 역량강화사업 등 복합적인 욕구를 갖는 클라이언트에 대하여 보다 통합적이고 지속적인 서비스를 제공하기 위해 사례관리가 도입되었다.

④ 사회복지기관의 평가 및 기능의 개편

1999년부터 시작된 사회복지시설 평가가 도입되었고, 서비스 질 향상을 위해 평가지표에 포함된 것이 사례관리 및 사례회의의 실시 여부였다. 뿐만 아니라 2012년 개정된 사회복지사업법에 사회복지관의 3대 기능 중 하나로 사례관리기능이 포함됨에 따라, 보건복지부는 지역사회복지관에서 사례관리사업을 적극 수행하도록 하고 있다.

⑤ 통합적 실천 및 운영체계 강조 : 사례관리의 다차원적 특성 강조

우리나라는 2009년 공공 사례관리가 도입되면서, 희망복지지원단 사업에서 위기가구를 위해 사례관리실천을 실시하며 동시에 통합사례관리 지원체계를 함께 체계화하였다. 그리고 사례관리에서 서비스 및 지원체계를 동시에 강조하는 다차원적 특성을 보이면서 발전하고 있다.

2) 사례관리의 개념과 목적

(1) 사례관리의 개념

사례관리는 정신건강증진서비스 영역에서 복합적 욕구를 가진 클라이언트에게 통합적 서비스를 제공하면서 발달하게 되었다. 클라이언트에게 제공되는 서비스의 단편성 문제와 서비스 전달체계의 경직성 문제로 서비스의 조정과 통합의 요구에서 시작된 것이다(Moxley, 1989, 이근홍, 2006 재인용).

사례관리는 시대적 요구에 따라 변화하여 왔고, 학자들의 정의와 전문기관의 정의도 다양화되어 왔다.

우드사이드와 맥클램(Woodside & McClam, 2006)은 사례관리는 복합적인 욕구(complex needs)를 가진 대상자들에게 다양한 서비스(multiple services)를 효과적으로 전달하기 위한 실천전략이라고 강조하였다.

한편 목슬리(Moxley, 1989)는 다양하고 복합적인 욕구를 지닌 클라이언트를 대상으로 사례관리자 또는 사례관리팀이 공식적·비공식적 지원망과 클라이언트의 기능과 복지를 최대화하기 위해 고안된 활동을 조직하고, 조정하며, 유지하는 것이라고 하였다. 이를 통해, ① 클라이언트의 능력과 생활기술을 증진시켜 대인서비스와 사회적 지지를 이용하거나 접근할 수 있게 하며, ② 클라이언트의 복지와 기능을 증진시키기 위해 관련서비스 제공자와 사회적 지지망의 능력을 발전시키고, ③ 서비스의 전달을 달성하는 과정에서 서비스의 효과성을 증진시킬 수 있다.

한편 오코너(O'Conor, 1988)는 사례관리를 개념화하는 데 사례관리실천(case management practice)과 사례관리체계(case management system)를 구분하고, 클라이언트의 욕구에 맞는 서비스 제공을 위하여 지역자원을 효과적으로 조직하고 조정하는 행정적·관리적 특성과 개별사회사업에서 진보된 실천방법으로 전문적 관계 속에서 지속적 보호와 상담 및 치료를 제공하는 직접적 개입의 특성을 지닌 것으로 보았다.

그리고 김성경(2024)은 "사례관리는 다양하고 복합적인 욕구를 지닌 클라이언트와 가족의 사회적 기능과 삶의 질을 향상시키기 위해 사례관리 운영체계를 기반으로 사례관리과정을 통해 통합적이며 지속적으로 서비스를 제공하는 전문적 실천방법이다. 즉, 사례관리란 다양하고 복합적인 욕구를 지닌 클라이언트와 가족이 사례관리운영체계 내에 들어와 사례관리과정을 통해 욕구와 문제가 해결되어 기능과 복지가 향상되도록 지원하는 전문적 실천방법"이라고 정의한다.

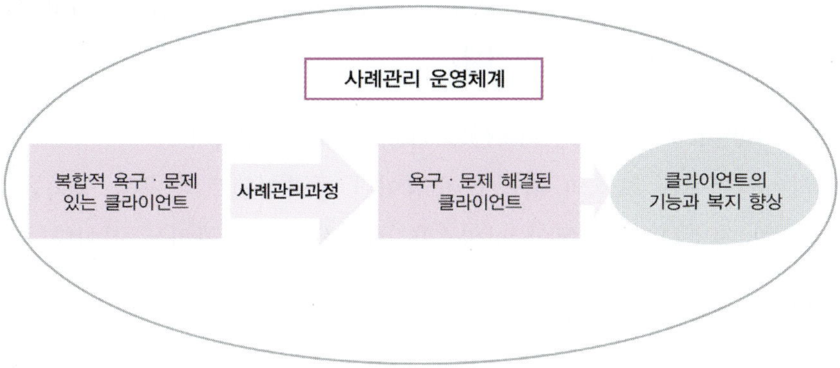

그림 6-1 사례관리의 개념

출처 : 김성경(2024).

(2) 사례관리의 목적과 목표

사례관리의 목적은 복합적인 욕구를 가진 클라이언트에게 질 높은 서비스를 제공하고 연계함으로써 클라이언트의 기능과 복지를 최대화하는 것으로(NASW, 2013), 사례관리의 목표는 다음과 같다(김성경, 2024).

① 클라이언트의 역량 강화시키기(client empowerment)

클라이언트의 역량강화는 강점과 역량을 키우고, 사회적 관계능력을 향상시키고, 클라이언트가 자신의 생활을 관리할 수 있는 힘을 키우는 것을 의미한다.

② 클라이언트의 상호작용 능력 향상시키기(enhancing interactions)

클라이언트의 상호작용 능력 향상은 클라이언트의 역량강화와 연결되는 것으로 자발적으로 지역사회와 상호작용하고 참여하는 능력을 증진시킴으로써 클라이언트가 자신이 원하는 자원을 얻을 수 있는 힘을 갖추는 것을 의미한다(Moore, 1990).

③ 클라이언트에게 통합된 서비스(integration of service) 제공하기

사례관리의 기능의 하나이기도 한데, 클라이언트가 필요로 하는 서비스를 포괄적으로 제공하는 것이다(Woodside & McClam, 2006). 클라이언트에게 통

합된 서비스를 제공하는 것은 서비스의 파편화와 중복을 감소시키고 서비스들 간의 상호작용을 촉진시킨다.

④ 클라이언트에게 보호의 지속성(continuity of care) 보장하기

클라이언트에게 보호의 지속성 보장이란 클라이언트의 욕구 충족을 위해 일정한 장소나 기간 동안 서비스를 지속적으로 제공하는 것이다.

⑤ 클라이언트에게 질 높은 서비스(quality care) 제공하기

사례관리는 개별 클라이언트의 욕구에 맞는 맞춤서비스와 가장 효과적인 우수한 서비스를 제공하며, 보다 우수한 서비스로 조정하고자 하는 목표를 갖는다.

⑥ 사례관리의 책임성 증진하기(enhancing accountability)

사례관리서비스의 책임성 증진이란 첫째, 사례관리의 과정과 결과, 질적 수준 등을 모니터하고 평가함으로써 서비스의 책임성을 증진하는 것이며, 둘째, 서비스의 비용효과성을 높이고 비용 절감을 하는 것이다. 사례관리는 전통적인 사회복지실천보다 비용효과성과 비용 절감이 강조되는 특성을 지닌다(Vourlekis, 1992).

(3) 사례관리의 특성

사례관리는 사회복지실천의 새로운 접근이지만, 개별사회복지실천에 기초를 두고 있어 발달과정과 실천의 핵심요소가 유사하다(Vourlekis, 1992). 무어(Moore, 1990) 역시 사례관리는 오래된 사회복지실천에 새로운 옷을 입힌 것으로 사례관리의 특성은 사회복지실천의 특성과 유사점과 차이점이 있음을 설명하였다. 사례관리의 특성은 다음과 같이 정리된다.

① 사례관리의 대상자는 클라이언트와 그의 가족이며, 클라이언트의 다양하고 복합적 욕구에 기반한 클라이언트 맞춤형 서비스(client-centered service)를 통한 욕구 충족이다. 이 점에서 클라이언트의 문제 해결에 초

점을 두는 전통적인 사회복지실천과 차이가 있다. 따라서 사례관리는 비교적 장기적으로 서비스를 제공한다.

② 사례관리의 목적은 클라이언트의 복합적 욕구의 충족, 사회적 기능, 삶의 질, 복지 향상이며, 이러한 목적을 달성하기 위해 사례관리자는 가장 효과적이며 효율적인 전략을 사용한다.

③ 사례관리의 목표는 클라이언트의 역량 강화, 상호작용 능력 향상, 통합된 서비스 제공, 보호의 지속성 보장, 질 높은 서비스 제공, 사례관리의 책임성 증진 등이다.

④ 사례관리의 실천기반은 사례관리 운영체계(system)와 서비스전달체계이다. 이러한 운영체계가 강조된다는 점이 사례관리가 전통적인 사회복지실천과 차별화되는 특징이다(Greene, 1992; Holt, 2000).

⑤ 사례관리는 다차원적 특성을 가지고 있다(Holt, 2000).

- 사례관리는 직접적인 실천이면서 동시에 간접적인 실천이다.
- 사례관리는 미시적이면서도 거시적이다.
  사례관리자의 많은 활동들은 개인의 욕구를 충족시키고 권리를 옹호하는 실천 방법임과 동시에 서비스전달체계의 핵심으로서 전체 사회의 서비스 조직에 대한 정책을 실현한다.
- 사례관리는 수직적이면서 동시에 수평적이다.
  클라이언트의 특정 시점에 다양한 욕구를 충족시키기 위해 통합적 서비스를 제공하며, 동시에 클라이언트의 변화하는 욕구에 반응할 수 있을 정도로 장기적이어야 한다.

⑥ 사례관리의 주요 활동은 사정, 서비스 계획, 서비스 실행, 점검, 지역사회 자원 연결을 통한 통합적이며 지속적인 서비스 제공 등이며, 이를 위해 사례관리자는 직접적 실천과 간접적 실천을 제공한다. 특히 이 중 가장 특징적인 것은 개별 서비스계획이며 점검단계가 강조된다는 점에서 전통적인 사회복지실천과 차이가 있다.

〈표 6-1〉 사례관리의 특성

구 분	특 성
기 초	개별사회복지실천에 기초를 두고 있음
대상자	다양하고 복합적인 욕구를 지닌 클라이언트 및 그의 가족
목 적	클라이언트의 복합적 욕구의 충족, 사회적 기능, 삶의 질, 복지 향상
목 표	클라이언트의 역량 강화, 상호작용 능력 향상, 통합된 서비스 제공, 보호의 지속성 보장, 질 높은 서비스 제공, 사례관리의 책임성 증진
실천기반	사례관리 운영체계와 서비스 전달체계
특 성	다차원적 특성 : 직접적 실천 및 간접적 실천, 미시적 특성 및 거시적 특성, 수평적 특성 및 수직적 특성
주요 활동	사정, 서비스 계획, 서비스 실행, 점검, 지역사회 자원 연결을 통한 통합적이며 지속적인 서비스 제공

출처 : 김성경(2024).

3) 사례관리의 구성요소

사례관리는 다음과 같이 5개 요소로 구성된다(김성경, 2024).

(1) 사례관리 대상자 : 클라이언트

사례관리 대상자는 생계, 주거, 의료, 교육, 고용 등 복합적인 복지욕구를 가지고 있어 사례관리가 필요하다고 판단되는 개인 혹은 가족이다. 즉, 다양하고 복합적인 욕구를 가지고 있으나 스스로 욕구충족의 어려움이 있고 사회자원의 소재와 이용방법에 대해 잘 모르는 클라이언트를 말한다.

사례관리 대상자들은 스스로 사례관리기관의 서비스에 접촉하기보다는, 사례관리기관의 사례관리자가 잠재적 대상자를 찾아 나서거나(outreach), 의뢰처를 통해 의뢰를 받는 경우(referral)가 대부분이다(Holt, 2000).

사례관리 대상자는 욕구 및 문제의 심각성 수준에 따라 다음과 같이 구분된다.

① 위기(긴급) 사례관리 대상자

복합적인 문제와 욕구가 심각하고 긴급하여 일상생활 수행의 어려움이 있고, 다양한 자원의 긴급한 개입이 요구되는 대상자와 가족

② 집중 사례관리 대상자

복합적 문제를 가지고 있으며 문제와 욕구의 심각성이 높아 사례관리자의 집중적인 개입이 요구되며, 다양한 자원과 서비스를 지속적으로 필요로 하는 자립능력이 현저히 떨어지는 대상자와 가족

③ 일반 사례관리 대상자

문제와 욕구의 심각성이 상대적으로 낮아 단순한 서비스 연계를 통해 지원이 가능한 대상자와 가족

(2) 사례관리자

미국사회복지사협회에서는 사회복지사례관리자를 전문사회복지사로 규정하고, 직접적 실천 및 간접적 실천을 통해 복합적인 욕구를 가진 클라이언트에게 질 높은 서비스를 제공하고 연계함으로써 클라이언트의 기능과 복지를 최대화하는 전문가라고 정의하고 있다(NASW, 2013).

따라서 사회복지사례관리자는 클라이언트와 그의 가족의 욕구를 사정하고, 그 욕구를 해결하기 위해 서비스를 계획하고 실행하며, 조정하고 점검하며 평가하고, 클라이언트를 옹호하는 다양한 서비스의 패키지를 제공하는 전문가이다(NASW, 2010). 우리나라에는 아직 사회복지사례관리자에 대한 구체화된 정의는 없으며, 사회복지사례관리실천은 사회복지사가 수행해야 하는 기능 중 일부로 보고 있다.

(3) 사회자원

클라이언트의 자원은 크게 개인내적 자원과 사회자원으로 나뉜다. 그중 사회자원은 인적·물적 서비스를 제공하고 지원하는 다양한 차원의 공급주체를 말하며, 가족·친척·동료·이웃 등의 비공식적인 자원과 공공기

관 · 행정기관 · 복지기관 · 법인 등의 공식적 자원이 해당된다. 그런데 우리나라 사회복지 사례관리실천에서 가장 어려운 점의 하나는 클라이언트 및 가족의 내 · 외적 자원의 결핍, 지역사회 내 사회자원의 부족 문제로 꼽힌다. 특히 지역사회 사회자원의 편차가 커서 사례관리자는 종종 지역사회 내의 서비스를 연계하면서, 동시에 새로운 복지자원을 만들어 내기도 한다.

(4) 사례관리 과정

사례관리 과정(process of case management)은 사례관리 체계 내에서 사례관리 실천의 목적을 달성하기 위해 수행되는 과정이다. 다양한 사회복지현장이 있지만, 사례관리실천은 공통되며, 시간적으로 전개되는 과정을 가진다(Holt, 2000). 본 서에서는 학자들의 공통적인 사례관리를 중심으로 다음과 같은 단계로 구분하고자 한다.

- 접근단계(초기단계)
- 사정단계
- 서비스 계획단계
- 서비스 실행단계
- 점검단계
- 평가 및 종결단계

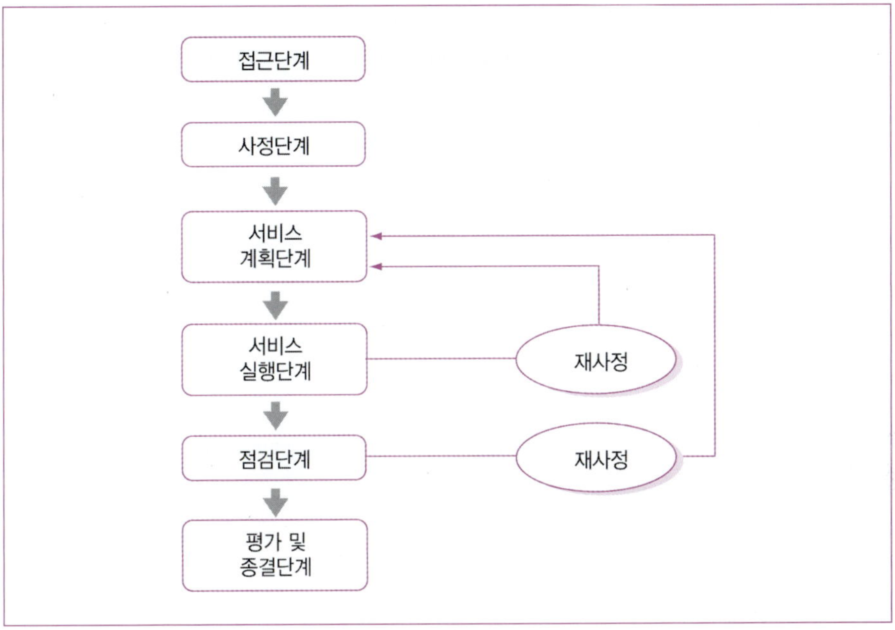

| 그림 6-2 | 사례관리과정

(5) 사례관리 운영체계

사례관리는 효율적인 사례관리를 위해 운영체계가 요구된다. 운영체계는 내부 운영체계와 외부 운영체계로 나뉘고, 내부 운영체계는 기관 내부조직으로 ① 사례관리자, ② 사례관리팀, ③ 전문 슈퍼바이저가 있다. 그리고 외부 운영체계는 ① 통합사례관리협의회, ② 통합사례관리지원단이 있으며, 통합사례관리협의회 또는 통합사례관리지원단에 솔루션위원회를 둘 수 있다(김성경, 2017).

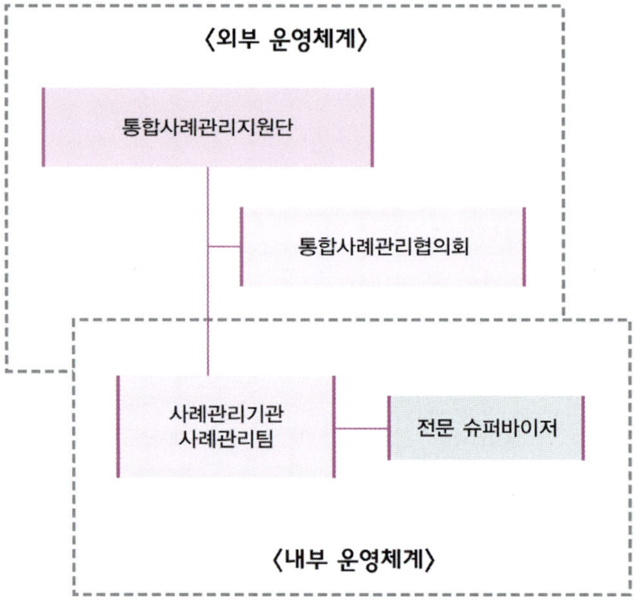

| 그림 6-3 | 사례관리의 운영체계 구조

출처 : 김성경(2024).

4) 사례관리의 기능

사례관리기능은 크게 직접적 실천기능과 간접적 개입기능 두 가지가 있으며, 이 두 기능은 구분되나 대부분의 실천에서 함께 수행되어야 하는 기능이다. 사례관리기능의 구체적인 설명은 다음과 같다(김성경, 2024; Moore, 1990; O'Conner, 1988; Woodside & McClam, 2006).

(1) 직접적 서비스 기능

사례관리의 직접적 서비스 기능은 사례관리자가 클라이언트를 대상으로 직접 서비스를 제공하는 전문적 실천활동을 수행하는 것을 말한다. 직접적 서비스 기능에는 상담 및 치료, 문제해결 역량 강화, 교육 및 훈련, 정보제공 기능 등이 있다.

① 상담(counseling) 및 치료(therapy)

상담 기능은 사례관리자가 클라이언트와 관계를 유지하는 일차적 기능으로(Woodside & MacClam, 2006), 전통적인 심리치료 기능을 수행하기보다는 지금 여기(here & now) 문제를 해결하는 실천적 기능이다. 기본적인 서비스 기능으로 감정이입, 격려, 조언, 지지, 요약 등 다양한 상담기술을 활용하며, 이러한 상담 기능은 사례관리 과정 중에 지속적으로 수행된다.

② 문제해결 역량 강화

사례관리에서 수행하는 문제해결 역량 강화는 단기 중심으로 클라이언트가 이미 가지고 있는 내적 자원 및 역량에 초점을 맞추고, 클라이언트가 자신의 강점과 자원을 발견하고 활용하는 것을 돕는 것을 의미한다. 해결중심 면접을 통해 클라이언트의 참여를 장려하고 그들의 역량을 강화하는 데 실용적이고 구체적인 방법을 제공한다.

③ 교육 및 훈련

사례관리자가 실제 수행하는 많은 업무 중 하나는 교육 및 훈련의 기능이다. 사례관리자는 구조화된 학습 방법을 통해 클라이언트가 욕구 충족을 위해 필요한 기술(일상생활기술, 자립준비기술 등)을 직접 활용하도록 지원하는 것을 말한다. 모델링, 코칭, 역할 바꾸기, 실습 등 다양한 학습방법을 활용할 수 있다.

④ 정보제공

정보제공이란 사례관리자가 클라이언트의 필요 정보를 파악하여 제공하는 활동으로 정보를 담은 자료 및 책자, 인터넷 정보, 매뉴얼을 제공하거나 직접 설명하는 등 다양한 방법이 사용되고 있다. 정보제공을 위해서는 다양한 경로의 정보 수집단계와 정보를 클라이언트의 욕구수준에 따라 분류하고 재조직화하는 정보처리 단계를 거치고 클라이언트의 수준에서 이해 가능하고 활용할 수 있도록 편집되어야 한다.

(2) 간접적 서비스 기능

사례관리의 간접적 기능은 클라이언트의 욕구 해결을 위한 서비스 또는 자원이 기관 내에 없으므로, 사례관리자가 외부 지역사회에서 자원 획득을 할 수 있도록 돕는 연계, 조정, 옹호활동을 의미한다(김성경, 2024; Woodside & MacClam, 2006).

① 연계(linking services)

사례관리실천에서 연계 기능은 클라이언트의 욕구 해결을 위한 서비스 또는 자원이 기관 내에 없어 사례관리자가 외부 지역사회에서 자원 및 서비스를 연결하는 활동이다. 사례관리자는 클라이언트의 욕구와 최적의 문제해결 성과를 가져오기 위하여 공식적·비공식적 자원을 적절하게 연계한다.

② 조정(coordinating services)

사례관리에서 서비스 조정 기능은 의뢰, 연계, 조정, 옹호기능을 모두 포함하는 넓은 개념으로 설명되기도 하고, 서비스 중복이나 누락의 문제점을 해결하기 위한 활동으로 사례관리 운영체계 안에서 여러 전문가가 제공하는 서비스의 적절한 조정활동으로 설명되기도 한다. 사례관리실천에서 대부분 서비스의 연계기능과 조정기능은 함께 작동되는 기능으로 사례관리자는 클라이언트가 이용 가능한 자원 및 관련 전문가와 연계하여 서비스를 조정하는 역할을 수행한다.

③ 옹호(advocacy)

옹호란 사회복지사례관리자가 클라이언트의 대변자로서 클라이언트의 권리를 위해 목소리를 내는 것이다.

첫째, 클라이언트 수준의 옹호활동은 클라이언트가 요구하는 서비스에서 불합리한 자격기준으로 적용받았거나, 거부되었을 경우, 부당한 대우를 받았을 경우 등이다. 사례관리자는 이를 해결하기 위해 업무담당자에게 의사를 표현하고 설득하는 전략을 실행하게 된다.

둘째, 서비스 체계 수준에 초점을 둔 옹호활동은 클라이언트에게 영향을 미치는 기관 정책, 절차, 관행 등의 개선활동이다. 더 나아가서는 정책 시행이나 입법과정에 영향을 미치고자 하는 활동을 수행하기도 한다.

(3) 통합적 서비스 기능

통합적 서비스 기능은 사례관리실천에서 앞의 직접적 서비스 기능과 간접적 서비스 기능을 모두 수행하는 활동으로, 사례관리는 본질적으로 두 개의 기능이 연합되어 있다(Rothman, 1991 : 520). 사례관리자가 통합적 서비스 기능을 수행할 때는 직접적 서비스 기능과 간접적 서비스 기능을 분리해서 수행하는 것이 아닌 동시에 중첩해서 수행한다. 특히 간접적 서비스를 연계할 때도 사례관리자는 관리의 책임을 가지고 점검한다. 통합적 서비스 기능을 사례관리자 혼자 담당하기도 하며, 사례관리팀을 구성하여 운영하기도 한다. 우리나라에서 사회복지 사례관리사업은 대부분 통합적 서비스기능을 실천하는 경향이 있다(김성경, 2024).

5) 사례관리과정

사례관리과정은 시간적인 단계로 이루어지지만, 이는 단선적인 과정이 아니라, 순환적인 과정으로, 재사정이 일어나면 서비스 계획이 수정되고 이에 서비스 실행이 바뀌기도 한다(김성경, 2024).

(1) 접근단계(초기단계)

사례관리의 초기과정은 초기접촉(the initial contact) 단계로 사례관리자가 클라이언트를 발견하고 클라이언트가 새로운 도움환경에 적응하고 문제해결을 위한 파트너십을 형성할 수 있도록 돕는 단계이다. 즉, 사례관리의 첫 단계로 사례관리를 필요로 하는 클라이언트를 발견하고 적격성 여부를 거쳐 클라이언트로 확정하는 과정이다.

① 사례발견

사례관리에서 사례발견 또는 초기접촉은 사례관리자와 도움을 필요로 하는 사람이 최초로 접촉하게 되는 과정과 방법으로 클라이언트의 직접 요청, 기관 내부 의뢰, 타 기관 의뢰, 아웃리치(사례관리자에 의한 발굴) 등의 방법이 있다.

② 인테이크

인테이크는 초기면접자가 잠재적 클라이언트에 대한 정보를 수집하고 서비스욕구를 파악하여 서비스 제공의 적격성의 기준에 적합한 사람인지를 확인하고, 사례관리 서비스의 클라이언트로 결정하는 과정이다.

③ 사례관리 클라이언트의 선정

초기단계에서 사례관리자와 기관의 실질적이면서 기초적인 작업은 클라이언트의 선정이라 할 수 있다. 클라이언트 선정의 준거는 다양할 수 있으나, 기본적으로 복합적이고 만성적인 어려움을 경험하거나 호소하는 개인과 가족으로 요약될 수 있다.

(2) 사정단계

사정(assessment)이란 인테이크를 통해서 확보된 정보를 토대로 클라이언트의 다양하고 복잡한 욕구 및 문제를 심층적으로 파악하고, 강점과 자원을 분석하는 과정으로, 클라이언트가 필요로 하지만 가지고 있지 않은 것이 무엇인지, 클라이언트가 그 욕구를 충족시킬 어떠한 역량과 자원이 있는지 또는 부족한지를 파악하는 것을 의미한다. 사정은 사회복지 사례관리에서 중심적 요소이며, 사례관리과정 중에 지속적이며 반복적으로 수행되므로, 클라이언트에게 새로운 욕구가 발생하거나, 긴급한 상황이 발생하여 재사정이 필요한 경우도 있다.

(3) 서비스 계획단계

서비스 계획 수립(service planning)은 사정을 통해 작성된 욕구목록을 실행으로 옮기기 위한 전략을 설정하는 단계이다. 즉, 계획수립은 사정을 통해 밝혀진 내용에 기반을 두고 달성하고자 하는 목적 및 변화목표를 분명히 하며 필요한 서비스를 구성해 가는 논리적인 과정이다.

서비스 계획단계는 사정단계와 서비스 실행단계를 연결하는 중요한 과정으로 클라이언트의 욕구가 파악된 후 그 욕구의 우선순위를 정하고, 충족시킬 목표를 결정한 후, 그 목표를 달성시킬 서비스를 결정하는 체계화된 과정이다. 서비스 계획은 클라이언트의 욕구를 충족시키며 바람직한 성과를 이끌어 내는 서비스로 구성되며 반드시 문서로 작성된다. 사례관리자는 서비스 계획을 개별화서비스계획(ISP : Individualized Service Plan)으로 수립하는데, 이는 클라이언트를 개별화하여 욕구를 충족할 수 있는 적절한 서비스를 계획하는 것으로 여기서 개별화란 클라이언트 맞춤형 서비스를 계획하는 것을 의미한다.

(4) 서비스 실행단계

서비스 실행단계는 계획된 서비스를 실행하는 단계로서 클라이언트에게 필요하고 유용한 서비스를 연결하고, 직접 개입을 통하여 서비스를 실행하는 단계이다. 이때 두 가지 유형의 개입이 일어난다.

- 직접적 개입으로 사례관리자가 사용하는 개입기술로 클라이언트에게 접근하는 개입이다. 주로 클라이언트에 대한 상담 및 치료, 정보 제공, 교육, 결정 및 행동 격려, 지지, 위기상황에 적절히 개입하는 것이다. 여기서의 상담과 치료는 전문적이고 목적이 있는 의도된 치료과정으로 일반적인 면접과는 구분되어야 한다.
- 간접적 개입으로 사례관리자가 클라이언트를 대신해 체계의 수행이나 행동을 변화시키려고 할 때 사용하는 방법이다. 클라이언트 주변체계의 변화 유도, 외부서비스 제공자와 클라이언트를 연결하는 것, 클라이언트를 옹호하는 것 등의 활동이 있다.

(5) 점검단계

사례관리에서 점검(모니터링, monitoring)이란 전 단계인 서비스 계획단계에서 계획된 서비스와 자원이 잘 전달되고 있는지를 확인하는 사례관리자의 중간검토 활동이다. 사례관리자는 점검을 통하여 클라이언트와 서비스 제공자의 노력 및 적절성을 파악하고, 목표 달성에 영향을 미치는 장애요인을 발견하기도 하고, 새로운 욕구를 발견하여 재사정의 필요성을 제기하기도 한다.

① 점검의 내용

- **계획 이행도 점검** : 클라이언트와 서비스 제공자 모두 계획대로 과업, 활동, 책임을 다하고 있으며, 노력하고 있는가를 파악하는 것으로 서비스 계획에 따라 적절히 서비스가 이행되고 있는지를 검토한다.
- **목표 성취 점검** : 서비스 실행과정에서 단기목표가 성취되어 가고 있는가를 점검하는 것이다.
- **새로운 욕구 발견** : 서비스실행 과정 속에서 클라이언트의 새로운 욕구가 발견되거나 새로운 욕구에 대한 정보를 파악하는 것을 의미한다.

② 점검의 영역

점검의 영역은 크게 클라이언트 점검과 외부 자원망 점검으로 나뉘며, 그 내용에는 클라이언트와 자원 간의 상호작용을 포함해야 한다. 그리고 점검의 방법은 질적인 방법과 양적인 방법 등 두 가지 방식을 조화롭게 시행한다. 점검 결과는 사례회의를 통하여 외부 서비스의 기여도, 적절성 및 향후 방향설정에 근거 자료로 활용한다.

(6) 평가 및 종결 단계

평가 및 종결은 사례관리 실천과정의 마지막 단계이다. 사례관리에서 평가란 서비스 대상자가 욕구와 변화목표에 부합된 서비스를 적절히 제공받았는지 그리고 이를 통해 원하는 변화를 성취하였는지를 확인하는 과정이다.

① 평가의 내용 및 방법

사례관리의 평가단계에서는 다음과 같은 점을 검토한다.

- 사례관리실천을 통해 클라이언트의 욕구가 충족되었는가?
- 사례관리실천을 통해 클라이언트가 원하는 변화를 성취하였는가?
- 사례관리실천을 통해 클라이언트에게 계획했던 서비스가 적절히 제공되었는가?

그리고 평가방법으로는 크게 과정평가와 결과(성과)평가로 구분된다.

- 과정평가는 사례관리실천을 통해 클라이언트의 욕구가 달성되었는지, 클라이언트에게 어떤 변화가 있었는지, 그리고 계획했던 서비스가 적절히 제공되었는지를 파악하는 것이며, 방법론적으로 사례관리실천 단계별 평가를 하는 것이다.
- 성과평가란 사례관리의 실천을 통해 최종적으로 클라이언트의 변화목표가 달성되었는지를 평가하는 것으로 변화(change), 성과(outcome), 결과(output)의 내용을 확인하는 활동이다. 사례관리서비스의 성과평가에는 목표달성도 평가와 서비스 만족도 평가가 포함된다. 목표달성도 평가는 대상자와 사례관리자가 함께 주체가 되어 목표 달성 여부를 평가하는 성과평가이며, 서비스 만족도 평가는 대상자가 주체가 되어 하는 평가이다.

② 종결

사례관리에서 종결은 사례관리를 통해 대상자의 욕구가 충족되거나 사례관리실천의 목표가 달성되어 더 이상 사례관리 서비스가 필요하지 않다고 합의적인 판단이 이루어진 마무리 과정을 의미한다.

사례관리의 개입목표가 달성되었거나 거부 등의 사유로 사례관리 개입이 불가능할 경우 종결 여부를 사례회의를 통해 결정한다. 가장 바람직하게는 사례관리를 통해 대상자의 욕구가 충족되고 사례관리실천의 목표가 달성되어 더 이상 사례관리 서비스가 필요하지 않다고 합의적인 판단이 이루어진 경우이다. 그러나 클라이언트가 주거지 이전 또는 사망으로 더 이상 접촉이 불가능한 경우, 장기간의 연락두절, 클라이언트 본인이나 보호자의 의사반영 등의 사유로 사례관리를 종결할 수 있다. 종결의 결정이 이루어지면, 사례관리자는 사례관리과정에서의 각종 자료와 양식을 잘 정리하고, 사례관리에 참여한 다른 서비스 제공자들에게도 종결의 결정을 알리고 공유한다.

6) 사례의 예시

〈사례의 개요〉

- 클라이언트(10세)는 형(20세)과 단둘이 살고 있으며, 기초수급 대상자이며 형이 주 3회 PC방 저녁 아르바이트(18:00~22:00)를 가면 집에서 혼자 지내고 있음. 형이 집에 있어도 혼자 자기 방에서 컴퓨터 게임을 해 클라이언트는 집에서 거의 혼자 지내고 있음
- 클라이언트와 형은 집안일을 거의 하지 않아 집이 매우 더럽고 대부분 라면으로 끼니를 때우고 있으며 위생상태가 좋지 않음
- 겨울방학이 다가와 담임선생님이 결식이 우려되어 ○○종합사회복지관의 사례관리팀에 의뢰함

(1) 사정

① 클라이언트 인적사항

<table>
<tr><td>성명</td><td>김△△</td><td>성별</td><td>☑남 □여</td><td>생년월일</td><td>2011. 8</td></tr>
<tr><td>보호 대상</td><td colspan="5">☑일반수급 □조건부수급 □저소득/차상위 □국가유공자 □일반</td></tr>
<tr><td>의료 보호</td><td colspan="5">☑1종 □2종 □건강보험</td></tr>
<tr><td rowspan="2">건강</td><td colspan="3" rowspan="2">□양호 ☑보통 □허약</td><td>질병</td><td>없음</td></tr>
<tr><td>장애(등급)</td><td>없음</td></tr>
<tr><td>주거 유형</td><td colspan="5">□자가 □전세 ☑월세 □임대주택 □무상임대 □기타(　　　)</td></tr>
<tr><td rowspan="2">경제상황</td><td>월 수입</td><td colspan="4">월 962,000원
(수급액 512,000원 + 근로소득 400,000원 + 교회 후원금 50,000원)</td></tr>
<tr><td>월 지출</td><td colspan="4">월세 30만 원, 공과금 15만 원, 교통비 10만 원, 통신비 7만 원, 생활비 30만 원, 기타 4만 원</td></tr>
</table>

② 개인력

클라이언트는 2015년 8월생이며 부의 얼굴을 본 적이 없고 어머니와 형과 함께 생활하다가 어머니 사망(2019. 5) 이후 형과 둘이 살고 있음. 어머니와 함께 교회를 다녔고, 현재 혼자 다니고 있음. 클라이언트는 어머니 사망 이후 집에 반찬이 없어 저녁에 혼자 라면을 끓여 먹거나 형이 사놓은 편의점 음식으로 저녁 식사를 하고 있음. 축구를 좋아해 학교 방과후 축구교실을 다니고 있음. 담임교사의 보고에 의하면 그동안 어머니가 아프시고 돌봄을 받지 못해 위생상태가 좋지 않고 한글과 구구단을 완벽히 깨우치지 못하는 등 학습의 어려움을 가지고 있음. 형의 보고에 의하면 집에서는 주로 TV만 보고 있다고 함.

③ 가족력

형(김○○)은 2005년생으로 생활이 어렵지만 어머니와 동생과 행복하게 살다가 어머니가 췌장암으로 돌아가신 이후 갑자기 가장이 되었음. 동생과 성(어머니 성)은 같지만 의부 동생이며 형 또한 부의 얼굴을 본 적이 없고 정보가 없음. 동생 양육에 대한 책임감을 느끼고 있으나 반찬 만들기와 청소에 대한 부담이 있고 잘 하지 못한다는 생각에 거의 하지 않고 있음. 컴퓨터 게임을 좋아해 집에 있을 때는 컴퓨터 게임을 많이 하며 수급비를 받기 위해 취업을 하지 않고 주 3회 PC방 저녁 아르바이트를 하고 있음. 가족이 기초수급대상자로 등록되어 있어 생계급여를 받고 있고, 동주민센터에서 바우처 등 다양한 정보를 주고 있으나 잘 사용하지 못하고 있음. PC방 저녁 아르바이트 등으로 늦게 자고 늦게 일어나 동생을 잘 돌보지 못함.

④ 가계도와 생태체계도

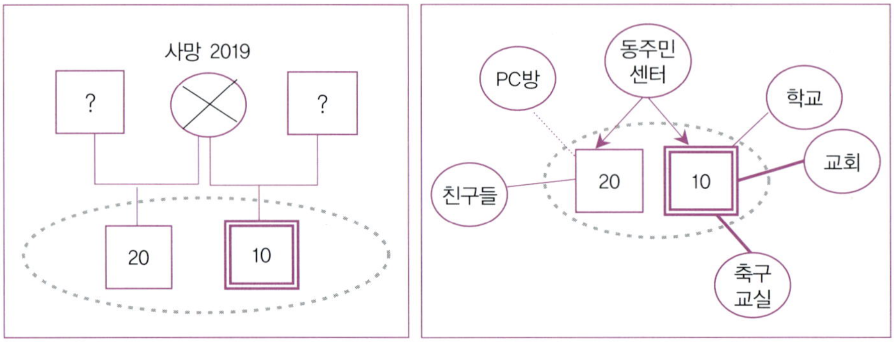

⑤ 자원

- 개인적 자원 : 축구를 좋아함, 학습 욕구, 온순한 성격
- 비공식적 자원 : 교회 목사님
- 공식적 자원 : 동주민센터, 학교 담임선생님, 방과후 교실

⑥ 클라이언트의 욕구/ 호소하는 어려움

- 대부분 밤에 혼자 있어요. 무서워요.
- 냉장고에 반찬이 없어요. 편의점 음식 말고 집밥을 먹고 싶어요.
- 공부를 잘하고 싶은데 어려워요. 공부를 배우고 싶어요.
- 학교 축구교실 말고 전문 축구교실을 다니고 싶어요.
- 집이 너무 더러워요. 깨끗했으면 좋겠어요.
- 엄마가 없어서 힘들고 슬퍼요.

(2) 서비스 계획

○○종합사회복지관 사례관리자는 클라이언트 및 형(보호자)과 함께 사정단계에서 확인된 욕구목록을 해결하기 위한 서비스 목표를 합의하고, 필요한 다양한 서비스를 구성하였다. 서비스 계획에 따라 제공기관을 정하였다.

합의된 목표	서비스 계획	제공기관
1) 방과후 안정적인 보육	지역아동센터 연계	○○지역아동센터
2) 방학 중 결식 예방	점심 도시락 지원(주 5회)	○○종합사회복지관
3) 학습지원	− 지역아동센터 연계 − 대학생 멘토링	○○지역아동센터/ ○○종합사회복지관
4) 심리평가 및 심리치료	− 학교복지사업 연계 − 심리평가 및 심리치료 진행(월 1회)	□□초등학교/ △△소아정신과의원
5) Ct 형의 부모 교육 및 상담 지원	− 부모교육 및 양육상담(수시)	○○종합사회복지관
6) 문화바우처 통한 축구교육	− 문화바우처 발급받기 − 전문 축구교실 연계	동주민센터 및 구청
7) 주거 지원서비스 연계	− 방역서비스 제공 − 집청소 및 빨래 서비스 연계(수시)	동주민센터/ ○○종합사회복지관

생각해 볼 문제

1. 우리나라 사례관리의 등장배경을 설명하시오.
2. 사회복지실천의 접근방식과 사례관리실천의 접근방식의 차이는 무엇인지 논해보시오.
3. 사례관리과정을 단계별로 설명하시오.

CHAPTER 7

사회복지실천에서의 관계와 의사소통

1. 전문적 원조관계의 형성

사회복지실천은 사회복지사와 클라이언트 간의 '관계'를 활용하여 실천해 나가는 과정이다. 사회복지실천 발달과정의 초기부터 사회복지사와 클라이언트의 관계는 실천과정의 핵심으로 중요시되어 왔다. 사회복지실천가들은 '관계'를 개념화하고, 바람직한 관계를 제시하고자 노력해 왔다. 비에스텍(Biestek, 1957)은 『개별사회사업 관계』라는 저서에서 "개별사회사업에서의 관계는 사회복지사와 클라이언트 간의 감정과 태도의 역동적인 상호작용으로서, 클라이언트가 자신과 환경 간의 좀 더 나은 적응을 이룰 수 있도록 돕는 목적을 가지고 있다"고 정의하고 있다.

펄만(Perlman, 1957)은 관계의 중요성에 대해 다음과 같이 기술하고 있다. "관계는 촉매제로서 원조에 활력을 주고, 문제해결과 원조의 활용에 대하여 사람들이 에너지와 동기를 갖도록 한다. 또한 좋은 관계는 타인의 자아를 존중하고 육성하며, 안정감과 일치감을 제공한다"고 하였다.

이러한 정의에서 나타난 바와 같이 사회복지실천에서의 관계는 사회복지사와 클라이언트 간의 상호작용의 산물이고, '좋은 관계(good rapport)'로 발전시켜 실천과정에서 이것을 활용하는 것이 중요하다고 하겠다.

생태체계관점이 사회복지실천에 도입됨에 따라 '관계'는 보다 포괄적 개념으로 받아들여지게 되었다. 즉, 체계들 간에 발생하는 상호작용과 교류가 강조되었다. 생태체계관점을 기반으로 통합방법론을 이론화한 핀커스와 미나한(Pincus & Minahan, 1973)은 "관계란 사회복지사와 그가 관여하는 다른 체계들 간의 정서적인 유대로 볼 수 있고, 이러한 관계에는 협력, 협상 또는 갈등적 분위기가 포함될 수 있다"고 언급하였다. 이 정의에 따르면, 사회복지사는 클라이언트를 포함하여 그와 관련된 생태체계 내에서 사람들의 감정, 사고, 행동, 그리고 그들 간의 상호교류와 그것의 영향들에 대해 이해하고자 노력할 필요가 있다. 그럼에도 불구하고 사회복지사와 클라이언트 간의 상호작용이 사회복지실천의 핵심이고, 이에 관련되는 지식은 대부분 다른 사람들과의 상호작용에도 적용된다(Johnson & Yanka, 2004). 따라서 이 장에서는 사회복지사와 클라이언트 일대일 관계에 초점을 맞추고자 한다.

2. 전문적 원조관계의 특성과 원칙

1) 전문적 원조관계의 특성

사회복지실천에서 전문적인 관계는 사회복지사와 클라이언트 상호 간의 합의된 목적이 있고, 시간적 제한이 있다. 사회복지사는 전문적 관계와 클라이언트의 이익을 위해 헌신하고, 전문적 지식과 기술에서 나온 권위를 지니며, 전문직의 가치와 윤리강령을 이행해야 한다.

또한 사회복지사와 클라이언트 관계에서는 서로 간의 노력이 필요하다. 클라이언트는 자신의 욕구충족, 상황에 대한 이해, 성장과 변화를 위한 능력을 발휘하도록 노력해야 한다. 사회복지사는 실천과정에서 전문적인 지식과 기술 그리고 가치를 클라이언트와의 상호작용에 적용시킬 수 있어야 한다. 또한 클라이언트의 상황을 이해하고 강점에 초점을 맞추고 성장과 변화를 촉진하는 기술을 동원할 수 있어야 한다.

전문적 관계를 형성하기 위해 사회복지사가 갖추어야 할 태도에 대해 다음에서 살펴보기로 하자.

(1) 온정과 관심

클라이언트에 대한 따뜻한 온정, 지지와 관심을 보여주는 태도 등 타인에 대한 관심이 있어야만 '상황 속의 인간'을 이해하고, 진실한 의사소통을 할 수 있다. 따뜻한 온정은 선의를 나타내는 것이므로 클라이언트가 말할 수 있는 용기를 갖게 한다(Shebib, 2006). 면접 초기에는 외부의 압력이나 문제의 심각성 때문에 마지못해 응하는 경우가 많다. 이때 사회복지사가 가진 따뜻한 마음을 전달하여, 클라이언트가 면담에 임할 마음을 먹고 다음 상담시간에 찾아오게 하는 것이다.

(2) 헌신과 책임감

사회복지사는 헌신과 책임감을 갖고 클라이언트의 상황으로 들어가려는 의지가 있어야 한다. 이 과정에서 사회복지사는 즐거움, 고통, 두려움 등의 감정을 갖게 될 것이다. 그러나 이러한 감정을 피하려고 하기보다 용기 있게 직면하여 수용할 필요가 있다.

(3) 클라이언트에 대한 신뢰

클라이언트에 대한 비심판적 태도를 취하고, 비난하지 않아야 할 뿐 아니라 클라이언트와 그의 감정에 대해 진정으로 신뢰해야 한다. 또한 클라이언트가 자신의 문제를 해결하고 삶을 변화시킬 능력이 있음을 의심치 않아야 한다.

(4) 공감

공감은 상대방의 감정과 관점을 이해할 수 있는 능력을 말한다. 공감적인 태도와 기술은 강력한 신뢰감과 라포를 형성해 준다. 사회복지사의 공감적 태도는 자신의 판단을 뒤로 미루고 상대방의 세계를 있는 그대로 이해하려는 자세를 말한다.

(5) 진실함

사회복지사는 자기 자신과 자신의 감정에 대해 솔직해야 하고, 숨은 의도를 갖거나 거짓으로 대해서는 안 된다. 진실한 사회복지사는 생각, 행동, 감정과 표현이 일치한다. 사회복지사가 모순된 메시지를 전달하지 않으려면 자신이 어떤 감정을 느끼고 자기감정을 어떻게 전달하고 있는지 깨달을 필요가 있다(제석봉 외 공역, 2006). 또한 클라이언트의 경험과 감정을 자신의 그것과 분리하여 생각할 수 있는 능력이 요구된다.

(6) 전문성

사회복지사의 전문적인 지식과 기술, 그리고 사회로부터 위임된 역할과 지위에 기반을 둔다. 전문적으로 보이는 것은 실천과정 초기단계에서 긍정적인 영향을 준다. 벽에 걸린 자격증, 적절한 언어의 사용, 전문성을 나타내는 의상 스타일 등은 사회복지사에 대한 클라이언트의 존중감을 증진할 수 있고, 그 결과 클라이언트가 사회복지사의 영향에 더 개방적이 되도록 한다(Sheafor & Horejsi, 2003, 남기철 외 재인용, 2005). 사회복지사의 전문성은 클라이언트와 그 주변 사람들의 욕구를 긍정적이고 유익한 방식으로 충족시킬 수 있다.

2) 전문적 관계의 원칙

사회복지사는 클라이언트와의 관계에서 앞서 언급한 전문가로서의 자세를 견지하도록 노력해야 한다.

비에스텍(Biestek, 1957)은 개별사회사업실천에서 사회복지사와 클라이언트의 전문적 관계의 7대 원칙을 논하였다. 여기에서 사회복지사의 역할과 책임을 제시하고 있다.

(1) 개별화

개별화의 원칙은 모든 인간이 개별적인 특징을 가지고 있는 독특한 개인으로 존중받아야 한다는 인간의 권리에 기초한다. 개별화는 각 클라이언트의 독특한 특성에 대해 인식하고 이해하여 실천의 원칙과 방법을 그에 맞추어 사용하는 것이다.

사회복지사는 클라이언트와의 관계에서 클라이언트를 어떤 계층 혹은 유형의 한 사람으로서 이해하기보다 독특한 개인으로 인식하고 반응하여야 한다. 또한 클라이언트를 대함에 있어 개별적인 독특한 차이점을 지니고 있는 존재로 인정해야 한다.

사회복지실천에서 클라이언트를 개별화하기 위한 사회복지사의 역할은 다음과 같다.

① 편견과 선입관에서 벗어나야 한다.
② 인간행동과 발달에 관한 전문적 지식이 있어야 한다.
③ 클라이언트의 말을 경청해야 한다.
④ 클라이언트의 현재 처해 있는 곳에서 출발하여, 클라이언트의 보조를 맞추어서 움직이는 능력이 있어야 한다.
⑤ 클라이언트의 감정에 대해 민감하게 반응하고, 클라이언트에게 감정이입을 한다.
⑥ 클라이언트와 그가 처한 환경 전체를 이해하고 관여할 수 있어야 한다.
⑦ 클라이언트를 개별화하기 위해 필요한 여러 가지 수단과 방법을 활용한다.

- **세심한 배려** : 면접시간과 장소를 가급적 클라이언트의 편의에 맞추도록 배려한다. 면접내용은 비밀보장이 된다는 것을 알려줌으로써 개별적으로 존중받는다는 느낌을 갖게 한다.
- **면접을 위한 사전 준비** : 클라이언트에 관한 기본 정보에 관한 자료나 지난 면접 시의 기록을 미리 살펴보고 현재의 면접을 준비를 통해 클라이언트에 대한 관심을 집중한다.
- **면접시간 준수** : 사회복지사도 면접시간을 엄수해야 하고, 클라이언트에게도 시간 준수를 강조한다. 만일 면접시간을 못 지키게 되는

경우 취해야 할 조치에 대해서 약속해 둔다. 또한 약속된 면접시간을 오직 한 클라이언트만을 위해 준비된 것으로 개별적인 대우를 한다.

(2) 의도적인 감정표현

의도적인 감정표현의 원칙은 클라이언트가 자신의 감정을 자유롭게 표현하고자 하는 욕구와 관련된다. 사회복지사는 클라이언트에게 편안한 분위기를 조성해 줌으로써 클라이언트의 감정, 특히 부정적인 감정을 표현할 수 있도록 격려해 주어야 한다. 클라이언트의 부정적인 감정표현은 그 자체로 치료적 효과가 있기 때문에 필요한 경우에 사회복지사가 적극적으로 감정표현을 촉진하는 것이 좋다. 클라이언트는 억압된 감정을 표현함으로써 감정정화를 경험하고, 긴장을 해소할 수 있다. 이는 클라이언트가 자기 문제를 객관적으로 바라볼 수 있는 마음의 여유를 갖게 함으로써 긍정적이고 건설적으로 문제를 해결하는 데 도움이 된다.

클라이언트의 감정표현을 돕기 위한 사회복지사의 역할은 다음과 같다.

① 안정된 환경을 조성한다

클라이언트가 불안해하지 않고 안정감을 느끼도록 하기 위해 사회복지사는 그를 침착하게 맞이해야 하고, 면접실, 책상 및 의자, 실내소품 등 물리적 환경도 정돈되어 있어야 한다.

② 허용적인 태도와 편안한 분위기를 마련해 준다

클라이언트가 편안한 분위기 속에서 자신의 감정을 자유롭게 표현할 수 있도록 한다. 사회복지사는 클라이언트가 표현한 내용에 대해 너무 성급한 해석이나 지나치게 많은 해석을 함으로 인해 클라이언트의 감정이 혼란스러워지는 것을 피하는 것이 좋다.

③ 클라이언트를 정서적으로 지지한다

정서적 지지는 상대방에게 심리적인 격려와 용기를 주는 것이고, 자신감을 심어주는 것을 의미한다.

사회복지사의 정서적 지지는 클라이언트의 초기 저항을 감소시키고, 두려움이나 불안감을 낮추며, 사회복지사와 클라이언트 사이를 편안하게 해줄 수 있다. 클라이언트가 실천과정의 초기단계에서 느끼는 두려움과 불안은 자신의 사생활에 대한 침해, 다른 사람들의 비난, 거부, 또는 자신의 부정적인 측면이나 무능함이 알려지는 것 등에 관련된 것이다.

④ 감정을 표현하도록 격려한다

사회복지사는 클라이언트의 생활 속에서 느끼는 모든 감정을 표현할 수 있도록 격려할 필요가 있다. 인간은 자신에게 중요한 사람이나 사물에 대하여 양가감정을 가질 수 있고, 사회복지실천과정에서는 이러한 감정에 대한 표현이 권장되고 있다는 점을 직접 말해주는 것이 좋다.

(3) 통제된 정서적 관여

통제된 정서적 관여는 사회복지사가 클라이언트의 감정에 민감성을 갖고 그 감정들이 의미하는 것에 대해 이해하며, 그의 감정에 적절히 반응해주는 것을 의미한다.

클라이언트의 감정을 민감하게 이해하기 위해서는 인간행동에 대한 폭넓은 지식과 사회복지실천에서의 전문적 경험을 적극적으로 활용할 필요가 있다. 또한 사회복지사는 자신의 욕구, 동기, 감정, 그리고 자신의 경험이 성격형성에 미친 영향 등 자아인식훈련을 통해 클라이언트와 그의 감정을 왜곡하지 않도록 주의해야 한다.

통제된 정서적 관여를 하기 위한 사회복지사의 역할은 다음과 같다.

① 민감성

클라이언트의 감정을 잘 관찰하고 경청하는 것에 초점을 두고 있다. 클라이언트는 자신의 감정을 정확한 언어로 말하지 않는다 하더라도 시각적·청각적 방식으로 표현하게 된다. 말하는 속도, 머뭇거림, 억양, 음성의 높낮이, 그리고 표정, 자세, 복장, 손놀림 등으로 표현된다. 사회복지사의 민감성이란 클라이언트의 생각과 감정에 대해 감각적으로 파악하는 것을 의미한다. 민감한 사회복지사는 내담자의 어조 변화, 갑작스러운 자세 변화, 신경질적인 행동, 눈물, 꽉 쥔 주먹, 손가락 두드리기, 미소 등을 주의 깊게 관찰함으로써 내담자의 감정에 대해 많은 것을 알아낼 수 있다.

② 감정이입적 이해

전문가로서 사회복지사는 클라이언트의 감정의 의미를 그의 문제와 관련시켜 이해하여야 한다. 매 회기의 면접과정을 통하여 클라이언트의 생활과 그의 세계에 대한 전체적인 이해를 넓혀 나가는 노력이 필요하다. 사회복지사는 클라이언트의 경험이 그 자신에게 어떠한 영향을 미치고 있는지를 민감하고 정확하게 인식하여야 한다. 이와 함께 클라이언트의 입장에서 감정이입적 이해를 할 수 있어야 한다.

③ 적절한 반응

통제된 정서적 관여란 사회복지사가 클라이언트의 감정에 대한 민감성과 감정이입적 이해에 그치는 것으로는 불충분하다. 클라이언트의 감정에 대한 의도적이고 적절한 반응을 나타낼 필요가 있다. 다시 말해, 클라이언트의 욕구에 대한 사회복지사 자신의 반응을 조절하면서 의도적으로 어떤 방법을 선택하여 클라이언트의 감정수준에서 반응해 주는 것이다. 사회복지사는 자기인식훈련을 통해 자신의 욕구와 감정을 자각하고 이를 관리함으로써 객관성을 유지하고 클라이언트의 감정을 왜곡하지 않도록 주의해야 한다.

(4) 수용

수용은 인간존엄성의 가치로부터 비롯된 것으로서 클라이언트를 있는 그대로 받아들이고 대하는 것이다. 즉, 클라이언트의 강점과 약점, 긍정적 혹은 부정적인 감정, 건설적이거나 파괴적인 태도 및 행동, 호감을 주거나 불쾌함을 주는 특성 등 어떠한 행동을 취한다 하더라도 존재하는 그대로 받아들이는 것이다.

클라이언트는 호감이 가는 사람일 수도 있지만, 일반적으로 그렇지 않은 경우가 더욱 많다. 가정폭력, 아동학대, 알코올중독, 나태와 부도덕함을 나타내는 클라이언트를 인간으로 존중하고 수용하기 위해서는 인간존엄성의 가치에 대한 믿음, 상황 속의 인간에 대한 이해, 그리고 전문가적 윤리를 수행하고자 하는 의지 등이 요구된다.

사회복지사가 클라이언트의 현재 모습을 있는 그대로 받아들여 줄 때 클라이언트는 안정감을 느끼고 자기 자신을 표현할 수 있는 용기가 생기게 된다. 다시 말해, 수용은 클라이언트가 자기 자신과 자신의 문제를 현실적으로 직시하고, 문제해결을 해나가는 데 도움이 되도록 한다.

클라이언트를 수용하기 위한 사회복지사의 역할을 다음에서 알아보았다.

① 인간의 잠재력과 성장 가능성에 대한 믿음

클라이언트에 대한 수용은 인간의 진정한 잠재적인 능력과 새로운 성장의 가능성을 완전히 신뢰하는 것으로부터 출발한다.

② 가치관 차이를 인정

사회복지사는 자신의 개인적 가치에 맞추어 클라이언트를 판단해서는 안 된다. 클라이언트를 완전하게 수용하기 위한 전제조건으로 클라이언트의 가치관이 다양할 수 있다는 점을 인정해야 한다.

③ 수용의 저해요인 인식

수용을 방해하는 다음과 같은 요인들에 대해 충분히 인식하는 것이 수용 원칙을 지키는 데 도움이 된다.

㉠ 인간행동과 발달에 관한 지식의 불충분 : 사회복지사가 보편적인 인간행동 및 발달 특성에 대한 이론과 일반적인 인간행동에서 벗어난 이상행동에 관한 지식을 충분히 습득하지 못했을 때 클라이언트를 수용하는 데 어려움이 따른다.

㉡ **사회복지사의 미해결된 문제** : 사회복지사가 자신의 내부에 해결되지 않은 문제로 인해 억압된 갈등이 있을 경우, 이와 비슷한 문제를 가진 클라이언트를 수용하기란 쉬운 일이 아니다.

㉢ **자기인식의 부족** : 사회복지사가 자기 자신에 대해 자각하지 못하는 경우, 자신의 무의식적인 감정이 클라이언트를 향해 표출될 수 있기 때문에 올바른 수용을 할 수 없다.

㉣ **편견과 선입관** : 클라이언트에 대해 가질 수 있는 편견이나 선입관을 올바로 인식하고 벗어날 수 있어야 클라이언트를 진정으로 수용할 수 있다.

㉤ **비현실적 보증** : 클라이언트가 현재 원하는 대안이나 문제해결을 보장할 수 없는 상황에서 클라이언트를 안심시키기 위해 말로써만 보증하는 것은 클라이언트에 대한 수용이 아니라, 현실을 회피하게 만드는 결과를 가져올 수 있다.

㉥ **수용과 허용의 혼동** : 한 인간으로서의 클라이언트와 그의 감정에 대한 수용과 일탈적 행동을 용납하는 것은 명확하게 구분되어야 한다. 사회복지사가 클라이언트의 일탈행동을 허용한다면 오히려 문제해결을 방해하는 결과를 초래할 수 있다.

㉦ **클라이언트에 대한 존중심 결여** : 사회복지실천과정에서 클라이언트가 일탈행동, 부도덕이나 약점 등을 보일 때 사회복지사가 클라이언트를 경멸하거나, 무시한다면, 수용원칙을 지키지 않는 것이다. 따라서 사회복지사는 전문직의 가치에 대해 인식하고 클라이언트를 인간으로서 존중하기 위해 노력해야 한다.

(5) 비심판적 태도

비심판적 태도는 클라이언트의 특성, 가치관, 행위 등에 대해 비판하지 않는다는 원칙이다.

클라이언트의 성격적 결함, 부도덕성, 일탈적 행위와 같은 부정적인 면들에 대해 비심판적 태도를 취하기란 쉽지 않다. 그러나 사회복지사는 클라이언트를 심판하거나 문제의 원인에 대해 책임을 지우는 전문직이 아니다. 사회복지실천의 목적은 클라이언트의 삶의 질을 현재보다 향상시키는 것에 있다. 따라서 사회복지사는 클라이언트를 이해하고 보다 나은 사회기능을 할 수 있도록 도울 필요가 있다.

사회복지사는 클라이언트에 대해 비난할 의사가 없다는 것을 언어적·비언어적 메시지로 전달하여 그가 알 수 있도록 해야 한다. 클라이언트가 사회복지사의 비심판적 태도를 알게 될 때 비로소 자기방어로부터 벗어나 자신의 문제와 욕구들을 편안하게 표현할 수 있게 된다.

(6) 클라이언트의 자기결정권

사회복지실천과정에서 클라이언트가 선택과 결정을 자유롭게 할 수 있는 권리와 욕구를 가진다는 점을 인정하는 원칙이다.

사회복지사는 클라이언트의 욕구와 문제를 명확하게 사정(assessment)하고, 필요한 자원 및 서비스를 제공받을 수 있도록 돕고, 클라이언트와 함께 협력하여 일할 수 있는 환경을 조성해 나감으로써 이 원칙을 수행한다. 즉, 사회복지사는 클라이언트가 최선의 선택과 결정을 할 수 있도록 협조해야 한다.

그러나 클라이언트의 자기결정권이 제한되는 경우도 있다. 예를 들면, 클라이언트가 정신적·신체적 장애로 인해 자기결정을 내리기 어려울 경우 자기결정권의 행사는 매우 제한적일 수밖에 없다. 한편 자기결정권이 인정되지 않는 경우는 자기 자신이나 타인의 생명에 위협적인 행동을 할 때이다.

클라이언트가 자기결정을 잘할 수 있도록 돕기 위한 사회복지사의 역할은 다음과 같다.

① 클라이언트가 전체적인 관점에서 자신의 문제와 욕구를 있는 그대로 이해할 수 있도록 돕는다.
② 클라이언트의 잠재적인 능력과 장점을 개발하고 활용할 수 있도록 한다.
③ 지역사회 내에서 이용 가능한 인적·물적 자원들을 알려주고, 활용할 수 있도록 돕는다.

④ 여러 가지 자원들 중에 선택해야 할 경우 사회복지사는 각각의 특성, 장단점 등에 관한 정보를 상세하게 알려주어 클라이언트가 스스로 선택하는 데 도움이 될 수 있도록 한다.

(7) 비밀보장

전문적 관계에서 노출된 클라이언트의 정보를 부득이한 경우를 제외하고 사회복지사가 타인에게 공개해서는 안 된다는 원칙이다. 사회복지실천과정에서 클라이언트가 자신에 관한 정보가 타인에게 알려질 수 있다고 생각한다면, 부정적 감정이나 생각은 물론 사생활에 관한 사소한 일조차도 솔직하게 말하기 힘들 수 있다. 비밀보장은 사회복지사와 클라이언트 간의 라포형성과 원활한 문제해결을 위해서도 매우 중요한 원칙이며, 동시에 사회복지사의 윤리적 책임이기도 하다.

클라이언트에 관한 정보는 사회복지실천과정에서 최선의 문제해결책을 찾기 위해 때때로 기관 내의 다른 사회복지사나 전문가, 지역사회의 타 전문직과 공유될 수 있다. 이런 경우일지라도 클라이언트에게 미리 알려주고 동의를 구해야 한다.

그러나 클라이언트의 소중한 권리라고 할 수 있는 비밀보장원칙도 제한되는 경우가 있다. 클라이언트 자신, 또는 타인에게 해를 끼치거나, 생명을 위협하는 등의 행위는 제재받을 수밖에 없다. 예를 들면, 자살기도, 아동학대, 가정폭력, 기타 범죄행위에 관련된 비밀은 지켜줄 수 없으므로 면담 초기에 비밀보장의 한계에 대해 명확하게 밝혀둘 필요가 있다.

3. 관계형성의 장애요인

사회복지사는 클라이언트와의 관계형성을 방해할 수 있는 여러 가지 장애요소를 알아차리고, 이것이 체계의 기능을 방해하지 않도록 주의를 기울일 필요가 있다. 다음에서 사회복지사와 클라이언트체계 간의 관계형성을 방해하는 요인들에 대해 구체적으로 알아보겠다.

1) 생활경험과 문화적 배경의 차이

사회복지사와 다른 생활경험과 문화적 배경을 가진 클라이언트 사이에는 오해가 생기기 쉽고, 상호 간에 편견이나 선입관을 갖게 되는 경우가 종종 있는데, 이것이 관계를 방해할 수 있다(Johnson & Yanca, 2004).

사회복지사가 클라이언트를 개별화하고, 진실성과 헌신적 태도를 가지고 대한다면 이러한 어려움을 다소나마 극복할 수 있을 것으로 본다.

2) 전이와 역전이

전이는 클라이언트가 과거의 중요한 사람들에게 느꼈던 감정을 현재의 사회복지사에게 비슷하게 느끼는 경향을 말한다. 전이에는 좋아하는 감정과 싫어하는 감정이 모두 포함될 수 있다. 전이가 강하게 나타날 때, 클라이언트는 사회복지사와 무관한 일로 격렬한 감정이나 반응을 보일 수 있다. 전이는 초기 기억에서 다른 사람에 대해 좋아하는 감정이나 싫어하는 감정이 강할 때 발생하는 것 같다(Young, 1998). 예를 들어, 어린 시절 가족과의 관계에서 받은 상처로 인해 생긴 분노를 사회복지사에게 느끼는 것을 말한다. 이처럼 과거의 해결되지 않은 문제는 전이를 통해 왜곡을 일으킨다.

사회복지사와 클라이언트의 관계를 잘 검토하여 전이를 해결하면 클라이언트는 일상생활에서 적용할 수 있는 커뮤니케이션 및 문제해결기술을 발달시킬 수 있다. 그러나 사회복지사는 현재 두 사람 사이에서 일어나는 반응이나 감정을 전이에 의해 일어나는 반응이나 감정과 식별할 수 있어야 한다. 사회복지사는 성급하게 클라이언트의 행동을 전이로 판단해서는 안 된다. 왜냐하면 클라이언트의 반응이 상담회기에서 자연스럽게 나올 수 있는 행동일 수도 있기 때문이다(제석봉 외 공역, 2006).

역전이는 사회복지사가 클라이언트에게 감정이나 행동을 부적절하게 전이시키는 것을 말한다. 역전이가 일어날 위험신호의 예를 들면 다음과 같다. 클라이언트에 대해 일어나는 격렬한 감정(짜증, 분노, 지루함 등), 지나친 호감 또는 반감, 특정 클라이언트에게 여러 차례 상담시간을 초과하거나, 이와 반대로 특정 클라이언트가 약속시간에 오지 않았으면 하는 바람, 클라이언트를 볼 때 알고 있는 다른 사람이 연상되는 경우, 사회복지사 자신과 비슷한 문제나 성장배경을 가진 클라이언트를 상담할 때, 불필요하거나 과도한 자기개방 등이다. 영(Young, 1998)은 역전이를 윤리적 문제로 보고, 지나치게 도와주려는 경향이나 성적 호감, 두려움, 분노, 불안정한 감정을 다루고 통제할 수 있도록 사회복지사에 대한 슈퍼비전이 필요하다고 언급하였다.

3) 변화에 대한 클라이언트의 저항

변화에 대한 클라이언트의 저항은 관계형성을 방해하여 결과적으로 목적 달성을 어렵게 만든다. 클라이언트가 저항하게 되는 이유로는 우선, 클라이언트가 사회복지조직, 서비스 등에 대해 잘못 이해하고 있거나, 사회복지사에 대해 부정적 감정을 가지고 있을 경우이다. 예를 들어, 법원명령에 의해 서비스를 받아야 하는 비자발적인 클라이언트는 사회복지사에게 분노와 적대감을 더욱 느낄 수 있다(Johnson & Yanca, 2004).

클라이언트의 두려움도 저항의 원인이 될 수 있다. 변화하기 위해 힘든 과정을 겪게 될 것이라는 생각, 사회복지사를 포함한 다른 사람들로부터 판단이나 평가를 받게 되는 것에 대한 거부감, 자신의 무기력감 등에 의해 두려움이 생겨날 수 있다(Hepworth et al., 2006). 이런 경우 클라이언트는 사회복지사와 함께 일하면서도 거리를 두고자 하고, 적극적으로 참여하기를 주저하게 된다.

변화에 대한 클라이언트의 저항을 다루기 위한 사회복지사의 대처전략은 다음과 같다(Shebib, 2006).

첫째, 사회복지사는 클라이언트로 하여금 분노감과 적대감을 표현할 수 있도록 돕고, 부정적인 감정들을 수용해 주어야 한다.

둘째, 클라이언트가 서비스를 더 이상 받지 않아도 되기 위해서는 그 자신이 변화해야 한다는 것을 인식시킨다.

셋째, 클라이언트가 관심을 갖는 변화에 대한 계획을 수립하기 위해 사회복지사와 협력관계를 구축할 필요가 있다는 것을 인식시킨다.

넷째, 클라이언트의 강점과 잠재력을 이끌어 내고 지지해야 한다.

마지막으로 서비스의 방법, 내용 등에 대한 구체적이고 진실한 정보를 제공해야 한다.

저항에 대한 대처

아래의 면담은 클라이언트의 저항을 다루는 방법을 보여준다. 이 클라이언트는 19세의 젊은 남자이며 현재 보호관찰상태에 있다. 이것은 첫 면담에서 발췌했으며 초기 15분 정도의 내용이다. 내담자의 비언어적인 행동으로 미루어 보아 상담을 원하지 않음이 분명하다(클라이언트는 코트도 벗지 않은 채 그저 한두 마디의 단답형으로 답변하며, 어조는 다분히 적대적이었다).

클라이언트 : 얼마나 오래 걸릴까요? 심문을 당할 기분이 아닙니다.

사회복지사 : 물론 언제든지 원하면 갈 수 있어요. 그러나 가기 전에 우리 직접 이야기해 봅시다. 당신을 보호관찰자가 억지로 보냈다는 것을 알고 있어요. 그래서 어떤 기분이 드는지 궁금합니다.

(분석) 사회복지사는 클라이언트의 저항을 직접 이야기한다. 이번이 첫 면담이고 클라이언트의 적의는 시간이 경과함에 따라 누그러질 수 있을 것이다. 그러나 저항의 정도는 직접적으로 다루어질 것이라 단언한다. 사회복지사의 반응 속에서 클라이언트가 상담을 할지 말지에 대한 선택권을 가지고 있다는 점을 인식시키도록 시도한다. 그러나 클라이언트가 그냥 나가버릴지도 모르므로 약간 위험스럽기는 하다.

클라이언트 : (비꼬면서) 별것 아닙니다. 난 괜찮아요.

(분석) 이따금 클라이언트는 자신이 저항한다는 사실을 대부분 부정한다. 이것은 매우 다루기 힘들다. 그러한 클라이언트는 자신의 행동에 대한 책임을 회피하기 때문이다.

사회복지사 : 한 가지에는 서로 동의하고 있군요. 당신은 심문당하는 것을 원하지 않고, 나도 그러려고 하지 않아요. 말하기 싫으면 말하지 않아도 됩니다.

클라이언트 : 분명히 알아 두세요. 내가 어떤 일을 하든지 당신의 허락은 필요치 않아요.

(분석) 사회복지사는 협상점을 찾으려고 애쓴다. 그러나 그녀의 대응이 오히려 화를 자초했다. 여기서 사회복지사가 포기하지 않는 것이 중요하다. 비록 클라이언트의 반응이 이상적이지는 못했지만 그녀는 이야기하는 것을 들었다.

사회복지사 : 좋아요. 그러나 이야기하겠다면 한번 해봅시다. 만약 당신의 보호관찰자가 당신에게 카운슬링이 필요하다고 해서 화가 났다면, 전 이해합니다. 나 역시 내가 하고 싶지 않은 것을 강요당하면 좋을 리가 없지요.

클라이언트 : 당신이 문제가 아니라, 뭐가 잘못된 것인지 모르겠어요. 왜 내가 여기에 있는지 이해할 수 없어요.

(분석) 사회복지사는 자기개방을 통해 그의 저항에 대해서 이야기하도록 클라이언트와 동맹을 맺었다. 클라이언트가 결정을 할 수 있다는 것을 강조한다. 때로는 사회복지사가 질문을 피하는 것이 클라이언트에게 덜 위협적이기도 하다. 클라이언트의 앞의 진술, 즉 '심문당하는 것을 원치 않는다'는 진술은 이 면담에서 질문이 허용되지 않음을 뜻한다.

사회복지사 : 이런 말을 하고 싶어 하는 것 같군요. '내 인생입니다. 참견하지 마세요' 하고요.

(분석) 사회복지사의 끈질긴 노력으로 클라이언트는 자신을 개방하기 시작한다. 이때 사회복지사는 방어적 태도를 피해야 한다는 점이 중요하다. 만약 사회복지사가 상담이 좋다고 '강요'하기만 하면 클라이언트를 잃게 될 것이다.

클라이언트 : 그렇지요. 내가 미쳤다고 이야기할 권리가 그들에게 있나요?

사회복지사 : 지금 당신은 여기서 나도 마찬가지 행동을 할 것이라고 걱정하는군요. 당신 속에 들어가서 '이렇게 하시오' 하고 말입니다.

클라이언트 : 물론이죠. 그런데 그게 효과가 있을까요? 나는 전에도 상담을 받았어요. (웃음) 당신들은 어떤 사람을 바보로 만들지 못하면 행복하지 않지요.

(분석) 클라이언트는 사회복지사와의 관계에 대해 입을 다물고 있었던 것부터 점차 자기감정을 조심스럽게 드러내기 시작한다.

사회복지사 : (웃음) 그래요. 맡겨진 사람의 머리를 짜내야 하지요.

클라이언트 : (웃음) 내 머리는 그대로 있을 겁니다.

(분석) 클라이언트의 감정을 공감하며 가벼운 유머가 친밀감을 형성하였다. 사회복지사는 방어적이지 않으면서도 이야기를 이끌어나가는 능력을 보여준다. 유머를 할 때는 타이밍이 중요하다. 어떤 상황에서는 효과적인 것이 다른 상황에는 방해가 될 수 있다.

사회복지사 : 당신이 원하는 것이 무엇인지 솔직히 말할 수 있는 것을 보고 감명받았어요.

(분석) 사회복지사는 클라이언트의 방어를 무너뜨리려고 시도하지 않았다. 방어는 이 클라이언트의 주요한 수단 중 하나다.

클라이언트 : 저는 게임하는 것을 믿지 않아요.

사회복지사 : 나도 그래요. 어떤 일이 일어나고 있는지 이야기해 봅시다.

(분석) 클라이언트와의 관계에서 확고하고 실질적인 관계를 위하여 해야 할 일이 많다. 저항은 상담과정에서 언제나 존재하는 현실이다.

출처 : Sebib 저. 제석봉 외 공역(2006). 사회복지실천상담과 기술, pp. 331-333.

4. 의사소통[1)]

사회복지실천은 클라이언트를 비롯하여 실천과정에 관련된 사람들과의 효과적인 의사소통에 좌우되기 때문에 의사소통능력은 사회복지사들에게 매우 중요하다. 사회복지실천에서 중요한 기본 전제 중 하나가 클라이언트가 사회복지사에 대해 편안한 느낌을 가지고 항상 열린 마음으로 의사소통할 수 있어야 한다는 것인데, 이를 위해서는 사회복지사가 효과적인 의사소통을 할 수 있는 방법에 대해 반드시 알고 있어야 한다. 또한 클라이언트가 사회복지실천을 통해 지원을 받고자 하는 부분이 클라이언트의 가족 및 주변 사람들과의 의사소통 문제를 포함하고 있는 경우가 많다는 것이 의사소통기술을 향상시켜야 하는 또 다른 이유이다(Greene, 1996, 연세사회복지실천연구회 역, 2004 재인용).

전문적 상호작용의 목적이 무엇이냐에 따라 사회복지사가 발달시키고자 하는 관계와 클라이언트에게 전달되는 메시지의 유형이 결정되는데, 직접적 서비스를 제공하는 사회복지사의 경우는 원조과정에 긍정적인 영향을 미치는 관계를 발달시키려고 할 것이고, 이를 위해서는 감정이입, 온화함, 진실성을 전달할 수 있는 의사소통이 필요할 것이다. 간접적 서비스 영역에서 일하는 사회복지사의 경우는 정확성, 명확성, 목적지향성을 보다 강조(Sheafor & Horejsi, 2008)하는 의사소통을 필요로 할 것이다.

1) 의사소통의 개념

의사소통은 상징적이며 상호반향적인(transactional) 하나의 과정이다. 다시 말해, 의사소통은 의미를 창출하고 공유하는 과정이다.

의사소통이 상징적이라는 것은 상징을 사용해 메시지를 보내는 것을 뜻하는데, 언어적 행동이나 말은 가장 보편적으로 사용되는 상징이며 그 외 얼굴표정, 눈맞춤, 몸짓, 움직임, 자세, 용모와 공간적 거리를 포함하는 비

---

1) 김혜영 · 석말숙 · 최정숙 · 김성경(2012). 사회복지실천론. 일부 인용

언어적 행동의 모든 것이 또한 상징적으로 사용된다.

의사소통이 상호반향적이라는 것은 우리가 의사소통을 할 때 서로 상대방에게 영향을 준다는 것을 의미한다. 사람들은 체계라는 맥락에서 의사소통을 하며, 개개의 의사소통행위는 그 관계의 속성을 반영한다. 두 사람이 상호작용을 하면 각 개인은 상대방에게 하나의 맥락을 제공하게 되며 쌍방은 그 맥락 안에서 상대방과 관계를 맺게 된다(노영주 · 서동인 · 원효종 공역, 1995).

의사소통은 하나의 과정으로 진행되는데, 먼저 송신자가 메시지를 개념화하고, 메시지는 전달매체(목소리나 시청각물)를 거쳐 채널(감각기관과 현대적 테크놀로지)을 통하여 수신자에게 수신되며, 수신자는 메시지를 인지적, 감정적으로 해석한다. 이것은 반응－다른 메시지와 행동－을 만들어 내며, 반응은 피드백－송신자가 효과성을 평가할 수단－을 만들어 낼 수 있다(Johnson & Yanca, 2010).

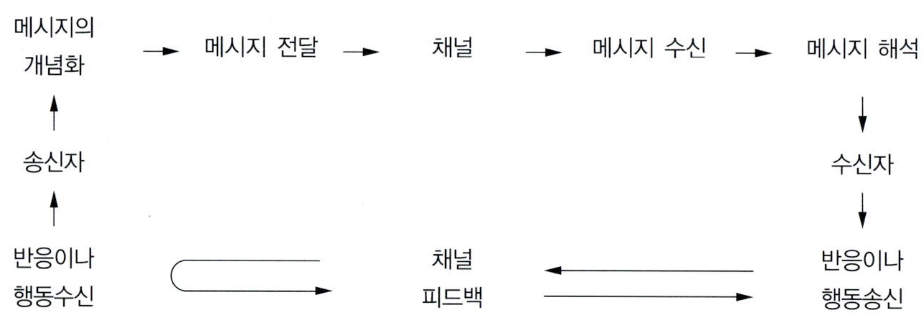

[그림 7-1] 의사소통

출처 : Johnson & Yanca(2004).

과정의 각 부분에서 효과적인 의사소통을 방해하는 특수한 문제가 있을 수 있다. 송신자 측에서 분명하지 않은 단어, 구절, 개념을 사용할 수 있으며 언어적 메시지와 비언어적 메시지가 불일치할 수 있고 메시지가 채널을 통해 전달되는 과정에서 소음 등 주의를 산만하게 하는 외부환경의 방해가 있을 수 있다. 또한 수신자 측에서 메시지를 수신할 때 송신자의 의도와 다른 방식으로 메시지를 인식하거나 해석하는 데서 왜곡이 발생할 수 있다. 의사소통에 참여하는 송신자와 수신자의 개인적, 문화적 경험의 차이는 다양한 사고구조와 인지적인 여과장치를 발달시켜(Sheafor & Horejsi, 2008) 동일한 단어에 대해 다른 의미로 해석하는 차이가 있을 수 있으며, 이것은 의사소통 시 의미공유를 어렵게 하고 의사소통 내용의 왜곡, 축소, 확대를 가져올 수 있음을 유념할 필요가 있다.

(1) 언어적 의사소통

사회복지실천에서 의사소통, 특히 언어적 의사소통은 핵심적이다. 사회복지사가 자주 사용하는 의사소통기술은 두 가지 종류로 구분할 수 있다.

첫째, 클라이언트와의 관계에서 원조과정을 촉진하기 위한 것이다.

둘째, 기관 내부, 기관 간, 타 전문분야 간의 정보교환을 촉진하기 위한 것이다.

사회복지사의 효과적 의사소통은 주로 분명하고 명료한 의사소통을 위한 방법에 해당된다(Sheafor & Horejsi, 2008).

첫째, 메시지를 계획하는 기술이다. 사회복지사가 의사소통할 이야기에 대해 생각하고, 다음과 같은 사항을 고려하여 메시지에 대한 계획을 세우는 것이다.

- 이 교류에 시간을 얼마나 쓸 수 있는가?
- 내가 전달할 메시지의 핵심적인 내용은 무엇인가?
- 내 메시지의 어느 부분에 오해의 소지가 있고 혼란스러운가?
- 내 메시지를 수신자에게 잘 이해되도록 어떻게 조직할 것인가?
- 내 메시지를 받는 사람이 언제 어디서 주의를 가장 잘 기울이는가?
- 나는 이 메시지를 전달할 신뢰성과 지위를 가지고 있는가? 혹은 다른 사람이 이것을 전달해야 하는 것은 아닌가?

둘째, 자신을 밝히는 기술이다. 사회복지사는 자신이 누구이고, 원하는 메시지나 정보의 교환에서 당신의 역할이나 책임이 무엇인지 간단하게 묘사할 필요가 있다.

셋째, 의사소통의 목적을 설명하는 기술이다. 전달자가 메시지의 이유를 전달할 때 수신자가 메시지를 적절한 맥락 내에서 파악할 수 있다.

넷째, 비언어적 의사소통을 염두에 두는 기술이다. 수신자가 메시지에 대해 동의하지 않거나 혼란스러워하면서 이를 나타내는 비언어적 의사소통을 보이기도 하는데, 이를 염두에 두어 반응하는 것이 필요하다.

다섯째, 상대방의 메시지 수신을 검토하는 기술이다. 상대방이 당신의 메시지를 정확하게 받아들였는지 확인하기 위해 질문과 탐색을 하는 것이다.

여섯째, 자신의 메시지 수신을 확인하는 기술이다. 자신이 메시지를 받았고 전달자가 의도한 것을 오해하지 않았는지 질문을 사용해 확인하는 것이다.

일곱째, 초점화된 질문하기 기술이다. 명확한 답변을 얻기 위해서는 질문이 매우 정확하고 초점이 잡혀 있어야 한다.

여덟째, 질문에 답변하는 기술이다. 이는 질문을 주의 깊게 듣고 필요 없는 부가사항의 첨가 없이, 질문에 바로 부합하는 말을 확정적으로 하는 것을 말한다.

아홉째, 단어의 의미를 확인하는 기술이다. 사람들이 단어나 말을 다른 방법으로 사용하여 의사소통에 문제가 일어나는 경우가 많으므로, 주요 단어를 같은 의미로 생각하고 있는지 확인하기 위한 질문을 하는 것이 필요하다.

(2) 비언어적 의사소통

미네소타연구소에서는 의사소통 시 단어를 통해 전달되는 것은 7%, 음성을 통해 전달되는 것이 38%, 몸짓을 통해 전달되는 것이 55%라는 연구결과를 제시함으로써, 의사소통 시 비언어적 의사소통의 비중이 크다는 것을 밝힌 바 있다. 비언어적 의사소통이란 시선접촉, 얼굴표정, 목소리톤, 몸자세, 개인적 공간, 접촉, 옷차림과 외모 등을 말한다.

시선접촉은 의사소통의 중요한 수단이다. 시선접촉은 의사소통에 참여하겠다는 의사표현이고 민감성과 이해를 나타내는 지표이다. 시선접촉이 없는 것은 진실성이나 흥미가 없는 것으로 해석되곤 한다. 클라이언트와 시선접촉을 하는 것이 중요하지만 문화에 따라서는 직접적인 시선접촉을 불손하거나 무례하다고 간주할 수 있음에 유의해야 한다.

얼굴표정은 미소, 찡그린 이마, 고개 끄덕이기, 붉어진 얼굴, 떨리는 입술 등으로 생각과 정서를 전달한다. 얼굴은 우리의 신체 중 가장 표현력이 뛰어난 부분이며, 이에 따라 가장 생생하게 우리 자신을 표현해 준다.

목소리톤은 감정을 나타낸다. 크고 힘이 있는 어조는 공격성, 통제, 그리고 힘을 나타낸다. 약하고 잘 들리지 않는 톤은 철회나 두려움, 약함을 나타낸다. 단조로운 톤은 흥미가 없다는 것을 나타낸다.

몸의 움직임이나 자세 또한 메시지를 전달하는 수단이 된다. 몸의 긴장은 흔히 정서적 긴장과 일치된다. 극도로 긴장하면 미동조차 하지 않고 몸을 똑바로 세워 앉을 것이며, 긴장하면 빠르고 신경질적인 제스처를 반복하기도 한다. 반면 이완은 느리게 움직이고 행동하는 모습으로 나타날 것이다. 다리를 꼬거나 팔을 가슴에 교차시키고 있는 등의 신체의 엄격한 긴장은 방어적인 태도를 나타낸다. 반면 팔과 손이 몸의 가장자리에 있거나 뻗고 있다면 타인에 대한 개방성을 나타낸다. 주먹을 쥐고 있으면 분노나 불안의 표시이며, 손발을 까딱이거나 다리를 떠는 등의 안절부절못하는 행위는 불안과 신경질적인 혹은 다른 일에 몰두해 있는 것을 나타낸다.

개인적 공간은 의사소통에서 또 다른 중요한 요소이다. 일반적으로 가까이 다가가면 신뢰와 관여를 나타내지만 너무 가까이 다가가면 위협적일 수 있다. 모든 클라이언트는 자신만의 개인적 공간을 가지고 있다. 사회복지사는 클라이언트의 몸동작을 잘 관찰하고 이 공간을 침범하는 일이 없어야 한다. 개인적 공간과 관련하여 사무실에서 책상의 위치를 고려해야 하는데, 클라이언트와 사회복지사가 책상을 사이에 두고 마주 앉는 것은 밀접성과 개방성을 저해하고 사회복지사가 우월한 위치에 있음을 나타내게 되므로 사회복지사가 책상 옆으로 돌아앉아서 클라이언트와 대화하면 덜 공식적이면서 따뜻함을 전달할 수 있다.

접촉은 강력한 의사소통수단이다. 손이나 팔을 잡아주는 것, 어깨를 다독이는 것, 가까이 앉는 것 등은 격려, 확신, 동정, 이해 등의 메시지를 전달할 수 있다. 그러나 클라이언트의 성별이 사회복지사와 다르거나 다른 문화적 배경을 가졌다면 클라이언트와의 접촉에 조심성 있게 접근해야 할 것이다. 또한 신체적 학대나 성학대 피해를 겪은 클라이언트는 성적 접근이나 위협으로 오인할 수 있으므로 유의해야 한다.

옷차림과 외모도 비언어적 의사소통의 중요한 형태이다. 클라이언트의 주의를 분산시키거나 현장과 어울리지 않는 복장은 피해야 할 것이다. 복장에 대한 기본 원칙은 '깔끔하고 다소 보수적으로'이다. 기관이나 클라이언트에 따라 다를 수 있는데, 가령 아동복지기관에서 알맞은 복장이 병원이나 법원에서는 적절하지 않을 수도 있다. 청소년 클라이언트에게는 받아들여질 수 있는 의복이 나이 든 클라이언트에게는 공격적으로 느껴질 수도 있다. 기관에 따라서는 정해진 의복규정이 있는 경우도 있으므로, 신임 사회복지사는 슈퍼바이저에게 적절한 복장에 대한 조언을 받을 필요가 있다 (Sheafor & Horejsi, 2008).

2) 의사소통의 목적과 기본태도

(1) 의사소통의 목적

의사소통의 목적은 일반적으로 자신의 생각과 감정과 바람을 상대방에게 정확히 전달하고, 상대방이 표현하는 생각과 감정과 바람을 정확히 받아들이고 이해하는 것이다.

사회복지 상호작용에서 의사소통의 목적은 다음의 내용을 포함한다(Johnson & Yanca, 2010).

① 강점과 자원을 포함하여 원조 노력에 필요한 정보를 수집하는 것
② 클라이언트와 생태체계 내에서 강점과 자원에 기반하여 욕구를 충족시킬 수 있는 아이디어, 감정, 방법을 탐색하는 것
③ 감정이나 생각을 표현하는 것
④ 행동체계 활동을 구조화하는 것
⑤ 지지, 정보, 조언, 격려, 필요한 지침을 제공하는 것

의사소통의 목적을 달성하기 위해 요구되는 좋은 의사소통은 다음과 같은 특성을 가진다(Johnson & Yanca, 2010).

① 언어적・비언어적 메시지가 일치한다.
② 단순하고 구체적이어서 수신자가 이해 가능하다.
③ 송신자가 무엇을 의미했는지 수신자가 이해할 수 있다.
④ 동시에 전달된 메시지 중에서 의도한 메시지의 중요성을 알 수 있을 정도로 충분히 반복된다.
⑤ 심리적 소음과 실제적 소음이 충분히 감소되어야 한다.
⑥ 수신자에게 피드백을 구하고, 메시지가 수신되었음을 확인할 수 있는 충분한 시간을 가진다.

(2) 의사소통의 기본 태도

의사소통의 기초가 되는 기본 태도에는 다음과 같은 것들이 있다(Sheafor & Horejsi, 2008).

- 모든 인간은 독특하고, 그 결과 누구나 독특한 방법으로 사건을 인식하고, 경험하고, 상호교환한다는 것을 이해. 어느 정도의 오해는 예상해야 하고 이 문제를 줄여 나가려는 적극적인 자세
- 남들이 이해하기 쉬운 방법으로 사고를 조직하고 메시지를 전달하려는 의지
- 남들이 말하는 것을 들을 수 있도록 자신의 방어를 줄이는 의지
- 말하고 있는 사람에게 주의를 기울여 듣고자 하는 의지
- 자기 자신의 사고와 감정, 행동에 책임을 지려는 의지
- 잘 이해하고 이해받기 위해서 의사소통에 필요한 시간을 가지려는 의지
- 말하는 사람에게 주의를 기울이는 것으로, 이를 위해서는 좋은 자세, 온화한 시선의 접촉, 상냥한 얼굴표정과 음색을 갖추어야 하며, 상대방이 말하는 내용을 들음과 동시에 비언어적인 것을 관찰하면서 상대방의 내면을 따라가는 것이 필요

5. 사회복지실천의 면접

1) 면접의 개념

면접이란 최소한 두 사람 이상이 특정한 목적을 가지고 함께 이야기를 나누는 것으로, 면접은 목적과 대상, 역할과 시간 및 공간적인 제약 등의 형식적인 구조, 진행과정에 의해 구분되기도 한다(김기태 외, 2007).

사회복지실천에서의 면접은 인간의 행동과 반응에 대한 전문적 지식과 기술을 가진 사회복지사가 클라이언트와 그의 문제를 이해하고 원조한다는 목적을 가지고 의도적으로 이끌어 나가는 전문적 대화를 말하며, 면접은 개인이나 집단의 문제해결을 위한 정보 수집과 진단적 및 치료적 성격을 띠고, 여러 전문직에 종사하는 사람들에 의하여 널리 활용되고 있다.

특히 면접은 기본적인 사회복지실천 기술로서 개입결정을 하기 위한 자료수집이나 클라이언트의 문제 파악과 해결을 위한 주요 도구이며, 일방적인 활동이 아니라 상호적인 활동이다. 이러한 상호적 관점은 사회복지 면접에서 중요한 의미를 지닌다.

사회복지실천에서 많은 전략이 면접에 의존하고 있기 때문에 면접은 사회복지실천에서 매우 중요한 기능을 하고 있으며, 사회복지사는 클라이언트와의 대면관계 대부분의 시간을 면접으로 보낸다고 할 수 있으며, 그 자체가 치료적 효과를 갖기도 한다. 따라서 클라이언트의 문제해결을 위한 사회복지실천 면접은 다양한 분야에서 활용되고 있으며, 각기 그 분야에 따라 구체적인 기술이 적용되기도 한다.

효과적인 면접을 위해서는 면접의 물리적 환경이 잘 갖추어져 있어야 한다. 이때 클라이언트의 사생활이 보장되는 편안한 분위기가 조성되어야 하며, 전화 등의 방해는 최소한으로 줄여야 한다. 여러 도구를 이용하여 기록할 때 면접자는 클라이언트의 동의를 구해야 하며, 면접 시에 어느 정도 기록에 집중해야 하는지가 중요하다. 면접 시 기록에 너무 많은 시간을 들이면 클라이언트는 존중받지 못한다고 생각할 수 있다. 사회복지사는 마음속에 구체적인 목적을 가지고 얼마의 준비를 하여 면접을 하는 동안 클라이언트의 긴급한 상황이 처리되지 않으면 클라이언트는 다른 영역을 논의하는 데 매우 어려움이 따를 수 있다.

2) 면접의 정의와 목적

사회복지실천에서 면접은 기본적인 수단이며 사회복지사와 클라이언트 사이의 일련의 의사소통으로 사회복지 개입의 주요한 도구이다. 사회복지실천 과정에서 면접은 전문적 관계에 바탕을 두고 자료수집, 과업수행, 클라이언트의 문제나 욕구해결 등과 같은 목적을 수행하는 시간제한적 대화이다(Johnson, 1989).

이처럼 면접은 상담보다 폭넓은 의미를 가지며 최소한 두 사람 이상이 어떠한 목적을 가지고 함께 이야기를 나눈다는 것을 의미한다(이상균 외, 2000). 면접이란 직접적인 서비스를 제공하는 사회복지사들이 가장 많이 사용하는 기술로서 사회복지사와 클라이언트 간의 의식적이고 수용적인 상호작용을 통해 이루어지는 공식적인 상호작용을 의미한다(정원철, 2005).

일반적으로 면접이라 할 때 사람과 사람 간에 있어서 언어나 동작을 매개로 하여 이야기를 주고받는 행동으로 알고 있는바, 이때에 두 사람 또는 그 이상의 사람들이 접촉하게 되는데 거기에는 반드시 커뮤니케이션(communication)이 일어나게 된다. 인간은 기본적으로 대인관계 유지를 위해서는 사람들 간의 커뮤니케이션의 통로가 열려 있어야 하는 것이다. 즉, 사회복지실천에서의 면접은 사회복지사와 클라이언트가 특정 상황에서 특정 목적을 가지고 행하는 의사소통이라고 정의할 수 있다(권구영 외, 2008).

사회복지실천에서 사회복지사의 과제는 클라이언트와의 커뮤니케이션을 개발하고 유지하는 일이다. 그렇게 하기 위해서 사회복지사는 언어나 비언어적 커뮤니케이션의 경로를 통해 자신이나 자신의 감정 또는 생각 등을 표현하게 된다. 이러한 경로에서 의미 있는 커뮤니케이션의 장애가 발생하면 도움의 효과를 기대하기 어렵다(권구영 외, 2008).

사회복지실천에서 면접의 목적은 사회복지실천의 기능에 따라 결정된다. 사회복지 면접의 목적은 전문적 지식과 가치를 바탕으로 클라이언트와 그 상황을 충분히 이해함으로써 그 문제를 효과적으로 해결하는 데 있다(Gfrett, 1982). 또한 헵워스와 라슨(Hepworth & Larsen, 1990)은 삶의 질 향상과 성장을 위해 문제를 해결하고 이에 필요한 전략이나 행동을 모색하기 위한 정보의 상호작용이라고 하였다. 또한 브라운(Brown, 1992)은 면담의 목적을 자료의 수집, 치료관계의 확립과 유지, 클라이언트에게 정보제공, 원조과정에서 장애를 파악하고 제거하는 것, 목표달성을 위한 활동을 파악하고 이행하는 것, 원조과정을 촉진하는 것 등으로 제시하고 있다.

대부분 사회복지실천 면접의 일반적 목적은 사회조사를 위한 정보 차원, 평가에 도달하기 위한 진단 차원, 변화를 위한 치료적 차원으로 서술할 수 있다. 이와 같은 사회복지실천에 있어서 동일한 면접은 하나 이상의 목적을 가질 수 있다.

> 치료(상담)를 목적으로 면접을 진행할 수는 있지만, 면접이 이루어졌다고 해서 그것을 모두 치료나 상담이라고 하지는 않는다(정원철, 2005).

3) 사회복지실천 면접의 특성

콤튼과 갤러웨이(Compton & Galaway, 1984)는 사회복지 면접의 특성을 다음과 같이 네 가지로 구분하고 있다.

첫째, 사회복지실천 면접을 위한 장이 있다. 즉, 클라이언트의 문제해결을 위하여 면접을 하는 일정한 기관이 있다는 것이다. 특정 클라이언트에게 규정된 서비스를 제공하는 특정한 기관의 상황이 세팅되어 있으며, 커뮤니케이션의 내용은 한정되고, 특정 상황과 관련되지 않는 요인들이 제거되는 기초가 된다.

둘째, 사회복지실천 면접은 목적과 방향이 있다. 면접은 클라이언트와 사회복지사가 목적 달성을 위한 일련의 과정을 밟기로 상호협의한 상태에서 진행함을 의미한다. 즉, 면접은 우연히 만나서 정보를 교환하는 비공식적인 대화가 아니라, 면접의 목적은 커뮤니케이션의 한계를 정하고 불필요한 자료를 배제시키는 근거로 구체적인 목표달성을 위해 수행되는 과정이라고 말할 수 있다.

셋째, 계약에 의해 이루어지는 것이다. 면접이 한정적이고 계약적이라는 것은 사회복지사와 클라이언트가 규정된 목적을 달성하기 위해 특수한 상황에서 활동한다는 의미이다. 즉, 면접은 클라이언트와 사회복지사가 목적을 달성하기 위해 일련의 과정을 면접하기로 상호합의한 상태에서 진행하는 것을 말한다.

넷째, 면접에서는 사회복지사와 클라이언트의 특수한 역할관계가 규정된다. 즉, 사회복지사와 클라이언트에게 각각 정해진 역할이 있고 그 역할에 따라 상호작용이 제한된다는 점에서 한정적인 요소가 있다.

또한 사회복지 면접을 진행할 때 공통적으로 지켜야 할 사항은 첫째, 사회복지사는 자신의 호기심 해소를 위해 클라이언트의 정보수집에 초점을 두지 않는다. 둘째, 클라이언트의 상황에 따라 단계적으로 진행되어야 하며, 셋째, 클라이언트의 심리적 상황이 충분히 고려되어야 한다(백은령 외, 2007).

사회복지 면접에서 유의해야 할 지침(김연옥 · 최해경 공역, 1994)

- 충분한 정보수집 후 개입이 이루어져야 한다.
- 면접의 목적을 직설적으로 이행하는 것은 좋지 못하다.
- 원조와 원조를 위해 정보를 수집하는 차원에서의 면접은 기관의 정책과 프로그램의 범주를 반영한다.
- 면접양식에 의해 진행할 경우에 그 질문의 의도와 의미를 면접자가 잘 파악하여 유연하게 사용해야 한다.
- 클라이언트에게 면접에서의 질문이 그들의 욕구 혹은 문제해결과 관련됨을 인식시켜야 한다.
- 비자발적 면접인 경우는 직접적으로 면접에 임하는 목적을 물어보는 것이 좋으며, 자발적 면접인 경우는 클라이언트가 스스로 자신의 문제와 면접의 목적을 말하게 하는 것이 바람직하다.
- 사회복지사는 제공할 수 있는 서비스의 한계를 규정한 기관의 정책과 프로그램을 고려해야 한다.
- 클라이언트가 긴장을 풀고 문제를 허심탄회하게 털어놓도록 격려하고 혼란된 생각과 느낌을 정리할 수 있도록 도와야 한다.
- 지나칠 정도로 깊이 파고 들어가는 것은 위험하다. 사회복지사가 다룰 수 없는 내용은 피해야 한다.
- 면접의 전 과정에서 어느 정도는 유연해야 한다.

4) 면접의 형태

(1) 구조화 정도에 따른 종류

면접을 진행시키는 방법은 크게 구조화된 면접방식, 반구조화된 면접방식, 비구조화된 면접방식으로 나뉜다.

① 구조화된 면접

조사대상의 수가 많은 경우 사전에 구조화된 조사표, 대개는 질문지를 가지고 면접조사를 실시하게 된다. 많은 응답자가 똑같은 질문을 받게 된다는 뜻에서 표준화 면접이라 하며, 사전에 준비한 똑같은 순서나 동일한 내용으로 질문하므로 구조화 면접이라고도 한다. 구조화된 면접은 면접 시 행해지는 질문이나 내용이 매우 구체적으로 짜여 있으며, 이 흐름에 따라 알아보고자 이미 작성된 내용들에 관해 구조화된 질문을 하게 된다. 구조화된 면접이 적절한 경우는 수집한 자료를 비교하는 것이 중요할 때, 한 명 이상의 면접자가 면접을 수행할 때, 면접자의 면접경험이 부족할 때이다.

구조화된 면접의 단점으로는 논리적인 반응을 하게 되는 경향이 있어 정서적인 내용이 거의 없으며, 피면접자에 따라 특정한 질문이 해당되지 않거나 부적절할 수 있어 면접시간을 낭비할 수 있다는 한계가 있다.

② 반구조화된 면접

반구조화된 면접은 표준화와 비표준화의 중간형태로서 개략적인 조사표를 가지나 융통성 있게 면접내용을 조정하는 경우를 말하며, 반표준화 면접 또는 준구조화 면접이라고도 한다. 지침이 있는 면접으로 미리 결정된 질문이나 주요 단어가 있으나, 구조화된 면접과는 달리 특정 관점에서 질문할 수 있고, 피면접자의 반응에 따라 적절한 시점에서 개방형 방식으로 질문할 수 있다. 비구조화된 면접이나 구조화된 면접 양자의 장점을 취하는 특징이 있다.

③ 비구조화된 면접

만약 조사하고자 하는 대상이나 사례가 특수하여 미리 구조화된 조사표를 작성하기가 어려운 경우가 있다면, 숙련된 조사원은 최소한의 방향만 제시하는 지침을 가지고 면접 당사자 간의 상황에 따라 말이나 문답의 순서에 구애됨이 없이 자유로운 상태에서 면접이 진행된다. 이러한 면접을 비표준화 면접 또는 비구조화 면접이라고 한다. 비구조화된 면접은 면접 시 질문이나 알아보고자 하는 내용이 미리 짜여 있다기보다는 말 그대로 구조화되지 않은 채 면접의 목적에 따라 개방적으로 진행되는 면접형식으로, 피면접자의 세계에 대해 심층적이며 자세한 묘사와 이해를 얻고자 할 때 사용한다.

(2) 목적에 따른 사회복지실천의 면접

대부분의 사회복지사의 면접은 정보를 얻기 위한 면접, 사정을 위한 면접, 그리고 치료를 위한 면접 등 세 가지로 분류할 수 있으나, 이것은 임의적인 분류이기 때문에 두 개가 서로 중복되는 경우가 있다. 예를 들어, 아동학대를 받고 있다고 생각되는 아동을 상대로 한 초기면접에 있어서 사회복지사는 가족 구성원이 어떤 배경을 가지고 있는지에 대한 정보를 얻게 될 것이다. 만약 아동학대가 있었다면 사회복지사는 앞으로 학대가 일어나지 않도록 그 가족들을 도와주어야 한다. 이렇게 중복되는 경우도 있지만 이 세 유형의 면접은 구성과 이행방식이 각기 다르다.

① 정보를 얻기 위한 면접

정보를 얻기 위한 면접이란 클라이언트의 개인적 혹은 사회적 문제와 관련된 사회적 배경이나 개인의 성장·발달사에 관한 정보를 얻기 위한 면접을 말한다. 정보를 얻기 위한 면접의 목적은 클라이언트와 그의 상황을 이해하는 데 필요한 정보를 수집하거나 사회조사를 위한 것이다.

면접에서 사회복지사는 클라이언트에 관한 객관적 사실과 그의 주관적 감정, 그리고 태도를 파악해야 한다. 또한 클라이언트 외에 부모, 친구, 친척, 고용인, 이전에 클라이언트가 이용한 기관과의 접촉이나 면접이 필요하다.

면접상황에 포함되는 내용은 다음과 같다(Zastraw, 1995).

- 일반적 사항 : 나이, 성별, 학력, 결혼상태, 주소 등
- 현재의 문제 : 현재 문제상황, 과거력(과거에 유사한 문제가 있었는지, 치료형태, 치료기관 등)
- 가족력 : 클라이언트의 가족과의 관계, 부모－형제 관계, 핵가족 중심의 부부관계, 자녀관계 등
- 개인력 : 아동기의 성장과정, 발달단계상의 문제, 학교생활, 교우관계, 직장생활, 결혼생활 등
- 사회적 · 직업적 기능 : 클라이언트가 가지고 있는 사회적 · 직업적 기능 정도 등

② 사정을 위한 면접

사정을 위한 면접은 자료를 해석하고 의미를 부여하여 실천방향을 결정하는 일이므로, 사정을 위한 면접은 서비스에 대한 의사결정을 하기 위한 면접이다. 사정을 위한 면접은 구체적인 서비스에 대한 의사결정을 하기 위한 것으로 정보를 얻기보다는 면접 자체의 서비스를 위한 평가와 적격요인을 결정하기 위한 목적지향적 활동으로, 사정면접의 목적은 필요한 결정을 내리는 데 도움이 될 만한 정보를 얻는 것이다. 사정(assessment)은 문제가 무엇인지, 어떤 원인 때문인지 그리고 그 문제를 해결하거나 줄이기 위해 무엇이 변화되어야 하는지에 대해 답하는 사회복지실천과정의 핵심적 단계이다.

예를 들어, 아동복지기관에 소속한 사회복지사는 위탁보호신청자나 입양신청자와 함께 기관이 그에게 아동을 위탁해도 좋을지 그렇지 않을지를 결정하기 위해 사정을 위한 면접을 하며, 가정폭력이 있는 가정의 경우 어떤 가족에게 어떤 치료를 하고 어떤 서비스를 줄 것인지를 결정하기 위해 사정면접을 한다.

③ 치료를 위한 면접

치료적 면접은 가장 보편적인 것으로 클라이언트를 도와서 그 자신이 변화하거나 클라이언트가 더 나은 사회적 기능을 수행할 수 있도록 환경의

변화를 돕는 것을 말한다. 치료를 위한 면접을 통해 클라이언트에게 자신감과 자기효율성을 강화하고, 필요한 기술을 훈련하며 문제를 해결할 수 있는 능력을 키운다. 치료를 위한 면접의 목적은 사회적인 환경 속에 있는 힘의 균형을 클라이언트의 이익을 위해 변화시키는 것에 있다. 치료를 위한 면접은 어떠한 방법으로든지 클라이언트 자신의 행동, 태도, 혹은 의견을 교정하려는 데 목적이 있다. 실제에 있어서 충분히 사실발견을 위한 면접의 성격을 띠고 있으며, 진단적인 면과 치료적인 면도 아울러 지니고 있다. 따라서 계획된 면접은 클라이언트를 위한 명백하고 치료적인 목적을 가진다. 예를 들어, 학교사회복지사는 청소년으로 하여금 학교생활에 잘 적응하도록 돕는 면접을 한다.

이 밖에 치료를 위한 면접은 클라이언트의 사회적 기능을 촉진시키기 위해서 사회적 환경을 바꿀 목적으로 면접하는 경우도 있는데, 음주문제를 가지고 있는 클라이언트의 배우자는 어떻게 자신의 배우자가 금주를 하고, 술과 분리되어 의미 있는 삶을 개발할 수 있는지를 위해서 상담을 하게 될 것이다.

이렇듯 치료적 변화가 필요한 사람이 도움을 요청할 경우 사회복지사는 클라이언트의 삶에 있어서 중요한 사람들과 면접을 한다. 치료를 위한 면접의 목적은 클라이언트가 선호하는 사회적 환경에 중심을 두고 변화시키는 것이다.

환경변화를 목적으로 하는 면접은 클라이언트와 관련이 있는 중요한 사람들 혹은 클라이언트의 권리와 이익을 옹호하고 대변하기 위해 사회복지기관, 지역사회나 공공기관, 또는 관련 공무원 등이 면접의 대상이 된다.

5) 면접의 기법

사회복지사는 면접의 목적을 달성하기 위하여 클라이언트와의 면접에서 다음과 같은 다양한 기술을 활용하게 된다(김기태 외, 2007). 국내의 사회복지사 양성교육과정에 상담을 포함하는 직접적인 개입방안들에 대한 교육의 비중을 보다 늘리고 강화할 필요가 있다.

〈표 7-1〉 사회복지사들이 일상적인 서비스에서 활용하는 상담기술

기술의 종류	기술의 사용비율			
	항 상	종 종	가 끔	사용하지 않음
관심주기	71	29	0	0
경 청	93	7	0	0
적극적 경청	57	43	0	0
공 감	28	64	8	0
수 용	57	28	15	0
진실성	28	57	15	0
말 바꾸어 주기	30	35	35	0
과거 반영	30	34	36	0
요 약	38	38	24	0
질문/ 탐색	20	60	20	0
가벼운 촉구	21	54	25	0
도 전	7	43	50	0
직 면	0	56	44	0
연 계	7	50	43	0
즉시성	7	53	40	0
방어의 처리	7	40	53	0
목표 정하기	28	36	36	0
문제해결	36	64	0	0

출처 : Seden(1999).

(1) 경청과 관찰

경청이란 말을 하지 않으면서 면담에 적극적으로 참여하는 것이다. 침묵의 효과적인 처리로서 클라이언트로 하여금 적극적으로 상담과정에 참여하게 하고, 또 자신의 이야기에 대해서 생각할 여유를 주고 통찰의 기회를 제공한다.

경청은 클라이언트의 말과 행동에 선택적으로 주목하여 특정 문제를 탐색하도록 하는 것이며, 클라이언트로 하여금 생각이나 감정을 자유롭게 표현할 수 있도록 북돋워 주고, 자신의 방식으로 문제를 탐색하게 하여, 상담

에 대한 책임감을 느끼게 한다. 훌륭한 사회복지사는 잘 관찰하는 사람이다(Strean, 1978). 따라서 사회복지사는 경청하는 것을 배워야 한다. 사회복지사는 클라이언트가 말할 때 진지한 관심이 있음을 나타내는 눈길을 보내기도 하고, 고개를 끄덕이기도 하는 등 클라이언트의 말을 주목하며 듣고 있음을 전달해 줄 필요가 있다. 경청은 이처럼 클라이언트의 어려움에 공감하고 필요한 반응을 하면서 듣는 것으로 클라이언트는 감정의 정화와 마음의 안정을 경험할 수 있게 되며, 신뢰관계 형성이 쉬워지고, 자기개방이 증진되어 문제해결에 도움이 된다.

그리고 사회복지사는 클라이언트가 중요한 사실에 관하여 말하는 것을 주의 깊게 경청하고 탐구하여 관찰해야 한다(Beveridge, 1975). 만약 사회복지사가 면접에서 경청하는 것이 3분의 2보다 적으며 말하는 것이 3분의 1을 넘게 되면, 그 사회복지사는 그가 해야 하는 것 이상으로 적극적인 것으로 평가된다. 경험 없는 사회복지사의 공통된 실수는 자신이 이야기를 많이 하고 클라이언트가 말할 기회를 적게 주는 것이다(Kadushin, 1990). 관찰은 면접에서 가장 기본적인 것으로 선입견을 버리고 실제 상황을 있는 그대로 보는 것을 말한다. 관찰은 모든 과정 동안 사용하는 기술로서 클라이언트의 말과 행동, 즉 비언어적 표현에 대한 관찰은 클라이언트를 이해하는 데 매우 중요하다.

(2) 질문하기

질문은 클라이언트의 의사소통을 격려하기 위하여 가장 많이 적용되는 기술이다. 또한 질문은 정보를 습득하고 클라이언트로 하여금 충분히 의사소통을 하도록 한다. 그리고 좋은 질문은 클라이언트로 하여금 그가 발표하는 것을 조직하도록 돕는다. 질문은 클라이언트에 대한 이해와 문제해결에 필요한 정보를 효과적으로 얻을 수 있다는 장점이 있다. 질문하기는 클라이언트를 돕고, 필요한 정보를 얻고, 어긋난 대화의 초점을 바로잡기 위해 필요한 기법으로, 너무 많은 질문은 클라이언트를 혼란스럽게 하고, 너무 적은 질문은 클라이언트로 하여금 면접에 부담을 느끼게 하므로, 사회복지사는 클라이언트의 속도에 맞추어 적절한 시점에 질문을 해야 한다. 질문의 내용과 의도는 그 순간의 클라이언트의 정서적인 면을 반영하는 것이어야 한다. 만약 클라이언트가 우울하면 그 질문은 지지적인 이해를 하는 것이어야 하고, 그가 불안해하면 안도를 시키는 것이어야 하며, 그가 적개심을 가졌으면 수용하는 것이 되어야 한다. 책망이나 비난을 하듯이 또 의심을 하는 듯이 질문을 하는 사회복지사는 클라이언트에게 공포와 의심만을 야기하며 협조를 받지 못한다(Garrett, 1972).

질문은 다음과 같이 여러 가지 유형으로 분류할 수 있다.

① 개방적 질문

클라이언트가 자신의 방법으로 이야기할 수 있도록 하며 좀 더 광범위한 영역에 걸쳐 논의되도록 질문을 하는 것이다. 즉, 응답자가 원하는 방식대로 응답할 여지가 있는 질문형식을 말한다. 예를 들어, "그때 당신의 기분은 어떠했습니까?", "어떤 일로 오늘 여기에 오게 되었습니까?"라고 질문하는 것을 말한다. 클라이언트가 중요하다고 생각하는 것은 무엇이든 말할 수 있게 하며 다양하게 대답할 수 있는 장점이 있다.

② 폐쇄적 질문

폐쇄적 질문이란 클라이언트의 초점을 제한하고 확실한 사실에 대해서만 묻는 방식을 말한다. 폐쇄적 질문은 필요한 구체적 정보에 대한 질문을 하는 것이며, 응답의 선택이 한정되는 질문이다. 즉, 일반적으로 '예', '아니요' 대답만 요구한다. 예를 들어, "오늘 우리 기관에 처음 왔습니까?", "점심은 드셨습니까?", "남편이 동의했습니까?"라고 질문을 한다. 이 질문은 호구조사적인 내용을 얻기 위해서나 상세한 내용을 부각시키기 위해 사용한다.

③ 간접질문과 직접질문

직접질문은 문장의 형태가 의문문이고, 간접질문은 서술문의 형태로 이루어진다. 직접질문은 "이것, 네가 했지?"라면, 간접질문은 "이것, 누가 했는지 모르겠네"라고 할 수 있다. 간접질문은 클라이언트 자신이 질문을 받는다는 느낌을 덜 받으며, 질문공세를 받는다는 느낌을 주지 않는다(백은령 외, 2007).

④ 면접에서 피해야 할 질문

'왜'로 시작되는 질문은 힐난하는 것 같은 느낌과 위협을 주는 경향이 있고, 클라이언트가 자기 행동을 정당화시키려고 방어적 태도를 취하게 하기 때문에 가급적 피해야 한다.

유도형 질문은 클라이언트가 바람직한 결과를 이끌어 나가기를 바라는 마음에서 사회복지사의 감정이나 견해를 해결책의 형태로 간접적으로 나타내는 것으로 사회복지사가 클라이언트의 응답을 특정 방향으로 이끌어 나가려는 태도를 취하기 때문에 가급적 피해야 한다.

중첩형 질문은 한꺼번에 너무 많은 질문을 던지는 유형으로 이런 유형의 질문을 폭탄형적 질문이라고도 표현하며, 이러한 질문은 질문의 초점을 흐려 클라이언트의 대답이 피상적으로 되거나 혹은 중요한 정보를 빠뜨리기 쉬워 의사소통이 비생산적이 되기도 하므로 피해야 한다.

> 예 휴가가 끝나고 기분이 어떠한지요? (개방적 질문)
> 휴가가 끝나서 기분이 섭섭하지 않으신지요? (폐쇄적 질문)
> 당신은 그런 상황에 대해 어떻게 생각하십니까? (직접질문)
> 그런 상황이 당신에게 어떠한 생각을 나게 하는지 궁금하군요. (간접질문)

(3) 요약

요약은 내담자가 말하는 내용의 초점을 압축해서 명확하게 하도록 하는 것을 말한다. 즉, 클라이언트의 생각, 행동, 감정들을 사회복지사가 언어로 정리하는 것이다. 사회복지사는 지금까지 행한 면접내용이나 지난번 면접내용을 요약하며, 토의를 해온 것과 면접의 방향을 제시한 것을 간략히 반복한다. 요약은 토의해 온 항목의 주제를 명확히 해주게 되며, 또 사회복지사가 계속된 토의의 내용을 알고 주의 깊게 들었다는 것을 의미하는 것이 된다.

(4) 반영

반영이란 내담자에 의해서 표현된 기본적인 태도, 주요 감정을 새로운 용어로 정리해 주는 것을 말하며, 내담자의 말을 그대로 되풀이하거나 그 내용을 반영하는 것이 아니라 그 밑바탕에 흐르고 있는 감정을 파악하는 것이 중요하다. 반영의 주요 목적은 상담자의 경험을 이해하고, 내담자 세계를 보고 있는 그 방식으로 상담자가 내담자의 세계를 지각하려고 애쓰는 것을 내담자에게 말하는 것이다. 반영의 영역은 다음과 같이 세 가지가 있다(박영숙 외, 2008).

① 내용 반영하기(reflecting contents)

내용의 반영은 내담자의 본질적인 생각들을 보다 짧고 신선한 말로 되풀이하는 것인데, '재진술'과 거의 같은 의미이다. 이것은 내담자가 어렵게 표현하고 그리하여 혼돈된 생각들을 명료하게 하기 위해서 사용된다. 예를 들면, 클라이언트는 생각들을 간단하고 분명하게 표현할 어휘가 부족할지도 모른다. 그러므로 내용의 반영은 자기 자신을 표현할 수 있는 단어를 클라이언트에게 주는 기술을 의미한다. 때때로 클라이언트가 한 말을 중요한 단어를 강조하면서 되풀이해 주는 것이 도움이 된다. 이 기술은 클라이언트와 사회복지사 간에 신뢰관계를 형성하는 데 도움이 되며, 클라이언트의 이야기를 잘 이해했는지 점검하는 기회를 주고, 클라이언트가 자신의 생각을 구체화시켜 볼 수 있는 기회를 제공한다.

② 감정 반영하기(reflecting feelings)

감정의 반영은 말로 진술되었거나 혹은 강하게 압축되어 있는 내담자의 본질적인 감정들을 생생한 어휘들로 표현하는 것을 뜻한다. 즉, 클라이언트가 표현한 감정을 사회복지사가 이해하고 반응하는 것을 의미한다. 감정반영의 목적은 말의 내용보다도 오히려 감정에 초점을 맞추는 것이고, 애매하게 표현된 감정들을 보다 분명한 의식으로 이끌려는 것이며, 그의 감정을 자기 자신의 감정으로 만들도록 도우려는 데 있다. 사회복지사가 클라이언트의 감정을 정확하게 이해하고 이를 공감하며 이해했다는 반응을 보이는 것은 문제해결의 선행조건이 된다.

종종 클라이언트들은 마치 감정들을 그들 자신의 것이 아닌 양 '그것'이라든가 혹은 '그들'이라는 말로써 제3인칭으로 그들의 감정에 관해서 이야기한다. 그러므로 이것은 우리가 그로 하여금 그 감정을 다시 자기 것이 되도록 돕는 의도로서 왜 우리가 일반적으로 "당신이 느끼기에는…"이라는 식의 말로 반영을 시작하는가 하는 이유가 된다. 사회복지사의 감정반영을 통해 클라이언트는 자신이 느끼는 것을 깨닫는 기회를 가지고, 자신의 감정을 받아들이고 살펴보게 되며, 클라이언트가 경험하고 있는 것을 상담자가 이해하고 있다는 것을 보여주게 되고, 사회복지사와 클라이언트 사이에 단단한 관계형성이 이루어진다.

③ 감정과 의미 반영하기(reflecting feeling and meaning)

이 기술은 감정이입과 적극적 경청의 완벽한 형태로서 클라이언트의 감정과 사실 혹은 생각을 반영하는 것을 의미한다. 특히 사회복지사가 감정과 의미를 반영할 때는 클라이언트의 경험과 일치시켜야 하지만, 의미를 부여하거나 해석하지는 않는다(엄명용 외, 2006).

(5) 자기노출(self-disclosure)

자기노출이란 사회복지사가 자기의 생각이나 감정, 경험을 들추어 내는 것을 말하며, 대인관계나 조력관계에서 자신에 관한 것을 드러냄으로써 상대로 하여금 보다 인간적인 친밀감을 느끼도록 할 수가 있다. 자기노출은 사회복지사가 자신에 대한 고찰과 경험, 역사를 활용하여 특정 상황에 효과적인 행동을 취하고자 할 때 활용하는 기술이며, 일반적으로 사회복지사는 클라이언트에게 도움이 되지 않는 이상 절대 자신의 개인정보를 노출시켜서는 안 된다. 클라이언트는 사회복지사의 자기노출을 통하여 인간적인 정을 느낄 수가 있으며, 사회복지사도 자기노출에 의해 클라이언트의 사고와 감정을 공유하고 클라이언트를 도울 수 있다. 사회복지사는 클라이언트에게 도움이 되는 상황에 대해 자기노출을 할 수 있지만, 자신의 과거문제나 경험을 지나치게 노출하는 것은 많은 위험을 수반하기 때문에 민감하게 다루어야만 한다.

(6) 직면하기

직면하기란 클라이언트가 잘못하고 있거나 무엇인가 불일치하거나 모순점이 있을 때 클라이언트가 의식할 수 있고 살필 수 있는 것을 지적해 주고 그것이 내담자 자신의 문제와 어떻게 관련되는지를 생각해 보도록 하는 작업이다. 직면하기는 어떠한 형태로 나타나든 상대방의 언행에서의 불일치나 모순점 또는 잘못되었거나 개선해야 할 점들을 지적해 주는 것으로, 맞닥뜨림이라고도 부른다. 이는 상대방에게 반응하고 영향을 미치는 그래서 행동변화를 일으킬 수 있는 강력한 힘을 가진 기술 중의 하나이다. 그래서 상대방이 이 기술에 대해 잘 반응을 하고 호응을 해주면 대단히 효과적이지만 그렇지 못하고 오히려 반발을 보이거나 심한 경우에는 클라이언트에게 심리적인 위협과 상처를 줄 수도 있는 강력한 것이다. 따라서 직면기술을 사용하는 데 있어서 클라이언트가 그것을 받아들일 준비가 되어 있는지를 면밀히 고려해야 하며, 충분한 신뢰관계가 형성되기 전까지는 이 방법을 가능하면 피해야 할 것이다. 그렇지만 문제의 근원이 클라이언트에게 있거나 그 자신의 잘못에 있다면 그것을 그냥 이해하고 넘어가서는 문제해결이 어려우므로, 이 경우에는 그것을 적절히 지적하여 변화를 할 수 있도록 도와줄 필요가 있다.

> 한편으로는 … 하나 다른 한편은 … 하군요.
> 당신은 … 하다고 이야기하지만, 또 … 하다는 이야기도 하는군요.
> 당신은 … 이야기하지만, 비언어적으로는 … 처럼 보이는군요.
> 당신은 … 하다고 말하지만, 행동은 그렇지 않은 것 같군요.
> – 내담자에 대한 상담자의 분노와 좌절을 표현하는 수단으로 사용되어서는 안 된다(정원철, 2005).
> ☞ 내담자 : 노력은 하는데 잘 되지 않는 것 같습니다.
> 상담자 : 노력을 제대로 하는지 아니면 해결이 안 될 만큼만 노력하는지요?

(7) 해석

해석은 내담자가 겉으로 나타내는 문제가 내부적 정신작용에 관련되어 있는데도 이를 의식하지 못하거나 깨닫지 못할 때 그 관련성을 설명해서 이해시키는 방식이다. 해석은 클라이언트의 여러 언행들 간의 관계 및 의미에 대한 가설을 제시하는 것으로 클라이언트로 하여금 과거의 생각과는 다른 각도에서 자기의 행동과 내면세계를 파악하게 하는 것이다. 해석의 목표는 클라이언트로 하여금 그들의 생활 속의 사건들을 스스로가 해석하도록 가르치는 데 있다. 해석은 반영과도 밀접한 관련이 있는데, 클라이언트의 감정을 반영하여 명료화하는 것은 해석적인 반응과 별개로 볼 수 없고 모두가 하나의 연속체에 속한다고 보아야 한다.

(8) 명료화

명료화는 어떤 중요한 문제의 밑바닥에 깔려 있는 혼란스럽고 갈등이 되는 느낌을 가려내어 분명히 해주는 기술이며, 직면하였던 심리학적 현상들을 파헤치는 것으로 심리역동적인 의미를 해석하게 된다. 예를 들면, 클라이언트가 사랑과 미움이라는 서로 양극적인 감정을 동시에 표현한다면, 그 감정을 가려내어 짚어주면서 최종적으로는 죄책감이나 괴로움을 느끼지 않고 사랑과 미움을 동시에 경험할 수 있게 도움을 줄 수 있다. 이와 같이 사회복지사는 클라이언트의 통찰력을 향상시키도록 돕는데, 이는 클라이언트가 심오한 자기이해에 도달할 수 있도록 돕는 것이다.

생각해 볼 문제

1. 사회복지사가 클라이언트와의 전문적 관계형성에서 지녀야 할 자세와 태도에 대해 토의해 보자.
2. 의사소통이 이루어지는 과정과 의사소통과정에서 발생할 수 있는 문제에 대해 설명하고, 의사소통 과정에서 유의할 필요가 있는 사항에 대해 토의해 보자.
3. 의사소통 시에 비언어적 메시지를 고려하는 것이 중요했던 사례를 들어보자. 사회복지실천 시에 고려해야 할 비언어적 의사소통방법에 대해 정리해서 말해보자.
4. 학생 두 명씩 짝지어서 경청과 관찰, 공감하기, 질문하기 등 면접 기술들을 연습해 보자.

Part 3

사회복지실천의 과정

CHAPTER

8 사회복지실천과정과 기록

기록은 사회복지실천현장에서 중요한 기술 가운데 하나이다. 클라이언트가 말하는 내용을 즉시 기록하는 것이 일반적이지만, 목적에 따라 여러 가지 방법을 사용할 수도 있다. 논리적으로 분명하게 기록된 클라이언트의 문제, 목적, 치료계획은 클라이언트와 실천가 모두가 초점을 유지하는 데 도움을 주고 실천의 효과성을 증진시킨다.

1. 기록의 목적

기록의 1차적인 목적은 책무성(accountability)에 있다. 사회복지사는 기관, 클라이언트, 지역사회에 대한 윤리적 · 법적 책무성을 가지고 자신이 전달하는 서비스를 기록하고 설명하며 평가해야 한다. 기록의 목적은 이용 가능한 형식으로 이를 필요로 하는 광범위한 대중에게 꼭 필요한 정보를 제공하는 것이다. 사회복지실천의 기록은 정보를 보존하고 기관 내외의 전문가들과의 사례에 대한 의사소통과 연구를 가능하게 하며, 슈퍼바이저가 적절한 교육과 지도 · 감독을 할 수 있게 하는 등의 다양한 용도를 가지고 있다. 또한 기관 자체 내, 클라이언트, 가족, 지역사회기관, 감독 및 기금 조성을 위한 조직, 각종 공적 집단에 자료를 제공한다.

카글스(Kagles)는 기록의 목적에 대해 다음과 같이 10가지로 제시하고 있다(권육상 외, 2008).

1) 클라이언트의 욕구 확인

사회복지사는 클라이언트와의 첫 만남에서 종결에 이르기까지 클라이언트의 주요 문제, 기관이 클라이언트에게 제공하는 서비스와 정보를 포함하여 평가에 이르기까지 진행상황들을 기록으로 보관한다. 사회복지사의 문서화된 기록을 통하여 조직은 그것을 종합적으로 분석함으로써 서비스 전달에 있어서의 경향성을 파악하고 모니터링할 수 있다.

2) 서비스 내용 보고

기록은 의사결정과 행동을 클라이언트의 서비스 욕구와 서비스 목표 및 계획에 연계시키면서 서비스 과정의 각 단계에서 일어나는 것을 기록하기 위해서 사용된다. 사회복지사는 클라이언트와의 만남, 지역사회기관들과의 회의, 기관의 사례검토에 대해 기술하여 기록으로 남긴다. 이러한 기록을 통하여 사회복지사는 서비스가 클라이언트 및 주변 환경에 미친 영향을 분석할 수 있으며, 또한 서비스 목표와 계획에서 변화를 필요로 하는 부분과 서비스전달체계의 강점과 약점을 규명할 수 있게 된다.

3) 사례유지

서비스의 목적, 계획, 과정과 진전상황에 관한 정보는 사회복지사가 부득이하게 교체되어 다른 사회복지사가 그 사례를 넘겨받게 되었을 때, 클라이언트와의 마지막 접촉 이후 상당한 시간이 경과되었을 때, 클라이언트의 상황이 복잡하고 서비스가 광범위한 경우에 유용하다. 아울러 같은 사례에 대한 새로운 중복을 막아주고 시간을 절감해 주며 지속성을 유지시켜 준다.

4) 전문가 간 의사소통의 원활화

기관에서는 여러 전문직이 모여 전문적 공조체계를 구성하여 하나의 기록부를 사용한다. 이때 기록은 다른 분야의 전문가들의 협조체제기능을 원활하게 해준다. 이와 같이 기록은 팀 구성원들에게 집단결정과 집단행동을 강화시켜 주는 자원을 제공하며, 전문가들의 개별적 노력을 조정할 수 있도록 돕고, 팀의 모든 구성원들이 접할 수 있는 새로운 정보를 제공한다.

5) 클라이언트와 정보공유

기록은 클라이언트와 사회복지사 간의 의사소통도구로 활용될 수도 있다. 최근의 일부 실천접근 방법들은 사회복지사가 기록의 일부나 기록과정을 클라이언트와 공유하도록 권장하고 있다. 오늘날 점점 더 많은 사회복지기관들이 클라이언트에게 기관에서 하는 일과 어떤 서비스를 제공하고, 어떤 치료과정이 포함되어 있는지를 개방하여 알릴 필요가 있기 때문에 사회복지사는 이 점을 염두에 두고 기록해야 한다.

6) 슈퍼비전, 자문, 동료에 의한 활성화

기록은 클라이언트의 상황과 서비스 과정 및 진행에 대한 정보를 슈퍼바이저, 자문가, 동료들에게 제공한다. 슈퍼바이저는 기록을 통해 얻은 정보를 사회복지사가 서비스를 계획하고 실행하는 것을 돕는 데 사용하며, 사회복지사의 업무수행의 질을 사정하고, 사회복지사의 강점을 발견하게 된다. 또한 슈퍼바이저는 특이하거나 문제시되는 사례에 관한 사례회의를 시작하기 전에 사례기록을 읽게 되는데, 이때 사례기록은 클라이언트에게 제공된 서비스의 종류와 질을 평가하기 위한 1차적 자원이 된다.

7) 서비스 과정과 효과 모니터링

기록은 서비스에 대한 지속적 평가에 유용한 도구이다. 기록은 문서화를 위해서뿐만 아니라 클라이언트와 함께 또는 클라이언트를 대신해서 이루어진 서비스 활동을 검토하고, 평가하고, 수정하기 위해 사용되며, 진행과정에 대해 보고하기 위해 사용된다. 그뿐만 아니라 기록은 서비스의 유형이 어떠한지 그 증거를 제공해 줄 수 있으며 궁극적으로 서비스의 효과에 대한 증거를 제공해 줄 수 있다.

8) 학생과 다른 전문가들의 교육자료

기록은 사회복지실천과 기관의 업무과정을 가르치기 위해서 사용된다. 기록은 학생들과 신입사회복지사에게 기관실무를 소개하는 데 사용될 수 있으며, 더 나아가 각 사회복지사들의 지속적 교육과 발전에 중요한 도구가 된다. 슈퍼바이저들은 기록을 사용하여 어떻게 실천하며 어떻게 기록하는지 사회복지사들에게 가르치며, 또한 정기적으로 직원들의 업무수행의 질을 평가하는 데 귀중한 자료로 이용한다. 기록은 또한 다른 전문직 종사자들에게 사회복지실천에 관하여 교육시키는 역할도 하게 된다. 다른 전문직 분야에 속한 사람들이 사회복지사가 기록한 것을 읽을 때 그들은 사회복지사가 무엇을 어떻게 실행하는지 배울 수 있게 된다.

9) 실무와 행정적 과업을 위한 자료제공

클라이언트와 서비스에 관한 정보는 클라이언트를 지속적으로 추적하고 클라이언트의 욕구, 서비스의 유형, 직무관리, 직원의 직무수행, 자원의 분배에 관한 행정적 결정을 위한 정보를 제공하기 위해 사용된다.

10) 조사연구를 위한 자료제공

사회복지실천 초창기에 기록의 주요 목적은 조사를 위한 것이었다. 조사연구는 기관에게 정보를 줄 수 있다. 간결하고도 정확한 기록은 전문적 조사연구가들에게 다양한 정보를 제공해 준다.

2. 기록의 내용

기록은 사회복지기관의 기능과 업무에 따라 다양하기 때문에 일반화하기는 어렵지만, 서비스 진행단계에 따라서 무슨 내용이 기록에 포함되어야 하는가에 대한 공통적 지침은 필요하다(Kagle, 1991; 1997). 기록내용은 어떤 기록유형을 선택하든 간에 대부분 다음의 내용을 포함하게 된다.

① 클라이언트의 인구학적 특징
② 서비스를 제공하는 방법과 사유
③ 클라이언트의 현재 및 과거의 문제나 욕구에 대한 기술 – 사회력(social history)
④ 사회복지사의 소견과 사정
⑤ 서비스의 목적
⑥ 서비스의 계획
⑦ 서비스의 특성
⑧ 서비스 종결의 방법과 사유
⑨ 서비스 활동과 결과에 대한 요약
⑩ 추후관리계획

3. 기록의 유형

사회복지실천현장에서 사용되는 기록유형은 기본기록, 과정기록, 이야기체 기록과 문제중심 기록 방법 등이 있다. 이 밖에도 기록의 방법에는 여러 가지 종류가 있다. 메모는 면접의 통합적인 부분으로 클라이언트가 한 계약이나 사회력에 관한 정보, 전문적인 중요 사항 등을 기록하기 위해서 필요하다. 녹음기 사용이나 녹화는 최근 들어 상담과 면접의 기술을 향상시키기 위한 방법으로 많이 쓰이고 있다. 이는 메모하는 것보다 모든 대화의 내용을 기록하여 제공하기 때문에 효과가 있으나, 녹음은 채록하는 데 많은 시간과 노력을 요구한다. 그리고 이런 다양한 방법에서 어떠한 형태를 선택하더라도 클라이언트의 비밀보장에 관심을 가져야 하며, 시청각 자료를 이용할 때에는 클라이언트의 사전동의를 얻어야 한다.

1) 최소기본기록(Minimum Basic Recording)

최소기본기록은 단순하고 경제적인 기록양식으로 기본적인 신상정보인 클라이언트의 이름, 주소, 전화번호, 직업과 수입, 가족이나 친척의 주소와 전화번호와 면접날짜, 클라이언트의 주요한 문제, 목적, 개입계획, 클라이언트의 반응, 탐색이 필요한 영역, 필요한 자원, 클라이언트를 위해 필요한 행동과 종결상태를 포함한다.

2) 과정기록(Process Recording)

과정기록은 사회복지실천에서 가장 오랜 역사를 가지고 있는 기록법이다. 클라이언트와 사회복지사의 상호작용과정을 세밀하게 기록하는 방법으로, 면접과정 중에 일어난 모든 일을 꼼꼼히 있는 그대로 기록하는 것이다.

초창기 사회복지사들은 클라이언트와 상황을 연구하기 위해 클라이언트의 말과 행동, 사회복지사의 말과 행동, 관찰, 신념 및 추측 등 기억할 수 있는 모든 것을 기록하였으나, 오늘날에는 과정기록이 시간이 많이 소모되고 업무량이 과중하여 기관실무에서 활용하기에 비효율적인 것으로 여겨지고 있다(Kagle, 1991; 1997). 그러나 과정기록은 정확한 피드백을 얻을 수 있어 사회복지 전공 실습생들이나 직원교육에서 사정기술, 면접기술 등의 훈련에는 유용하며, 클라이언트와의 접촉과 관계 속에서 그들의 역할에 사고를 명확하게 해주고, 사회복지사의 분석적 사고와 개입계획까지도 진행시킬 수 있도록 이끌어 준다.

(1) 과정기록의 내용

과정기록은 클라이언트와 면담하면서 이야기한 내용, 행동, 관찰한 것과 판단한 것 등을 모두 기록해야 하며, 과정기록에 포함될 내용은 구체적으로 다음과 같다.

- 면접에 참석한 사람 이름
- 날짜, 장소, 면접진행시간
- 면접 또는 활동의 목적
- 계획
- 상호작용과 내용에 대한 기록
- 사회복지사의 역할과 활동
- 클라이언트의 관심사, 상황 또는 문제, 클라이언트의 반응, 클라이언트의 반응에 대한 사회복지사의 사정(분석)
- 면접 중 사회복지사 활동에 대해 스스로 분석한 내용
- 다음 면접의 계획

(2) 과정기록의 방법

과정기록은 face sheet에 클라이언트에 대한 사실적인 자료(정보)와 관련된 사회, 환경, 경제 및 물리적, 신체적 요인들을 적는 것으로 시작한다. 그 다음 현재의 문제를 적고, 그 문제에 대한 정보기록을 포함한다. 사회복지사는 그때의 목표의 수준, 목표 도달의 장애물, 어디에 적용할 것인지 등을

포함하여 목표 도달에 필요한 수단과 함께 클라이언트와 사회복지사 간의 계약서명란에 서명한다. 그 기록에는 클라이언트와 사회복지사 또는 기관과 만든 각각의 계약의 내용, 다른 가족들로부터 온 메시지와 전화내용을 포함하여 구성한다. 또한 방문의 시간과 사회복지사가 개발한 어떠한 주관적 인상이나 획득된 사실적인 정보의 요약까지도 표시된다. 이와 같은 기재사항들은 아주 정교하지는 않지만 문제중심 기록(problem-oriented records)이나 개인중심 기록(person-oriented records)보다는 좀 더 연대기적인 기록이라 볼 수 있다.

〈표 8-1〉 과정기록의 예

면담일 : 2○○○년 ○○월 ○○일

면담내용	사회복지사의 코멘트
사회복지사 : 제가 지난번 전화통화했던 사회복지사 김영순입니다.	
클라이언트 : 네… 어떻게 말을 해야 할지… 사실은 우리 아이가 말썽을 부려서 학교에서 퇴학을 당하게 되었습니다. 대화를 하려고 해도 저와는 말도 하지 않으려 하고 달리 의논할 사람이 없어서… 아이 아빠는 저한테 오히려 화를 내면서 집에서 뭐 했느냐고 하지만 저도 할 만큼 했는데…	클라이언트는 매우 당황한 것 같았다.
면담내용	**사회복지사의 코멘트**
사회복지사 : 그러니까 아이가 비행행동을 보이나 보죠? 아이는 몇 학년입니까?	다음 클라이언트와의 면담약속 때문에 마음이 급급했고 빨리 결론을 내리려 한 것 같다.
클라이언트 : 비행행동이라고 하기보다는 학교를 잘 가려 하지 않고 잘못된 친구들과 어울려 본드 등을 하는 것 같습니다. 하지만 남의 물건을 뺏거나 때리는 폭력행동은 하지 않습니다.	클라이언트는 비행행동이라는 단어가 불쾌하였던 것 같다.

출처 : 양옥경 외(2006).

3) 이야기체 기록(Narrative Summary Recording)

이야기체 기록은 사회복지사가 클라이언트, 상황, 서비스에 대해 이야기하듯 서술하고 기록하는 방법이다. 많은 내용을 기록하기 위해서는 기록내용을 조직할 필요가 있기 때문에 세부적인 면담내용은 제외한다.

이야기체 기록은 주제별, 혹은 시간의 순서에 따라 조직하여 기록한다. 시간대별 서술은 일지형식과 유사하여 사건이 있을 때마다 기록하며, 요약체 기록은 일정 기간별로 묶어서 서술하는 형태인데 일지기록을 바탕으로 작성하며, 이 기록은 서비스가 개인, 부부, 가족, 집단 등 누구에게 전달되는지에 관계없이 개별화된 서비스를 문서화하는 데 적합한 양식이다. 이러한 보고방식은 사회력, 클라이언트－상황에 관한 사정과 같은 특정 내용요소들을 문서화하는 데 사용될 수 있으며, 대개는 사회복지실천과정 단계에 따라 요약하는 것이 효과적이다.

이야기체 기록의 질은 서비스의 질보다 사회복지사의 문장력이나 기록에 투여된 시간에 의해 좌우될 수 있다. 기록의 질은 사회복지사가 사건이 있을 때마다 가능한 한 즉시 기록하여 정확도와 신뢰도를 확보하고 정보들을 효과적으로 조직하는 데에 달렸다. 이때 이야기체 기록을 준비하기 위해서 사회복지사는 사례노트를 만들어 일어난 사건들을 시간순으로 간단하게 요약해서 적어두는 것이 좋으며, 클라이언트의 상황과 서비스 교류의 특수한 본질을 반영할 수 있어 임상실천을 문서화하는 데 특히 적합하다.

한편 이야기체 기록의 장점은 형식에 구애받지 않고 중요하다고 간주되는 것을 모두 기록할 수 있는 융통성이 있으며, 단점으로는 기록하는 데 시간이 많이 걸려 비효율적이고, 면담내용을 지나치게 단순화해서 초점이 불명확해지는 한계가 있다.

〈표 8-2〉 요약기록의 가이드라인

1. 면담(날짜, 대상, 장소)
2. 문제탐색
   ① 처음에 제시된 문제
      • 클라이언트에 의해 제시된 문제
      • 중요한 타자들에 의해 제시된 문제
      • 사회복지사의 판단
   ② 측정정보
      • 사회적 맥락 • 건강·정신적 상태
      • 성격적 특성 • 문제상황
      • 측정 요약
3. 표적문제, 계약, 개입
   ① 개입에 대한 소개
      • 클라이언트에게 소개 • 클라이언트의 반응
      • 클라이언트의 노력에 대한 사회복지사의 판단
   ② 보충적 또는 재측정된 정보 : 사회적 맥락, 건강, 정신상태, 성격, 문제상황
   ③ 개입전략 요약
   ④ 계약조건
      • 클라이언트의 표적문제 우선순위
      • 우선순위가 설정된 방식
   ⑤ 계약
      • 표적문제 • 계약날짜 • 회합스케줄
      • 기간 • 목적(일반적 과제) • 개입계획
4. 개입
   ① 클라이언트 수행
      • 할당된 과업 • 성취 정도 • 장애물
      • 장애물의 해결 : 계획 및 수행된 개입 그 결과
      • 새로이 할당된 과업 : 그 이유
   ② 표적문제의 상태
      • 처음과 비교해서 변화된 정도 • 전체적인 문제상황의 상태
   ③ 사회복지사의 수행 점검
5. 종결
   ① 문제상태 ② 남아있는 문제에 대한 계획 ③ 추후 지도계획
6. 기타 필요한 정보

출처 : 조휘일·이윤로(2001).

〈표 8-3〉 요약기이야기체 요약기록의 예

- 클라이언트 이름 : 박○○
- 생년월일 : 1992년 ○월 ○일
- 나이 : 10세
- 날짜 : 2002년 ○월 ○일

1. 사례개요
클라이언트는 틱장애로 지난 1년 동안 정신과치료와 한방치료를 거친 후 효과가 없다고 판단한 아버지에 의해 의뢰된 10세 아동이다. 현재 초등학교에 재학 중이며, 아버지, 어머니와 함께 참여하였다.

2. 제시된 문제
클라이언트는 유치원에 다니기 시작하면서부터 얼굴을 실룩거리기, 코를 심하게 킁킁거리기를 시작하였는데 구체적으로 TV를 보거나 책을 보거나 할 때 나타나며, 식구들과 즐겁게 이야기를 하거나 친구들과 놀 때는 별로 나타나지 않는다고 했다.

3. 성장과정 및 가족관계

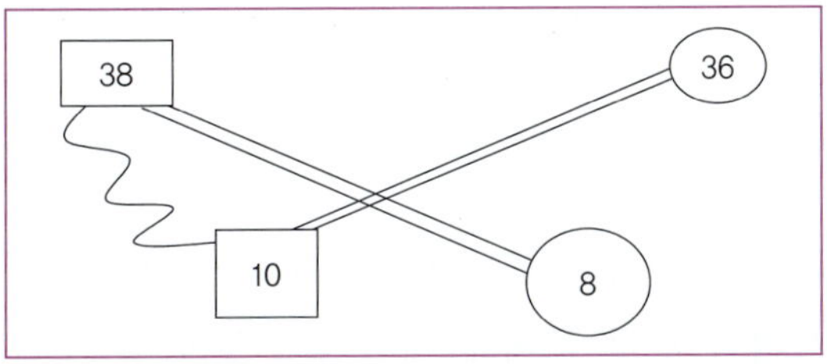

① 성장과정 : 클라이언트는 출산 시 별문제 없이 태어났고 3~4세 이후까지 정상적으로 자라났다고 하며 신체적·생리적으로 뚜렷한 장애나 문제가 없다고 한다. 소아정신과에서 틱장애로 진단받은 후 집단치료에 참여했으나 별로 진전이 없다고 생각하여 아버지에 의해 중단되었다. 현재 한약을 복용하고 있는 중에 가족치료가 도움이 될 것이라는 이야기를 친척으로부터 전해 듣고 찾아왔다고 한다. 아동은 면담을 시작할 때부터 시종일관 아버지와는 떨어져 앉아서 아버지의 지시에 의해서만 겨우 대답을 할 뿐 사회복지사의 질문에 아버지의 눈치를 심하게 보는 태도를 나타냈다.

② 아버지(38세) : 학력은 고졸이며 회사원으로 근무 중이다. 성격은 꼼꼼하고 정확하고 엄격한 편이다. 자녀의 교육에 관심이 많으며, 아내와 자녀에 대한 기대가 높다. 주로 사용하는 의사소통법은 비난형이며, 면담 내내 지시적이고 아내에 대해 비판적이며 무시하는 태도를 거침없이 나타냈다. 아동에 대하여도 아동의 자세와 의사표현에 일일이 간섭하고 지시하는 태도를 보였으며, 아동이 잘못된 것은 아내의 무지와 무관심 때문이라고 하였다. 매우 가부장적인 태도를 보였다. 이전에 아내에게 폭력을 사용하였으나 자녀교육에 좋지 않다는 전문가의 말을 라디오를 통하여 듣고 그 후에 중단하였다면서 자신의 자녀교육열을 대단하게 생각하고 과시하려 하였다.

③ 어머니(36세) : 학력은 고졸이며 자기표현이 거의 없다. 남편이 일방적으로 무시하는 태도에도 무표정한 태도로 무기력함을 보였다. 자녀에 대하여 남편 앞에서는 주장을 할 수 없다. 남편의 부재 중에는 자녀들과 따뜻하고 온정적인 관계를 유지하고 있으며, 남편의 지나친 요구와 신체적·언어적 폭력에 대응을 하지 않는다. 자기표현능력이 낮고 우울하였다.

④ 여동생(8세) : 아버지가 둘째인 여동생에게는 조금 더 허용적으로 대하는 편이므로 비교적 아버지를 따르는 편이다. 어머니의 요구사항을 아버지에게 전달하는 역할을 담당하고 있다. 오빠와의 관계도 비교적 잘 이루어지고 있다.

4. 개입과정

개입의 초점 : ① 남편의 심각한 정서적·언어적 폭력에서 오는 부부하위체계 내의 심한 정서적 불안의 감소, ② 부모역할기능의 적절한 분담, ③ 부모역할기술의 습득, ④ 역기능적 의사소통기술의 습득을 돕는 데 … (중략)

기록자 : 사회복지사 ○○○

출처 : 양정남 외(2003).

4) 문제중심 기록(POR : Problem-Oriented Recording)

문제중심 기록은 현재 제시되고 있는 문제를 중심으로 구성되며, 문제영역을 규명하고 사정하고 각 문제에 대하여 무엇을 할 것인지에 대한 계획을 기록하는 것으로 병원과 같이 다학문적으로 접근하는 실천현장에서 활용한다. 이 방법은 사회복지기관에서도 널리 사용되고 있으며, 이 유형의 기록은 단순히 기록 차원을 넘어 문제해결 접근방법을 반영한다.

문제중심 기록은 다양한 분야가 함께 일하는 현장에서 의사소통을 수월하게 하며, 특정한 문제에 대해 초점화된 관심을 갖도록 해주며, 기록을 조직화하는 데 간소한 양식을 제공함으로써 기록이 간결하고 형식이 통일되므로, 기관감독자, 조사연구자, 외부의 자문가 등이 쉽고 질 높은 기록을 검토할 수 있다는 장점이 있다. 또한 팀 구성원들은 목록화된 각 문제에 초점을 맞추어 다루어야 하고, 모든 치료계획에 대해 문서화된 추후 점검을 할 책임이 있기 때문에 책무성을 향상시킨다. 그러나 클라이언트의 욕구, 자원, 강점보다는 문제를 강조함으로써 클라이언트의 강점에는 소홀할 수 있게 되어 사회복지실천의 관심을 지나치게 한정시킬 우려가 있다. 또한 개인과 환경의 상호작용보다는 개인을 강조하여 서비스 전달의 복잡성을 간과하며, 복잡성을 단순화시킬 우려가 있으며, 부분화를 강조함으로써 통합적이며 체계적인 쟁점들을 왜곡시킬 우려가 있다. 문제중심 기록의 이러한 한계들을 극복하기 위해서는 포괄할 수 있는 기록양식으로 수정되어야 한다.

문제중심 기록은 단순한 기록 차원이 아닌 더욱 정교하고 진일보한 기록방법으로 문제해결 접근방법을 반영하며 다음과 같이 네 가지 요소로 구성된다.

① 문제를 파악하기 위한 자료수집
② 문제의 규정과 구체적 문제목록 작성
③ 개입계획
④ 개입의 수행 및 점검

문제중심 기록에서 많이 사용하는 방식은 SOAP 기록방식이며, 이를 설명하면 다음과 같다.

- Subjective Information(주관적)
  클라이언트와 가족들이 주관적으로 기술하는 문제와 정보
- Objective Information(객관적)
  사회복지사가 관찰한 클라이언트의 객관적 정보
- Assessment(사정)
  문제에 대한 견해, 해석, 사정
- Plans(계획)
  전문가가 특정한 문제를 제기하거나 해결하는 방법, 그 방법에 대한 계획

SOAP 기록방식의 장점은 서로 다른 전문직 간의 의사소통 역할을 해 협조체제를 더 공고하게 하고, 문서화된 문제를 중심으로 계획을 진행하고 추후 점검할 수 있어 책임감을 높인다. 단점은 주로 문제에만 초점을 두었기 때문에 클라이언트의 장점이나 자원을 간과할 수 있으며, 개인과 환경의 상호작용을 문제중심으로 단순화할 가능성이 있다.

〈표 8-4〉 문제중심 기록의 예

데이터베이스

(2000년 12월 1일 접수면접에서 얻은 정보에 의해 작성됨)

이름 : ○○○ 나이 : 30세

클라이언트는 결혼한 지 7년 된 기혼여성으로 35세의 남편과 5세 된 아들 하나를 두고 있다. 그는 어젯밤 술 취한 남편으로부터 구타당하여 현재 허리통증과 함께 걸음걸이가 불편하다. 남편의 반복되는 음주 후 구타행동 때문에 본 기관에 도움을 요청하였다. 경찰에는 연락한 적이 없다.

클라이언트의 남편은 IMF 사태 이후의 대규모 감원으로 인해 8개월 동안 실직상태에 있다가, 현재는 친척이 운영하는 작은 사업체에서 일하고 있다. 클라이언트는 결혼 후 6개월 때 맞은 따귀가 결혼 후 처음 당한 폭력 경험이다. 그 이후에는 폭력이 없다가 실직사태 이후부터 남편의 음주 및 음주 후 폭력이 증가하였다. 남편의 폭력에 대한 클라이언트의 반응은 함께 소리 지르고 울며 대드는 것이다. 남편은 전에는 때린 다음 날에 클라이언트에게 사과하기도 했지만, 최근에는 사과도 않는다. 남편이 아이를 때리지는 않지만, 아이가 부모의 폭력사태를 여러 번 보았기 때문에 아빠를 무서워한다. 클라이언트는 나가서 일을 하고 싶어도 특별한 기술도 없고 아이도 어려서 아직은 엄두를 못낸다. 그러나 아이가 초등학교에 들어가면 취업하기를 원한다.

• 문제목록

번 호	문 제	확인된 날짜	중단/해결된 날짜
1	남편의 음주 및 구타	12/1	
2	클라이언트의 피신처 마련	12/1	12/1
3	클라이언트의 허리통증	12/1	12/4
4	클라이언트의 정서적 어려움	12/1	
5	클라이언트의 결혼지속의사 여부 불분명	12/1	12/8
6	클라이언트의 법 및 지원체계에 대한 지식 부족	12/1	12/4

• 초기계획

문제 #1 남편의 음주 및 구타

남편과 연락하여 면담을 약속하고 남편에 대한 심리사회적 사정과 개입을 한다. 음주 및 폭력에 대해서는 전문치료기관에 의뢰한다(남편이 동의한다면). 이러한 개입계획에 남편이 동의하도록 사회복지사와의 관계형성에 주력한다.

문제 #2 클라이언트의 피신처 마련

클라이언트의 희망대로 언니네 집에 머물도록 하고, 이에 관해 추후 점검한다.

문제 #3 클라이언트의 허리통증

클라이언트가 병원치료를 받고 있는지 추후 검토한다.

문제 #4 클라이언트의 정서적 어려움

정서적 어려움의 근원, 강점 및 약점에 대한 사정 및 지지적 개입을 한다.

문제 #5 클라이언트의 결혼지속의사 여부 불분명

이에 대한 클라이언트의 결정을 돕는다.

문제 #6 클라이언트의 법 및 지원체계에 대한 지식 부족

클라이언트를 본 기관과 연계되어 있는 법률상담소와 연결시킨다.

• 진행노트

날짜 : 12월 6일 클라이언트 남편과의 첫 번째 개별면담

문제 #1 남편의 음주 및 구타

S : 남편은 자기의 음주 및 구타 사실은 인정했지만, 아내가 자기에게 바가지를 긁었기 때문에 이런 일이 발생했다고 주장하고 있다. IMF 사태로 인한 실직 이후의 좌절감과 스트레스, 그리고 현재 직장에 대한 불만을 이야기하는 데에 많은 시간을 할애하였다. 아내와의 결혼생활을 계속하기를 원하며, 현재 언니 집에 있는 아내가 하루빨리 집으로 돌아오기를 원하고 있다. 음주문제에 대한 치료 프로그램에 대해서 그 필요성을 부인하고 있다. 다만, 아내가 집으로 돌아오면 부부상담에는 참가할 용의가 있다고 말하고 있다.

O : 남편은 체격이 보통이며 목소리가 크고 막힘없이 이야기를 잘하는 편이다. 실직으로 인해 직업을 바꾼 후 경제적으로 쪼들리는 편이다.

A : 남편은 문제를 부인하고 있다. 자기의 행동에 책임을 지기보다는 아내에게 책임을 미루고 있는 것으로 보인다. 가부장적 가치관이 현저하다. 그러나 결혼생활을 계속할 의사가 확실한 것, 아내 및 아이에 대한 애정을 나타내는 것, 개별 및 부부 상담에 개방적인 것은 이 부부관계의 강점으로 생각된다.

P : 남편이 구타에 대한 책임을 인정하기 위하여 계속적인 개입이 필요하다. 이것이 아내와 아이에게 어떠한 고통을 야기시키는지 인식할 필요가 있다. 개별면담을 계속할 예정이다.

날짜 : 12월 8일 클라이언트와의 세 번째 개별면담

문제 #4 클라이언트의 정서적 어려움

S : 클라이언트는 어떤 일도 제대로 해내지 못할 것 같다고 하며, 삶에 자신감이 없다고 한다. 결혼 전에는 활발한 성격이었는데 결혼 이후, 특히 남편의 음주와 구타가 시작된 이후에 더욱 소극적인 성격이 되었다고 한다. 자신의 강점이 무엇인지 말하지 못한다.

P : 능력강화직업이 필요하다. 정기적으로는 취업교육이나 자원봉사활동도 도움이 될 것이며, 이를 위해 자기의 능력을 재발견하는 작업이 선행되어야 한다.

문제 #5 클라이언트의 결혼지속의사 여부 불분명

S : 어제는 남편이 언니네 집에 전화하여 다시는 안 때리겠다고 약속했으며, 클라이언트는 이제 집에 돌아가고 싶다고 한다. 남편과 헤어진 이후의 생활은 경제적으로나 정서적으로 자신이 없으며, 아이를 위해서라도 결혼생활을 계속하고 싶다고 한다. 부부상담에 대해서는 참여할 의사를 나타냈다.

A : 현재 남편이 구타에 대한 책임을 부인하므로, 남편이 변화할 것이란 확신은 없다고 생각된다. 따라서 지속적인 개입이 필요하다.

P : 남편 및 아내에 대한 개별상담을 계속하며, 적절한 때에 부부상담을 시작한다.

출처 : 윤현숙 외(2001).

생각해 볼 문제

1. 지금까지 배운 면접기법을 최대한 활용하면서 본인이 관심 있는 주제에 관하여 친구와 함께 10분 정도 면담을 실시하고 과정기록, 이야기체 요약기록, 문제중심 기록으로 기록해 보시오.

CHAPTER 9

초기단계 – 접수, 자료수집

사회복지실천과정이란 도움이 필요한 개인과 가족 및 집단에 대해 전문적 지식과 기술을 갖춘 사회복지사가 클라이언트의 문제해결과 환경을 변화시키기 위해 개입하는 과정을 말한다.

이러한 과정은 학자에 따라 달리 구분하는데 주로 초기단계, 중간단계, 평가와 종결 단계로 나뉜다. 각 과정들은 명확하게 구분되기보다는 내용이나 과제가 중복되고 순환되기도 한다.

> **일반적인 사회복지실천과정**
>
> 도움을 받기 위해 찾아온 사람을 기관의 사회복지사가 처음으로 접촉하여 접수(intake)하고 긍정적 원조관계를 수립하면서 관련된 정보와 자료를 수집, 사정하고 개입목표와 계획을 세우는 초기단계, 계획된 대로 원조활동을 수행하면서 이를 점검하고 진행해 나가는 중간단계, 원조활동의 효과를 평가하고 원조관계가 만족스럽고 긍정적으로 끝나도록 하는 종결단계이다(도광조, 2008).

이 책에서는 접수(인테이크) 및 자료수집 → 사정 및 계획수립 → 개입 → 평가 및 종결(사후관리)로 구분하고 있다.

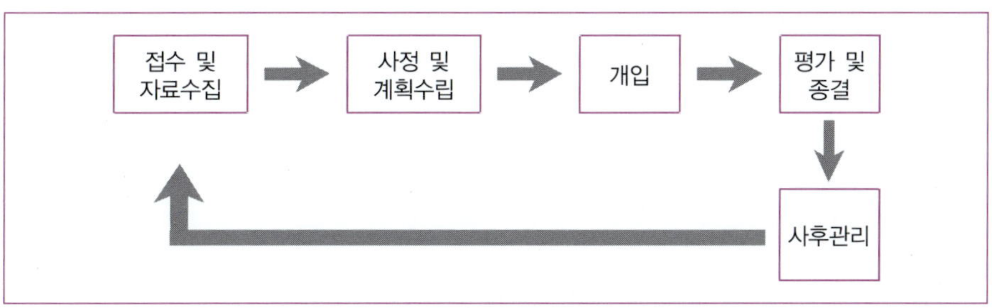

| 그림 9-1 | 사회복지실천 전 과정

출처 : 도광조(2008).

1. 접수단계 주요 과업

1) 접수의 개념

접수란 원조과정의 최초 단계이며, 문제나 욕구를 가진 사람이 전문가의 도움을 받고자 사회복지기관을 방문했을 때 사회복지사가 그의 문제와 욕구를 확인하여 그것이 기관의 정책과 서비스를 받을 자격요건을 갖추었는지 여부를 판단하는 과정을 말한다. 따라서 이 단계의 주된 목표는 잠재적 클라이언트의 욕구가 기관의 목적과 서비스 내용에 적합한지 아닌지를 판단하여 접수 여부를 결정하고, 접수된 사례의 개입과정에 클라이언트가 최대한 참여하도록 유도하는 것인데, 이 두 가지 활동은 상호 긴밀히 연관되어 있다(엄명용 외, 2001).

접수과정은 다음과 같은 구체적인 활동과 결정을 수반한다(김융일 외, 1995).

첫째, 가장 중요한 것은 클라이언트의 문제와 욕구를 분명하게 확인하는 것이다.

둘째, 클라이언트와 사회복지사는 원조의 목적을 분명히 하고 원조과정에서 기대하는 바가 무엇인지를 명확히 한다.

셋째, 클라이언트의 욕구가 기관의 자원과 정책에 부합되는지의 여부를 판단하는 것이다.

한편 시포린(Siporin)은 초기과정의 목적을 다음과 같이 구체화하여 제시하고 있다(전재일 외, 2004).

① 욕구상태에 있는 사람에 대한 서비스를 사정하고 기관에 잠재적 클라이언트를 받아들이기 위해서이다.
② 욕구를 결정하는 데 따르는 신청자의 문제, 성격 및 상황을 이해하고 평가하기 위해서이다.
③ 이 욕구를 충족시키는 방법과 장소를 결정하기 위해서이다.
④ 기관이나 사회복지사를 통하여 이용할 수 있는 서비스에 대한 본질과 조건을 해석하고 정의하기 위해서이다.
⑤ 서비스를 위한 적격성을 확인하여, 만약 신청자의 부적격성이 발견된다면 그를 다른 곳에 의뢰하기 위해서이다.

⑥ 협력적·적극적 원조관계를 수립하기 위해서이다.
⑦ 신청자, 사회복지사 및 기관 내의 서비스의 계획과 계약을 협의하고 설정하기 위해서이다.
⑧ 지정된 곳에서 신청자를 클라이언트의 역할로 안내하기 위해서이다.
⑨ 초기과정의 상황에 적절한 원조적 중재를 함으로써 클라이언트의 욕구를 충족시키기 위해서이다.

2) 주요 과업

접수 시 사회복지사의 과제를 헵워스와 라슨(Hepworth & Larsen)은 접수의 특성에 근거해 라포형성, 문제확인으로 보았다. 김융일 등(1995)은 클라이언트의 문제확인, 의뢰결정, 원조관계의 수립, 클라이언트의 동기화, 클라이언트의 저항감과 양가감정 해소 등을 들었다. 쉐퍼(Sheafor)는 클라이언트에게 편안한 분위기 조성, 클라이언트의 두려움, 오해를 확인하고 양가감정 다루기, 서비스의 자격요건, 비용 등의 설명, 의뢰결정, 기관서비스의 특성 설명, 앞으로 진행과정에 대한 기본적인 사항(시간, 빈도, 비용 등) 결정 등이 접수 시 사회복지사가 해야 할 과업이라고 설명하였다. 공통적 요소로 강조하고 있는 과제는 문제확인, 관계형성, 의뢰로 볼 수 있다.

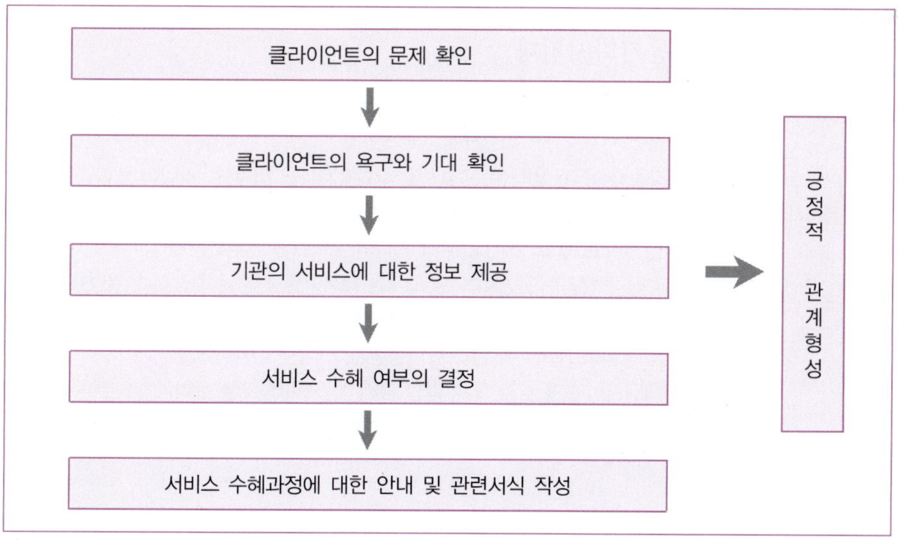

[그림 9-2] 접수 및 관계형성 과정

출처 : 도광조(2008).

(1) 참여유도

참여유도는 기관에 찾아온 사람에게 그가 원하는 욕구가 무엇인가를 파악하기 위해 클라이언트와의 친화관계를 성립하는 것을 말한다. 클라이언트가 개입과정에 적극적으로 참여하도록 유도하기 위해서는 클라이언트와의 동기화, 양가감정의 수용과 저항감 해소, 관계형성과 같은 과업이 필요하다.

① 동기화

원조과정에서 클라이언트가 변화하고자 하는 동기나 의지가 없다면 매우 어렵거나 실패하게 되므로, 클라이언트가 원조과정 동안 적극적으로 참여할 수 있도록 동기를 부여해야 한다. 즉, 자발적 클라이언트와 비자발적 클라이언트를 위한 관계형성이 요구된다.

비자발적인 클라이언트는 원해서 찾아온 것이 아니라는 사실을 명심(법원 혹은 학교에서 의뢰된 클라이언트)하고, 이들을 자발적인 참여자로 변화시키려면 초기단계에서의 저항감과 두려움 등 부정적인 감정을 완화시키는 것이 중요하며, 사정단계에서는 개인의 욕구에 대한 파악 및 이해와 수용이 중요하다. 자발적 클라이언트는 변화에 대한 동기부여는 되어 있으나 두려움을 가지고 있으므로 이제까지 견뎌온 의지를 격려하며, 문제가 해결될 수 있다는 희망을 갖게 하여 동기화시킨다.

비자발적인 클라이언트의 경우

클라이언트 : (화가 나는 것을 참을 수 없다는 표정으로 사회복지사를 외면한 채 앉아 있다)

사회복지사 : ○○○씨, 원하지 않는데 여기 오게 되어 화가 나신 점 이해합니다. 그런데 부모님께서 이미 말씀하신 것으로 알고 있는데, 우리 센터의 서비스를 거부하면 현실적으로 가족과의 갈등이 더 심각해질 수 있습니다. 부모님과 대학병원 선생님이 강제로 결정했고 본인은 선택의 여지가 전혀 없던 것처럼 생각되겠지만, ○○○씨는 오늘 센터에 오셨고 그것은 자신의 상황에 대해 부모님과 합의점을 찾고 싶은 마음이 있는 것으로 받아들여집니다. 어떻게 도울 수 있을지 그 방법을 함께 찾기 위해 오늘 우리가 만난 것이지요. 이 시간을 어떻게 활용할지는 ○○○씨의 선택에 달려 있습니다.

출처 : 최해경(2009).

비자발적 클라이언트를 동기화시키기 위한 사회복지사의 행동지침

- 비자발적 클라이언트들은 그들이 원해서 사회복지사를 찾아온 것이 아니라는 사실을 명심해야 한다. 그들에게 원조관계를 긍정적으로 받아들이게 만들려고 무리하게 노력하기보다는 이 사실을 인정하고 관계를 시작한다.
- 서비스에 대한 저항의 실체를 그대로 이해한다.
- 클라이언트의 부정적인 감정을 표출하도록 유도한다. 예를 들면, "여기에서 나를 만나는 것을 무척 싫어하고 있군요. 지금 당신 기분이 어떤지 알고 싶어요"라고 말을 하면, 클라이언트에게 자신의 기분을 솔직하게 표현할 좋은 기회를 주는 것이다.
- 비자발적 클라이언트가 원하는 것을 어느 정도 해결해 줄 수 있는지를 생각해 본다. 클라이언트에게 필요한 구체적인 서비스를 해줌으로써 관계형성이 시작될 수도 있다.
- 희망을 갖게 하고, 용기를 준다. 즉, 사회복지사가 개입함으로써 긍정적인 결과가 초래될 수 있음을 알려준다.
- 비자발적 클라이언트에게서 사회복지사에 대한 신뢰감이 즉시 형성될 것이라는 기대는 무리이다. 점진적인 관계형성을 통해 클라이언트의 신뢰감이 형성되기를 기다려야 한다.

출처 : Kirst-Ashman & Hull, Jr.,(1993), 백은령 외(2007) 재인용.

② 양가감정의 수용과 저항감 해소

양가감정은 동일한 대상이나 상황에 대하여 정반대의 감정이나 태도, 그리고 생각이나 욕구를 동시에 가지고 있는 것인데, 변화에 앞서 누구나 양가감정을 가질 수 있다. 저항은 양가감정, 도움을 수용하기 꺼리는 마음, 지위나 자원의 상실에 대한 두려움, 변화가 불가능하리라는 생각 등에서 기인하는데 원조과정에서 비협조적인 태도 등으로 표현되기도 한다. 사회복지사는 클라이언트의 양가감정을 수용하고 자유롭게 표현하여 저항을 해소해 주어야 한다.

③ 관계형성

관계형성이란 기관을 찾는 클라이언트들이 일반적으로 보이는 두려움과 양가감정을 해소하기 위해 사회복지사와 상호 긍정적인 친화관계, 즉 라포를 형성하는 것을 말한다. 라포형성은 클라이언트를 개입과정에 적극적으로 참여하게 하므로 성공적인 개입의 필수조건이며, 라포를 형성하면 클라이언트와 사회복지사는 의사소통을 효과적으로 할 수 있는데, 이는 원조관계에서 중요하다. 클라이언트는 자기 문제를 좀 더 노출하고 앞으로의 과정에 지속적으로 참여하려는 동기를 갖게 된다.

사회복지사와 클라이언트와의 긍정적인 관계형성은 사회복지의 중요한 요소이다. 즉, 사회복지사와 클라이언트의 관계의 질에 따라 사회복지서비스 효과가 매우 다르게 나타나기 때문이다. 따라서 접수는 전공에 대한 지식과 경험이 풍부한 사회복지사가 담당하는 것이 바람직하며, 서비스가 전문화된 일부 사회복지기관에서는 접수만 담당하는 인테이크 사회복지사(intake worker)를 두기도 한다.

관계형성에 중요한 요소는 감정이입, 온정과 진실성이 있다.

가. 감정이입 : 감정이입이란 다른 사람의 감정과 경험을 이해하는 능력을 말한다. 즉, 클라이언트의 내면의 느낌을 정확하게 감지하고 이해하는 것을 의미한다. 감정이입과정에서 사회복지사는 자신의 관점을 잃지 않으면서 클라이언트의 느낌과 경험을 이해해야 한다. 즉, 이것은 다른 사람의 감정을 같이 느낄 수 있는 능력이며, 그 감정으로부터 충분히 분리되어 객관적인 지식을 활용할 수 있는 능력이다. 이는 클라이언트와 동일한 감정・관심을 가지는 동정과는 다른 것이다.

나. 온정 : 온정은 사회복지사가 클라이언트를 수용하고 이해하며, 클라이언트가 안정감을 느끼고 자신이 수용되며 이해되고 있음을 알 수 있도록 만드는 사회복지사의 태도를 말한다. 온정은 사회복지사의 미소, 목소리, 자세, 눈맞춤, 몸동작 등을 통해 전달되며, 온정과 이에 근거한 관계형성은 클라이언트가 성공적으로 변화할 수 있는 토대가 된다.

다. 진실성 : 진실성이란 사회복지사가 자기 자신의 있는 모습 그대로의 거짓 없고 방어적이지 않으며 일관되고 솔직하게 드러내는 태도이다. 사회복지사는 클라이언트와 의사소통에서 자신의 전부를 드러낼 필요는 없으나, 의도적이지 않게 드러낼 때는 자신의 진짜 모습을 보여야 한다.

(2) 문제확인

클라이언트의 문제가 무엇인지 확인하며, 클라이언트가 어려움을 호소하고 있는 현재 명백히 드러나는 문제를 확인하고, 기관에서 서비스를 제공할 수 있는지 평가한다. 심층적인 분석보다는 표면적으로 드러나거나 클라이언트가 호소하는 문제를 중심으로 시작해서 점차 깊이 있는 이해로 들어간다.

클라이언트의 문제를 확인하는 과정을 보여주는 사례

사회복지사 : 무슨 이야기부터 하고 싶은가요?

클라이언트 : 잘 모르겠어요. 지금은 아무것도 제대로 돌아가고 있지 않은 것 같고 어떻게 설명해야 할지 모르겠어요.

사회복지사 : 이야기를 시작하는 것이 쉽지 않다는 거 잘 압니다. 오늘 오시는 데 어려움은 없으셨나요?

클라이언트 : 일이 끝나고 바로 왔어요. 남편이 여기 온 것을 알면 화낼 거예요. 하지만 저는 지난 몇 달 동안처럼 계속 그렇게 살 수는 없어요.

사회복지사 : 현재 많이 고통스러우신 것 같군요.

클라이언트 : 집에서 일어나는 모든 일에 화가 나요. 제가 견디기에는 너무 엄청나요.

사회복지사 : 많은 가정문제를 어떻게 해결해야 좋을지 몰라 화가 나시는군요.

클라이언트 : 예, 아이들과 남편을 사랑해요. 그런데 모든 것이 잘못되어 가고 있어요. 남편은 실직 후에 변했어요. 그는 일도 하지 않고 도리어 제가 일하는 것에 화를 내요. 아이들을 굶게 할 수는 없잖아요. 오전에 세탁소에서 다림질을 하는데, 조금이나마 생활에 보탬이 돼요. 정부보조금이 충분하지 않거든요. 남편은 그런 것에는 관심이 없어요. 남편을 어떻게 대해야 좋을지 모르겠어요. 최근에는 술만 마셔요.

사회복지사 : 부인께서 자녀들과 남편을 사랑하는 것을 잘 알겠어요. 남편을 더 이상 이해할 수 없고 남편께서 부인이 노력하는 것을 이해하지 못하는 것에 많이 혼란스러운 것 같은데, 제 말이 맞나요?

클라이언트 : 예, 그런데 남편은 남자라는 의식이 강해요. 일을 할 수 없다는 것이 기분 나쁜 거예요. 남편을 비난하고 싶지는 않아요.

사회복지사 : 남편을 이해하려고 정말 많이 노력하는군요.

클라이언트 : 예, 그런데 문제는 남편만이 아니에요. 아이들이 요즘 들어 자주 많이 아프고 학교에서는 애들이 변했다고 말해요. 요즘 제가 애들한테 신경을 좀 더 쓰고 있어 좋아지고는 있어요. 하지만 우리가 사는 곳도 점점 형편없어지고 있고 집주인은 신경도 안 써요. 깨끗이 하려고 애쓰지만 남편이 종일 집에 있다 보니…… 아이들, 남편과 싸우는 데 지쳤어요.

사회복지사 : 지금 부인이 겪고 있는 여러 가지 문제들을 잘 들었습니다. 남편이 직업을 찾지 못하고 있고, 부인께서는 남편의 음주가 걱정스럽고, 아이들이 자주 아프고, 최근에 학교에서 어려움이 있고, 살고 계신 곳이 만족스럽지 못하고, 식구들이 화목하지 못하다고 하셨는데, 혼자서 이 모든 문제를 해결할 수 없기 때문에 압도되는 느낌인 것을 이해할 수 있습니다.

클라이언트 :	(머리를 흔들며 흐느끼기 시작한다) 어떻게 해볼 수가 없어요. 너무 엄청나서…… 도움이 필요해요.
사회복지사 :	부인께서 상황을 바꿀 수 없기 때문에 무력감을 느끼고 문제해결에 도움을 원한다는 것을 잘 알겠습니다. 원하는 것이 무엇이지요?
클라이언트 :	상황이 달라질 수 있다면…… 남편이 직장에 복귀했으면 해요. 그이는 그 일을 좋아했고 우리는 화목했어요. 애들이 아프지 않고 학교생활을 잘 해나갔으면 좋겠어요. 예전처럼 되기를 원해요. 그런데 어떻게 해야 되지요? 지금은 상황이 너무 나빠요. 해결책이 있었으면……
사회복지사 :	부인과 함께 해결책을 찾고 싶은데요, 우리가 이 모든 문제를 당장 해결할 수는 없겠지만, 무엇을 시도해 보는 것이 좋을지 하나하나 생각해 볼 수 있습니다. 우선 제가 이 상황을 충분히 이해할 수 있게 좀 더 설명을 해주시면 어떨까요?

출처 : Timberlake, Farber, & Sabatino(2002), 최해경(2009) 재인용.

(3) 기관 서비스에 대한 정보제공

사회복지사는 클라이언트에게 제공할 수 있는 서비스에 대한 정보를 아주 명확하게 제공할 필요가 있다. 이것은 클라이언트가 비현실적인 기대를 하지 않도록 할 뿐만 아니라 클라이언트에게 서비스 선택의 기회를 제공하여 클라이언트 스스로의 자기결정을 통해 문제해결 노력을 할 수 있다는 능력인식을 경험하도록 할 수 있을 것이다(도광조, 2008). 또한 다른 기관에 의뢰할 필요가 있으면 클라이언트와 논의하여야 할 것이다.

(4) 서비스 수혜 여부의 결정

사회복지현장에서는 대개 사회복지사가 전문가적 고집, 전문성, 실천적 경험에 기반을 두어 일방적으로 서비스 여부와 종류를 결정하는데, 클라이언트의 자발적인 결정을 존중하여야 할 것이다. 특히 다른 기관으로 의뢰하는 경우 다른 기관에 대한 충분한 정보를 제공하고, 클라이언트와 충분한 의견교환과 동의를 받아야 할 것이고, 정서적으로 지지하고, 이후 계속 관심을 가질 것을 약속하는 것이 바람직할 것이다(도광조, 2008).

(5) 서비스 수혜과정에 대한 안내 및 관련서식 작성

클라이언트의 서비스 수혜에 대한 결정이 이루어진 후에는 서비스 수혜 과정과 절차에 대한 안내가 있어야 할 것이고, 서비스 수혜에 대한 관련서식을 작성하는 것으로 접수과정이 마무리된다. 모든 사회복지기관에서는 초기 면담기록지를 사용하고 있다.

(6) 의뢰

의뢰는 클라이언트의 문제와 욕구를 확인해 본 결과 클라이언트 욕구가 기관의 서비스 방향이나 내용과 맞지 않을 때, 다른 적합한 기관으로 클라이언트를 보내는 것을 말한다. 의뢰할 때는 클라이언트의 동의가 필요하며, 클라이언트가 거부감을 느끼지 않도록 정서적으로 지지해 주고 적절한 정보를 제공하여야 한다.

3) 접수양식과 접수내용

(1) 초기 면접지(intake sheet)

초기 면접지란 사회복지사가 신청자를 접수한 내용을 기록하는 양식이며, 각 기관마다 내용이나 형식은 다르지만 일반적으로 공통된 내용이 있다.

(2) 초기 면접지에 포함되는 내용

초기 면접지에는 기본 정보, 주요 문제, 기관에 오게 된 동기, 의뢰이유, 이전의 사회복지서비스를 받은 경험, 기본적인 가족관계 등의 내용이 포함된다.

① 클라이언트의 기본 정보

이름, 성별, 나이, 가족관계, 주소, 전화번호, 직업 등

② 주요 문제

클라이언트가 사회복지사에게 도움을 청하게 된 문제가 무엇이며, 언제부터 어떤 과정으로 지속되었는지에 대한 내용

③ 기관에 오게 된 동기

기관을 어떻게 알고 오게 되었는가 하는 것으로서 누구로부터 소개를 받았는지, 타 기관의 의뢰인지 등

④ 의뢰이유

타 기관 또는 가족으로부터 의뢰된 경우 등

⑤ 이전의 사회복지서비스 경험

과거에 어떤 사회복지기관에서 어떤 서비스를 받았는지에 대한 내용

⑥ 가족관계

동거 중인 가족을 중심으로 가족 구성원의 이름, 나이, 직업, 교육 정도, 종교 등

〈서식 1〉 초기접수상담지

초기접수상담지

<table>
<tr><td colspan="2">접수일시</td><td colspan="3"></td><td colspan="2">접 수 자</td><td colspan="2"></td></tr>
<tr><td rowspan="2">일반
사항</td><td>성 명</td><td colspan="3">(□남 □여)</td><td colspan="2">생년월일</td><td colspan="2">년 월 일</td></tr>
<tr><td>주 소</td><td colspan="3"></td><td colspan="2">연 락 처</td><td colspan="2">거주지 :
핸드폰 :</td></tr>
<tr><td rowspan="2">보호
구분</td><td>대 상 자
분 류</td><td colspan="7">□ 아동 □ 청소년 □ 성인 □ 노인 □ 장애인 □ 기타( )
□ 일반수급 □ 차상위/저소득(예 : 모부자세대, 자활특례 등)
□ 조건부수급 □ 일반 □ 기타( )
□ 의료보험(직장/지역) □ 의료보호 1종 □ 의료보호 2종 □ 의료특례</td></tr>
<tr><td>가족형태</td><td colspan="7">□ 부모자녀가정 □ 한부모가정 □ 조손가정 □ 소년소녀가정
□ 장애인가정 □ 위탁가정( ) □ 기타( )</td></tr>
<tr><td rowspan="6">가족
사항</td><td>성 명</td><td>관 계</td><td>생년월일</td><td>동거여부</td><td>직업/학력</td><td>종교</td><td>건강상태</td><td>비고</td></tr>
<tr><td></td><td></td><td></td><td></td><td></td><td></td><td></td><td></td></tr>
<tr><td></td><td></td><td></td><td></td><td></td><td></td><td></td><td></td></tr>
<tr><td></td><td></td><td></td><td></td><td></td><td></td><td></td><td></td></tr>
<tr><td></td><td></td><td></td><td></td><td></td><td></td><td></td><td></td></tr>
<tr><td></td><td></td><td></td><td></td><td></td><td></td><td></td><td></td></tr>
<tr><td rowspan="3">건강
상태</td><td>질병유무</td><td colspan="2">□ 무 □ 유</td><td colspan="2">장애유형 및
등급</td><td colspan="3">장애 급</td></tr>
<tr><td>발생 시기 및
사유</td><td colspan="2"></td><td colspan="2">주이용병원</td><td colspan="3"></td></tr>
<tr><td>진단명/소견</td><td colspan="2"></td><td colspan="2">진단기관/연도</td><td colspan="3">/ 년도</td></tr>
<tr><td rowspan="3">주거
·
경제
상황</td><td>거주형태</td><td colspan="7">□ 자가 □ 전세 : 만원(만원) □ 월세 : 보증금 만원, 월세 만원
□ 영구임대 □무료임대 □ 친척집거주 □ 시설거주 □ 기타</td></tr>
<tr><td>소득구분
(중복체크가능)</td><td colspan="7">□ 근로소득 만원 □ 정부지원금 만원 □ 후원금 만원 □ 기타 만원</td></tr>
<tr><td>월 지출</td><td colspan="5">□ 50만원 미만 □ 100만원 미만 □ 150만원 미만
□ 150만원 이상</td><td colspan="2">□ 부채 만원</td></tr>
<tr><td colspan="2">주요 욕구
(주 호소문제)</td><td colspan="7"></td></tr>
<tr><td colspan="2">담당자 의견</td><td colspan="7"></td></tr>
<tr><td colspan="2">판 정</td><td colspan="7">□ 서비스이용대상 □ 긴급 · 집중/일반 사례관리대상 □ 정보제공대상
□ Refer 대상 □ 종결(서비스제외 대상) □ 기타</td></tr>
</table>

〈서식 2〉 스크리닝 시트

스크리닝 시트

<table>
<tr><td colspan="4"></td><td>관리번호</td><td colspan="2">2020 -</td></tr>
<tr><td>상담일시</td><td colspan="3">2020년 월 일 ( ) : ~ :</td><td>담 당 자</td><td colspan="2">(인)</td></tr>
<tr><td>상담경로/
방법/분야</td><td colspan="6">【경로】 □ 본인신청 □ 타기관 의뢰 □ 지역주민 의뢰 □ 기타 ( )
【방법】 □ 전화 □ 내방 □ 가정방문 □ 기타 ( )
【분야】 □ 일반상담 □ 상담치료 □ 서비스이용 □ 기타 (심리지원 관련)</td></tr>
<tr><td>① 상담내용
구 분</td><td colspan="6">□ 안전 □ 건강 □ 주거 □ 경제 □ 가족관계 □ 사회적 관계
□ 교육 □ 직업 □ 일상생활유지 □ 기타 (발달지연 관련)</td></tr>
<tr><td>성 명</td><td></td><td>생년월일
(외국인등록번호)</td><td></td><td>성 별</td><td colspan="2">□ 남 □ 여</td></tr>
<tr><td rowspan="2">연 락 처</td><td>휴대폰)</td><td rowspan="2">거 주 지
주 소</td><td colspan="4" rowspan="2"></td></tr>
<tr><td>집)</td></tr>
<tr><td>내 용</td><td colspan="6">1. 욕구 및 주 호소 문제

2. 가족사항 및 경제사항

3. 생활사(가족력, 생육사, 학습면, 생활력)</td></tr>
<tr><td>담 당 자
의 견</td><td colspan="6"></td></tr>
<tr><td>② 판 정</td><td colspan="6">※ 사례판정회의를 통해 판정 내용을 기재함.
□ 서비스이용대상 □ 긴급 · 집중/일반 사례관리대상 □ 정보제공대상 □ Refer 대상
□ 종결 (서비스제외 대상)</td></tr>
</table>

2. 자료수집

1) 자료수집의 영역

자료수집은 클라이언트와 클라이언트가 가진 문제를 이해하기 위하여 필요한 사실을 모으는 과정으로, 수집한 자료를 바탕으로 클라이언트를 사정(assessment)한다. 자료수집은 개입 가능성을 판단하고, 클라이언트의 문제를 파악하고, 개입에 도움이 되는 자료를 마련하며, 나아가 클라이언트의 강점과 잠재적 역량을 이해하는 데 매우 중요한 지속적 과정이다.

2) 자료수집단계의 과제

자료수집단계의 목표는 개입 가능성을 판단하고 개입에 도움이 될 수 있는 자료를 마련하는 데 있으며, 사회복지사는 클라이언트의 문제와 욕구를 명확하게 규정함으로써 개입의 방향을 설정한다.

3) 자료의 영역 및 내용

자료수집은 클라이언트의 문제를 분석하고 해결하기 위해 필요한 자료를 수집하는 과정이다. 자료수집과 사정은 거의 동시에 일어나지만 자료수집이 선행단계로, 수집된 자료를 근거로 사정을 하는 것이 일반적이다.

자료수집 내용은 객관적인 자료나 정보, 클라이언트의 주관적인 사실에 관한 인식의 파악을 포함하는 것이다. 일반적으로 클라이언트 개인의 생활력, 인간관계, 경제문제, 건강·정서적 상태, 현재 어려움에 처한 문제내용 등에 대한 사실을 수집한다.

자료수집의 영역은 다음과 같은 내용이 포함된다.

(1) 클라이언트의 일반적 사항

클라이언트의 인적사항과 가족사항 및 주거사항 등 기본 정보를 수집한다.

(2) 개인력

클라이언트의 개인역사로 생활주기에 따라 영유아기, 아동기, 청소년기, 청년기, 성인기, 노년기 등으로 구분하여 생활사건, 클라이언트의 경험 및 감정, 사회적 관계에 관한 정보를 수집한다.

(3) 가족력 및 가족관계

클라이언트 가족의 살아온 역사, 가족구성, 가족관계 등에 관한 정보를 수집한다.

(4) 클라이언트의 기능

클라이언트의 신체적 기능, 정서적 기능, 사회적 기능, 지적 기능 등을 포함하여 정보를 수집한다.

(5) 클라이언트의 능력

클라이언트의 강점과 약점, 잠재능력 등에 관한 정보가 포함된다.

(6) 클라이언트의 사회적 자원

공식적 자원 및 비공식적 자원의 이용 및 적절성, 문제점 등을 파악한다.

4) 자료수집 방법

(1) 면접

면접은 생각과 느낌이 교환되는 가운데 개인들 사이에서 언어적·비언어적인 의사소통을 포함한 목적지향적인 대화를 말한다. 이러한 면접은 크게 정보를 얻기 위한 면접, 사정을 위한 면접, 치료를 위한 면접 등으로 구분할 수 있다.

(2) 관찰

관찰은 비언어적인 형태의 자료를 수집할 때 유용한 방법이다. 관찰은 수집하고자 하는 정보의 종류에 따라 자연스러운 관찰과 일련의 순서가 있는 구조화된 관찰로 구분할 수 있다.

(3) 검사

클라이언트의 심리상태는 지능, 동기화, 대처행동의 유형, 자아개념, 불안이나 우울의 정도 등을 표준화된 심리검사를 통해 파악할 수 있다.

5) 자료수집의 정보출처 및 특성

클라이언트의 자료는 보통 ① 클라이언트가 작성한 양식, ② 클라이언트와의 면담, ③ 비언어적 행동에 대한 직접적 관찰, ④ 상호작용에 대한 직접적 관찰, ⑤ 부가적 정보, ⑥ 심리검사 및 사정도구, ⑦ 클라이언트와의 직접적인 상호작용에 근거한 사회복지사의 경험, ⑧ 클라이언트의 자기 모니터링 등이 있다(양옥경 외, 2005).

(1) 클라이언트가 작성한 양식

기관의 초기 면접에서 클라이언트가 작성한 기록양식의 정보로, 이것은 첫 번째 중요 자료원이 된다.

(2) 클라이언트와의 면담

사회복지사와 클라이언트의 면담에서 클라이언트가 말하는 것으로 대체로 상당한 정보이며, 어떤 경우에는 유일한 정보원이 되기도 한다. 여기에는 클라이언트가 표현하는 문제, 그가 느끼는 감정, 문제를 해결하기 위한 개인적 노력, 문제의 역사 등에 대한 개인의 의견이 포함된다. 그러나 이는 주관적 인식으로 사실과 달리 왜곡되는 경우도 있으므로 지속적으로 확인해 보아야 한다.

면접과정에서 사회복지사가 클라이언트에게 질문하여 얻게 되는 반응에서 정한 자료를 말하며, 클라이언트의 구두진술은 정보의 가장 중요한 출처이다. 이것은 클라이언트가 문제에 대하여 느끼는 감정과 원인 등에 대해 파악할 수 있으며, 클라이언트가 진술한 내용은 경우에 따라 객관성과 타당성에 문제가 있을 수 있다.

(3) 비언어적 행동에 대한 직접적 관찰

면접 중 클라이언트의 목소리나 태도를 통해 정서적 상태와 반응에 대한 직접적 정보를 획득할 수 있는 출처이다. 사회복지사는 언어적 표현 못지않게 비언어적 행동에서 중요한 정보를 얻을 수 있다. 여기에는 몸짓, 얼굴표정, 손동작, 목소리톤 등이 해당된다. 어떤 경우에는 비언어적 행동이 보다 클라이언트의 감정과 사고를 더 정확하게 전달하기도 한다.

(4) 상호작용의 직접적 관찰

클라이언트와 그의 삶에 중요한 다른 사람과의 상호작용을 직접 관찰함으로써 문제에 대한 실마리를 발견하는 출처를 말한다. 이때 우연에 의한 관찰이 아닌 어떤 특정한 목적을 위해 의도적으로 계획된 관찰이어야 하며, 사회복지사가 선택하는 관찰기법은 수집하려는 정보의 질과 정확성을 좌우한다. 배우자와의 상호작용, 가족 구성원과의 상호작용, 집단 내에서의 상호작용 등의 직접적 관찰로 사회복지사는 많은 정보를 얻게 된다.

(5) 부가적 정보

클라이언트 외에 가족, 이웃, 친구, 친척, 학교, 종교기관 등으로부터 얻는 정보가 때로는 클라이언트로부터 얻지 못한 유용한 정보가 되기도 한다. 사회복지사는 이러한 정보를 얻기 위해 필요한 정보의 정확한 출처를 파악할 수 있어야 한다.

그러나 이러한 부가적 정보를 얻기 위해서는 클라이언트의 동의가 반드시 필요하며, 동의 없이 정보를 얻는 것은 바람직하지 않다.

(6) 심리검사 및 사정도구

다양한 심리검사 및 사정도구를 통한 정보는 사정 시 매우 유용한 정보가 된다. 최근에는 사정에서 다양한 사정도구를 사용하는 경향이 있는데, 가계도 및 생태도와 같이 사회복지사가 실천현장에서 쉽게 사용하는 도구가 있는가 하면, 타 전문가를 통해 검사를 의뢰하여 그 결과를 심리사회적 사정에 포함시키기도 한다.

자아존중감 검사 · MMPI · MBTI · 사회성숙도검사[1] · 자아개념검사 등으로 객관적이고 표준화된 측정을 통해 클라이언트의 내적 · 심리적 특성을 파악하는 과정이다. 각종 검사도구들은 이러한 자료와 행동을 수량화해서 유용하게 사용될 수 있지만, 검사지에 대한 충분한 지식이 없다면 타 전문가의 도움을 구하는 것도 바람직하며, 클라이언트의 자기보고식 응답의 결과를 전문가의 해석으로 과학적이고 객관적인 자료로 얻을 수 있다.

(7) 직접적인 상호작용에 근거한 사회복지사의 경험

클라이언트와의 직접 상호작용을 통한 사회복지사의 개인적 경험 또한 중요한 자료출처원이 된다. 클라이언트가 사회복지사와 직접적으로 상호작용하는 패턴은 그가 다른 사람과 어떻게 상호작용하는지에 대한 실마리를 제공한다. 따라서 직접 상호작용은 클라이언트의 문제행동에 대한 중요한 정보를 제공할 수도 있다. 평소 클라이언트의 대인관계 패턴과 의사소통 유형, 숨겨진 내면의 감정, 중요한 타인과의 관계에 대한 정보 등을 수집할 수 있으며, 클라이언트가 질문에 적대적인 반응을 보이는지 의존적인지 또는 합리적으로 말하고 있는지 등에 대한 사회복지사의 직감이 유용할 수

1) **자아존중감 검사** : 현재 자기 자신을 어느 정도 긍정적으로 보고 있는가를 진단해 보고 자기긍정의 정도가 얼마나 변화되었는지를 확인해 보는 검사항목

MMPI : Minnesota Multiphasic Personality Inventory의 약어. 미국의 임상심리학자인 Starke Hathaway와 정신과 의사인 Jovian Mckinley가 이끄는 미네소타대학 연구팀이 개발한 다면적 인성검사법으로 비정상적인 행동을 객관적으로 측정하기 위하여 사용

MBTI : The Myers-Briggs Type Indicator의 약어. 융(C. G. Jung)의 성격유형이론을 근거로 하는 심리검사이며, 마이어스-브릭스 성격진단 또는 성격유형지표라고도 함

사회성숙도 검사 : 사회성이 적응행동에 미치는 영향이 크다는 것을 인식하고 적응행동을 측정하기 위해 개발된 것으로 자신의 실제적 욕구를 만족시키고 책임을 질 수 있는 개인적인 능력의 정도를 가늠하는 발달척도

있는데, 이는 사회복지사가 받은 클라이언트에 대한 인상과 느낌이 클라이언트를 대하는 다른 사람들에게서도 유사할 수 있기 때문이다.

(8) 클라이언트의 자기 모니터링

클라이언트의 자기 모니터링이란 클라이언트가 자기 문제를 명확하게 인식하지 못하는 경우, 문제행동 빈도와 문제행동 발생 시 감정 등을 스스로 체크해 보도록 하는 것을 의미한다. 이는 잠재적으로 유용한 자료의 출처이며, 클라이언트는 자신의 상황에 대한 통찰력을 얻을 수 있고, 협력자의 역할을 수행하여 문제해결에 적극적인 참여를 유도하고, 클라이언트의 무력감을 감소시킬 수 있다.

6) 자료수집 유형

(1) 양식형

이미 규정된 양식에 따라 문제를 조사하는 유형으로 기관의 목적에 적합한 자료를 조사하기 위하여 사례에 대한 구체적인 내용을 어떤 항목이나 양식에 따라 수집하는 것을 말한다.

(2) 실마리형

클라이언트의 욕구에 기초를 두고 문제의 실마리를 찾는 유형이다. 클라이언트가 현재 표현하고 있는 문제와 감정에 관한 사실을 면접의 진전에 따라 한 가지씩 파악함으로써 결국 문제 전체를 이해하는 데 필요한 자료를 조사하게 되는 것을 말한다.

〈서식 3〉 ADL 평가도구

ADL 평가도구

접수번호		성 명		성 별	남 / 여	나 이	
면 접 일				조사자			

문항	구 분	점수	내 용	점수
1	대소변	⓪	– 화장실을 완벽하게 사용할 수 있으며, 실금 현상이 전혀 없다.	
		①	– 대소변을 볼 때 도움이 필요하며 가끔은 실금 현상이 있다.	
		②	– 1주일에 1회 이상 수면 중 대소변을 지리기도 한다.	
		④	– 1주일에 1회 이상 낮시간에 대소변을 지리기도 한다.	
		⑤	– 대소변을 전혀 조절하지 못한다.	
2	식 사	⓪	– 도움 없이 혼자서 먹을 수 있다.	
		①	– 식사 중이나 특별한 음식을 먹을 때 약간의 도움이 필요하거나 식후위생을 누군가 도와주어야 한다.	
		②	– 다른 사람의 중등도의 도움을 받아 식사하며 지저분하게 식사한다.	
		④	– 모든 식사를 다른 사람이 많이 도와주어야 한다.	
		⑤	– 스스로는 식사하지 못해 다른 사람이 먹여주어야 한다.	
3	복 장	⓪	– 스스로 입고 벗을 수 있으며 자신의 옷장에서 옷을 고를 수 있다.	
		①	– 옷이 미리 골라져 있다면 입고 벗을 수 있다.	
		②	– 미리 준비된 옷이라도 다른 사람이 약간 도와주어야 입을 수 있다.	
		④	– 다른 사람이 옷을 입을 때 많이 도와주어야 하는데 협조할 수 있다.	
		⑤	– 스스로는 전혀 옷을 입을 수 없으며, 다른 사람이 입혀줄 때도 있다.	
4	몸치장 (단정함, 머리, 손톱, 얼굴)	⓪	– 다른 사람의 도움 없이도 항상 단정하게 옷입고 치장을 할 수 있다.	
		①	– 적절한 몸치장을 스스로 할 수 있으나 면도 같은 것들은 도움을 필요로 한다.	
		②	– 몸치장에 다른 사람들의 도움과 규칙적인 감독을 필요로 한다.	
		④	– 다른 사람들이 전적으로 몸치장을 도와주어야 하는데 일단 몸치장을 한 다음에는 깨끗하게 유지할 수 있다.	
		⑤	– 몸치장을 하고 유지하는 데 다른 사람들이 적극적으로 도와주어야 한다.	
5	보 행	⓪	– 시내를 걸어 다닐 수 있다.	
		①	– 집 안이나 동네를 걸어다닐 수 있다.	
		②	– 다른 사람의 도움을 받거나 보행기, 휠체어 등을 이용하여 움직일 수 있다.	
		④	– 의자나 휠체어에 앉아 있을 수는 있는데 다른 사람의 도움 없이 움직일 수 없다.	
		⑤	– 하루의 반 이상을 침대에 누운 상태로 지낸다.	
6	목욕하기	⓪	– 스스로 도움 없이 목욕할 수 있다.	
		①	– 탕에 들어가고 나오는 것을 도와주면 혼자 목욕할 수 있다.	
		②	– 얼굴과 손은 쉽게 씻지만 몸의 나머지 부분은 씻지 않는다.	
		④	– 스스로 씻지는 못하나 다른 사람들이 목욕시킬 때 협조할 수 있다.	
		⑤	– 스스로 씻으려는 노력을 전혀 하지 않으며 다른 사람들이 씻어주려 해도 저항한다.	
총 점				

※ 0점 : 완전자립　　1점 : 감독이 필요함　　2점 : 약간의 도움이 필요함
4점 : 상당한 도움이 필요함　　5점 : 전적인 도움이 필요함

〈서식 4〉 IADL 평가도구

IADL 평가도구

접수번호		성 명		성 별	남 / 여	나 이	
면 접 일				조사자			

문항	구 분	점수	내 용	점수
1	전화 사용	⓪ ① ② ④	– 자신이 스스로 전화번호를 눌러 전화를 거는 등 전화기를 사용한다. – 몇몇의 잘 아는 전화번호에만 전화를 건다. – 전화를 받을 수 있으나 걸지는 못한다. – 자신이 스스로는 전화를 사용하지 못한다.	
2	물건 사기	⓪ ① ② ④	– 모든 물건을 독자적으로 구입할 수 있다. – 제한된 수의 물건만 독자적으로 구입할 수 있다. – 어떤 물건 구입도 도와주어야만 할 수 있다. – 물건 구입을 전혀 할 수 없다.	
3	식사 준비	⓪ ① ② ④	– 독자적으로 식사를 계획, 준비하여 적절하게 상을 차릴 수 있다. – 음식재료를 주면 적절하게 음식을 준비할 수 있다. – 다른 사람이 식사를 준비해 주고 상을 차려 주어야 한다. – 적용대상이 아님, 가사일을 해본 적이 없음.	
4	가사	⓪ ① ② ④	– 가사일을 혼자 할 수 있고 때로 힘든 일인 경우는 가족의 도움을 받기도 한다. – 간단한 일을 할 수 있으나 깨끗하게 하기는 힘들어한다. – 모든 가사일에 다른 사람의 도움을 필요로 한다. – 적용대상이 아님, 가사일을 해본 적이 없음.	
5	세탁	⓪ ① ② ④	– 자신의 세탁은 완벽하게 할 수 있다. – 작은 물건, 예컨대 양말이나 스타킹은 세탁할 수 있다. – 모든 세탁은 다른 사람이 해주어야 한다. – 적용대상이 아님, 세탁 일을 해본 적이 없음.	
6	교통 수단 이용	⓪ ① ② ④	– 혼자서 대중교통수단을 이용하거나 직접 운전할 수 있다. – 스스로 택시를 이용할 수 있으나 다른 교통수단을 이용하지 못한다. – 다른 사람이 동반하거나 도와주면 대중교통수단을 이용할 수 있다. – 다른 사람의 도움을 받아야만 택시나 다른 제한된 교통수단을 이용할 수 있다.	
7	약물 복용의 자율성	⓪ ① ② ④	– 스스로 책임지고 정확한 시간에 정확한 용량의 약을 복용할 수 있다. – 각각의 약을 미리 준비해 주면 책임지고 복용할 수 있다. – 각각의 약을 준비해 주고 일러주면 혼자서 약을 복용할 수 있다. – 전적으로 다른 사람의 도움을 받아 약을 보관 및 복용할 수 있다.	
8	재산 관리 능력	⓪ ① ② ④	– 재산을 스스로 관리할 수 있고 수입을 모을 수 있다. – 그날 그날의 물건 구입은 할 수 있으나 은행일이나 큰돈 관리는 다른 사람의 도움을 필요로 한다. – 돈을 관리할 수 있다. – 적용 대상이 아님, 재산을 관리해 본 적이 없다.	
	총점			

※점수가 낮을수록 독립적 생활이 가능한 것으로 이해함

〈서식 5〉 사회적 지지망 척도

사회적 지지망 척도

접수번호		성 명		성 별	남 / 여	나 이	
면 접 일				조사자			

다음의 문항들은 가족과 주위로부터 응답자가 받는 도움과 지지에 관한 질문입니다. 지난 3개월간 도움을 준 사람이나 기관에 따라 도움을 받는 정도에 대해 ① 전혀 도움을 받지 않음 ② 거의 도움을 받지 않음 ③ 가끔 도움을 받음 ④ 많이 도움을 받음 중에 선택하여 말씀해 주십시오. (3개 영역)

1. 돈, 물품, 노동(아기 봐주기, 살림 등 이용자의 상황에 맞게 예시) 등 경제적, 물리적 도움을 제공받았다.

제공정도 도움제공자	전혀 도움을 받지 않음	거의 도움을 받지 않음	가끔 도움을 받음	많이 도움을 받음
가 족				
친 척				
친 구				
이 웃				
종교단체				
지역 내 기관 ( )				
기타 1 ( )				
기타 2 ( )				

2. 사랑, 돌봄, 이해, 격려 등 정서적·심리적 도움을 받았다.

제공정도 / 도움제공자	전혀 도움을 받지 않음	거의 도움을 받지 않음	가끔 도움을 받음	많이 도움을 받음
가 족				
친 척				
친 구				
이 웃				
종교단체				
지역 내 기관 ( )				
기타 1 ( )				
기타 2 ( )				

3. 문제해결에 필요한 정보를 얻거나 활용하는 데 도움을 받았다.

제공정도 / 도움제공자	전혀 도움을 받지 않음	거의 도움을 받지 않음	가끔 도움을 받음	많이 도움을 받음
가 족				
친 척				
친 구				
이 웃				
종교단체				
지역 내 기관 ( )				
기타 1 ( )				
기타 2 ( )				

〈서식 6〉 문제해결 역량 척도

문제해결 역량 척도

접수번호		성 명		성 별	남 / 여	나 이	
면 접 일				조사자			

다음은 응답자 본인과 본인의 상황에 대헤 어떻게 생각하는지를 묻는 질문입니다. 각 문항을 잘 읽고 본인의 의견과 가장 가까운 응답을 ① 전혀 그렇지 않다 ② 그렇지 않은 편이다 ③ 그저 그렇다 ④ 그런 편이다 ⑤ 매우 그렇다 중 하나를 골라 답해주시기 바랍니다. (10문항)

문 항	전혀 그렇지 않다	그렇지 않은 편이다	그저 그렇다	그런 편이다	매우 그렇다
1. 나는 어려움을 피하지 않고 적극적으로 해결하려고 한다.					
2. 나는 도움이 필요할 때 어디에 가면 도움을 구할 수 있을지 잘 안다.					
3. 나는 새로운 상황에 잘 적응하려고 한다.					
4. 나를 격려하고 지지해 주는 사람들이 많다.					
5. 나는 더 나은 삶을 위한 구체적인 방안들에 대해 생각하고 있다.					
6. 나에게는 관심을 가지고 하는 활동(취미, 종교, 친목 활동 등)이 있다.					
7. 나는 나의 미래에 대한 계획을 가지고 있다.					
8. 나는 상황을 개선시키기 위해 필요한 자원(예로, 가족, 친구, 센터의 서비스 등)들을 잘 활용할 수 있다.					
9. 나는 내 나름대로의 문제해결 방법을 갖고 있다.					
10. 나는 나에게 도움이 되는 정보를 잘 얻는다.					

생각해 볼 문제

1. 사회복지실천과정을 순서대로 말하고 인테이크의 개념에 대해서 설명하시오.
2. 사회복지실천과정 중 접수단계에서 이루어지는 사회복지사의 주된 과업에 대해 설명하시오.
3. 비자발적인 클라이언트를 동기화시키기 위한 방법을 설명하시오.
4. 초기 면접에 포함되어야 하는 내용들은 무엇인가? 친구와 함께 사회복지사와 클라이언트의 역할을 정한 후 초기 면접을 실행하고 초기 면접지를 작성하시오.

CHAPTER

10 사정 및 계획 단계

1. 사 정

1) 사정의 개념

사정(assessment)은 과거에는 진단(diagnosis)이라고 불리기도 하였는데, 사정은 조사, 진단, 분석을 모두 포함하는 과정으로 최근에는 진단과 차별화된 특성이 강조되고 있다.

과거 사회사업과정에서는 '조사(study)', '진단(diagnosis)', 그리고 '치료(treatment)'의 세 단계로 분류되었지만, 이제 사회복지실천과정에서 사정(assessment)은 조사와 진단을 포함한다. 그리고 치료는 서비스 계획과 개입과정으로 나뉜다(Johnson & Yanca, 2007).

사정은 클라이언트의 문제와 강점 및 약점, 자원을 이해하며, 문제에 영향을 주는 환경을 파악하고, 클라이언트와 환경 간의 상호교류를 이해하는 과정이다. 또한 그 교류가 문제에 어떻게 영향을 미치는지, 그리고 어떻게 영향을 받는지에 대하여 이해하는 과정이다(Hepworth & Larsen, 2006).

따라서 사정은 수집된 자료를 분석하여 문제를 규명하고, 그 문제를 일으킨 요인이 무엇인지를 파악하고 문제를 해결하기 위해 무엇을 할 것인지를 찾아내는 과정이다. 그런데 그 문제상황은 '환경 속의 인간(person in environment)' 관점에서 파악하기 때문에 사정에서는 개인이나 가족뿐 아니라 환경에 대한 사정도 요구된다.

사회복지사는 사정에서 클라이언트 개인에 대한 정보와 문제를 이해해야 할 뿐 아니라 클라이언트가 처한 상황과 환경적 요인에 대한 이해도 요구된다. 개인, 가족, 집단, 지역사회에 대한 이해를 넓혀가는 것이 사정에서 중요한 측면이고, 각 체계에 대한 이해는 사정 이후 단계인 서비스 계획 및 개입단계에도 영향을 미친다(Johnson & Yanca, 2007).

2) 사정의 특성

사정은 진단과 차별화되면서 그 특성이 논의되어 왔다. 주요 학자들이 설명하는 사정의 특성을 살펴보면 공통적으로 다음과 같다.

(1) 사정은 계속되는 과정(ongoing process)이며 결과(product)이다

헵워스와 라슨(Hepworth & Larsen, 2006)은 사정의 가장 대표적인 특성으로 계속되는 과정이며 결과라고 강조했다. 즉, 사정은 초기단계부터 종결단계까지 사회복지실천이 진행되는 내내 일어난다. 초기단계에서는 사정에 1차적인 초점이 맞춰지지만, 치료과정에서 새로운 정보가 나타나고 새로운 이해가 나타날 수 있다. 개입에 초점을 두고 있더라도 사정은 진행된다.

그리고 사정의 결과물로서의 특성은 클라이언트 및 문제에 대한 사정을 통해 나온 사회복지사의 기록이 바로 결과물이 되기 때문이다. 사회복지사는 공식적인 사정기록을 통해 개입계획을 수립하기 때문에 사정기록은 매우 중요한 자료가 되며(Hepworth & Larsen, 2006), 심리사회적 조사기록이 바로 사정의 결과물이다.

(2) 사정은 클라이언트와 사회복지사의 상호성(mutuality)을 기초로 한 과정이다

사정은 사회복지사와 클라이언트가 면담하는 과정에서 상호작용을 통해 얻어진다. 클라이언트는 사정의 각 측면에 참여하도록 격려되고 사회복지사는 관찰하고 수집한 자료에 대해 클라이언트와 논의하여 사정의 결과물을 만들어 낸다. 즉, 사정의 상호작용을 통해 클라이언트는 임파워먼트되며 자신이 소극적 수혜자가 아닌 중요한 파트너라는 것을 깨닫게 된다(Johnson & Yanca, 2007; Kirst-Ashman & Hull, 2008).

(3) 사정에는 클라이언트의 관여(involvement of client)가 절대적으로 필요하다

사회복지사는 사정을 하면서 클라이언트의 문제를 자신의 관점과 판단에 의해 구성하고자 하지만, 클라이언트는 다를 수 있기 때문에 사정을 하면서 사회복지사는 반드시 클라이언트와 함께 상호 합의하여 문제에 대한 시각과 기술내용을 선택해야 한다(Kirst-Ashman & Hull, 2008).

(4) 사정에는 판단(making judgment)이 요구된다

사회복지사는 사정에서 무엇을 고려해야 할지, 어떤 지식과 이론을 적용할지, 클라이언트를 어떻게 관여시킬지, 문제를 정의하는 방법 등을 고민하게 되며 이때 판단한다. 판단을 할 때는 우선순위를 결정하는 것을 포함하기 때문에 언제나 쉬운 것은 아니다(Hepworth & Larsen, 2006; Johnson & Yanca, 2007; Kirst-Ashman & Hull, 2008).

(5) 사정에는 클라이언트의 강점(strengths)을 포함해야 한다

클라이언트의 강점을 포함하는 것이 바로 진단과 사정의 큰 차이이다. 클라이언트는 문제를 가지고 있지만, 문제를 해결하는 데 강점사정을 통해 개입계획을 설정하는 것이 중요하다. 클라이언트의 강점이 문제해결의 수단을 제공하기 때문이다(Hepworth & Larsen, 2006; Johnson & Yanca, 2007; Kirst-Ashman & Hull, 2008).

(6) 사정의 이중초점은 상황 속의 클라이언트를 이해하는 것과 개입계획의 기초를 제공하는 것이다

사정의 두 가지 초점은 ① 클라이언트의 욕구, 문제에 대한 이해, 상황 속의 클라이언트를 이해하는 것에 초점을 두는 것과, ② 정보를 수집하고 분석하여 문제해결을 위한 개입계획의 기초를 제공하는 것이다(Johnson & Yanca, 2007).

3) 사정도구

(1) 가계도

① 개념

가계도(genogram)란 3세대 이상에 걸친 가족 구성원에 관한 정보와 그들 간의 관계를 도표로 기록하는 작성방법을 의미한다. 가계도는 가족의 구조나 연령 등과 같은 일반적 정보뿐만 아니라 좀 더 복잡한 정보, 즉 가족관계, 결혼이나 별거, 이혼, 질병, 사망 등과 같은 중요한 생활사건 등을 상세히 나타낼 수 있으며 또 쉽게 이해할 수 있도록 하는 일종의 도식화라고 할 수 있다. 따라서 가계도는 사회복지실천에서 가장 널리 활용되는 사정도구로서 여러 세대를 살펴봄으로써 개인 및 가족을 사정하는 데 유용한 사정도구이다.

② 작성방법

- 1단계 : 가계도의 개괄적인 정보들 기입하기
  - 남자는 네모(□), 여자는 원(○), 성별을 모를 때 세모(△)로 표시한다.
  - 부부는 나란히 그리며, 남편은 왼쪽에 아내는 오른쪽에 그린다.
  - 세대는 수직선으로 정렬하여 상위에 조부모 세대, 중간에 부모 그리고 하단에 자녀세대를 표현한다.
  - 클라이언트는 겹선(▣ 또는 ◎)으로 표시한다. 네모나 원 안에는 나이를 기입한다.
  - 사망의 경우 네모나 원 안에 X 표기를 하며 사망연도를 기록한다.
  - 결혼은 부부 사이에 연결선(└┘)을 그리며, 연결선 위에 결혼연도를 기록한다.
  - 별거는 부부 사이의 연결선에 한 개의 사선을, 이혼은 두 개의 사선을 표시한다.
  - 현재 동거가족 구성원 주변에 점선 원으로 가족 경계선을 표시한다.

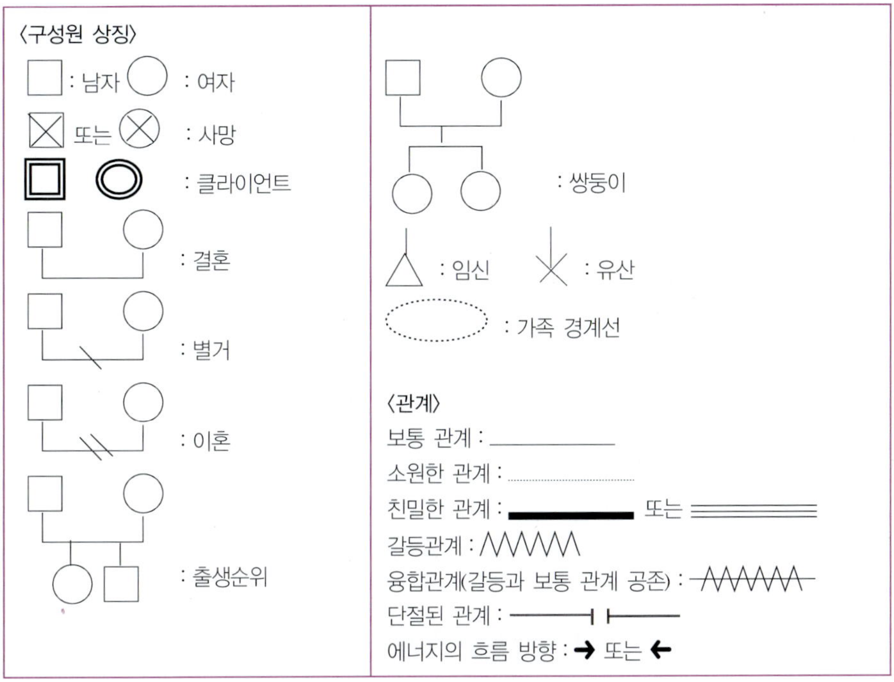

| 그림 10-1 | 가계도의 기호

- 2단계 : 구성원들의 관계 표시하기
  - 구성원들의 관계를 선을 통해 표현한다.
    : 보통 관계는 실선, 소원한 관계는 점선, 친밀한 관계는 굵은 실선(또는 여러 겹 실선), 갈등관계는 지그재그 선, 단절된 관계는 실선 사이에 단절 표시를 한다.

③ 가계도를 통한 분석내용

- 가족구조에 대한 체계적 이해
- 가족 내에서 클라이언트의 위치
- 가족사건에 대한 이해
- 가족의 상호작용 유형
- 문제의 발견

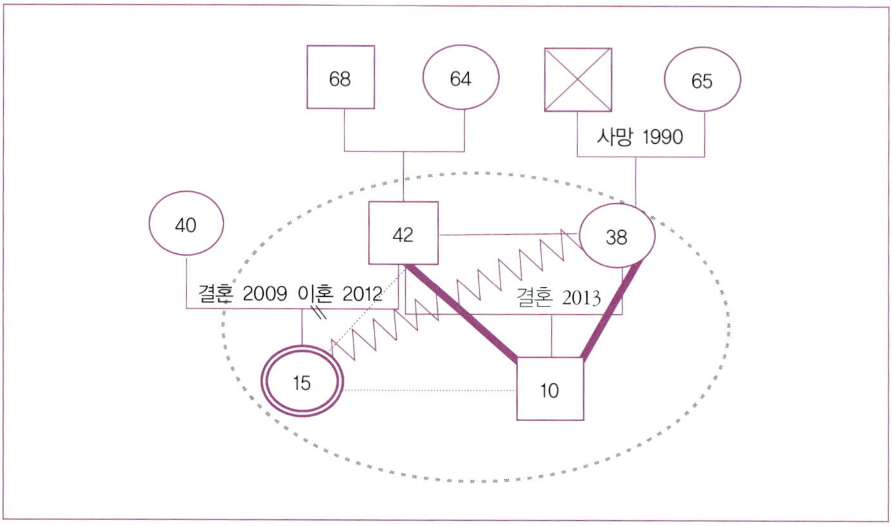

| 그림 10-2 | 가계도의 예시

| 그림 10-2 | 가계도의 설명

- 클라이언트는 15세 여자 아동으로 아버지, 새어머니, 10세 이복 남동생과 살고 있음. 클라이언트의 아버지는 클라이언트 어머니와 2009년 결혼하였다가 2012년 이혼하고 2013년 재혼함
- 클라이언트는 아버지 및 남동생과 소원한 관계이며, 새어머니와 갈등 관계를 갖고 있음. 남동생은 부모와 친밀한 관계를 갖고 있음
- 클라이언트의 아버지와 새어머니는 보통 관계를 갖고 있으며, 부부 모두 아들과 친밀한 편임. 따라서 클라이언트는 현재 가족 구성원 중에서 혼자 가족 결속력이 약한 것으로 파악됨

(2) 생태도

① 개념

생태도(eco-map)는 클라이언트 개인이나 가족이 외부환경체계들과 어떻게 관련되어 있는지를 그림으로 나타내는 것으로서 사회복지사가 클라이언트와 환경의 관계 또는 가족과 환경의 관계에 대한 정보를 획득하도록 돕는 사정도구이다.

클라이언트체계와 외부환경체계의 관련성은 주위에 얼마나 다양한 체계들이 존재하는지의 구조뿐 아니라 그 외부환경체계들과 어떻게 상호작용하는지의 기능적인 면을 파악한다.

② 작성방법

- 중앙에 클라이언트 또는 가족 구성원의 가계도를 그린다.
- 클라이언트 주변 또는 가족원 주변에 외부 자원을 개인별로 작은 원으로 표시한다.
- 클라이언트 또는 가족원 개인과 외부 자원 간의 에너지 흐름과 관계 속성을 표시한다. 화살표는 자원과 에너지의 흐름의 방향을 나타낸다. 관계 속성별 선의 기호는 가계도와 동일하다.

③ 생태도를 통한 분석내용

- 클라이언트 또는 가족의 삶의 공간에 존재하는 현재의 직접적 환경체계 확인
- 각 가족 구성원과 자원체계 간의 에너지의 흐름 분석
- 각 가족 구성원과 자원체계 간의 관계의 양과 질 분석
- 환경체계의 변화가 필요한 내용을 확인
- 가족의 적응에 기여하는 상호교류와 가족생활을 해치며 가족기능을 약화시키는 상호교류에 대한 이해를 도모
- 가족의 상호교류의 문제점을 사회복지사와 클라이언트가 공동으로 인식한 후, 개선 또는 향상시킬 점과 이를 위해 필요한 자원 및 행동목록을 확인

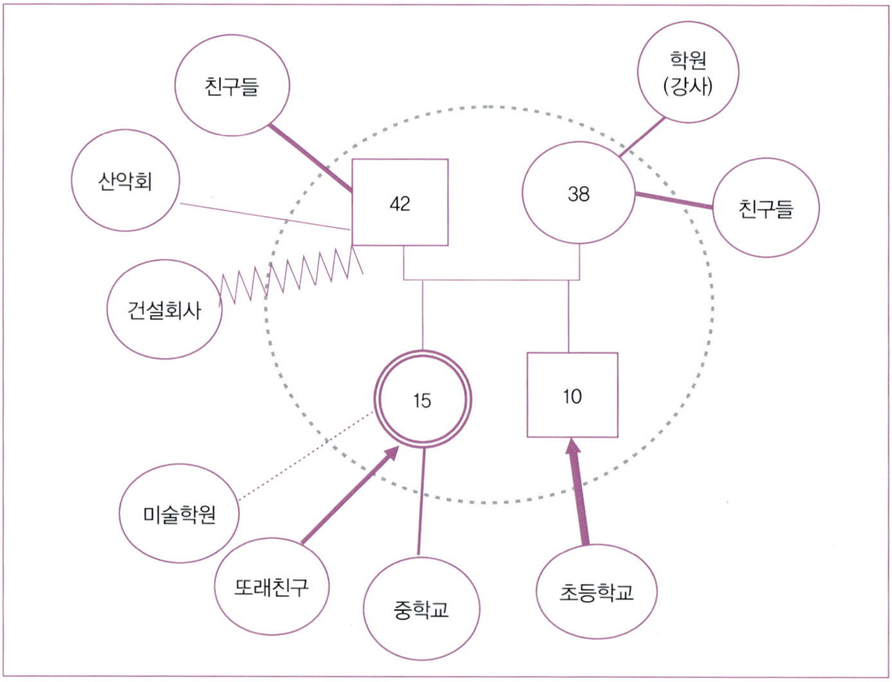

| 그림 10-3 | 생태도의 예시

| 그림 10-3 | 생태도의 설명

- 클라이언트는 중학교와 보통의 관계를 맺고 있으며, 또래친구와 친밀한 관계를 맺고 에너지를 받고 있음. 미술학원과 소원한 관계임
- 클라이언트 아버지는 건설회사를 다니며 갈등 관계를 갖고 있고, 산악회와 보통의 관계, 친구와 친밀한 관계를 맺고 있음
- 클라이언트의 어머니는 학원 강사로 일하며 보통 관계를 갖고 있고, 친구들과 친밀한 관계를 맺고 있음
- 클라이언트의 남동생은 초등학교에 다니며 친밀한 관계를 맺고 에너지를 받고 있음

(3) 사회적 관계망 그리드

사회적 관계망 그리드(social support network grid)는 트레이시와 휘태커(Tracy & Whittaker, 1990)에 의해 개발된 클라이언트의 사회적 망을 사정하는 도구이다. 사회적 관계의 지지 정도와 질, 지지의 방향, 지지기간 등을 보여준다.

사회적 관계망 그리드는 다음과 같이 작성한다(이원숙, 2008).

- 가족, 친척, 직장/ 학교, 조직(클럽, 종교집단 등), 친구, 이웃, 전문가 등 7개 영역에서 사회망 구성원을 규명한다.
- 개인과 사회망 구성원들 간의 관계에 대해 질문한다. 여기에는 물질적 지지, 정서적 지지, 정보 및 조언, 비판, 도움방향, 친밀도, 접촉빈도, 알고 지낸 기간 등을 기록한다.

〈표 10-1〉 사회적 관계망 그리드

성 명	생활 영역	물질 지지	정서 지지	정보·조언	비판	도움 방향	친밀도	접촉 빈도	알고 지낸 기간
	1. 가족 2. 친척 3. 직장/학교 4. 조직 5. 친구 6. 이웃 7. 전문가 8. 기타	1. 가끔 제공 2. 자주 제공 3. 항상 제공	1. 가끔 제공 2. 자주 제공 3. 항상 제공	1. 가끔 제공 2. 자주 제공 3. 항상 제공	1. 가끔 제공 2. 자주 제공 3. 항상 제공	1. 양방향 2. 내가 그에게 3. 그가 나에게	1. 양방향 2. 내가 그에게 3. 그가 나에게	0. 보지 못함 1. 1년 몇 번 2. 1달 한 번 3. 1주일 한 번 4. 매일	1. 1년 미만 2. 1~5년 3. 5년 이상
1									
2									
3									
4									
5									

출처 : 이원숙(2008), p. 292, Tracy & Whittaker(1990) 재편집.

4) 개인대상 사정의 영역

사회복지실천과정에서 사정은 계속되는 과정이다. 따라서 사정에서는 몇몇 학자들은 단계로 설명하기도 하지만(Kirst-Ashman & Hull, 2008; Johnson & Yanca, 2007), 무엇을 사정할 것인가라는 내용이 핵심적이므로 이 절에서는 사정의 영역을 제시하고자 한다.

(1) 클라이언트 문제 사정하기

클라이언트의 문제에 대한 사정은 클라이언트가 제시한 문제에서 출발한다. 그 이유는 클라이언트가 제시한 문제가 바로 가장 시급하게 느끼고 있는 문제이며, 그것 때문에 도움을 요청했기 때문이다(양옥경 외, 2005).

따라서 사정에서 가장 중요한 것 중 하나는 문제의 본질을 규명하는 것이다. 문제의 규명은 사회복지사가 클라이언트와 함께 상호 협력으로 시도하는 것이 바람직하다.

문제를 사정하기 위해서는 다음과 같은 질문이 유용하다(양옥경 외, 2005).

- 구체적으로 무엇이 문제인가?
- 클라이언트는 문제를 무엇이라고 생각하는가?
- 문제체계에 누가 관련되어 있는가?
- 참여자들이 어떻게 관련되어 있는가?
- 문제의 원인은 무엇인가?
- 문제행동이 어디서 일어났는가?
- 언제 문제행동이 일어나는가?
- 문제의 빈도, 강도, 지속기간은?

(2) 클라이언트의 관심사 및 욕구 사정하기

클라이언트의 관심사와 욕구는 사실 클라이언트가 문제에 대한 기술보다 분명하게 그 내용을 전달하지 않으므로, 사회복지사의 어려운 과업 중 하나로 클라이언트의 욕구와 관심사를 구체화하는 것이다. 때로는 클라이언트의 욕구와 관심사가 실제 욕구가 아닌 경우도 있기 때문에 욕구를 규명하기 위해서는 욕구의 내용뿐 아니라 클라이언트가 자신의 이야기를 어떻게 전달하느냐에 주목하여 클라이언트가 말하지 않는 것, 빠뜨린 사항에도 주목할 수 있어야 한다(Johnson & Yanca, 2007).

존슨과 얀카(Johnson & Yanca, 2007)는 클라이언트의 욕구 사정을 위해 다음 세 가지를 인식해야 한다고 하였다.

- 충족되지 않는 욕구 인식하기
- 욕구충족의 장애물 인식하기
- 욕구 및 관심을 구체화하기

(3) 클라이언트의 강점과 약점 사정하기

사회복지사의 사정 중 중요한 과업은 클라이언트체계 및 사회환경의 잠재적인 강점과 능력, 자원, 가능성을 규명하는 것이다.

강점의 규명은 문제 해결하기에 활용 가능한 자원을 찾아내는 것으로 클라이언트 체계의 능력, 기술, 자원, 가능성과 클라이언트의 환경의 자원을 찾아내는 것을 의미한다.

사회복지사는 클라이언트의 강점을 규명하기 위해 아래와 같은 질문을 항상 고려해야 한다(Miley et al., 2003).

- 클라이언트가 가진 뛰어난 자질은 무엇인가?
- 클라이언트와 다른 사람을 구분시키는 고유한 특성은 무엇인가?
- 클라이언트를 지지하는 자원에는 어떤 것이 있는가?
- 클라이언트는 사회적 환경 및 물리적 환경에 어떻게 기여하는가?

사회복지사는 클라이언트가 스스로 보지 못하고 있는 장점을 찾아낼 수 있도록 돕고, 그가 가지고 있는 문제해결에 필요한 기술이 무엇인지 찾아내서 장점을 구체화하도록 한다.

(4) 클라이언트의 가족 사정하기

클라이언트의 사회환경에 대한 사정이 필요한데, 클라이언트에게 사회환경은 문제의 원인이 되기도 하지만, 문제해결의 자원을 내포하고 있기도 하다. 사회환경에서 가장 대표적인 체계가 가족이다. 개인은 가족체계의 일부 성원으로 가장 친밀하며 가장 영향을 많이 주는 환경이므로 가족관계 및 가족기능 등을 사정한다(Kirst-Ashman & Hull, 2008).

〈표 10-2〉 개인대상 사정기록지

개인 사정기록지

<table>
<tr><td>사례번호</td><td colspan="2"></td><td>사회복지사</td><td></td></tr>
<tr><td>클라이언트명</td><td colspan="2"></td><td>접수일</td><td>년 월 일</td></tr>
<tr><td colspan="5">1. 클라이언트 및 가족 현황</td></tr>
<tr><td rowspan="3">클라이언트</td><td>성 별</td><td>□ 남 □ 여</td><td>나 이</td><td>세</td></tr>
<tr><td>학 력</td><td colspan="3">□ 초등졸 □ 중중퇴 □ 중졸 □ 고중퇴</td></tr>
<tr><td>종 교</td><td colspan="3">□ 기독교 □ 천주교 □ 불교 □ 종교 없음 □ 기타 ( )</td></tr>
<tr><td rowspan="2">동거가족</td><td colspan="4">□ 부 □ 모 □ 계부 □ 계모 □ (외)조부 □ (외)조모
□ 형제(명) □ 자매(명) □ 기타 ( )</td></tr>
<tr><td colspan="4">▪ 특기사항 :</td></tr>
<tr><td rowspan="4">주거 및 경제상황</td><td rowspan="2">주거형태</td><td colspan="3">□ 단독주택 □ 연립주택 □ 임대아파트 □ 일반아파트 □ 기타( )</td></tr>
<tr><td colspan="3">□ 방(개) □ 화장실(개) □ 주방(유/무)</td></tr>
<tr><td>소유형태</td><td colspan="3">□ 자가 □ 전세 □ 월세 □ 기타( )</td></tr>
<tr><td>총수입</td><td colspan="3">월 _____ 원
(수급액 원 + 가족수입 원 + 기타 원)</td></tr>
<tr><td colspan="5">2. 개인력/ 가족력/ 가족관계</td></tr>
<tr><td colspan="5">1) 개인력

2) 가족력

3) 가족관계</td></tr>
</table>

<table>
<tr><td colspan="2">3. 가계도 및 생태도</td></tr>
<tr><td>1) 가계도</td><td>2) 생태도</td></tr>
<tr><td></td><td></td></tr>
<tr><td colspan="2">4. 사회적 자원</td></tr>
<tr><td colspan="2">1) 공식적 자원

2) 비공식적 자원</td></tr>
<tr><td colspan="2">5. 클라이언트의 강점 및 약점</td></tr>
<tr><td colspan="2">1) 강점

2) 약점</td></tr>
<tr><td colspan="2">6. 클라이언트가 제시한 문제와 욕구</td></tr>
<tr><td colspan="2"></td></tr>
<tr><td colspan="2">7. 서비스 계획</td></tr>
<tr><td colspan="2"></td></tr>
<tr><td colspan="2">8. 사회복지사 의견</td></tr>
<tr><td colspan="2"></td></tr>
</table>

○○종합사회복지관

5) 가족대상 사정의 영역

가족사정이란 가족을 하나의 단위로 보고 가족 내부의 요인과 외부의 요인, 이들 양자 간의 상호작용을 파악하기 위해 자료를 수집하고 분석하고 종합하여 가족에 대한 개입을 계획하는 일련의 과정이다.

가족단위를 사정하는 도구로 가계도 및 생태도, 사회적 관계망 그리드를 이미 살펴보았지만, 가족단위에서 중요하게 사정되어야 하는 가족의 구조와 기능, 발달 차원에 대해 추가적으로 살펴보고자 한다.

(1) 가족의 구조와 기능

① 가족의 경계와 하위체계

가족의 경계는 가족 외부적으로 가족과 환경체계를 구분하는 경계와 가족 내부적으로 가족 하위체계 간 경계로 나누어 이해할 수 있다.

가족과 환경체계를 구분하는 경계는 비가족환경으로부터 가족을 구분시키는 비가시적 분계선으로, 가족의 정체성을 보호하며 가족체계의 구성원이 누구인지를 결정해 준다(이원숙, 2008).

가족 내에는 부부, 부모, 부모-자녀, 형제자매와 같은 하위체계가 존재하며, 각 하위체계는 경계를 가지고 다른 체계와 구별되는 기능을 수행하게 된다.

② 가족의 권력구조

권력(power)이란 한 가족 구성원이 다른 가족 구성원에게 미치는 영향력을 의미하는 것으로, 가족은 이 권력구조를 통해서 구성원들의 행동을 허용 가능한 범위 내에서 유지시키는 기능을 하지만, 경우에 따라서는 갈등의 원천이 되고 가정폭력과 같은 권력 오·남용의 문제를 가질 수 있다. 가족의 권력기반과 권력배분에 대해 사정해야 하며, 가족의 권력구조가 체계의 유지기능을 순조롭게 수행하도록 하는가, 가족 구성원들이 권력의 상대적 배분에 만족하는가 등이 사정되어야 할 것이다(Hepworth et al., 2006).

③ 가족규칙

가족규칙은 가족 구성원들의 행동이나 관계를 통제하는 패턴화되고 예측 가능한 규범이나 기대를 의미한다. 기능적인 규칙은 가족이 해결책을 찾을 수 있는 기회를 제공해 가족체계 내에서 적응적이고 건강한 가족성원의 발달에 기여하고, 가족이 환경의 스트레스, 가족성원의 욕구, 가족단위의 욕구에 유연하게 반응할 수 있게 한다(Hepworth et al., 2006). 가족규칙이 역기능적이어서 가족 전체 혹은 개개 구성원의 적응과 발달을 가로막는다면 역기능적인 규칙을 변화시킬 수 있게 해야 한다.

④ 가족응집력

가족응집력(cohesion)은 가족 구성원이 서로에게 가지고 있는 정서적인 유대(Olson, Russell, & Sprenkle, 1983)를 말한다. 가족응집력이 적절한 가족은 가족의 독립성과 자율성을 유지하면서 동시에 친밀감과 상호연결 상태를 유지한다. 응집력이 낮은 가족은 서로 분리(disengaged)되는 경향이 있으며, 가족성원들은 아주 독립적이지만 가족에 대한 헌신의 정도는 매우 낮다. 응집력이 매우 높은 가족은 밀착된(enmeshed) 관계양상을 보이며, 가족에 대한 높은 의존과 충성을 보이지만 독립성과 자율성이 별로 나타나지 않는다.

⑤ 의사소통

의사소통이란 언어적 · 비언어적 메시지를 통해 사실적인 정보, 생각, 감정을 내용과 관계 차원에서 전달하고 상호교류하는 과정으로, 가족기능을 이해하는 핵심적인 개념 중 하나이다.

의사소통은 일치성과 명확성의 측면, 수용성과 표현성의 측면에서 사정하는 것이 필요하다. 의사소통의 일치성이란 의사소통 시 언어적 수준, 비언어적 수준, 상황적 수준에서 메시지가 일치하는지 여부를 말하는 것이며, 의사소통의 명확성이란 상대방에게 메시지를 전달할 때 생각이나 느낌을 분명하게 전달하는지 여부를 의미한다. 의사소통의 수용성이란 상대방의 인식과 관점을 알고 그것을 받아들이는 것을 말하며, 표현성은 자신이 생각하고 느끼는 것을 자유롭게 표현할 수 있는가를 의미한다.

(2) 가족발달

가족은 가족의 생애주기(family life cycle)에 따라 발달하며, 각 생애주기단계에서 수행해야 하는 발달과업을 가진다. 가족생애주기는 시간의 경과에 따른 가족 내의 발달적 경향을 묘사하기 위해 일반적으로 사용하는 용어이다(Carter & McGoldrick, 1999). 가족을 발달적 관점에서 사정하는 것은 가족을 시간적 차원에서 이해하고 특정 단계에서 발생할 수 있는 발달적 위기를 이해하고 대처할 수 있게 한다는 점에서 유용하다. 가족생애주기는 가족유형(한부모가족, 재혼가족, 조손가족 등)과 사회문화적 맥락에 따라 달라질 수 있는데, 듀발과 밀러(Duvall & Miller)는 2세대 핵가족 중심의 8단계로 구분하였고, 카터와 맥골드릭(Carter & McGoldrick)은 3세대 중심의 6단계 가족생활주기를 제시하였다. 이 내용을 함께 살펴보면 다음과 같다.

〈표 10-3〉 가족생애주기

<table>
<tr><th>구 분</th><th colspan="2">Duvall & Miller</th><th colspan="3">Carter & McGoldrick</th></tr>
<tr><td>단 계</td><td></td><td>발달과업</td><td>단 계</td><td></td><td>발달과업</td></tr>
<tr><td></td><td></td><td></td><td>1</td><td>결혼
전기</td><td>• 원가족으로부터의 분화
• 친밀한 이성관계 발달
• 일과 재정 독립 면에서 자아 확립</td></tr>
<tr><td>1</td><td>결혼
부부</td><td>• 상호 만족하는 부부관계 확립
• 임신과 부모됨에 적응
• 친족관계에 참여</td><td>2</td><td>결혼
적응기</td><td>• 부부체계 형성
• 배우자의 확대가족과 친구가 포함되도록 관계 재정비</td></tr>
<tr><td>2</td><td>자녀
출산가족</td><td>• 유아발달 환경 조성 및 적응
• 부모와 유아에게 만족스러운 가정 조성</td><td rowspan="3">3</td><td rowspan="3">자녀
아동기</td><td rowspan="3">• 부부체계에 자녀를 위한 공간 만들기
• 자녀양육, 재정, 가사에 공동참여
• 부모, 조부모 역할이 포함되도록 확대가족과의 관계 재정비</td></tr>
<tr><td>3</td><td>학령 전
자녀가족</td><td>• 학령 전 자녀의 욕구와 관심을 격려하고 성장을 촉진하도록 적응
• 에너지 고갈과 사생활 축소에 대처</td></tr>
<tr><td>4</td><td>아동
자녀가족</td><td>• 학령기 가족의 공동체에 참여
• 자녀의 학업성취 격려</td></tr>
<tr><td>5</td><td>청소년
자녀가족</td><td>• 자유와 책임의 균형 유지
• 부모의 관심과 경력 형성</td><td>4</td><td>자녀
청소년기</td><td>• 청소년 자녀가 가족체계에서 출입이 자유롭도록 부모-자녀 관계 변화
• 중년기 부부의 결혼 및 진로문제에 재초점
• 노인세대를 돌보기 위한 준비 시작</td></tr>
</table>

6	청년자녀 독립가족	• 청년자녀 떠나보내며 적절한 의식과 지원 제공 • 지지적인 가정의 토대 유지	5	자녀 독립기	• 부부체계를 2인군 관계로 재조정 • 부모-자녀 관계를 성인 대 성인 관계로 발전 • 사돈과 며느리, 사위, 손자녀가 포함되도록 관계 재정비 • 부모, 조부모의 장애와 죽음에 대처
7	중년기 부모	• 결혼관계 재정립 • 노인세대와 젊은세대의 유대 유지			
8	노년기 가족	• 사별과 홀로 되는 것에 대한 대처 • 노화에 대한 적응 • 은퇴에 대한 적응	6	노년기	• 신체적 노화에 직면하면서 자신과 부부의 기능 및 관심 유지 • 다음 세대가 중심역할을 하도록 지원 • 노년기의 지혜와 경험으로 가족체계 내 여유 만들기 • 배우자, 형제, 친구의 죽음에 대처하면서 자신의 죽음 대비. 생애 재검토 및 통합

출처 : Carter, E. A., & McGoldrick, M.(1999). The expanded family life cycle : individual, family, and social perspectives(3rd ed.). Boston : Allyn and Bacon; Duvall, E. M., & Miller, Brent C.(1985). Marriage and family development(6th ed.). Cambridge : Harper and Row.

(3) 가족단위의 사정틀 : 존슨과 얀카(2007)의 사회력 전개틀

존슨과 얀카(Johnson & Yanca, 2007)는 가족의 구조와 기능, 발달 측면을 일반 사회복지 관점에서 포괄적으로 사정하는 가족단위 사회력 전개틀을 제안하고 있는데, 그 내용을 소개하면 다음과 같다.

A. 가족구조

1. 가족체계 내에서 기능하고 있는 모든 사람 규명
   (체계의 일부로 기능한다면 확대가족과 혈연가족이 아닌 사람도 포함)
2. 하위체계 : 부부, 형제, 부모-자녀 하위체계나 그 외 하위체계의 기능과 관계 기술
3. 가족결속력 : 가족이 그 체계, 경계, 관계를 유지하는 방법 기술. 가족 구성원 사이의 결속과 분리의 이슈, 가족규칙과 규범, 정서적인 분위기 포함
4. 가족환경
   1) 생활상태
   2) 사회경제적 지위
   3) 지역사회나 이웃의 특징 및 그 가족과 지역사회나 이웃과의 관계
      가족에게 중요한 지역사회 조직과 기관, 이들과의 관계의 특성 포함
      지역사회와 이웃자원과 이 지역사회에서 가족을 위한 책임과 영향력 기술
   4) 확대가족 : 친척; 확대가족 내 중요한 사람; 이 가족체계의 영향에서의 강점; 자원, 책임, 그것으로부터의 영향력

B. 가족기능
  1. 의사소통패턴
  2. 의사결정패턴
  3. 역할수행
    1) 일과 가사일의 기준과 실천
    2) 부모역할과 자녀양육의 기준과 실천
    3) 체계 구성원 지지 : 성장 격려, 돌봄, 관심
  4. 가족이 습관적으로 채택하고 대처하는 메커니즘
  5. 가족의 생태도

C. 가족발달
  1. 뿌리, 문화집단과 이전 세대가 가족체계에 미친 영향
  2. 가족생애에 중요한 사건
  3. 가족의 발달단계
  4. 가계도 구성

출처 : Johnson & Yanca(2007). 사회력 전개틀 중 '체계로서의 가족'에 관한 부분만 인용.

2. 계 획

사회복지사와 클라이언트가 자료를 수집하고 사정하는 과정을 거치고 나면 사회복지실천과정의 계획수립단계로 들어가게 된다.

계획은 변화에 초점을 둔 실행과 사정을 연결하는 가교이다. 계획은 사정에 기초를 두고 있고 사정의 산물이며 문제해결과정의 일부분으로, 합리적인 선택에 기초하고 가능한 범위 내에서 판단이 이루어져야 한다. 사정과정이 상황 속의 인간을 이해하고 잠재적인 자원을 규명하는 것이라면, 계획과정은 사정내용을 바람직한 결과를 기술하는 목적 진술로 바꾸는 것이다(Johnson & Yanca, 2010). 또한 계획과정은 목적뿐 아니라 구체적인 목표를 설정하고, 목표를 달성하기 위한 행동단계를 구체화하여 누가, 무엇을, 언제까지 수행할 것인지를 분명히 하며, 시간계획, 투입비용 및 평가수단에 대해 고려하는 것을 포함한다.

계획과정에서 클라이언트 중심의 관점과 과정을 유지하는 것이 중요한데, 실행단계에서 클라이언트가 주체적으로 참여하고 행동하기 위해서는 실행을 위한 중요한 의사결정이 이루어지는 계획단계에서 클라이언트의 욕구와 실행의지가 반영되어 참여동기를 높이는 것이 중요하기 때문이다. 따라서 계획수립과정에 클라이언트가 반드시 참여할 수 있게 해야 하며, 계획을 최종 확정하기 전에 클라이언트와 검토하고 합의하는 과정을 거쳐야 한다.

계획내용이 분명하고 구체적이어서 실천의 방향과 내용, 책무성이 분명하게 드러날 수 있게 해야 하지만, 실천과정에서 추가되는 정보와 사정에 따라 계획의 수정이 불가피할 수 있음을 또한 고려해야 한다. 목적과 목표 설정, 행동단계 구성 시 클라이언트의 환경과 배경에 민감해야 하며, 문화적인 가치와 다양성이 통합될 수 있도록 클라이언트에 따라 개별화해야 함(Johnson & Yanca, 2010)도 잊지 말아야 한다.

1) 계획의 구성요소

(1) 목적

목적(goal)은 클라이언트와 사회복지사가 사회복지실천 노력을 통해 전체적·최종적으로 성취하기 원하는 바람직한 결과를 의미한다. 목적은 클라이언트의 문제와 욕구를 정의하고, 이에 영향을 미치는 요인 및 자원을 근거로 설정하게 되며, 문제나 욕구가 해결된 상태 혹은 사회복지실천활동을 통해 일어나기 원하는 변화를 의미하는 개념이다.

상황에 따라 다른 유형의 변화와 목적이 필요하겠으나 사회복지실천상황에서 접할 수 있는 목적의 유형을 살펴보면 다음과 같다(Johnson & Yanca, 2010).

- **관계 유지** : 환경 속의 인간을 변화시키기가 어렵고 클라이언트에게 필요한 도움을 줄 수 있는 의미 있는 사람이 부족할 때 관계유지를 목적으로 한다.

- **특정 행동의 변화** : 클라이언트가 특정한 증상이나 행동패턴으로 어려움을 겪고 있지만, 그것을 제외하고 대체로 자신의 상황에 만족하고 있다면 문제가 되는 특정 행동 변화를 목적으로 한다.
- **관계 변화** : 관계에 문제가 있을 때 관계의 변화를 목적으로 한다.
- **환경의 변화** : 환경의 어떤 부분이나 개인과 환경 사이의 교류에 변화가 필요하다고 인식할 때 환경의 변화를 목적으로 한다.
- **방향성 변화** : 가치가 갈등적이거나 불분명할 때, 클라이언트체계가 목적이나 변화노력의 방향에 대해 불분명하다고 느낄 때, 또는 희망하는 사항에 장애가 있는데 이의 해소가 어렵거나 불가능할 때 방향성의 전환을 목적으로 한다.

그 외 재정적 지원, 고용, 건강보호, 주거와 같이 구체적인 재화, 서비스 또는 필요한 자원을 획득하는 것(Goldstein, 1973, 이원숙, 2008 재인용)을 목적의 유형으로 포함할 수 있을 것이다.

클라이언트와 사회복지사가 목적에 동의하는 것이 필요하나, 서로 다른 관점을 가지는 경우가 많기 때문에 사회복지실천과정에서 다루어야 할 목적을 정하는 것이 쉽지 않다. 또한 환경 속의 인간을 사정하는 과정에서 변화를 필요로 하는 많은 부분들을 사정하게 되고, 클라이언트가 실제 복합적인 이슈를 가지고 있는 경우가 많기 때문에 사회복지실천과정에서 다룰 목적을 결정하는 것은 쉽지 않다. 그러나 실천의 우선순위와 초점을 분명히 하지 못한다면, 우리의 실천노력이 방향을 잃을 수 있기 때문에 클라이언트와 사회복지사가 다룰 표적이슈 및 목적의 우선순위를 결정하는 것이 필요하다.

표적이슈 및 목적을 분명히 하고 우선순위를 정하기 위해 고려해야 할 지침은 다음과 같다(Sheafor & Horejsi, 2008).

첫째, 클라이언트에게 가장 시급한 사안으로, 클라이언트의 안전에 위협이 되는 사항, 예를 들어, 폭력, 성폭행, 범죄피해, 자살 가능성 등에 대한 위기개입을 필요로 하는 상황인지를 우선적으로 고려하는 것이 필요하다.

둘째, 클라이언트가 변화하기 원하는 문제나 관심사와 그것의 우선순위를 분명히 하고, 이것이 반영되도록 해야 한다.

셋째, 사회복지사가 합법적인 권위를 가진 법원, 보호관찰소, 아동보호기관 등으로부터 위임받은 문제가 있다면 이를 포함시켜야 한다.

넷째, 클라이언트의 상황에서 가장 부담이 되는 문제, 역점을 두거나 고치지 않으면 클라이언트에게 가장 부정적인 결과를 낳을 수 있는 문제는 무엇인지, 역점을 두거나 고친다면 클라이언트에게 가장 긍정적인 결과를 낳을 수 있는 문제는 무엇인지를 검토한다.

다섯째, 어느 정도의 시간, 에너지, 자원을 투입했을 때 역점을 두거나 고칠 수 있는 것은 무엇이며 그렇지 않은 것은 무엇인지, 특히 사회복지실천과정에서 사용할 수 있는 시간, 에너지, 자원이 제한된 경우, 제한된 투입요소로 실행 가능한 것은 무엇인지를 검토한다.

위의 사항을 클라이언트와 사회복지사가 상호 협력적으로 검토하고 평가하는 과정을 통해 시급하게 해결되어야 하는 것, 클라이언트가 중요하게 생각하는 것, 변화과정에 위임받은 이슈의 반영, 해결 가능성, 실행 가능성을 고려하여 두세 가지 범위 내로 항목을 결정하는 것이 좋다.

(2) 목표

목적(goal)이 사회복지실천과정에서 성취하기 원하는 것에 대한 폭넓고 일반적인 진술이라면, 목표(objective)는 목적을 세분화하여 특정 사항에 초점을 둔 구체적이고 행동적이고 측정 가능한 방식으로 진술한 것을 말한다.

목표설정이 중요한 이유는 실천의 방향을 분명하게 해주며, 실천활동을 구체화할 수 있게 해준다는 것과 실천의 결과를 평가할 기준을 제공한다는 점에서이다.

목표를 설정할 때 고려해야 할 세부적인 지침들을 살펴보면 다음과 같다 (Sheafor & Horejsi, 2008; Hepworth et al., 2010).

첫째, 목표는 분명하고 구체적이며 측정 가능한 형태로 진술되어야 한다. 변화하고자 하는 바가 무엇인지 분명할 때만이 실천활동을 구체화할 수 있고, 그 결과를 평가할 수 있기 때문이다. '누가, 무엇을, 어느 정도, 어떤 상황에서, 언제까지' 할 것인지에 대한 답이 제시되도록 구성하는 것이 좋다.

둘째, 목표는 달성 가능한 것이어야 한다. 비현실적인 목표는 달성하기 어려울 수밖에 없고, 달성하기 어려운 목표는 클라이언트를 좌절하게 할 수 있으므로, 클라이언트의 능력과 자원을 고려하여 목표를 설정해야 한다. 현실적이고 달성 가능하지만 클라이언트에게 의미 있는 도전과 기대가 병행될 수 있도록 적정수위의 목표를 설정할 수 있어야 할 것이다.

셋째, 목표는 성장을 강조하는 긍정적인 형태로 표현하는 것이 좋다. '~하지 않기'보다는 '~하기'로 진술되어야 함을 의미하는데, 부정적인 행동의 제거보다는 생성되고 확대되어야 하는 행동에 대해 진술하는 것이 더 적절하다. '먹을 때 난장판을 만들지 않는다'보다는 '식탁예절을 배우고 따른다'로 목표를 구성하는 것이 그 예가 될 것이다.

넷째, 목표는 사회복지사의 가치, 지식, 기술에 상응하는 것이어야 한다. 클라이언트의 가치가 존중되어야 하지만 클라이언트가 원하는 사항이 사회복지사의 가치에 위배되는 것이라면 목표로 동의하기 어렵다. 또한 사회복지사가 활용할 수 있는 지식과 기술 내에서 달성 가능한 목표가 적절하며, 만일 필요로 하는 지식과 기술이 사회복지사의 능력 밖이라면 자격이 되는 다른 전문가에게 의뢰하거나, 그것이 여의치 않다면 지도·감독을 통해 목표에 접근할 수 있게 해야 한다.

다섯째, 목표는 기관의 정책, 절차, 기능과 일치해야 한다. 사회복지사가 기관의 조직 내에 있는 한 사회복지사의 변화노력은 기관의 정책, 절차, 기능과 일치해야 하며, 만약 일치하지 않을 경우 다른 기관으로 의뢰를 고려해야 한다.

목표를 구성할 때는 변화노력을 위해 초점을 맞출 체계를 분명히 하는 것이 필요하다. 이러한 초점체계를 존슨과 얀카(Johnson & Yanca, 2010)는 관심단위(attention unit)로 명명하는데, 이러한 관심단위는 전반적인 목적과 관련되지만, 구체적인 목표와 관련하여 관심단위(초점체계)가 달라질 수 있기 때문에 목표를 설정할 때 반드시 함께 고려되어야 할 사항이다. 관심단위는 사람이 될 수도 있고 사회체계가 될 수도 있고, 사람과 사회체계 간의 교류일 수도 있으며, 개인, 가족단위, 소집단, 조직, 지역사회가 될 수 있다. 모든 목적과 목표에 맞는 적합한 관심단위를 규정하는 일이 중요하다.

(3) 행동전략

이와 같이 목표가 정해지면 이를 달성할 수 있기 위한 전략으로서의 구체적인 과업과 행동단계를 구성하는 것이 필요하다. 이러한 행동단계 계획에는 사회복지사와 클라이언트의 역할, 각각이 해야 할 일, 방법, 사용할 기술 등이 포함된다. 목표를 달성하고 궁극적으로는 목적을 달성하기 위해 실행될 행동단계는 '누가, 무엇을, 어떻게, 어디서, 언제' 할 것인지를 포함해야 한다. 완수해야 하는 시간이 정해져야 하고 계획을 실행하는 데 필요한 자원을 구체화하고 자원을 어떻게 획득할 것인가를 분명히 하는 것도 필요하다. 행동단계에서는 클라이언트와 사회복지사의 투자해야 하는 시간에 대한 산출이 포함되며, 클라이언트가 부담해야 하는 비용이나 기관의 기금 등 비용에 관한 부분도 구체적으로 언급되어야 한다.

계획은 사회복지사가 무엇을 할지, 노력과정에서 클라이언트의 책임은 무엇인지에 대해 클라이언트와 협약을 하는 것으로, 계획은 특정한 과업이 완성될 때나 여러 가지 목표가 이루어질 때 그것을 구체화할 수 있는 기제를 가져야 한다. 이것은 각 목표를 완수한 날짜를 정확히 기록하는 것처럼 간단할 수도 있다. 복잡한 목적을 향해 나아갈 때 과업의 흐름을 시간대로 나타내는 방법을 사용할 필요가 있다(Johnson & Yanca, 2010).

2) 계획의 합의 : 계약

(1) 계약의 개념 및 기능

계약(contract)이란 목표달성과 그것을 달성하기 위한 전략, 역할, 개입, 평가방법 등을 구체적인 활동용어로 기술한 계획에 대해 사회복지사와 클라이언트가 서로 동의하는 것을 말한다(양옥경 · 김정진 · 서미경 · 김미옥 · 김소희, 2004). 다시 말해, 계약이란 사회복지실천활동에서 클라이언트와 사회복지사, 그 외 관련체계가 성취할 목적 및 목표와 이를 달성하기 위한 실천활동을 누가(행동주체), 무엇(과업)을, 언제(시간적 조건), 어떤 방법(실천방법)으로 할 것인지, 그 외 전반적인 운영사항(회합시간, 장소, 비용, 평가)에 대해 구체적으로 계획하여 상호 합의하는 과정이다.

계약이라는 용어는 서비스 계약, 서비스 동의(합의)라는 용어로도 함께 사용되는데, 일부에서는 사회복지실천에서 사용되고 있는 계약서가 법적인 의미를 지니지 않아 오히려 오해와 갈등을 일으킬 수 있다는 점과 서비스제공자가 계약서를 사용함으로써 클라이언트로 하여금 서비스제공자가 감정이입이라는 서비스의 중요한 요소를 사용하는 전문직이라는 생각을 갖지 못하게 한다는 점 등을 들어, 계약이라는 말보다는 보다 포괄적인 의미를 갖는 동의, 합의(agreement)라는 용어가 더 적합하다는 의견을 제시하고 있기도 하다(Sheafor & Horejsi, 2008; Johnson & Yanca, 2010). 그 용어가 무엇이든 간에 사회복지실천계획에 대해 분명하게 합의하는 과정은 다음의 기능 수행 측면에서도 반드시 필요하다 하겠다.

계약은 사회복지실천과정 동안 초점과 지향점을 제공하고, 문제해결을 촉진시키며, 실천목표 및 활동에 대한 계획을 사회복지사와 클라이언트가 분명하게 의사소통하게 하고, 클라이언트-사회복지사 관계에 초점을 유지시키며 협력을 증가시키기 위한 도구로서의 기능을 한다(Johnson & Yanca, 2010; Hepworth et al., 2010).

(2) 계약의 형태

사회복지실천계획에 대한 계약은 사회복지사와 클라이언트가 서로의 이해를 구두로 공유하는 구두계약 형태로 진행되기도 하고, 계획내용을 문서화하여 서면상으로 자료를 남기는 서면계약의 형태를 띨 수도 있다. 계약의 형태는 클라이언트와 기관정책에 따라 다를 수 있으므로, 필요에 따라 형태를 선택할 수 있도록 각 형태의 특징과 장단점에 대해 살펴볼 것이다.

먼저 서면계약은 다소 공식적인 형태로, 사회복지사, 클라이언트, 그 외 관련자들이 합의한 바를 분명하게 문서화하는 것을 말한다. 사회복지실천계획으로 구성된 목적 및 목표, 참여자의 역할과 시간적 조건에 대해 문서자료를 만들어 참여자들이 서명하는 형태로 구성된다. 서면계약의 장점은 목표를 명료화하고, 우선순위를 정하며, 역할과 책임을 분명히 하고, 클라이언트와 사회복지사의 오해(갈등)를 줄일 수 있다는 점을 들 수 있다. 자발적이고 적극적인 클라이언트에게는 물론이지만 비자발적인 클라이언트라 하더라도 클라이언트에게 분명하지 않은 상태에서 클라이언트 모르게 처리되지 않음을 보장해 준다는 점에서 유용하다 하겠다. 서면계약의 단점은 문서를 준비하는 데 시간이 많이 걸린다는 점과 클라이언트가 처벌의 두려움으로 계약에 동의할 위험성이 있다는 점, 사소하지만 쉽게 개념화된 목표에 집중하면서 복잡하거나 성취하기 어려운 목표를 회피할 가능성, 클라이언트에 따라서는 서면내용을 목표를 달성해 주어야 하는 사회복지사의 의무인 것처럼 인식하여 달성되지 않았을 경우 잘못된 개입(malpractice)으로 소송할 수도 있다는 점 등을 들 수 있다(Sheafor & Horejsi, 2008; 양옥경 외, 2004).

구두계약은 목표와 실천활동, 역할, 시간을 분명하게 한다는 점에서는 서면계약과 다를 바 없지만 서면화하는 대신 구두로 계약하는 것이다. 구두계약의 장점은 신속하며 비교적 쉽게 할 수 있고, 서면서류에 서명하기를 거부하거나 불신감을 가진 클라이언트와 일할 때 유용할 수 있다는 것이며, 단점은 합의한 내용의 세부적인 사항을 잊을 수 있다는 점이다. 따라서 구두계약이라도 계약내용을 간략하게 기록해 놓게 함으로써 내용을 기억할 수 있게 하는 것이 도움이 된다(Kirst-Ashman & Hull, 2009; Hepworth et al., 2010; Johnson & Yanca, 2010).

(3) 계약의 요소

계약의 요소에 대해 존슨(Johnson, 1989)은 클라이언트가 합의한 목표와 시간 제한, 구체적인 개입기법이 포함된다고 하였고, 헵워스와 그 동료들(Hepworth et al., 2010)은 성취할 목표, 참여자의 역할, 사용되는 개입방법 및 기법, 시간 조건(세션의 빈도와 길이), 과정평가수단, 계약조정 관련조항, 비용 등과 관련된 관리사항이 포함되어야 한다고 하였다.

계약은 실행활동을 위해 계획한 내용을 합의하는 과정으로, 앞서 계획의 요소에서 소개한 목적과 목표, 행동전략에 관한 사항이 계약의 주요 요소가 되며, 행동전략으로서의 접근방법(개입기법), 참여자의 역할 및 과업, 시간적 조건, 평가방법이 구체적으로 기술되어야 한다. 계약서에 포함되어야 할 요소를 표기한 계약서의 예는 다음과 같다.

계 약 서

◎ 신상정보
클라이언트의 이름 등 신상정보, 사례번호

◎ 표적이슈
사회복지실천활동에서 다룰 합의된 문제 및 욕구

◎ 목적 및 목표

◎ 행동전략(단계)
접근방법
참여자의 과업(클라이언트, 사회복지사, 그 외 관련체계)
시간적 조건(기간, 세션의 빈도, 세션시간), 장소, 비용
평가방법

◎ 날짜

◎ 서명
사회복지사, 클라이언트, 그 외 참여자

| 그림 10-4 | 계약서의 예

생각해 볼 문제

1. 자신의 가족가계도를 완성하고 분석해 보시오.
2. 자신의 생태도를 완성하고 분석해 보시오.
3. 나의 가족의 하위체계(부부 하위체계, 형제 하위체계, 부모-자녀 하위체계)는 어떠한가? 그 하위체계 간의 관계는 어떠한가?
4. 개인대상 사정의 영역을 알아보고 설명해 보시오.
5. 가족생애주기상 나의 부모님은 어느 단계에 속하는가? 그 단계의 과업은 무엇이며 그 과업은 달성되고 있는가?
6. 사회복지실천과정의 계획수립단계에서 목적과 목표를 설정하는 방법에 대해 설명하고, 목적과 목표 설정의 구체적인 사례를 들어보시오. 자신의 삶에서 변화를 원하는 부분에 초점을 두어 목적과 목표를 설정해 볼 수도 있을 것이다.
7. 목적과 목표를 달성할 수 있도록 행동전략을 구성한 예를 들어보시오.
8. 사회복지실천과정에서 계획내용을 합의하는 과정으로서의 계약의 개념과 기능, 계약에 포함되어야 할 요소에 대해 설명하고, 계약형태에 따른 장단점을 논의해 보시오.

CHAPTER

11 개입단계

1. 개인대상 개입

개입단계란 초기단계의 끝 무렵부터 시작해서 실천의 목표가 어느 정도 달성되기까지의 전체 과정을 말하는데, 개인을 대상으로 하는 개입은 전통적 사회사업방법론에서의 개별사회사업에 해당된다. 이처럼 개입단계는 실천의 핵심적 단계로서 초기단계에서 설정되었던 개입의 목표를 달성하기 위한 구체적인 실천기법들이 구체적으로 적용되는 시기이며 문제해결단계로 불리기도 한다. 즉, 개입과정은 초기단계에서 설정된 목표를 달성하기 위해서 클라이언트와 클라이언트를 둘러싼 주변 환경에 변화를 가져오기 위한 개입활동이 수행되는 시기를 가리키며, 클라이언트의 가치와 신념체계, 평소 일상생활에서의 대처방법 등을 잘 파악하고 있어야 효과가 있다. 이 단계에서는 사회복지사와 클라이언트가 상호합의하여 클라이언트의 변화노력을 지원하기 위해 문제해결을 위한 구체적인 변화전략을 수립해야 하며, 사회복지사는 계획대로 문제해결과정이 진행되고 있는지를 끊임없이 점검하면서 잘 될 수 있도록 도와주며 지지와 환류를 제공하여야 한다.

이 단계에서 적용되는 실천기법은 사회복지사의 이론적 배경이나 클라이언트가 호소하는 문제의 성격에 따라 다양하고, 실천이론과 모델의 개입방향에 기초하여 다르게 적용되는데, 클라이언트의 목표달성을 위해 가장 적절한 개입방법을 선택하여 문제해결을 시도하는 것이 바람직할 것이다.

개입단계에서 고려할 사항들

- 문제를 명확히 정의한다.
- 문제해결을 위한 방향과 가능한 방안을 정한다.
- 문제해결 방안에 관련된 정보를 수집한다.
- 수집된 자료를 바탕으로 대처행동을 의논한다.
- 검사와 심리진단자료 등을 참고로 바람직한 행동절차 및 의사소통의 실제 계획을 수립한다.
- 계획된 것을 실제 생활에서 실천해 본다.
- 실천결과를 평가하고 행동계획을 수정·보완한다.

출처 : 정원철(2005).

개입수행과정에서 사회복지사가 염두에 두어야 할 원칙

첫째, 경제성의 원칙 : 선택된 활동은 사회복지사와 클라이언트의 시간과 비용을 최소화할 수 있는 것이어야 한다. 클라이언트가 스스로 할 수 있는 일은 사회복지사가 관여하지 말아야 하며, 도움이 필요한 일에는 요구되는 도움만을 제공하고, 클라이언트가 혼자서 할 수 없는 일만 사회복지사가 한다.

둘째, 클라이언트의 자기결정의 원칙 : 개입의 전 과정을 통해 가능하면 클라이언트가 스스로 의사결정을 하도록 해야 한다.

셋째, 개별화의 원칙 : 도움을 필요로 하는 특정 클라이언트 체계의 특성과 욕구에 맞도록 개입활동을 조정해야 하는데, 클라이언트의 능력과 상황에 맞는 접근이 필요하다.

넷째, 발달적합의 원칙 : 개입의 전체 방향은 클라이언트 체계의 발달적 단계에 적합한 것이어야 한다.

다섯째, 상호의존성의 원칙 : 사회복지사 활동의 일부는 클라이언트의 활동에 달려 있다. 클라이언트의 활동과 클라이언트의 변화능력을 고려한 후 개입이 출발되어야 한다. 사회복지사와 클라이언트의 활동은 서로에게 의존하고 있으므로 양측의 활동은 상호보완적이어야 한다.

여섯째, 서비스 목표에 초점의 원칙 : 사회복지사와 클라이언트의 모든 활동은 어떤 식으로든 두 사람이 합의한 계획의 목표에 부합되어야 한다.

출처 : 이종복 외(2006).

개입과정은 크게 클라이언트에 대한 미시적 개입과 클라이언트의 욕구에 반응하도록 환경을 변화시키는 거시적 개입방법이 있다.

1) 직접적 개입(미시적 개입)

미시적 개입의 목적은 첫째, 클라이언트체계가 과업을 수행할 때 지지를 제공하고, 둘째, 계획된 변화가 일어나도록 클라이언트체계를 원조하고, 셋째, 클라이언트체계가 상호 간 도움을 얻을 기회를 조성하고, 넷째, 클라이언트체계에 자원, 문제해결, 행동실행에 관한 교육을 함으로써 클라이언트의 역량을 강화시키는 것이다(Timberlake, Farber, & Sabatino, 2002).

이처럼 일대일 관계를 기반으로 개인의 욕구와 문제해결을 도우려는 개인수준의 미시적 개입의 초점은 주로 클라이언트의 생각, 감정, 행동을 변화시키는 데 있으므로, 면접과 상담기술이 필수적이라고 할 수 있을 것이다(Zastrow, 1989). 즉, 개인수준의 직접적 개입을 통하여 이와 같은 변화를 일으키려면 치료적 면접의 기술이 필요하다는 것이다. 치료적 면접의 목적은 클라이언트가 변화하도록 돕거나, 사회적 환경이 클라이언트의 필요에 보다 맞도록 변화하게 돕는 것이다(나동석 외, 2008).

개인에 대한 개입활동이 필요한 경우(엄명용 외, 2001)

- 문제가 주로 클라이언트의 내적·주관적 원인에서 비롯된 경우
- 대인관계에 문제가 있는 경우
- 문제의 초점이 애매하여 문제해결에 어려움이 있는 경우
- 위기상황에 처하여 감정이 복잡하고 갈등을 겪고 있는 경우
- 자원을 이용할 수 있는 클라이언트의 능력이 손상된 경우

개인에 대한 개입활동의 범주(Johnson, 1986, 엄명용 외, 2001 재인용)

- 클라이언트의 사회적 기능을 지원하는 활동
- 클라이언트와 다른 사람의 사회적 기능을 조정하기 위해 취하는 활동
- 관계를 발전시키기 위한 활동
- 상황 속에서 개인에 대한 이해를 가능하게 하기 위한 활동
- 문제상황을 분석하고 대안을 창안할 수 있게 하는 활동
- 계획과정에 필요한 활동
- 클라이언트로 하여금 가능한 자원을 인식하고 이용할 수 있게 해주는 활동
- 위기상황에서 필요한 활동

클라이언트를 위한 미시적 개입활동에서 주로 사용하게 되는 개입기법은 정서·인지에 개입하는 기술, 행동을 변화시키는 기술, 문제해결기술, 사회기술훈련, 자기주장훈련, 스트레스 관리기술 등이 포함된다.

(1) 정서 · 인지에 개입하는 기술

① 격려(encouragement)

격려란 클라이언트의 가능성에 대한 확신을 표현하는 사회복지사의 진술형태를 띠고 있으며, 클라이언트의 강점을 인정하고 지지하는 수단이 된다. 즉, 클라이언트의 행동, 태도, 감정을 칭찬하거나 인정해 주는 언어적 표현이다. 이 기술은 자신들의 문제를 해결할 능력과 자질 그리고 지식을 보유하고 있는 클라이언트에게 문제해결능력과 동기를 최대화시켜 주는 방법으로 매우 효과적이며, 클라이언트가 자신감이 거의 없거나 자존감이 낮을 경우 또는 경험이 별로 없어서 두려워할 경우 사용된다. 또한 클라이언트가 스스로 자신의 능력과 진도 그리고 기대 정도에 맞추어 문제를 해결해 나가도록 자유롭고 독립적인 분위기를 조성해 주어야 하며, 사회복지사는 클라이언트의 기분과 생각, 행동을 존중하는 반응을 보여주어야 한다. 환기, 재보증 등과 같은 여러 다른 기술과 병행해서 사용할 수 있다.

② 재보증(reassurance)

재보증이란 클라이언트의 능력에 대해 사회복지사가 신뢰를 표현함으로써 클라이언트를 안심시키는 것으로, 사실상은 합리적이고 현실적인 생각과 결정에 대해 클라이언트가 의구심을 가지고 있을 때 사용한다. 이 기술은 클라이언트가 실제로 현실적이며 건전하게, 그리고 사회적으로 수용될 수 있는 결정과 사고방식, 느낌을 가지고 있음에도 불구하고 자신을 믿지 못하거나 합리적인 결정에 대해 의구심을 가지고 있을 때 효과적으로 적용된다. 사회복지사는 재보증을 통해 클라이언트가 직면하고 있는 문제는 부정하되, 그 문제에 따른 감정을 부정해서는 안 된다.

③ 일반화(universalization)

일반화는 클라이언트가 자기만이 이런 문제가 있다고 괴로워하는 것에 대해 클라이언트와 비슷한 상황에 놓인 다른 사람들의 그것들과 동일하거나 거의 같다고 말해줌으로써 클라이언트가 다른 사람에 대해 가질 수 있는 이질감, 일탈감, 소외감 등을 해소하고, 자신에 대한 신뢰감과 자신감을 회복시키기 위해 사용되는 기술이다.

④ 환기법(ventilation)

클라이언트의 문제 또는 억압되어 있는 감정, 특히 부정적인 감정인 분노, 증오, 슬픔, 죄의식, 불안 등이 문제해결을 방해하거나 감정 자체가 문제가 되는 경우 이를 표출하도록 하여 감정의 강도를 약화시키거나 해소시키려고 하는 기술이다

⑤ 인지재구조화(reframing)

인지재구조화란 클라이언트의 왜곡되거나 부정적인 사고구조를 변화시키고, 문제를 다른 시각으로, 즉 새로운 방식으로 이해하도록 돕는 것으로서 자신과 상황을 좀 더 현실적으로 인식하도록 돕는 것이다. 재명명 혹은 재규정이라고도 한다.

⑥ 초점화(focusing)

클라이언트가 자기 문제를 언어로 표현할 때 혼돈되거나 산만한 것을 점검해 주고 내용이 모호할 때 클라이언트의 논의 속에 감추어진 선입견, 가정, 혼란된 개념 등이 드러나도록 도와주는 기술을 말한다.

⑦ 직면(confrontation)

도전이라고도 불리는데 주로 클라이언트가 자신의 문제를 부정하거나 회피하고 합리화하여 변화를 거부하고 개입을 피하려고 할 때 사용되는 기술로, 특히 클라이언트의 사고나 행동 중에서 변화에 장애가 되는 부분에 대한 인식력을 향상시키기 위해 사용하는 기술이다.

⑧ 정보제공(informing)

정보제공이란 의사결정이나 과업수행에 필요한 정보를 제공하는 것을 말한다. 즉, 클라이언트가 어떤 결정을 내리고 과제를 수행하는 데 필요한 정보를 제공하는 기술이다. 정보제공에서 중요한 것은 제공되는 정보의 사용 여부가 클라이언트의 자유의사에 달려 있다는 것을 클라이언트가 느끼도록 분위기를 조성하는 것으로, 사회복지사는 특히 클라이언트의 현재 심리상태를 주의 깊게 고려한 후 정보를 제공하는 것과 클라이언트의 교육수준과 어휘수준에 맞게 정보를 제공하는 것 등에 주의해야 한다. 아울러 클라이언트가 정보를 수용할 정서적인 준비나 의지가 있는지 확인하고, 이에 따라 세심하게 정보를 제공해야 하며, 이를 충분히 이해했는지도 확인해 볼 필요가 있다.

⑨ 조언

조언이란 클라이언트가 해야 할 것을 추천하거나 제안하는 사회복지사의 진술을 의미한다. 조언이 적당하다고 느끼면 클라이언트는 사회복지사의 선호를 분명히 알아차릴 수가 있으며, 조언은 반드시 클라이언트가 요구할 때 주어야 한다. 조언을 주는 것에는 많은 함정이 있으므로 이 기술을 사용할 때는 매우 신중해야 한다.

(2) 행동을 변화시키는 기술

① 모델링(modeling)

모델링이란 다른 사람이 하는 행동을 보고 그대로 모방하도록 하는 방법으로 복잡하거나 새로운 행동을 가르치는 데 사용하는 기술로서 클라이언트에게 이 기법을 적용하여 의도하는 행동을 학습시키기 위해 비디오테이프 같은 자료를 활용하기도 한다.

모델링(modeling)

지체장애인인 손 양에게 사회복지사는 좀 더 의사표현을 적극적으로 하는 방법에 대해 도움을 주었다. 주제는 손 양과 그의 상사와의 관계에 관한 것이었다. 상사는 손 양이 받는 봉급에 비해 너무 과중한 업무를 손 양에게 요구해 왔다. 손 양은 그런 과업을 끝내기 위해서 야간 일을 해야 했고 매우 화가 나 있다. 그러나 손 양은 이 문제에 대해 상사에게 뭐라고 말을 해야 할지 몰랐고, 어떻게 대화를 시작해야 할지조차도 몰랐다.

사회복지사는 손 양이 상사의 역할을 하고 사회복지사는 손 양의 역할을 맡는 역할극을 제의했다. 사회복지사는 상사에게 이야기하는 한 방법을 보여주었다. 그는 상사의 눈을 쳐다보면서 "저는 진심으로 회사에 도움이 되길 바라고 있습니다. 그러나 저는 다른 책임도 맡고 있어서 야간작업까지 계속할 수 없습니다"라고 말했다. 이렇게 한 후에 사회복지사는 역할을 바꾸어서 자신이 상사가 되어 손 양이 직접 상사에게 말하는 연습을 하도록 했다. 그런데 손 양은 처음에 사회복지사가 보여준 시범과는 좀 다르게 했다. 손 양은 상사에게 자신의 문제로 괴롭혀 드려서 죄송하다며 고개를 수그리고 눈을 아래로 내리깔며 미안하다는 말로 시작했다. 사회복지사는 방금 한 역할극에 대해 손 양과 토론하며, 이야기할 때 눈을 내리깔지 말 것과 미안하다는 말로 시작하지 말 것을 제안했다. 이 같은 장면을 반복하면서 손 양은 좀 더 자신의 의사표현을 자신 있게 할 수 있었다. 사회복지사는 손 양을 칭찬했고, 앞으로 손 양이 실제 상황에서 이것을 할 때 어떤 어려움이 있을 것인지에 대해 의견을 나누었다.

출처 : 조휘일 · 이윤로(2001).

② 타임아웃(time-out)

문제행동이 어떠한 상황으로 인해 강화되는 경우 행위자를 상황으로부터 격리시키는 방법이다. 타임아웃기술은 아이들의 나쁜 행동을 수정 · 변화시킬 때 아이에게 그 행동으로 받을 수 있는 모든 자극을 차단시켜 주는 방법으로 사용된다. 아이들에게 짧은 시간 동안 의자, 계단과 방 혹은 침대와 같은 지정된 장소에 머물게 하여 자신의 화를 조정할 수 있는 시간을 가지게 하고, 타임아웃 후에 부모는 아이에게 가르치지 말고 중재하는 이유에 대해서 설명하고 아이의 행동에 대한 부모의 기대를 분명하게 알리는 것이 중요하다. 타임아웃은 그 아이의 나쁜 행동을 무시할 수만도 없고, 반응 대가 절차로 벌 효과를 볼 수 없을 경우에 효과적으로 사용될 수 있는 벌의 일종으로, 이 벌을 불가피하게 사용할 경우 일관성 있게 사용해야 한다.

③ 토큰(token)강화

토큰강화는 토큰경제라고도 한다. 토큰강화에서는 표적행동이 정해지며, 그 행동발생에 대한 유관으로 토큰을 지급한다. 토큰은 나중에 정해진 교환율로 토큰강화물과 교환할 수 있다. 토큰강화는 내담자의 바람직한 행동을 강화하는 것을 목적으로 하며, 행동이 일어난 즉시 제공할 수 있고, 모은 토큰을 통해 자신의 행동이 개선되고 있다는 사실을 알게 됨으로써 동기유발효과가 크다는 장점을 가지고 있다. 토큰강화로 잘한 행동에 대한 표시로 '스티커'를 준다든지 '별 표시'를 해준다. 이런 것을 몇 개 모으면 표창을 하거나 원하는 것을 할 수 있는 무엇과 교환해 주는 사례가 바로 토큰강화의 예다.

④ **역할교환**(role reversal)

역할교환은 역할반전이라고도 한다. 주변의 중요한 사람들의 행동이나 감정에 대한 이해를 높이는 데 매우 효과적인 기법으로, 클라이언트가 다른 사람의 입장에서 상황을 바라보고 의견을 말하게 하는 방법으로 개인에 대한 기술로도 사용되고, 가족에 대한 개입기술로도 사용된다.

구체적인 활용방법

- 사회복지사는 클라이언트의 문제에 관련된 사람들을 확인한다. 현재와 과거의 사람 모두 포함한다.
- 사회복지사는 클라이언트로 하여금 확인된 사람의 입장과 태도를 취해보도록 이끈다.
- 클라이언트로 하여금 본래의 자신과 다른 사람의 입장 사이를 번갈아 오가며 역할을 하도록 하는 것이 효과적이다. 이때 빈의자 기법을 동시에 활용한다. 의자를 두 개 준비하여 역할이 바뀔 때마다 의자를 바꾸어 앉게 함으로써 역할교환을 좀 더 효과적으로 실시할 수 있다. 또한 문제관련자로 확인된 다른 사람은 클라이언트가 행하는 역할을 관찰하여 잘못된 곳을 수정하도록 한다면, 다른 사람에 대한 클라이언트의 이해와 정확도를 극대화시킬 수 있다.

출처 : Johnson & Martross(1975), 백은령 외(2007) 재인용.

⑤ **행동조성**(행동형성, shaping)

행동조성이란 한번에 도달하기 어려운 새로운 행동을 가르칠 때 목표행동에 점차적으로 접근하도록 강화물을 제시하는 방법으로 행동수정의 가장 대표적인 방법이다. 행동조성은 목표행동을 한번에 달성하기 어려울 때 처음으로 보상받는 기준을 낮게 잡아서 보상을 주고, 점진적으로 보상기준을 높이면서 보상을 주는 방법으로 특정 행동수준까지 끌어올리기 위해 작은 단위의 행동으로 나누어 과제를 주는 것이다.

⑥ 행동계약

두 사람 이상이 어떤 행동을 하면 어떤 강화물을 받는가, 그리고 누가 그 강화물을 전달하는가에 대해서 명확하게 진술하여 계획·약속하는 것을 말한다.

⑦ 행동시연(behavior rehearsal)

행동시연은 주어진 문제상황을 어떻게 다룰지 반복적으로 미리 연습하는 것을 말한다. 클라이언트가 특정의 상황에 놓이게 될 경우 그 상황에 맞추어 다른 사람과의 상호작용에서 적절한 행동을 할 수 있도록 미리 준비하여 연습시키는 기법이다.

행동시연기법의 구체적인 실천과정
• 클라이언트가 문제를 설명하고, 그러한 상황에서 그가 흔히 하는 행동양식을 보여준다. • 사회복지사는 좀 더 효과적으로 상황에 임하는 방법을 제시한다. • 처음에 사회복지사는 역할극을 통해 자신이 클라이언트의 역을 맡아 클라이언트에게 제시한 행동을 보여준다. 다음에 클라이언트가 제시된 행동을 이해하고 준비된 후에는 자신이 그 행동을 수행한다. • 역할극이 시행된 후 사회복지사는 역할시연의 효과에 대해 설명해 준다. 효과적인 실행을 위해 덧붙일 제안이 있으면 역할극을 다시 실시하여 가장 바람직한 행동을 모색한다. • 클라이언트가 어떻게 행동할 것인지를 명확히 이해하고 난 후에는 이러한 행동을 반복연습하여 익숙하게 하는 과정이 필요하다. • 사회복지사와의 역할극을 통해 습득한 행동을 면접이 끝난 후에 계속 연습하도록 과제를 준다.

출처 : 백은령 외(2007).

(3) 문제해결기술

문제해결기술은 일상생활의 문제에 대처하는 능력이 적절하지 못하여 어려움을 겪고 있는 클라이언트에게 좀 더 나은 수준의 기능을 하도록 체계적으로 도와주고, 하나의 원칙을 여러 상황에 적용할 수 있도록 한다. 클라이언트는 자신의 문제해결을 위해 체계적으로 접근하는 방법을 배우는 과정에서 사회복지사와의 관계를 통해 타인의 욕구에 반응하고 타인의 입장을 이해하며 그들과 협력하는 과정을 배우게 된다.

문제해결을 돕는 원조과정에서 클라이언트는 합리적인 의사결정 방법을 익혀 충동적이고 비합리적인 결정을 내리지 않게 되고, 해결되지 못한 문제로 인한 스트레스나 역기능적 행동을 감소할 수 있게 된다. 그리고 클라이언트가 실제 생활로 전환할 수 있는 기술을 점차 습득해 감에 따라 사회복지사에 대한 의존도는 점차 줄고 자신감, 자기효능감, 그리고 자존감을 향상시키는 결과를 가져오게 된다. 성공적인 문제해결을 위한 지침은 다음과 같다.

〈성공적인 결과를 얻기 위해서 사회복지사가 지켜야 할 지침〉

- 관련된 문제를 구체화시키고 문제를 자세하게 언급한다.
  - 애매모호한 용어로 표현하면서 생기는 혼동과 오해를 피할 수 있다.
- 과거의 어려움보다 현재의 문제에 초점을 둔다.
  - 클라이언트가 과거 사건을 들춘다면, 현재로 다시 초점을 되돌리도록 개입해야 한다.
- 한번에 한 가지 문제에만 초점을 맞춘다.
  - 클라이언트가 여러 가지 문제로 초점을 일탈하였을 때 초점을 맞추는 과제를 함께 만든다.
- 개인의 문제를 나눌 때에는 경청한다.
  - 자기 문제를 털어놓는 사람에게 걱정이나 감정의 타당성에 대한 판단을 중단한다.
- 문제를 긍정적으로 건설적인 방법으로 재구조화한다.
  - 클라이언트가 부정적인 태도를 보일 때 즉각 개입하여 파괴적인 상호작용을 막는다(Hepworth, Rooney, & Larsen, 2002).

이러한 원칙에 의한 문제해결기술의 과정은 다음의 6가지 단계로 나누어 생각해 볼 수 있다.

〈문제해결기술을 향상시키기 위한 개입〉

- 제1단계 : 문제를 규명하기
- 제2단계 : 문제를 분석하고 참여자들의 욕구를 확인하기
- 제3단계 : 가능한 대안을 위한 브레인스토밍
- 제4단계 : 참여자들의 욕구를 고려한 대안평가
- 제5단계 : 선택된 대안의 실행
- 제6단계 : 결과 평가하기

(4) 사회기술훈련(SST : Social Skills Training)

① 사회기술훈련의 목적과 적용

사회기술훈련은 예방과 교정을 위한 폭넓고 다양한 기술을 가르치는 것으로써 클라이언트에게 현재의 환경 속에서 기대되는 역할수행이나, 관계문제, 그리고 생활주기상의 문제에 효과적으로 기능하도록 필요한 기술을 습득할 기회를 제공한다.

② 절차와 내용

- 학습목적의 논의 및 기술 설명 : 참여를 높이기 위해 훈련에 필요한 기술에 대하여 소개하고 어떤 상황에서 그것이 적용될 수 있는지, 왜 필요한지를 충분히 설명하도록 하여 클라이언트가 받아들일 수 있도록 하는 것이 중요하다.
- 사회기술을 구성하는 요소 확인 : 사회기술은 많은 요소로 구성된다는 것과 기술의 구성요소에 대하여 소개하고 그것을 배우고 난 뒤의 성공적인 결과에 대하여 설명을 해준다.
- 기술의 모델링 : 대리학습을 배우는 것으로서 자기효능감을 높이는 효과를 가져다준다. 사회복지사가 기술의 구성요소를 직접 보여주면서 클라이언트가 기술을 따라서 해보도록 돕는다. 클라이언트들이 모델을 비판하고 토론함으로써 평가의 효과를 얻고, 새로운 기술을 학습하는 데 도움을 주게 된다.

- **각 구성요소에 대한 역할극 실시** : 클라이언트가 기술을 배우는 가장 효과적인 방법은 기술을 사용할 수 있다는 자신감이 생길 때까지 직접적으로 연습을 해보는 것이다. 클라이언트들이 경험할 수 있는 문제상황을 가상적으로 만들어 주고 역할극을 통하여 돌아가면서 각 요소들을 연습하고 서로 피드백을 주고받는다. 처음에는 쉬운 상황에서 시작하여 점차 더 어려운 상황으로 도전할 수 있도록 지도하고, 그 기술에 익숙해지면 좀 더 힘든 역할극을 진행한다.
- **역할극에 대한 평가** : 각각의 상황에 대한 역할극을 끝낸 후 서로 피드백을 주고받는다. 역할극을 마친 후 마음을 열 수 있는 분위기를 조성하기 위해 처음에는 긍정적 피드백을 먼저 하도록 지도한다. 피드백은 언어와 비언어적 행동 모두를 포함하며, 때로는 보충적인 연습을 하도록 하여 수정을 할 수 있도록 하고, 아주 사소한 발전에도 그에 대한 긍정적인 피드백을 아끼지 않는다. 그리고 클라이언트 자신에 관한 긍정적·부정적 피드백에 대한 자기평가와 역할극 수행을 평가하도록 하고, 경험한 감정에 대하여도 함께 나눌 수 있도록 요청한다.
- **역할극의 구성요소의 합성** : 역할극이 잘 수행되면 다음으로는 참여자들이 돌아가면서 기술을 전체적으로 서로 피드백하고 연습하는 과정을 반복함으로써 자기효능감을 향상시키도록 한다.
- **실제 생활상황에서 적용하기** : 이 단계에서는 이번 주 동안 실제 일어날 수 있는 상황에 대비하여 클라이언트에게 준비를 시키는 단계이다. 사회복지사는 클라이언트에게 새롭게 배운 기술을 실제 상황에서 적용하고자 하는 의지를 갖출 수 있도록 격려하고 준비시킨다.

(5) 자기주장훈련(AT : Assertiveness Training)

자기주장훈련은 스스로 행동을 변화시켜서 자신에 대한 태도와 감정을 변화시키는 것을 말한다. 자기주장훈련은 타인의 권리와 감정을 존중하면서 구체적인 행동요소를 표현하는 것으로, 다른 사람과 깊이 있는 커뮤니케이션을 하는 방법, 삶에 적극적으로 대처하는 방법 그리고 자기 자신을 이겨내는 방법 등을 알려준다.

(6) 스트레스 관리기술

스트레스가 많은 상황에 대해 클라이언트의 생체학적·인지적·지각적·행동적 요소가 어떻게 반응하는지에 대한 구체적인 기술을 의미한다. 긴장완화훈련은 스트레스로 인해 신체적 증상이 있을 때 심호흡과 근육이완 운동이 효과적이다.

2) 간접적 개입(거시적 개입)

사회복지사는 클라이언트를 원조하기 위해 앞에서 다룬 미시적인 개입 외에도 클라이언트 이외의 개인, 집단, 가족, 조직 또는 지역사회 등 클라이언트의 환경에 대한 개입으로 사회적 지지체계의 개발, 서비스의 조정 및 프로그램의 개발, 클라이언트를 위한 옹호활동과 같은 거시적 개입활동을 수행한다.

(1) 사회적 지지체계의 개발

① 사회적 지지의 기능

일반적으로 인간은 타인과의 관계 속에서 정서적 안정과 보호, 자신의 생각이 남과 크게 다르지 않다는 위로, 경제적·물질적 도움이나 원조, 그리고 자신의 과업수행과 사고방식이 옳다는 지지 등을 받는다고 지각하게 된다(Richman et al., 1998).

램버트 매과이어(Lambert Maguire)는 "사회적 지지는 어떠한 사람의 사회적 체계, 즉 그 사람이 살고 있는 사회적 환경 또는 생태적 환경 내에서의 적극적인 상호작용을 일컫는다. 사회적 환경은 가족, 친구, 직장동료, 이웃을 포함하는 비공식적 체계와 사회복지사, 의사, 변호사, 목사 및 다른 분야 전문가들을 포함하는 공식적 체계로 구성되어 있다"고 설명하고 있다. 캐플란

(Caplan, 1974)은 지지체계란 "지속적인 관계패턴으로 이것은 개인의 심리적·신체적 통합을 유지하는 데 중요한 역할을 한다"고 설명했다(장인협·오세란 공역, 1996).

사회복지실천이 '인간과 환경'에 초점을 두고 클라이언트와 그가 속한 체계와의 적응을 강화하는 것(Meyer & Mattaini, 1999)이라고 볼 때 사회적 지지망이 개인에게 미치는 긍정적 효과에 대하여 바이스(Weiss, 1974, 양정남 외, 2002 재인용)는 다음과 같은 점을 들고 있다.

- 사람들과의 긴밀한 애정관계를 통하여 애착관계를 형성하고 소속감과 안전감을 제공받는다.
- 사람들과 지지망을 형성하고 그 안에서 관심과 가치를 공유함으로써 사회적 통합을 이루게 된다.
- 타인에 대하여 보살피는 기회를 가짐으로써 어려운 환경에 처해도 이겨낼 수 있는 원동력을 얻는다.
- 가족이나 동료에 의해 개인의 가치를 확인받음으로써 자존감이 증진된다.
- 신뢰감 있는 동료관계를 통하여 1차 집단의 동류의식을 갖게 된다.
- 비공식적 조언자의 원조와 안내를 받아 어려운 문제를 해결할 수 있다.

② 사회적 지지체계의 개발

대부분의 클라이언트들은 사회적 지지체계에서 상실을 경험한 사람들이므로 사회복지사는 클라이언트가 기존의 외적 지지자원의 존재를 스스로 인식하도록 돕거나 지지체계를 개발해 줄 필요가 있다.

헵워스와 라슨(Hepworth & Larsen, 1990, 양정남 외, 2002 재인용)은 사회적 지지체계를 개발하는 방법을 다음의 네 가지로 기술하였다.

㉠ **자연적 지지체계의 활성화**: 자연적 지지체계를 활성화하는 것은 산업화, 도시화, 핵가족화로 인해 줄어들고 있는 클라이언트의 자연적 지지체계를 의도적으로 개입하여 활성화하는 것이다. 자연적 지지체계로는 친척, 친구, 이웃, 교회조직, 클럽 등을 들 수 있다. 사회복지사는 클라이언트의 욕구충족을 위해 이러한 자연적 지지집

단을 활성화하여 체계들이 클라이언트의 욕구에 맞게 적절히 기능하도록 돕는다. 예를 들어, 한부모가정 여성들의 탁아문제에서 같은 지역의 한부모가정 여성들이 돌아가면서 자녀들을 돌보아 주게 된다면 일상생활상의 어려움이나 취업문제, 아동양육상의 어려움 등을 서로 도와가며 해결할 수 있을 것이다. 이를 효과적으로 돕기 위해 사회복지사는 욕구가 있는 사람들을 모아 서로 자원이 될 수 있도록 조직해 주는 역할을 하게 된다.

또는 장기적 질병으로 앓고 있는 독거노인과 같은 클라이언트를 돕기 위해 가까운 이웃에 위치한 교회를 활용하여 영적 도움은 물론, 사회활동, 레크리에이션 프로그램, 가정방문, 단기적 가정봉사원서비스 등을 제공받도록 연결해 주는 것이다. 이 외에도 정신건강문제를 가지고 있는 클라이언트, 아동학대가정 등을 돕는 데도 지역사회의 자연발생적 지지체계를 활용하는 것이 치료적 가치에 있어서도 효과가 매우 높다는 것이 판명되고 있다(Hepworth & Larsen, 1990). 이러한 지지체계를 활성화하여 적절한 원조효과를 높이기 위해서는 사회복지사가 지역 내 자원에 대한 정보를 충분히 파악하고, 이들을 사회복지서비스망으로 조직화하고 효율적으로 운영할 수 있도록 역할을 하여야 한다. 또한 확대가족을 관계망화 하는 기술을 사용해야 할 것이다. 관계망화 하기 위해 사회복지사는 가족과 친구들에게 그들이 클라이언트에게 중요하며 큰 도움이 될 수 있다는 것을 알게 함으로써 스트레스에 대한 보호적인 완충제를 구축할 수 있다(도광조, 2008). 특히 가족과 친구들에게 그들이 가끔 해주는 지지나 격려의 말 또는 경청이 클라이언트에게 상당히 도움이 된다는 사실을 상기시킬 필요가 있다. 사회복지사는 클라이언트에게 관계망 도표를 그리게 하거나 그의 사회적 지지체계를 묘사하게 함으로써 클라이언트로 하여금 과거와 미래의 관계들의 의미와 유용성을 재고찰할 수 있도록 한다(장인협 · 오세란 공역, 1996).

ⓛ **자조집단의 구성** : 자조집단이란 공통적인 문제나 장애를 가진 사람들이 공동욕구 해결을 위한 상호원조를 제공할 목적으로 자발적으로 구성한 집단으로서 클라이언트들은 자조집단을 통하여 물질적 원조뿐 아니라 정보를 제공받고, 정서적 지지를 받는다(Zastrow, 1987). 자조집단들은 상호인식에 기초하고 문제와 관심을 공유하므로 빨리 유대를 형성한다. 그들의 유대는 고통스럽고 비슷한 경험을 공유함으로써 더욱 강화된다. 자조집단 구성원들은 변화에 대한 동기가 강하고, 감정이입, 진실, 수용 등의 지지적 기법에 익숙하기 때문에 그 효과는 더욱 클 수 있다. 최근 들어 자조집단은 사회복지실천의 다양한 장에서 활발히 활용되고 있다.

ⓒ **자원봉사자의 활용** : 클라이언트를 돕기 위한 자원으로 자원봉사자를 활용하는 것의 역사는 매우 오래되었다. 자원봉사란 "특정한 사회적 요구의 인식하에 사회적 책임감의 태도를 가지고 금전적 보상이나 이득에 관심 없이, 또한 기본적 의무감에 매이지 않은 상태에서 행동할 것을 자발적으로 선택해서 이루어지는 타인지향적 활동(Smith, 1981)"이라고 하고, 민간기관이나 정부기관에서 이러한 활동을 하는 사람들을 자원봉사자라고 한다. 사회복지사는 클라이언트의 욕구충족을 위한 서비스활동의 하나로서 자원봉사자를 지지체계로 활용한다. 자원봉사자들을 활용한 서비스들은 소년소녀가장을 위한 자매결연, 독거노인을 위한 말벗서비스나 도시락배달서비스, 장애인을 위한 교통편의 제공, 교회 자원봉사자를 활용한 요양시설의 환경정비, 청소년들의 환경보호활동에의 참여 등 자원봉사자를 활용할 수 있는 분야는 매우 다양하다.

사회복지사는 자원봉사자의 효율적 활용을 위해 지역사회 자원봉사자의 개발, 모집, 훈련, 배치, 감독, 긍정적 협력관계 유지 등을 통하여 적절한 수요자와 연결시켜 주는 역할을 하게 된다.

㉣ **공식적 지지체계의 활용** : 공식적 지지체계의 활용은 클라이언트의 욕구에 환경이 반응할 수 있도록 기존의 다양한 사회복지기관 및 프로그램을 활용하는 것이다. 공식적 지지체계로는 사회복지관, 병원, 요양시설, 아동학대예방센터, 가정폭력상담소, 성폭력상담소, 성폭력 피해여성의 긴급피난처, 청소년 쉼터, 가정폭력피해여성쉼터, 다양한 사회단체, 공공기관의 서비스와 프로그램 등이 포함된다. 예를 들어, 남편의 학대로 인해 찾아온 피해여성의 욕구가 생계비 지원, 주거문제, 취업문제, 4세 아동의 탁아문제, 정서적 지지문제들로 파악되었다고 하자. 이러한 문제를 해결하기 위해 사회복지사는 주거지역의 동사무소 사회복지 전문요원, 모자복지관, 여성인력개발센터, 24시간 아동탁아소, 가정폭력 전문상담소 등과 같은 공식적 지지체계를 활용하여 클라이언트의 문제와 욕구에 적절하게 대응할 수 있다. 이처럼 공식적 지지체계를 적절히 활용하기 위해서 사회복지사는 클라이언트의 특수한 욕구를 만족시킬 수 있는 지역사회 내 다양한 기관과 프로그램에 대한 충분한 정보를 가지고 있어야 한다.

체계개발을 사용하는 사회복지사의 과제는 클라이언트로 하여금 그의 분노, 좌절, 공포를 발산하게 하고, 그가 변화시킬 수 있고 변화시킬 수 없는 것을 알게 하는 것이다. 동정과 자책은 이해되고 논의될 필요가 있지만, 또한 부적절하고 비생산적이라는 것도 인식될 필요가 있다(장인협 · 오세란 공역, 1996).

〈표 11-1〉 새로운 지지체계 개발의 방법

개입의 목적	개인체계망 구축	자원봉사자 연결	자조집단 참여	이웃과 지역사회 권한 부여
노인을 집안에서 보호하기 위해	아파트 경비원이 점검 우편집배원 점검 신문배달부 점검 교회와 친구 점검 이웃보초 프로그램	서비스 프로젝트 허드렛일 서비스 기술은행 서비스교환 동료 카운슬링 말벗서비스	집을 공유 미망인과 중풍 희생자 지지집단 구성	활동집단
노인보호 제공자(가족)를 위해	교회회원 프로그램 가족교육과 지지	교회자원봉사 기회 이웃 휴가서비스	가족지지와 교육집단	

출처 : Hoooyman(1983), 나동석 외(2008) 재인용.

(2) 서비스의 조정 및 프로그램 개발

① 서비스의 조정

사회복지실천과정에서 다양한 문제를 가지고 있음으로 해서 복합적인 서비스가 제공되는 경우, 목적에 적절하지 않은 수준과 양의 서비스가 주어지는 경우, 또는 클라이언트에게 적절한 서비스가 제공되지 않는 경우도 있다. 이런 경우 사회복지사는 클라이언트의 욕구와 기대, 목적에 따라 서비스를 조정할 필요가 있다(도광조, 2008). 클라이언트에게 필요한 서비스 조정(coordination)은 클라이언트에게 초점이 맞추어질 수도 있고, 특정 범주에 속한 사람들에게 초점이 맞추어질 수도 있다. 조정은 다양한 서비스들이 공동의 목적을 달성하기 위해 적절하게 클라이언트를 도울 수 있도록 하는 것을 의미한다.

존슨(Johnson, 1989)은 조정의 형태로 서비스 연결, 의뢰, 사례관리를 들고 있다. 사회복지사는 클라이언트가 지니고 있는 복잡하고 다양한 욕구와 문제를 해결하기 위하여 다양한 전략과 방법을 통해서 지원하여야 한다(나동석, 2008). 예를 들어, 소득문제 해결의 경우 필요한 경제적 지원, 취업 및 관련 서비스 등을 제공하기 위하여 기관 내의 자원이 부족하다면, 하나의 방법으로서 다른 기관과 연계하여 문제를 해결하는 연계서비스가 필요할 것이다(서비스 연결형태). 또한 조정은 의뢰한 서비스가 제대로 전달되고 있는지, 그리고 그 결과가 어떤지를 평가하는 것까지를 모두 포함한다(의뢰형태).

조정이 효과적이려면 바람직한 목표를 향해 공동의 작업을 한다는 정신이 있어야 한다. 조정은 기관 내의 서비스 간 조정이 필요할 때가 있고, 또한 기관 간의 서비스 조정이 필요할 때가 있다. 이런 경우 서비스 조정이 중요한 개입활동이 되며, 클라이언트에게 이로운 결정이라는 것을 상호 간에 이해할 수 있도록 하는 것이 중요한 요소가 된다. 이를 위해서는 개방적인 상호교환과 만족감이 보장되도록 해야 한다(Johnson, 1986, 백은령 외, 2007 재인용).

조정에서 중요한 점은 관련된 모든 기관이나 개인이 모두 서비스 조정에서 상호 만족할 수 있도록 하는 것이다. 조정에서 가족, 친척, 이웃과 같은 비공식적 자원과 학교, 교회, 정신건강센터, 지역사회복지관과 같은 공식적 자원체계가 모두 포함되어야 한다. 이러한 경우 조정활동을 어렵게 하는 것은 각각의 체계가 각기 다른 전문적 훈련기준과 기능, 가치와 지식을 가지고서 클라이언트의 욕구와 문제를 돕는다는 점이다. 효율적인 조정을 위하여 사회복지사는 각각의 기관의 전문적 관점을 이해하고 중첩된 서비스가 있는지를 확인하며, 기관 간 발생할 수도 있는 갈등요인을 인식하고 그에 대하여 적절하게 대처할 수 있어야 한다. 사회복지사는 클라이언트 원조과정에 각각의 전문직이 기여하는 바 장점을 존중하고 수용하면서 조정이 효율적으로 이루어지도록 조정자로서의 역할을 수행해야 한다. 또한 사회복지사는 공식적 자원체계와 비공식적 자원체계의 특성을 바르게 이해하고, 이 두 체계를 동시에 활용하여야 하는 경우에 적절한 의사소통 방식을 통하여 조정이 효과적으로 이루어지도록 해야 한다(양정남 외, 2002).

효율적 조정을 통하여 사회복지사가 활용할 수 있는 기술로는 다음 세 가지를 들 수 있다(Johnson, 1998). 첫째, 상황에 관련된 체계들이 적절하게 의사소통할 수 있도록 공통점과 상이점을 파악하는 기술, 둘째, 참여자들과 효과적으로 의사소통하는 기술, 셋째, 조정과정에 참여하는 체계들이 각자가 조정서비스로부터 얻는 이득을 인식할 수 있도록 동기화시키고 격려하는 기술이다. 조정은 복합적 문제를 가진 클라이언트의 상황에 복합적 서비스를 제공하기 위해 필요한 서비스이며, 원조하는 사람들 간의 기능적 관계에 따라 그 효과가 좌우된다(양정남 외, 2002).

② 프로그램 개발

클라이언트의 욕구를 충족시켜야 하나 재정적인 문제로 인해 필요한 자원이 제공되지 않고 있음을 발견할 때, 사회복지사는 자원봉사자나 자조집단과 같은 새로운 자원이나 프로그램을 계획하고 발전시켜야 한다. 자원봉사 프로그램은 자원봉사자들을 모집하고, 선발한 후 이들을 적합한 업무에 배치시키고 훈련하며 지도·감독하는 일을 포함한다.

자조집단 프로그램을 운영하는 것은 현대사회에서 소외되고 고립되기 쉬운 개인들이 유사한 상황이나 문제로 고통을 겪고 있을 때 자발적으로 서로 지지하고 상호부조할 수 있도록 클라이언트를 조직·연결하는 것이다. 자조집단을 지원하는 구체적인 방법은 만날 장소를 제공하는 것, 재정적 자원을 발견할 수 있도록 도와주고 정보나 훈련의 기회를 제공하며 의뢰할 수 있는 적절한 자원을 제시하는 일, 사회적·정서적 지원을 제공하는 일, 자조집단이 지역사회와 전문가들 사이에서 신뢰를 얻을 수 있도록 해주는 일 등이 있다. 이 외에도 자원동원을 위한 모금활동 프로그램 계획과 보조금 지원신청 등이 있다(백은령 외, 2007).

새로운 프로그램은 기관 내에서 계획될 수도 있고 지역사회 차원에서 추진될 수도 있다. 지역사회 내에서 프로그램을 개발하기 위해서는 지역사회 주민들에게 관련 정보를 제공함으로써 문제를 인식시키고, 욕구조사 등을 통해 지역주민들의 욕구는 물론이고 프로그램 개발의 필요성과 방향을 포괄할 수 있어야 한다. 대체로 새로운 프로그램을 개발하는 경우에는 작은 단위로 최대의 만족을 얻을 수 있는 범위 내에서 시작하는 것이 좋다. 새로운 자원을 개발하고 활성화하는 계획을 수립하는 데 필요한 세 가지 지침은 다음과 같다. 첫째, 좋은 관계를 개발하고 유지할 것, 둘째, 프로그램을 개발하는 목표와 계획을 명확히 할 것, 셋째, 프로그램에 활용할 수 있는 자원은 현실적으로 가능한 것일 것 등이다(Johnson, 1998).

예를 들어서, 특수한 질병을 앓고 있는 자녀를 둔 부모들을 위한 자조집단을 새롭게 구성하여 이들의 정서적 지지와 정보교환, 대처를 위한 자문 역할을 할 수 있도록 프로그램을 마련할 수도 있고, 학교폭력의 피해청소년을 둔 부모들을 대상으로 한 자조집단 프로그램은 학교폭력 예방과 피해 청소년과 가족의 권익보호를 위해 마련될 수도 있다(양정남 외, 2002).

(3) 클라이언트를 위한 옹호활동

옹호활동(advocacy)은 ① 클라이언트에게 제공되지 않는 자원과 서비스를 얻을 수 있도록 하고, ② 클라이언트에게 불리한 영향을 미칠 실천, 절차, 정책들을 수정하며, ③ 필요한 자원이나 서비스를 제공받을 수 있는 새로운 법률이나 정책들을 증진시키기 위해 클라이언트와 함께 또는 클라이언트를 대표하여 일하는 과정이다.

사회복지대상자들은 상대적으로 사회 내에서 약자층이기 때문에 사회복지정책이나 절차, 서비스에 있어서 불리하게 적용될 수 있는 가능성이 크다. 즉, 클라이언트들은 상대적으로 자신의 주장을 논리적으로 설명하고, 주장하는 데 미흡할 뿐 아니라 사회적 자원동원력 등이 약할 수 있기 때문에 사회복지사가 함께 노력할 필요가 있다(도광조, 2008).

옹호는 관련이 있는 두 개 측면으로 구체화된다. 첫째는 수혜와 서비스를 받을 수 있도록 그리고 존엄성을 보호하면서 서비스를 제공받을 수 있도록 개별 클라이언트와 가족과 함께 또는 그들을 대표해서 일하는 것으로 사례옹호(case advocacy)라고 명명한다. 옹호의 둘째 측면은 특정 계층이나 집단의 모든 사람들에게 영향을 미칠 수 있는 정책, 실천, 법의 변화를 도모하는 것이다. 따라서 이러한 유형을 계층옹호(class advocacy)라고 부른다. 홈스(Holmes, 1981)는 역기능적인 정책 때문에 특정 서비스나 수혜자격을 거부당한 클라이언트를 위해 사례옹호활동을 하는 것이 하나의 전례가 되어 결국 같은 상황에 있는 다른 사람들에게 영향을 미친다고 지적하였다(Holmes, 1981). 기관에서 사회복지사는 대부분 개별적인 사례에 초점을 맞추는 경향이 있다.

그렇게 하면서 동시에 사회복지사는 종종 개인적으로 자원봉사자 역할을 하면서 계층옹호활동을 한다(Ezell, 1994, 허남순 외, 2004 재인용).

옹호활동이 필요한 상황은 다음과 같다(Hepworth & Larsen, 1990).

① 사회복지기관이나 직원이 급여자격이 있는 클라이언트에게 서비스나 혜택을 제공하지 않을 때
② 비인간적인 방법으로 서비스가 전달될 때
③ 클라이언트가 인종, 종교, 신념 때문에 차별을 받을 때
④ 서비스와 급여에 격차가 있어서 클라이언트에게 어려움이나 역기능이 발생할 때
⑤ 정부나 기관의 정책이 자원과 급여를 필요로 하는 사람들에게 부정적인 영향을 미칠 때
⑥ 클라이언트가 자신에게 유리하게 행동할 수 없을 때
⑦ 이용 가능한 자원이 없어 공통의 욕구를 가진 사람들이 많을 때
⑧ 위기상황에 처한 클라이언트들의 서비스와 급여에 대한 절박한 욕구가 있을 때
⑨ 클라이언트가 시민으로서 또는 법적인 권리를 거부당했을 때
⑩ 기관의 절차나 시설이 클라이언트에게 부정적 영향을 미칠 때

옹호를 고려할 때, 사회복지사는 클라이언트의 자기결정권(self-determination)을 주의 깊게 살펴야 한다. 클라이언트가 자신의 권리를 주장하기를 원하지 않는다면 사회복지사는 윤리적으로 그런 클라이언트의 바람을 존중해야 할 의무가 있다(Kutchins & Kutchins, 1978, 허남순 외, 2004 재인용). 또 클라이언트의 바람 이상으로 옹호활동을 더 진행해서는 안 된다. 사회복지사는 옹호활동에서 있을 수 있는 부정적인 측면에 대해 클라이언트와 함께 논의할 책임이 있다. 또 하나 주의해야 할 것은 옹호행동을 취하기 전에 사회복지사는 현재 클라이언트 상황에서 주장행동을 하는 것이 정당한지 확실히 해야 한다는 점이다.

옹호활동을 하는 데 있어서 사회복지사는 문제나 욕구를 조사해서 문제의 심각성을 논리적으로 합당하게 설득력 있게 설명할 수 있어야 하고, 활동의 타당성을 확보하도록 노력해야 한다. 그리고 자신감을 가지고, 확고한 신념을 가질 필요가 있다. 클라이언트가 처해 있는 상황과 각종 정보를 제공하는 노력을 하고, 클라이언트 스스로 자신의 권리를 주장하는 데 동의할 수 있도록 해야 할 것이다.

2. 가족대상 개입

사회복지실천의 역사에 있어 가족은 개인의 복지에 직접적 영향을 미치는 1차적 환경체계로 인식됨과 동시에 가족이 하나의 체계로서 당면하는 공동의 과제 및 내부에서 발생하는 다양한 역동으로 인해 그 자체가 사회복지실천의 주요 대상이 되어 왔다. '환경 속의 인간'이라는 생태체계적 관점과 '전체는 부분의 합과 다름'을 인정하는 체계적 관점을 핵심관점으로 채택하는 사회복지실천현장에서는 가족이란 때에 따라 환경이 되기도 하고, 때에 따라 직접적 개입이 요구되는 대상이 되기도 한다(최선희 · 최정숙 · 박화옥, 2008).

가족을 대상으로 하는 실천에서 그 초점을 '가족 구성원'에게 둘 것인가 '가족의 전체성'에 둘 것인가 하는 것은 가족이 공통된 목표와 관심을 가지기도 하지만, 때로 가족 내 개별 구성원이 상충되는 욕구를 가지기도 한다는 것을 고려한다면 아주 민감한 사안이다. 실천에서 다루는 이슈나 실천의 목적에 따라 그 초점은 달라질 수 있겠지만, 사회복지실천이 체계, 생태체계 관점을 기반으로 개인과 환경 간의 원활한 교류를 목적으로 한다는 것을 고려한다면 성원 간 상충되는 욕구가 민주적으로 해결될 수 있는 장치(김성천, 2007)를 마련함으로써 '가족의 전체성'에 초점을 두면서도 '가족 구성원'의 욕구가 함께 반영되는 방법이 되어야 할 것이다.

따라서 가족단위를 대상으로 하는 실천은 '전체로서의 가족(family as a whole)', '한 단위(unit)로서의 가족'을 고려하는 '가족초점'을 유지하되, 가족의 전체성과 가족성원의 개별성이 상충되는 측면에 대한 민감성을 가지고 이를 해결하면서, 가족 전체를 대상으로 하고 필요에 따라 가족을 구성하고 있는 개별 성원과 부부, 부모-자녀, 형제자매와 같은 하위체계를 대상으로 한다고 할 수 있다.

1) 가족단위 실천 시 고려해야 할 사항

가족을 단위로 실천할 때 전반적으로 고려해야 할 사항은 다음과 같다.

첫째, 사회복지사는 개별 구성원으로부터 가족 전체로 관심의 초점을 넓히는 '가족초점(family focus)'을 유지하고(성정현·여지영·우국희·최승희, 2004), 가족이 체계로 연결되어 있다는 것을 알게 한다.

둘째, 가족의 채워지지 않은 욕구가 가족체계 내 상호작용, 환경과의 상호작용과 관련될 수 있다는 생각을 하게 하고, 가족이 이러한 상호작용과 교류의 새로운 균형을 잡을 수 있는 방법을 찾도록 돕는다(Johnson & Yanca, 2010).

셋째, 가족은 주로 세대 간의 집단이고 오랜 시간을 함께 해온 집단이며, 구성원이 함께 보낸 시간의 정도와 가족이 구성원들에게 미치는 영향력의 힘 때문에 강한 결속력을 가진 집단으로(Johnson & Yanca, 2010), 가족의 발달과정 및 역사, 가족의 가치, 신념, 문화 등 가족의 맥락에 대한 이해를 하는 것이 필요하다.

2) 가족단위 실천의 초기과정에서 고려해야 할 사항

가족단위의 실천 시에 사회복지실천의 초기과정에서 추가적으로 고려해야 할 사항은 다음과 같다(Collins, Jordan & Coleman, 1999).

첫째, 가족 구성원 모두와 관계를 맺어야 한다. 사회복지사는 가족 구성원 중 특정 성원과만 관계를 맺거나 특정 구성원에게만 관심을 쏟지 않고 가족 모두와 관계를 맺어야 한다. 이는 특정 성원만의 이익이나 입장을 반영한다는 느낌을 주거나 특정 성원을 문제가 있는 사람으로 소외시키지 않기 위함이다. 또한 가족의 문화를 존중하여 가족이 맺는 관계형태를 이해하고, 그 문화맥락에서 수용 가능한 형태의 관계를 맺어야 할 것이다.

둘째, 문제 및 욕구를 정의할 때 가족 구성원 모두가 이를 어떻게 인식하고 있는지 고려해야 한다. 당면 이슈를 명확히 하기 위해서 가족성원 개개인이 그 문제를 어떻게 보고 있는지 알아야 하고, 필요하면 가족성원 각자와 면담을 해야 한다. 가족성원 개개인이 다른 가족의 간섭이나 방해 없이 그 문제에 대해 자유롭게 자신의 시각을 표현할 수 있어야 하며, 논쟁이나 방해는 정중하면서도 단호하게 대처해야 한다. 문제와 욕구를 규명하는 과정에서 가족원들 간의 상호작용을 촉진해야 하고, 문제를 개인 책임으로 돌리지 않고 가족단위의 문제로 인식되게 해서 가족 모두가 책임의식을 가지고 문제를 해결해 나갈 수 있게 하는 것이 필요하다.

셋째, 가족 공동의 목표를 설정하고 개입과정을 명확히 해야 한다. 가족의 문제인식 및 변화동기를 사정하고, 그것을 기반으로 가족이 공유할 수 있는 공동의 목표를 수립해야 하고, 목표는 문제해결을 위해 가족 모두가 참여하여 행동할 수 있는 것이어야 한다.

넷째, 가족 모두와 계약을 해야 한다. 문제 및 욕구에 대해 논의하는 것뿐 아니라 문제 및 욕구를 정의하는 것, 목표와 방법에 대해서 가족 모두가 합의하는 과정이 필요하다. 만남의 시간, 장소에 관한 사항뿐 아니라 가족성원 개개인의 행동과업에 대해서도 가족성원의 합의를 얻어야 한다.

3) 가족단위의 실천활동

(1) 가족과 환경과의 관계개선을 위한 실천

사회복지실천에서 가족단위를 주요 대상체계로 한다 하더라도 생태체계적 관점에서 환경과의 관계를 사정하고, 가족의 문제와 욕구가 가족과 환경 사이 원활한 상호작용의 부족이나 교류의 부조화에서 비롯된 것은 아닌지,

그 관계에서 개선이 필요한 사항은 무엇인지를 사정하고 지원해야 한다.

환경으로부터의 자원연결이 필요한 경우 환경의 자원을 개발, 연결해야 하고, 서비스 중복과 누락의 문제가 있거나 서비스 조정이 부적절한 사회적 조건이 있다면 가족옹호의 방법이 적용되어야 하며, 그 외 가족관계망에 대한 개입과 필요에 따라 환경을 변화시키는 실천이 이루어져야 할 것이다.

① 환경의 자원 개발, 연결

사회복지실천 시에 문제 및 욕구의 많은 부분은 종종 자원의 부족과 관련된다. 가족의 문제와 욕구가 부족한 자원의 보충과 관련된 것이라면, 사회복지사는 환경 내에 있는 자원과 지지를 개발하고 연결해야 하는데, 존재하지 않는 자원과 지지를 발굴하고 존재하지만 작용하지 않는 자원들과 지지를 활성화하며 경미하게 작용하는 자원들과 지지를 강화하는 데 초점을 맞춘다.

② 서비스 조정

가족욕구의 복합성 때문에 여러 기관과 전문가가 대상가족에 관여할 가능성이 많다. 가족에게 영향을 미칠 수 있는 지역사회 내 다른 전문가들과 서비스 체계를 인식하고, 가족에게 필요한 데 누락된 서비스가 있다면 서비스를 받을 수 있도록 연결 및 의뢰하고, 동일한 서비스를 여러 기관에 걸쳐 중복적으로 받고 있는 일이 있다면, 서비스망에 대한 사정을 통해 효율적으로 서비스 전달이 이루어질 수 있도록 서비스의 조정이 필요할 것이다.

③ 가족옹호

가족옹호는 특정 가족에게 편의를 제공하는 차원이 아니라 가족의 정당한 권리를 요구함으로써 지역사회 조직의 변화를 가져오도록 하는 것이다. 옹호과정에서 사회복지사는 가족과 지역사회의 자원을 중재하거나 지역사회 자원들과 협의 혹은 대결해야 하기 때문에 사회복지사 자신뿐 아니라 사회복지기관이 난처한 입장에 처하게 될 수도 있으나, 가족의 사회환경을 향상시키고 사회정의를 증진하기 위한 필수적인 사회복지실천과정이다(김혜란 · 홍선미 · 공계순, 2006).

④ 가족관계망 개입

가족관계망 개입이란 가족, 친구, 이웃, 동료의 관계망 속에 있는 에너지와 자원을 활용하여 가족이 겪고 있는 곤경을 완화시키는 데 필요한 필수적인 지지와 만족, 통제를 제공하고 지역사회 전문가들과 관계망 개입을 위한 팀 접근을 시도하는 것이다(Secck & Attneave, 1973; Hartman & Laird, 1984, 성정현 외, 2004 재인용). 가족관계망에 개입하는 방법은 첫째, 부족화단계를 통해 집단이 모여 응집력을 갖게 하고, 둘째, 양극화단계에는 불일치와 문제에 대한 대안을 표현하게 하며, 셋째, 동원단계에서는 관계망의 리더가 자원을 동원하고 집단이 구체적인 행동을 지향하도록 촉구하며, 이때 문제가 해결되지 않으면 좌절을 경험하기도 하지만 다시 돌파(break through)하는 단계를 거쳐 소모-고양(exhaustion-elation)단계에서 세션을 종결하게 된다(Hartman & Laird, 1984; Maquire, 1991, 성정현 외, 2004 재인용).

⑤ 가족의 환경 변화활동

가족의 욕구가 환경과의 관계, 즉 교류에서 경험하는 부조화에서 비롯된 것일 수 있다. 가족이나 가족성원이 환경의 지나친 요구로 어려움을 경험한다면 이 교류를 변화시키는 것이 필요하다. 가족의 크기, 구성원의 나이, 직장이나 학교 같은 환경적 요구는 이러한 과업을 수행할 시간에 영향을 주기 때문에 시간을 조절하는 것을 포함할 수 있다. 또한 공간의 이동을 고려할 수도 있는데, 주거, 교육을 위한 장소 이동 등이 포함될 수 있다(Johnson & Yanca, 2010).

(2) 가족 내부관계의 변화를 위한 실천

가족관계의 변화를 위한 실천의 방법으로는 가족치료모델에서 많은 부분을 제시하고 있다. 월시와 크로서(Walsh & Crosser, 2000)는 주요 가족치료모델을 다음과 같이 정리하고 있다(김혜란 외, 2006 재인용).

〈표 11-2〉 주요 가족치료 접근 : 세대 간/ 성장지향적 접근

가족치료모델	문제에 대한 시각	치료목표	변화과정
정신역동모델 (Ackerman, Boszormenyi–Nagy, Framo, Paul & Paul)	증상은 과거 원가족에서 해결되지 않은 갈등 혹은 상실로부터 발생하는 가족투사과정에서 비롯됨	• 원가족과의 갈등과 상실의 해결 • 가족투사과정의 감소 • 개인과 가족의 성장	• 과거와 현재 역동을 통찰지향적으로 연결 • 갈등과 상실의 해결을 지원 • 보다 건강한 관계양식을 촉진
보웬모델 (Bowen, Carter & McGoldrick)	원가족과의 관계에 의해 기능이 손상됨 • 분화의 부족 • 불안(반응성) • 삼각화 • 단절	• 분화 • 인지적 기능의 향상 • 정서적 반응성의 감소 • 가족체계에서 관계의 수정 a. 탈삼각화 b. 단절의 개선	• 다세대 장에 대한 연구(가계도 사용) • 가족과 직접적으로 자기변화에 초점을 둔 개입을 계획 • 회기 밖에서의 행동에 대한 코치
경험적 모델 (Satir, Whitaker & Keith)	증상은 현재 의사소통의 역기능을 나타내는 비언어적 메시지	• 직접적이고 분명한 의사소통 • 개인과 가족의 성장	• 지금-여기 상호작용의 변화 • 관계에 대한 감정을 공유 a. 자기노출 b. 직접적 의사소통 c. 경험적 기법 • 치료자는 과정을 촉매하기 위해 가족과의 경험을 사용

출처 : Walsh & Crosser(2000), 김혜란 외(2006), p. 176 재인용.

〈표 11-3〉 주요 가족치료 접근 : 문제해결 접근

가족치료모델	문제에 대한 시각	치료목표	변화과정
구조적 모델 (Minuchin Piladelphia Child Guidance Clinic)	증상은 현재의 가족구조 불균형에서 비롯됨 a. 역기능적 위계와 경계 b. 발달적 · 환경적 변화에 대한 부적응적 반응	가족구조를 재구조화함 a. 부모의 지도력, 권위 b. 분명하고 융통성 있는 하위체계와 경계 c. 보다 적응적인 대처	치료자는 상호작용 유형을 변화 a. 가족과 합류 b. 문제시연 c. 구조분석, 재구조화단계 계획 d. 과제와 지시
전략적 모델 (Palo Alto group Haley & Madanes Milan approach)	증상은 가족의 비성공적인 문제해결 시도에 의해 유지	제시된 문제의 해결 : 구체적 · 행동주의적으로 규정된 목표	실용적, 초점화, 행동지향적 • 증상을 유지하는 연쇄를 변화 • 환류주기를 중단 • 재명명, 재구성 • 순환적 질문
포스트모던 해결중심모델 (Berg & deShazer) 이야기모델 (White & Epston) 대화모델(Anderson & Goolishian)	• 정상개념은 사회적으로 구성 • 문제로 포화된 이야기	• 새로운 가능성을 모색 • 인생이야기를 다시 저술	• 문제를 외재화 • 미래지향적 가능성 • 예외와 독특한 결과를 추구 • 협동
인지행동모델 (Patterson, Alexander, & Jacobson)	부적응적 · 증상적 행동이 가족의 주의와 보상에 의해 강화	• 구체적 · 행동주의적 목표 • 의사소통과 문제해결의 증진	• 치료자는 모델링, 교육, 행동의 대인 간 결과를 변화 • 가족이 바람직한 행동을 보상하도록 지도 • 협의하여 문제해결기술 교육
심리교육적 모델 (Anderson, Goldstein, & Falloon)	• 생물학적 장애 : 스트레스/소진 • 재혼, 만성질환 등 규범적이거나 비규범적인 적응적 도전	• 스트레스 조건 관련 가족관리 • 스트레스와 스티그마의 감소 • 가족적응적 도전에 숙달	• 정보 • 관리지침 • 사회지지 • 존중하는 협동

출처 : Walsh & Crosser(2000), 김혜란 외(2006), p. 177 재인용.

가족 내부의 관계변화를 위해 사회복지실천 시에 활용할 수 있는 방법은 다음과 같다.

① 경계 만들기

경계 만들기는 구조적 접근의 기법으로, 가족 내 성원들이 과도하게 밀착되거나 분리된 경우 적절한 경계를 만드는 것을 말한다. 과도하게 밀착된 관계는 어느 정도 거리를 두어 개인의 독립성과 자율성이 확보될 수 있도록 하고, 과도하게 분리되어 있는 관계는 보다 가까워져 상호작용이 활발해질 수 있도록 접근하는 것을 말한다.

② 탈삼각화

보웬의 세대 간 접근기법으로, 두 사람 간 갈등해결 방법으로 제3자를 끌어들이는 것에서 벗어나게 하는 것을 말한다. 보웬(Bowen)에 따르면, 성원들의 분화가 이루어지지 않은 가족일수록 두 성원 간 불안수준이 높아지면 다른 성원을 끌어들여 삼각관계를 형성하려 한다. 탈삼각화란 두 성원들의 감정영역에서 제3의 성원을 분리시키는 과정이다.

③ 균형 깨트리기

구조적 접근의 기법으로, 가족 내 역기능적인 균형을 깨트리는 것을 말한다. 다시 말해, 가족체계 내에서 지위나 권력구조를 변화시키기 위한 활동이다. 낮은 지위에 있는 성원에게 힘을 부여함으로써 가족 안에서 새로운 현실을 만들어 내는 것이다.

④ 가족규칙 다루기

가족이 자신들의 규칙을 평가하도록 도와야 한다. "현재의 가족규칙을 따를 수 있는가?, 가족규칙은 현재의 상황에 맞는 것이며 이후의 상황에도 근접하는가?, 규칙에서 남성과 여성의 역할은 무엇인가?, 어떤 규칙이 정보를 공유하는 데 장애가 되는가?" 규칙이 명확하지 않을 때에는 그것을 공개적으로 다룰 필요가 있고, 규칙이 시기적으로 적합하지 않거나 공정하지 않다면 가족이 규칙유지 여부를 결정하도록 도와야 한다.

⑤ 역할연습

가족상황을 역할극으로 표현해 보게 하는 방법으로, 역할재현을 통해 가족상황을 이해할 수 있게 되고, 가족성원들 간에 서로의 역할을 바꾸는 '역할전환(role reversal)'을 통해 다른 가족성원의 위치에서 상황을 경험해 봄으로써 다른 성원의 상황과 감정에 대한 이해를 높일 수 있다. 역할연습은 새로운 행동양식을 익히고 실행해 보기 위해 활용되기도 한다.

⑥ 가족과제

가족의 행동변화에 초점을 두고 면담 사이에 수행할 수 있는 다양한 과제를 제시하는데, 면담 이외 일상적 상황에서도 새로운 행동패턴을 반복해서 활용하고 연습하게 하기 위해서이다.

⑦ 가족조각

가족조각은 가족성원들로 하여금 가족관계를 표현하는 조각을 만들어 보게 하여 가족관계에 대한 성원들의 인식을 파악하는 기법이다. 가족성원의 위치, 몸짓, 자세를 통해 관계형태를 표현하게 하는데, 가족성원 한 명에게 다른 성원들을 배치하게 하여 표현된 가족성원의 위치, 몸짓, 자세를 통해 가족에 대한 인식을 알아보고, 참여한 성원들이 각자의 느낌을 이야기하거나 질문하도록 하여 가족관계에 대한 성원들의 생각이나 느낌을 서로 이해하도록 한다. 가족관계를 사정할 때 사용되기도 하며, 가족이 원하는 상태를 가족조각으로 표현해 보게 함으로써 가족관계 변화의 목표를 설정하는 데도 활용할 수 있다.

⑧ 순환적 질문하기

전략적 접근에서 개발한 순환적 질문하기는 가족성원들이 문제에 대해 제한적이고 단선적인 시각에서 벗어나 문제의 순환성을 깨닫도록 돕기 위한 질문을 연속적으로 하는 기법이다.

⑨ 역설적 지시

역설적 지시는 전략적 기법으로, 문제를 유지시키는 연쇄를 변화시키기 위해 역설적인 행동, 즉 문제행동을 유지하거나 혹은 강화하는 행동을 오히려 수행하도록 지시하는 기법이다. 가족이 역설적 지시에 따르게 되면 문제를 통제한다는 것을 인정하는 것이며, 따르지 않으면 문제를 포기하는 것이 된다.

⑩ 예외질문과 기적질문

해결중심모델에서 주로 사용하는 기법으로, 예외질문은 문제가 나타나지 않은 예외상황을 찾고 그 예외를 확장시키기 위해 가족이 무엇을 할 수 있을지에 대한 단서를 찾게 하는 질문이다. 기적질문은 문제가 모두 해결되었다면 어떤 일이 일어나겠는지를 가정하게 하여 바뀐 현실을 꿈꾸고 희망을 가질 수 있게 한다. 희망을 현실 속에서 수행할 수 있도록 구체적인 상황에 대한 정보를 얻는 방법이다.

⑪ 문제의 외재화

문제의 외재화는 이야기 접근에서 주로 사용하는 기법으로, 가족문제를 사람과 분리시켜 가족을 괴롭히는 하나의 별개 존재로 보게 하는 기법이다. 문제를 가족이 함께 대항해야 하는 적으로 설정하여 문제에 대항하기 위한 방법을 모색한다.

⑫ 전화, 편지, 방문과 가족의례의 활용

부모와 자녀, 조부모와 손자녀 간의 세대차이에서 발생하는 거리감을 완화시키기 위해 세대를 이어주는 기법이다. 가족의례나 기념일은 가족됨과 가족으로서의 정서를 느끼게 해주고 가족성원들 간의 관계를 다시 이어주는 중요한 기능을 한다. 의례적이고 의무적인 관례화된 패턴을 깨고 '가족식사모임'과 같은 새롭고 편안한 의례를 마련하여 진로문제, 주거 등과 관련된 문제를 놓고 의견을 교환한다. 전화걸기와 편지교환 등의 방법도 활용할 수 있다(Hartman & Laird, 1983, 성정현 외, 2004 재인용).

3. 집단대상 개입

사회복지실천에서 집단이란 서로 상호작용하는 2~3명 이상의 사람들이 서로가 동일한 집단에 소속되어 있다는 집단의식과 공통의 관심사가 있으며, 성원들의 욕구충족이나 문제해결을 위한 목표를 달성하고자 참여하는 모임을 말한다.

집단활동은 19세기 중반에 YMCA, YWCA의 레크리에이션과 사회화 집단을 활용하여 청년들에게 기독교 정신을 심어주고자 한 것에서 출발하였다. 초기 집단활동이 본격화된 것은 인보관 운동이 시작되면서부터이다. 인보관에서는 도시빈민과 이민자들을 교육, 계몽하고 지역사회에 참여하는 데 필요한 기술을 가르치고자 하였다. 그러나 초기 집단활동은 성인 및 청소년 교육, 지역사회조직론, 시민참여 등과 뚜렷한 구분 없이 발전하였다. 집단사회사업(group work)이 사회복지실천방법론의 하나로 자리 잡게 된 것은 1923년 웨스턴 리저브 대학교(Western Reserve University) 사회사업대학원에서 교과목으로 채택되면서부터이다(NASW, 1996). 1950년대부터 개인치료를 목적으로 집단을 활용하는 방법이 정신건강센터, 병원, 아동복지기관 등에서 활발하게 진행되었다.

1) 집단역동

사회체계로서의 집단은 성원들 간의 상호작용으로 이루어지는데, 이러한 상호작용을 집단과정(group process)이라고 한다.

집단역동(group dynamics)은 집단과정, 즉 집단 내에서 함께 활동하는 개인들 간의 상호작용에 의해 발생되는 힘으로 집단과 성원들에게 강력한 영향을 미친다.

집단역동은 집단 내에서 발생하는 집단행동에 대한 설명을 가능하게 하고, 동시에 집단역동을 응용하여 원하는 방향의 집단행동을 증가시키는 데 활용할 수 있다. 집단역동을 효과적으로 이용한다면 전체 집단과 성원들에게 긍정적인 결과를 가져올 수 있다(Northen, 1969).

따라서 집단대상실천에서 사회복지사는 집단의 역동을 이해하고 이를 활용할 수 있어야 한다. 지금까지 집단역동을 분류하기 위한 틀을 개발하려는 시도는 많이 있었으나, 학자들 간에 합의된 틀을 만들어 내지는 못하였다. 따라서 여기서는 일반적으로 알려져 있는 집단역동에 영향을 미치는 구성요소들에 대해 살펴보기로 한다.

(1) 의사소통

집단성원들 간의 상호작용은 주로 언어적 의사소통과 비언어적 의사소통으로 이루어진다. 집단에 개입하는 사회복지사는 상호작용 유형을 이해하기 위해서 성원들 간의 의사소통이 어떻게 이루어지고 있는지를 알아야 한다. 의사소통이 일부 성원들에 국한하거나, 혹은 리더를 중심으로 이루어진다면 의사소통장애로 인한 집단 내 갈등이 높아질 수 있다. 효과적 의사소통 통로는 모든 성원들 간에 원활한 상호작용이 이루어지는 집단중심적 형태이다. 의사소통이 효과적일 때 집단이 기대하였던 목표달성을 하기 수월해진다.

또한 의사소통은 개방적 혹은 비개방적으로 이루어진다. 의사소통이 솔직하고 개방적일수록 집단성원이 개인적 문제나 집단의 문제에 직면해서 해결할 기회가 생겨난다. 그러나 의사소통이 폐쇄적일 경우 집단성원 간의 상호작용에 어떤 문제를 야기할 수도 있다. 특히 구성원들 간의 의견차이나 갈등이 발생하였을 때조차 표현을 억제한다면 집단과정에서 어려움이 생겨나 집단발달을 저해할 수 있다.

(2) 정서적 유대

집단성원들의 서로에 대한 긍정적·부정적 감정의 힘에 의해 정서적 유대(emotional bonds)가 형성된다. 집단성원들은 비슷한 흥미와 관심사, 가치, 이념 등을 가지고 있을 때 긍정적인 정서적 유대가 생겨난다. 성원들 간의 부정적 감정은 정서적 유대를 감소시키고 상호작용도 줄어들게 만든다.

정서적 유대는 성원들이 집단에 대한 소속감을 갖게 한다. 또한 정서적 유대가 높은 집단은 갈등과 긴장으로 인해 손상되기보다는 이를 잘 극복해 나갈 수 있다. 따라서 개인의 욕구를 충족시킬 뿐 아니라 집단 목적을 효과적으로 달성할 수 있다.

(3) 하위집단

하위집단(subgroup)은 일부의 집단성원들이 서로 강한 정서적 유대를 가진 경우에 형성된다. 하위집단은 2인군 혹은 3인군, 또는 파벌의 형태로 분류되고, 특수한 형태로 소외자, 희생양 등이 나타나기도 한다(Hartford, 1971). 소외자는 집단성원들과의 상호작용이 거의 없지만, 희생양은 상호작용을 하면서도 비난과 비판의 대상이 된다는 점에서 차이가 있다. 집단사회복지사는 소외자나 희생양에게 감정이입을 하거나, 집단에 대항하는 전략을 취할 필요가 있다. 로즈(Rose, 1989)는 희생양을 '전체 집단의 문제'로 간주하고 집단을 문제의 해결과정에 참여시킬 것을 제안하였다.

하위집단의 형성은 집단과정의 자연스러운 현상이므로 수용되어야 한다. 그러나 하위집단의 지나친 결속은 전체 집단으로부터 스스로 분리시켜 나가게 만듦으로써 전체 집단의 존속에 위기를 초래할 수 있다. 따라서 사회복지사는 하위집단의 지나친 결속이 전체로서의 집단기능을 방해하지 않도록 필요한 개입을 해야 한다.

(4) 규범과 역할

규범(norm)이란 성원들이 집단에서 적절한 행동방식이라고 믿고 있는 공통의 신념과 기대를 말한다. 다시 말해, 집단에서 가치를 두거나, 선호하거나 수용되는 구체적인 행동지침이라고 할 수 있다. 집단규범은 집단이 발달함에 따라 명확해지고, 집단 내에서의 행동을 통제하고 안정시키는 기능을 한다. 따라서 명확한 규범의 설정은 집단목표를 성취하는 데 도움을 준다.

규범은 성원들의 역할(roles)과 밀접하게 관련되어 있다. 규범이 집단 내 모든 성원이 공유하고 있는 기대라면, 역할은 집단 내의 개별 성원의 기능에 대한 공통적인 기대이다(김종옥 외, 1993). 역할은 성원들이 어떤 상황에서 어떻게 행동해야 하는지를 규정한다. 역할에 의해 성원들은 자신이 수행해야 하는 구체적인 과제나 기능과 관련된 행동을 하게 된다.

(5) 지위

지위(status)는 집단 내의 다른 성원들과 비교하여 각 성원이 집단 내에서 어느 위치에 있는지를 평가하여 순위를 매긴 것을 의미한다(Northen, 1969; Nixon, 1979). 집단성원은 서로에 대해 등급을 매기는데 그 방법은 집단마다 다를 수 있다. 따라서 동일한 사람이라도 집단이 달라지면 지위가 바뀔 수 있고, 같은 집단 내에서도 집단의 발달에 따라 지위가 달라질 수 있다.

집단에서의 지위는 개인적 매력, 전문적 지식, 집단에 대한 책임감과 헌신 등의 요소에 의해 결정된다. 지위가 높은 성원은 집단을 위해 더 많은 봉사를 하고, 집단규범에 순응하여 자신의 지위를 공고히 하고자 한다.

(6) 집단응집력

집단응집력(group cohesion)은 집단성원들이 공통의 관심사를 가지고 있다고 여기고, 집단에 참여할 가치가 있다고 판단하여 집단에 대해 매력을 느끼는 것을 말한다. 집단응집력은 집단의 목적달성에 영향을 주는 중요한 요소이다.

응집력이 높을 때 성원들은 집단의 구조나 규범을 긍정적으로 받아들인다. 성원들의 개인적 만족감도 높기 때문에 집단에서 탈퇴하는 비율도 낮아진다. 얄롬(Yalom, 1975)은 치료집단에서의 강한 응집력은 성원의 자존감을 향상시키고, 타인의 말을 경청하면서 감정을 자유롭게 표현하며, 현실검증을 보다 정확하게 하고, 타인의 평가를 자신의 성장·발전을 위해 활용하도록 만드는 경향이 있다고 하였다(김종옥 외, 1993).

2) 집단발달

집단발달은 집단과정에서 나타나는 집단 및 성원들의 변화하는 역동에 의해 일련의 단계로 구분될 수 있다

집단은 처음에 개인들의 단순한 집합체로 시작하지만, 시간이 지남에 따라 성원들의 상호작용에서 비롯된 집단구조나 집단문화가 형성되는 것과 같은 변화를 맞이한다. 이러한 변화과정에서 서로 구분되는 현상들이 나타나는 정도에 따라 발달단계를 나눌 수 있다. 집단발달이론은 집단이 형성되어 종결할 때까지 단계별로 집단지도자의 개입과제를 제시해 준다는 점에서 유용하다. 다음 <표 11-4>에서 볼 수 있듯이 집단발달단계 구분에 대한 학자들 간의 견해 차이가 있다. 여기서는 효용성이 뛰어난 것으로 인정받고 있는 갈랜드(Garland), 존스(Jones)와 콜로드니(Kolodny)가 주창한 발달단계 모델을 자세히 알아보기로 한다. 이 모델은 성원들 간의 친밀감을 기준으로 하여 회원가입단계, 권력 및 통제 단계, 친밀단계, 변별화 단계, 이별단계로 구분하였다.

(1) 회원가입단계

집단성원들 간의 관계가 아직 친숙하지 못하고, 집단활동에 참여하는 데 자신의 입장을 분명히 밝히지 않는 경향이 있다.

사회복지사는 집단진행과정에 대한 기본 사항을 성원들에게 알려줌으로써 참여를 준비시켜야 한다. 즉, 집단 프로그램을 통해 달성해야 할 목적, 집단과정에서 지켜져야 할 규범, 성원들의 역할 등에 대해 말해두는 것이 좋다. 또한 아직 성원들끼리 친숙하지 못하므로 친밀감을 높일 수 있는 활동을 진행하는 것이 필요하다.

(2) 권력 및 통제 단계

성원들이 집단경험을 가치 있다고 판단하고 참여하기 시작하면 집단 내에서 권한, 통제, 지위에 관해 관심을 갖게 된다. 두 번째 단계는 집단의 분위

기가 종종 갈등적인 시기로 접어들게 되는 과도기이다. 이 단계에서 성원들은 보다 친밀한 관계형성으로 변화되기 직전의 과도기적 혼란을 경험하게 된다.

집단 내에서 지지와 보상을 받기 위해 하위집단을 만들게 되고, 지위의 상하관계가 형성된다. 집단은 개인들 혹은 하위집단들 간의 갈등, 집단과정 및 활동에 대한 불평, 리더십에 대한 도전과 같은 문제에 봉착하게 된다. 이 단계에서 성원들이 집단을 탈퇴하는 경우가 많은데, 특히 고립된 성원이나 불만이 많은 성원은 이탈하기 쉽다.

사회복지사는 집단성원들이 서로 의견이 맞지 않는 것에 대해 적대감을 갖지 않도록 돕고, 상호존중과 이해를 하도록 격려해야 한다. 사회복지사 자신이 모든 성원들의 의견을 존중하는 것을 보여줌으로써 역할모델이 될 수 있다.

(3) 친밀단계

성원들 사이의 갈등이 줄어들고 상호의존적 욕구만족을 추구하는 현상이 나타나는 단계이다. 집단 공동체 의식이 높아지고 집단 목적을 달성하려는 동기도 강해진다. 성원들이 자신의 삶을 고찰하고 변화시키고자 노력하는 가운데 집단경험의 중요성에 대한 인식이 증가한다. 집단에 대한 신뢰감이 깊어짐에 따라 자신의 감정과 문제를 자발적으로 노출시키며 집단의 의견을 구하게 된다.

(4) 변별화 단계

집단성원들이 서로의 개인적인 차이점을 수용하게 되고, 관계는 더욱 동등해진다. 리더십은 더욱 균등하게 공유되고 권력갈등이 최소화된다. 개방적 의사소통, 강한 응집력, 안정감, 자유로운 감정표현이 나타난다. 성원들은 서로의 개별적 차이를 수용하기 때문에 반대의견을 억압하기보다 토론을 통해 합의점을 이끌어 낼 수 있다.

집단을 이끄는 사회복지사는 성원들의 피드백 과정을 바람직한 방향으로 촉진시킬 필요가 있다. 성원들로 하여금 어떤 문제행동이나 장점에 대해 비심판적인 방식으로 구체적인 피드백을 주어야 한다. 이 단계에서는 집단 및 성원들의 목적이 달성되었는지를 점검하고, 성원들이 점차 분화해 나갈 수 있도록 지지해야 한다. 성원들이 자신의 욕구, 강점, 재능 등의 독특성을 인식하도록 격려해 줌으로써 집단 밖에서도 성공적인 삶을 추구해 나갈 수 있도록 돕는다.

(5) 이별단계

집단 목적이 성취되는 단계로 성원들은 각자의 사회적·정서적·직업적 욕구를 충족시켜 줄 수 있는 새로운 자원들을 찾아 집단을 떠나는 단계이다. 그러나 때로는 집단을 더 유지시키고자 퇴행적인 행동을 보이기도 한다. 성원들은 불안감과 분노를 표현하거나 종결을 부정하기도 한다. 집단사회복지사는 평가와 종결을 미리 준비해야 한다. 즉, 집단과정에서 성취한 과업을 숙고하고, 새롭게 배운 것을 돌이켜보면서 집단에 대한 피드백을 주고받는다. 평가를 통해 성원들이 성취감을 갖도록 하고, 다른 사회적 상황에서도 집단에서 배운 기술을 활용하도록 계획한다. 종결하기 몇 주 전부터 다가올 종결시기를 알려주고, 과업을 완수할 수 있도록 남아 있는 시간을 효과적으로 활용해야 한다.

〈표 11-4〉 집단발달단계

발달단계	Northen(1969)	Trecker(1972)	Garland, Jones & Kolodny(1976)	Toseland & Rivas(1995)
초기	(1) 계획 및 오리엔테이션 단계	(1) 초기단계 (2) 집단감정 출현	(1) 회원가입단계 (2) 권력 및 통제 단계	(1) 계획단계 (2) 초기단계 (3) 사정단계
중기	(2) 탐색과 시험 단계 (3) 문제해결단계	(3) 유대, 목적, 응집력 단계 (4) 집단의식 강화, 목적달성단계 (5) 집단의식 감소단계	(3) 친밀단계 (4) 변별화 단계	(4) 작업단계 (5) 평가단계
말기	(4) 종결단계	(6) 종결단계	(5) 종결단계	(6) 종결단계

출처 : Toseland & Rivas(1995) 일부 인용.

3) 집단개입 방법

집단에 대한 접근방법은 집단의 기능에 따라 분류한 파펠과 로스만(Papell & Rothman, 1966)의 모델이 대표적이다. 이 모델은 사회목표모델, 상호작용모델, 치료모델로 구분된다. 이 중 사회목표모델과 상호작용적 모델은 인보관 운동 시기부터 발전했고, 치료모델은 제2차 세계대전 이후에 활발하게 전개되었다. 각 모델들은 집단의 목적과 기능, 사회복지사의 역할 등에서 차이가 있다.

(1) 사회목표모델

사회목표모델(social goals model)은 인보관에서 시행하였던 집단사회사업에 근간을 두고 있다.

사회목표모델의 주요 초점은 집단성원들의 '사회의식'과 '사회책임'을 발전시키는 것이다. 모델의 궁극적 목적은 더 나은 민주사회를 건설하고, 개인을 사회에 적응하도록 만드는 것이다. 이 모델에서의 사회복지사는 집단의 민주적 기능 및 의사결정 방식을 증진시키기 위한 교사로서의 역할을 한다.

집단활동은 주로 토론 참여와 합의점 도출, 집단과제 개발 및 수행으로 이루어진다. 오늘날 이 모델이 적용된 예를 들면, 공공주거단지에서 주민들이 자치적으로 범죄에 대항하기 위해 조직한 집단, 환경보호를 위한 환경지킴이 집단 등이다.

(2) 상호작용모델

상호작용모델(reciprocal model)의 초점은 집단성원과 사회 간의 공생적이며 상호적인 관계를 통해 집단성원의 문제나 욕구를 해결하는 것이다. 이 모델의 궁극적 목적은 개인과 사회의 조화를 이룩하는 데 있다.

이 모델에서의 사회복지사의 역할은 집단성원이 다른 성원이나 전체 집단과 상호 원조체계가 되는 방법을 배우도록 돕는 중개자(mediator), 가능케 하는 자(enabler)이다. 즉, 집단 전체와 개인 구성원 양측을 모두 돕는 것으로 집단과업을 수행하면서 동시에 클라이언트의 욕구를 충족시켜야 한다.

집단활동은 구성원들의 관심사 토론, 상호원조 관계의 형성, 그리고 상호이익이 되는 결속력 있는 집단체계 형성에 관한 것으로 구성하게 된다.

예를 들어, 에이즈 환자들의 집단, 자폐아동 부모들의 모임 등 이른바 '지지집단'으로 불리는 집단이 상호작용 모델에 속한다.

(3) 치료모델

치료모델(remedial model)의 초점은 개인을 치료하는 수단으로 집단을 활용하는 것이다. 이 모델의 궁극적 목적은 개인의 사회적응을 향상시키는 것에 있다. 여기서 사회복지사는 구성원들에 대한 치료자로서의 역할을 하게 된다. 집단활동은 구성원의 행동변화를 위한 치료적 개입으로 이루어진다.

치료모델의 예로는 알코올중독 재발방지를 위한 기술훈련 집단, 정신치료 집단을 들 수 있다.

앞서 언급한 세 가지 모델 중에서 사회복지사가 집단 구성과 개입에 가장 큰 영향력을 행사하는 모델은 치료모델이다.

4) 집단의 종류

다양한 실천현장에서 사회복지사들은 목적에 적합한 집단개입을 하게 된다. 집단이 추구하는 목적에 따라 집단의 종류를 구분해 볼 수 있다. 토스랜드와 리바스(Toseland & Rivas, 1984)는 집단을 치료집단과 과업집단으로 크게 구분하고, 치료집단을 다시 세분화하여 지지, 교육, 성장, 치료, 사회화 집단으로 구분하고 있다.

(1) 치료집단

치료집단(treatment group)은 성원들의 공통된 욕구나 관심사에 초점을 두고 개방적인 의사소통과 정서적 교류를 통해 변화를 추구한다. 이 집단은 지지집단, 교육집단, 성장집단, 치료집단, 사회화집단으로 분류된다.

① 지지집단

지지집단(support group)은 성원들 서로 간에 도움이 될 만한 정보를 공유하고, 조언과 정서적인 지지를 제공하는 것이 목적이다.

이 집단에서 사회복지사는 성원들이 미래에 대한 희망을 갖고 자조와 상호협력을 통하여 대처기술을 향상시킬 수 있도록 촉진하는 역할을 한다. 예를 들면, 만성정신분열증 환자나 그 가족들의 집단, 자녀양육에 관한 어려움을 나누는 한부모집단 등을 들 수 있다.

지지집단은 일종의 자조집단(self-help group)으로 간주될 수 있지만 전문가의 역할 정도에 따라 구분될 수 있다. 지지집단에서는 사회복지사가 적극적으로 참여하여 촉진자로서의 역할을 수행하지만, 자조집단에서는 자문 및 의뢰, 물적 지원 등의 간접적 지원만 하고, 대부분 성원들에 의해 운영된다.

② 교육집단

교육집단(educational group)은 집단성원들에게 필요한 지식 및 정보제공이나 기술을 가르치는 것이 목적이므로 집단지도자는 교사의 역할을 한다. 즉,

성원들의 공통적인 관심분야에 대한 강의와 교육을 위주로 하고 있고, 교육효과를 강화하기 위해 때때로 집단토론의 기회를 제공한다. 교육집단의 예로는 부모교육 집단, 성교육 집단, 알코올 및 약물 남용 예방교육 집단 등을 들 수 있다.

③ 성장집단

성장집단(growth group)은 집단성원들의 자기인식(self awareness)을 증진시켜 행동과 태도의 변화를 가져오고 개인의 잠재력을 개발하는 것이 목적이다. 성장집단의 발달단계는 해빙단계(unfreezing), 변화단계, 성장단계의 세 단계로 구분할 수 있다(Zastrow, 1987). 1단계는 자신이 일상적으로 익숙하게 반응해 오던 방식에 도전하는 단계이다. 2단계는 타인에게서 느끼는 감정에 대한 피드백을 통해 자신의 행동이 타인에게 어떻게 영향을 주는지 인식하며 행동과 태도에 변화를 가져온다. 마지막 3단계에서는 새로운 행동패턴을 경험하며 효과적인 방식으로 타인과 상호작용하게 된다. 성장집단의 예로는 참만남 집단, 청소년들의 가치명료화(value-clarification) 집단 등이 있다.

④ 치료집단

치료집단(therapy group)은 성원들의 행동을 변화시키거나 정신적 충격 후에 재활시키는 것이 목적이다. 주로 정서적 또는 대인관계적 문제를 다룬다. 정신질환, 약물복용, 외상 후 스트레스 장애, 성폭행으로 인한 사회적·정서적 어려움을 해결하기 위한 집단으로 실천모델에 따라 정신역동치료집단, 인지치료집단, 행동치료집단 등으로 구분된다.

⑤ 사회화 집단

사회화 집단(socialization group)은 성원들이 사회에서 수용할 수 있는 행동과 태도를 집단활동을 통해 습득하도록 돕는 것이 목적이다. 정신병원, 교도소 등에서 장기간 살다가 퇴소한 사람들, 비행청소년, 장애인 등 사회적응기술을 배워야 할 필요가 있는 사람들이 대상이다. 사회복지사는 사회적 기술을 가르치고 스스로 역할모델이 되어주고, 참여를 유도하여 학습할 수 있도록 도와야 한다.

사회화 집단은 토론, 게임이나, 레크리에이션, 다양한 활동 프로그램 등을 활용하여 집단 목적을 달성하게 된다.

(2) 과업집단

과업집단(task group)은 특정한 과제를 완성하거나 명령을 수행하는 것이 주요 목적이다. 위원회, 협의회, 행정집단이나 특정 프로젝트에 일정 기간 투입되는 TFT(Task Force Team) 등이 해당된다.

5) 집단개입의 구조

집단개입의 구조는 집단의 크기, 집단개방 여부, 시간 및 횟수 등으로 집단과정에 중요한 영향을 미치는 요소들이다.

(1) 집단의 규모

집단의 규모는 성원들의 상호작용과 만족도, 그리고 목표달성에 영향을 미친다. 집단 구성원의 수가 많을수록 의사소통의 장애나 스트레스를 경험할 가능성이 높아지지만, 활용 가능한 자원은 더욱 풍부해진다. 반면 집단 크기가 작으면 성원들의 자기 표현이 촉진되고 친밀감이 높아질 수 있다. 일반적으로 집단은 4~10명의 구성원을 선호한다. 그러나 집단 크기는 집단의 목적에 따라 차이가 날 수 있다. 교육집단, 레크리에이션 집단은 인원이 10명 이상도 무방하지만, 치료집단은 5~6명 정도가 적당할 수 있다.

(2) 개방집단과 폐쇄집단

집단이 진행되는 과정 중에 언제든지 새로운 성원이 참여할 수 있는지 여부에 따라 개방집단과 폐쇄집단으로 구분된다. 개방집단은 새로운 성원의 참여가 기존 성원들에게 활력을 불어넣어 주고, 새로운 관점을 제공할 수 있다는 장점이 있다. 그러나 성원들이 마음의 문을 열고 자기노출을 하거나,

견고한 신뢰감을 형성하는 것에는 방해가 될 수 있다. 폐쇄형 집단은 계속해서 동일한 구성원끼리 활동하는 것이므로 분위기가 안정적이고, 과정이 진행됨에 따라 신뢰와 협동심이 높아질 수 있다. 그러나 일부 성원들이 중도에 탈퇴할 경우 집단에 남아 있는 구성원들에게 부정적 영향을 미치게 된다. 사회복지사는 집단의 종류와 목적, 기관의 사정을 고려하여 집단의 개방 여부를 융통성 있게 결정하여야 한다.

(3) 기간 및 빈도

집단모임의 기간은 전체 횟수에 따라 길어지거나 짧아진다. 개방집단은 고정된 종료시점이 없어 몇 년씩 지속되기도 하는 반면, 폐쇄집단은 종료시점이 정해져 있다. 집단의 지속기간은 클라이언트의 상황, 기관의 여건, 집단의 목적에 의해 결정된다.

집단모임은 일반적으로 일주일에 한 번씩, 1회당 평균시간은 1시간 30분~3시간 정도이다. 그러나 집단의 초기단계에서 1주일에 2회씩 모임을 가지면서 빠른 시간 내에 성원들 간의 친밀감을 높이고, 종결이 다가올 때 이별을 준비하고, 성원들이 독립해 나갈 수 있도록 2주에 1회씩 모이는 방식으로 횟수를 조절할 수 있다.

6) 집단개입기술

사회복지사가 집단에 개입할 때 개인수준에서 사용하는 면담기술을 공통적으로 활용할 수 있다. 이 기술들은 경청과 관찰, 공감(empathy), 지지(support), 나-메시지 전달(I-message), 직면, 역할극 등 다양하다. 그러나 집단은 한층 더 나아가 사회복지사와 클라이언트 간의 일대일 관계뿐 아니라, 구성원들 간의 보다 복잡하고 역동적인 관계양상을 띠게 된다. 따라서 집단을 위한 다양한 개입기술들이 요구된다. 여기서는 집단에서 주요한 몇 가지 기술들에 대해 알아보도록 한다.

(1) 갈등해결기술

서로 다른 욕구를 가진 성원들은 거의 대부분 갈등상황을 경험하게 된다. 갈등을 해결하는 바람직한 방식은 당사자들 양측 모두가 패배하지 않는 결과를 가져오게 하는 것이다. 고든(Gordon, 1970)은 갈등에 대한 문제해결 접근의 6가지 단계를 다음과 같이 설명하였다.

1단계는 상대편 각각의 욕구들을 확인하고 정의하기, 2단계는 가능한 대안적 해결방안들을 강구하기, 3단계는 대안적 해결책을 평가하기, 4단계는 수용 가능한 최선의 해결책을 결정하기, 5단계는 해결책을 실행하는 방법 찾기, 6단계는 실행한 것을 평가하기이다. 이 접근의 장점은 양측 모두 자신들의 욕구를 충족하면서도 동시에 집단 조화와 결속력을 증진시킬 수 있다는 것이다(Zastrow, 2007).

(2) 응집력 향상 기술

집단응집력을 향상시키기 위해서는 집단토의와 프로그램 활동들을 적극적으로 활용하여 집단성원들 간의 상호작용을 촉진시키도록 한다. 또한 집단성원들이 집단과정에 적극적으로 참여하고 그들이 목표를 달성하고 변화를 이루어 낼 수 있는 유능한 존재라는 것을 인식할 수 있도록 돕는다. 집단성원 개개인이 스스로를 가치 있고 능력 있는 존재라고 믿게 되면, 집단성원은 집단에 보다 적극적으로 참여하게 된다. 사회복지사는 집단성원들이 기대하는 바를 명확히 하고 그들의 기대와 집단의 목적을 일치시키도록 하며, 집단성원들이 자신의 욕구를 집단 내에서 충족할 방법들을 파악할 수 있도록 돕는다. 집단성원들이 집단활동의 내용과 방향에 책임이 있다는 것을 인식하도록 할 때 집단응집력은 향상된다(김정진 외, 2007).

(3) 상호작용 지도 기술

집단의 의사소통에 초점을 유지함과 동시에 사회복지사는 집단상호작용을 특정한 방향으로 이끌어 갈 수 있다. 특정 성원의 의사소통을 차단하고,

다른 성원의 의사소통을 격려하거나, 성원과 성원 간의 의사소통을 연결시킴으로써 집단의 상호작용 유형을 이끌어 갈 수 있다.

집단상호작용이 사회복지사에게 유용한 이유는 첫째, 하위집단 간의 의사소통에 제한을 가하는 동시에 다른 성원과의 의사소통을 증진시킴으로써 전체로서의 집단을 방해하는 하위집단의 발달과 같은 집단과정의 역기능적 측면을 수정하고, 둘째, 집단이 특정 문제에 대해서 탐색하고 문제해결과 과업성취를 위해 노력할 수 있도록 상호작용을 지도하고, 셋째, 의사소통의 방향을 재조정함으로써 개방적 의사소통을 격려할 수 있다는 것이다(김종옥 외, 1993).

(4) 지도력 배분 기술

집단지도자로서 사회복지사의 역할은 집단목표와 개별 구성원의 목표 달성을 촉진하고 집단이 유지될 수 있도록 책임을 지는 것이다. 로즈(Rose, 1989)에 의하면, 지도자는 궁극적으로 집단이 성숙해짐에 따라 구성원들에게 지도력(leadership)을 점차적으로 배분하고, 집단의 일에 계속해서 관심을 갖도록 함으로써 그 자신은 한발 물러서는 것이 필요하다고 하였다.

집단지도자가 구성원들에게 지도력을 훈련하도록 돕는 것은 세 가지 이유에서 중요하다. 첫째, 집단에서 습득한 기술을 다른 사회집단에서도 발휘할 수 있기 때문이다. 대부분 사회집단에서는 지도력을 매우 가치 있는 것으로 여긴다. 둘째, 구성원들이 지도력을 키울수록 집단에 더 많이 관여하기 때문이다. 셋째, 사회적 상황에서 대개 무력감(powerlessness)을 경험한 적이 있었던 구성원들이 집단에서 지도력을 행사함으로써 자기효능감(self-efficacy)을 증진시킬 수 있기 때문이다(Hepworth, Rooney, Strom-Gotterfried, & Larsen, 2006).

4. 지역사회 개입

지역사회를 대상으로 한 실천은 지역사회의 욕구나 문제를 예방하고 해결하기 위해 사회복지사가 그 지역사회의 인적·물적 자원을 동원하고 지역사회실천기술을 활용하여 개입하는 방법이라고 정의내릴 수 있다.

와일과 갬블(Weil & Gamble, 1995)은 유동적인 지역사회를 위해 사회경제적 삶의 질을 향상시키고자 하는 다양한 개입모형과 방법을 포함하고 있는 지역사회실천은 조직화 기술과 시민능력 개발, 지역사회에서 사회계획의 활성화, 지역주민들에게 사회경제적 투자 연계, 지역사회문제 해결을 위한 폭넓은 연대 옹호, 사회정의를 위한 사회계획의 실천을 목적으로 한다고 말하였다(김범수 외, 2006).

1) 지역사회복지실천모델

지역복지실천은 지역사회의 문제해결 및 예방과 지역주민들의 욕구에 맞춘 프로그램의 개발을 목적으로 한다. 지역사회가 당면한 문제를 해결하기 위해 적합한 모델을 선정하고 활용하기 위해서 다양한 지역사회복지실천모델들에 대한 지식을 가지고 있어야 하겠다.

로스만(Rothman)은 지역사회실천모델을 지역사회개발, 사회계획, 사회행동의 세 가지 모델로 분류하였다. 이것은 지역사회복지실천의 가장 전통적인 접근모델로 평가되고 있다. 그러나 실제 현장에서는 세 가지 모델의 특성이 혼합적으로 나타나게 된다(Rothman & Tropman, 1995).

와일과 갬블(Weil & Gamble, 1995)은 지역사회복지실천모델로 근린지역의 지역사회조직, 기능적인 지역사회조직, 지역사회의 사회경제 개발, 사회계획, 프로그램 개발과 지역사회 연계, 정치·사회적 행동, 연합활동, 사회운동의 8가지 모델을 제시하였다. 그러나 이 모델이 너무 세분화되어 실천모델로 부적합하다는 주장에 따라 8가지 모델을 네 가지 모델, 즉 개발모델, 조직화 모델, 계획모델, 사회변화 모델로 재분류하였다(Weil, 1995). 로스만과 와일(Rothman

& Weil)의 지역사회실천모델은 지역사회의 문제를 해결하고 예방하기 위해서 개발, 계획, 변화를 위한 행동을 한다는 점에서 공통적이지만, 와일(Weil)은 조직화모델을 추가로 포함하고 있다.

여기서는 로스만(Rothman)의 지역사회개발, 사회계획, 사회행동 모델에 관해 구체적으로 살펴보고자 한다.

(1) 지역사회개발모델

지역사회개발모델은 지역사회 변화를 위해 민주적 절차, 여론 조성, 자발적 협동, 지역의 지도력, 자조(self-help) 등을 강조한다. 지역사회 변화는 그 지역사회의 각양각색의 주민들이 광범위하게 참여해야 가능하다.

지역사회실천가는 문제해결기술과 윤리적 가치를 갖고서 가능하게 하는 자, 교사, 촉진자 등의 기능을 한다. 개인의 이익보다 지역의 이익을 위해 개방적인 의사소통과 토론방식을 활용하고, 서로 다른 의견이 합의점에 도달할 수 있도록 한다. 이 모델의 실천사례를 들어보면, 대학생 자원봉사자 조직이 지역사회 초등학생 위험군에게 멘토링을 하거나, 기금을 모금하여 무주택자 쉼터에 기부하는 것 등이다.

(2) 사회계획모델

사회계획모델은 지역사회의 문제해결에 초점을 두고 필요한 새로운 프로그램과 서비스를 개발하는 활동을 수행한다. 복잡한 산업사회에서 지역사회 변화를 위해 변화과정을 안내할 수 있을 정도의 고도로 훈련된 기술을 가진 계획가가 요구된다.

전문가 혹은 계획가는 사회문제를 발견하고 해결하기 위해 중요하다. 계획가는 지역의 여러 조직에 소속되어 있는데, 예를 들면 지역복지협의체, 시·도의 계획부서, 정신건강센터 등이다.

계획가는 사실을 수집하여 자료를 분석하고, 프로그램 제작가, 실행가, 촉진자로 일하게 된다. 사회계획의 초점은 주민들의 욕구를 발견하고 현물이나 서비스를 조정하여 필요로 하는 사람들에게 배분하는 것이다.

예를 들면, 지역사회의 사회복지학부 및 대학원 교육의 욕구를 파악하고, 대학에 사회복지교육과정을 새로이 신설하는 것 등이다.

(3) 사회행동모델

사회행동은 차별받거나 불이익을 당하는 인구집단이 다른 집단과 연합하여 조직화하고 자원을 증가시키거나, 사회정의를 위해 권력구조에 압력을 행사하는 것을 말한다. 사회행동모델의 목표는 권력과 자원의 재분배이다. 이를 위해 사회의 주요 기구나 공식적인 조직의 기본 정책들의 변화를 모색한다. 사회행동가는 권력구조를 변화의 표적으로 간주하고, 옹호자, 행동가, 선동가, 중개자, 협상가로 기능한다. 사회행동에서 사용되는 전략은 항의, 대결, 보이콧, 협상 등이다. 클라이언트 집단은 억압적인 권력구조에 의해 희생된 것으로 본다. 이 모델은 현재 사회복지사들에게 널리 활용되고 있는 것은 아니다. 서비스전달체계의 온건하고 미시적 차원의 변화를 모색하고 있는 많은 기관들은 사회행동모델이 옹호하는 급진적인 변화를 부담스러워 하기 때문이다.

2) 지역사회실천기술

(1) 옹호

지역사회복지실천과정에서 옹호는 지역주민, 특히 억압된 집단 입장의 정당성을 주장하고 대변하는 것을 의미한다. 다시 말해, 타인의 권리를 지지하는 것이라고 말할 수 있다. 옹호에는 다양한 전략 및 전술들이 동원될 수 있다. 즉, 설득, 공청회 개최, 표적을 당황하게 하기, 정치적 압력, 미디어 활용, 탄원서 제출 등이 포함된다.

클라이언트가 사회적・법률적・제도적인 면에서 불평등한 대우를 받게 될 때, 이들의 권리와 이익을 보장해 주기 위해 옹호기술을 활용한다.

옹호의 종류는 미시적 차원의 개별사례옹호(case advocacy)와 거시적 차원의 계층옹호(class advocacy), 사회정책옹호(social policy advocacy)로 구분된다.

① 개별사례옹호

클라이언트의 욕구와 권익을 대변하는 역할로 특정 기관으로부터 서비스 수혜자격이 있는 클라이언트가 서비스를 받지 못하는 경우, 이러한 갈등을 해결해 주는 일련의 원조활동을 하게 된다. 이때 개별사례는 개인, 가족, 소집단이 될 수 있다. 효과적인 개별사례옹호를 위해서는 기관의 정책 및 규정, 기관의 탄원절차, 법적 개선대책 등에 대한 지식이 요구된다(Kadusin, 1997).

② 계층옹호

계층옹호는 특정 클라이언트 집단에 불리한 영향을 미치는 이슈들을 다루는 옹호활동을 의미한다. 계층옹호는 해당 집단의 사람들이 일정한 공통 특성을 공유하고 있다고 가정한다. 예로는 장애아동들을 위한 교육, 노인계층을 위한 의료대책 확대 등을 들 수 있다. 흔히 사회문제 해결을 위한 옹호로도 불리는 계층옹호는 지역사회실천에서 주로 수행된다. 계층옹호는 기존 상태를 변화시키려는 것이기 때문에 저항에 부딪히는 경우가 많으므로 캠페인, 홍보, 영향력 있는 인물과의 접촉 등 다양한 전략과 전술이 필요하다.

③ 정책옹호

정책옹호는 빈민, 소수인종, 장애인 등 사회에서 권한이 비교적 약한 집단들을 위해 자원과 기회를 향상시키도록 돕는 정책실천을 말한다.

정책은 일순간 형성되는 것이 아니라, 지속적 발전과정을 통해 형성되는 것이다. 그러므로 정책옹호를 위해서는 정책개발과정을 이해해야 하고, 정책개발과정에 관여해야 한다. 따라서 옹호자는 기관, 지역사회, 의회 정책결정자들에 대하여 문제 제기 및 해결책을 제시할 때 제안서(proposal)를 만들기도 하고, 정책 법제화를 위한 과정에도 관여하게 된다(강철희 외, 2006).

(2) 연계

지역사회 내 다양한 문제를 공동으로 대응하고 해결하기 위해 지역사회 자원을 동원하고 의사소통을 원활히 하기 위해 연계기술이 필요하다.

지역사회복지실천에서 연계(network)는 클라이언트에게 초점을 두고 서비스를 어떻게 전달할 것인지 모색되어야 한다. 즉, 클라이언트가 필요로 하는 서비스들이 효과적으로 연계될 수 있도록 하는 것과 같은 서비스의 연계성과 통합성을 제고하는 노력이 필요하다.

지역사회의 자원을 연결하고 클라이언트의 욕구를 해결하고자 하는 사례관리가 강조되면서 연계기술이 더욱 중요해지고 있다. 클라이언트를 위한 서비스 간 연계유형을 설명한 베일리(Bayley, 1989)는 네트워크의 의미가 세 단계 발전과정으로 구성됨을 강조한다. 첫 번째 단계는 특정한 경우에 일시적으로 발생하는 네트워크이고, 두 번째 단계는 지역에 있는 여러 분야의 각 조직 직원들 간에 정기적 연락을 취하는 형태로 유지되는 네트워크이며, 세 번째 단계는 지역에 있는 여러 분야에서 각 조직의 직원들이 하나의 팀을 만들고 함께 서비스를 제공하는 수준에서의 네트워크이다.

(3) 자원개발/ 동원

자원개발/ 동원 기술은 지역사회문제의 성격에 상관없이 모든 지역사회복지실천활동에서 필수적으로 요구되는 기술이다. 자원(resources)은 사회복지실천에서 클라이언트의 변화나 그들의 생활을 향상시키는 데 유용하게 사용할 수 있는 인력, 조직, 물질, 정보 등으로 이루어진다(최옥채, 2005). 여기서는 그중 가장 핵심적 자원이 되는 인적자원과 물적자원의 개발 및 동원에 대해 살펴보겠다.

① 인적자원

지역사회복지실천에서 주요한 인적자원은 지역토착지도자, 사회복지조직을 이용하는 소집단지도자, 주변 공공지도자, 잠재적 참여인물 등을 들 수 있다(서울복지재단, 2005). 인적자원을 동원하기 위해서는 그 특성을 먼저 파악하여 접근하는 것이 중요하다. 소집단지도자는 지역사회복지를 추진하는 사회복지조직에서 가장 쉽게 접근할 수 있는 대상이며 많은 수의 인원을 동원할 수 있는 장점이 있다. 공공지도자는 공공기관의 대표자들로 동사무소,

파출소, 아파트 관리사무소, 병원, 보건소, 학교, 교회 등의 대표자 혹은 주요 인물을 포함한다. 잠재적 참여인물은 지역의 토착지도자라고 할 수는 없으나, 특정 문제에 대하여 오랜 기간 동안 사회활동을 해왔거나 혹은 자발적 참여의지가 높은 개인이 해당된다. 주로 사회복지기관에서 자원봉사자로 활동하고 있거나 그러한 의지가 높은 사람들이라고 할 수 있다(김범수 외, 2006).

인적자원을 동원하는 기술로는 기존 조직의 지도자와 접촉하는 방법, 지역주민들을 개별적으로 접촉하여 동참하도록 권유하는 방법, 사회·경제적 인맥을 통해 접촉하는 방법 등이 있다.

② 물적자원

사회복지실천 기관은 비영리기관이므로 조직의 운영이나 클라이언트에게 전달되어야 할 서비스 경비에 필요한 현금 및 물품을 자체적으로 조달하는 것은 쉽지 않다. 물적자원은 사회복지사의 사업제안서(proposal) 제출, 모금 또는 후원 등을 통해 동원할 수 있다.

현금 및 물품을 효과적으로 확보하기 위해서는 마케팅 전략이 필요하다. 즉, 클라이언트 욕구분석을 통한 목표설정 등의 철저한 계획, 매스미디어를 통한 홍보 등을 포함한다. 모금방법으로는 미디어 모금, DM(Direct Mail), 이벤트를 통한 모금 등이 있다.

물적자원 동원에서 무엇보다 중요한 것은 사회복지조직이 후원자에 대해 신뢰성을 지키는 것이다. 이를 위해 후원금의 사용에 대한 투명성을 확보하고, 후원자들의 후원동기에 부응하는 좋은 결과를 입증하여야 한다.

(4) 정책 및 프로그램 개발

지역사회 주민의 욕구와 지역사회문제를 분석하여 문제해결에 필요한 정책을 수립하고, 이를 실천하기 위한 프로그램을 개발하는 것이다. 정책이란 다양한 대안 중에서 선택·결정된 확고한 행동노선이며, 장래의 결정에 대한 일반적 지침이고 또한 기본 계획이다(Skidmore, Thackeray, & Farley, 1995, 신성자 외, 2001 재인용). 정책을 수립하는 과정은 다양한 해결대안들 가운데 가장 효과적이고 효율적인 방안을 찾아내는 과정으로서 실현 가능성을 중요하게 고려해야 한다.

프로그램 개발은 정책을 실천하기 위한 구체적인 조치들을 명시하는 것이다. 프로그램 개발에 있어 최소한 다음의 세 가지 요건을 고려할 필요가 있다.

첫째, 해야 할 일을 설정하는 것, 즉 어떤 종류의 활동, 프로그램, 서비스를 어떤 순서로 얼마만큼의 양을 어떠한 전달체계를 통해서 수행할 것인가 하는 점이다.

둘째, 필요한 인력과 재원들을 어떻게 동원하여 이용할 것인가를 고려하는 점이다.

셋째, 자원의 활용 가능성은 어느 정도이며, 정책목표를 달성하기 위해 필요한 변화와 자원의 분배, 새로운 자원의 개발은 어떻게 할 것인가, 프로그램 수행에 어느 정도의 동의와 저항이 존재하는가, 필요한 변화를 시도하기 위해 어떤 전략(갈등, 협상, 타협)을 사용할 것인가 등을 고려해야 한다(김범수 외, 2006).

(5) 임파워먼트

임파워먼트(empowerment)는 클라이언트의 잠재력과 자원을 인정하고 어려운 역경 속에서도 회복할 수 있는 힘이 있다는 전제하에 클라이언트가 자신들의 삶을 스스로 결정할 수 있는 능력 향상과 자원 획득을 돕는 것을 의미한다. 임파워먼트는 개인, 집단, 가족, 지역사회 등 모든 체계수준에서 실천이 가능하다.

지역사회복지실천에서 임파워먼트 개념은 과정으로서의 임파워먼트와 결과로서의 임파워먼트로 구분된다(Zimmerman, 2000). 과정으로서의 임파워먼트는 클라이언트의 개인적·환경적 문제를 변화시키며, 권익을 강화하는 과정이다. 임파워먼트를 결과로 볼 때는 지역사회실천가들의 개입효과로 생겨난 클라이언트의 통제력과 자원 접근성을 의미한다.

클라이언트를 임파워링하고자 하는 사회복지사는 개인, 대인관계, 정치・사회적 자원 등의 구조적 요소들을 고려해서 접근해야 한다(강철희・정무성, 2006).

① 개인 차원

개인 차원의 임파워먼트는 개인의 역량, 지배감, 강점, 변화능력을 포함한다. 라파포트(Rappaport, 1985)는 개인 차원의 임파워먼트를 인성, 인지, 동기에서의 자신의 삶에 대한 통제감이라고 보고, 그 자체가 자기가치에 대한 생각이나 느낌의 수준, 자신을 둘러싼 외부세계와 차별화할 수 있는 수준, 보다 영적인 것을 추구하게 하는 수준까지도 나타낸다고 하였다.

② 대인관계 차원

대인관계 차원의 임파워먼트는 한마디로 다른 사람에 대한 영향력을 말한다. 즉, 대인관계에서 어느 일방에 의해 주거나 또는 받기만 하는 것이 아니라, 상호교환하는 평형관계를 형성하는 것을 의미한다. 따라서 대인관계 차원에서 임파워먼트를 한다는 것은 다른 사람과의 관계에서 효율적 상호작용을 한다는 것이다.

③ 구조적 차원

구조적 차원에서의 임파워먼트는 사회구조와의 관계를 의미하는데, 사람들은 자기 자신을 변화시킴으로써 힘을 얻기도 하지만, 정치적・사회적 상황과 같은 사회구조를 바꿈으로써 보다 힘을 얻고, 새로운 기회를 창출할 수 있다는 것이다. 사회적 수준에서의 자원창출은 그 사회의 모든 개인에게 힘을 부여한다.

생각해 볼 문제

1. 개입단계에서 수행될 수 있는 사회복지사의 역할에 대해 모두 말해보시오.
2. 개입과정에서 활용되는 개인대상의 미시적인 실천기법들을 말해보시오.
3. 개인대상의 사회복지실천과정에 있어서 가장 어려웠던 점이 무엇인지 이야기해 보시오.
4. 구체적인 사례를 들어 개인을 대상으로 하는 미시적 개입과 거시적 개입을 설명하시오.
5. 사회복지실천 시 가족단위의 실천을 할 때 전반적으로 고려해야 할 사항을 정리해 보시오.
6. 가족단위 실천의 초기과정에서 고려해야 할 사항에 대해 정리해 보시오.
7. 가족단위의 실천활동 시 가족과 환경과의 교류에 변화를 가져오기 위해 실천할 수 있는 방법을 정리해 보시오.
8. 가족단위의 실천활동 시 가족 내부관계의 변화를 가져오기 위해 실천할 수 있는 방법을 정리해 보시오.
9. 다음 사례를 읽고 질문에 답해보시오.
   1) 당신이 이 사례에서 더 알고 싶은 정보에 대해 기술하시오.
   2) 이 사례를 가지고 eco-map을 그려보시오.
   3) 이 사례의 문제를 정의해 보시오.
   4) 이 사례의 클라이언트에게 필요한 개입목표와 서비스 내용을 계획해 보시오.

가. 사례 개요

○○시 모 초등학교 특수학급 교사에 의해 2001년 아동상담센터로 초등학교 6학년 남학생이 의뢰되었다. 본 사례는 친부모와 2남이 함께 사는 전형적 핵가족으로 경제수준은 중・하 수준이다. 클라이언트는 성폭행을 한 경험이 있으며 부모로부터 아동학대를 받고 있었다. 교사는 아동의 문제가 가족문제로 인해 발생된 것으로 보이고, 상당히 복잡하여 전문가의 도움이 필요한 것 같다고 말하였다.

나. 가족 구성원의 특성

– 아버지(42세)

중소도시 출신으로 3남 중 장남이며, 학력수준은 전문대를 졸업하였다. 전자기계기술자로 회사에 다니며, 월 수입 120만 원 정도(2001년)로 가족들에게 생활비를 50~60만 원 정도 준다고 한다. 술을 즐기며, 친구가 거의 없다. 아내를 구타하거나 심한 욕설을 일삼는다. 처가 식구들을 매우 싫어하며, 심지어 처형을 구타한 적도 있었다. 포르노 비디오를 즐겨 보고, 성격은 비사교적이고 소극적인 편이면서도 과격한 면이 있다.

– 어머니(39세)

농촌 출신으로 3남 3녀 중 3녀로 20세에 상경하였으며, 학력은 고졸이다. 결혼 전에 약 4년간 전화교환원으로 일했으며, 현재는 시간제로 식당일을 하고 있다. 식당일을 해주고 일 잘한다고 주위에서 많이 칭찬한다고 말했다. 팔 저림증으로 적극적으로 일을 못하는 것이 어려운 점들 중 하나라고 하였다. 남편이 매우 싫다고 하며, 각방을 쓰고 있고, 부부생활을 안 한 지도 몇 년이나 된다고 하였다. 아들의 성폭행 사실과 틱장애를 문제라고 여기지만, 여전히 아들을 두둔하고 있다. 성격이 매우 깔끔한 편이어서 집안, 자녀들의 청결에 지나치게 예민하며 신경을 많이 쓰고 있다.

– 창수(가명, 초등 6학년)

호기심이 매우 많고, 곤충에 관심이 많으며, 심지어 바퀴벌레까지 좋아한다고 했다. 친구가 별로 없으며, 친구들을 항상 먼저 괴롭혀 친구들에게 얻어맞고 맞은 것에 대해 분을 못이겨 펄쩍 펄쩍 뛰곤 한다. 4학년 때부터 부쩍 성에 관심을 가졌고, 5학년 때는 유치원 여아를 성폭행한 것으로 의심되고, 최근(6학년)에는 1학년 여학생을 성폭행한 것으로 밝혀졌다. 틱 장애로 ○○ 대학병원 소아정신과에서 치료받은 적이 있다.

– 창민(가명, 초등 4학년)

4학년 현재 야뇨증이 있으며, 다른 문제는 특별히 없으며, 학업이나 교우관계가 원만하다. 형과 경쟁심을 지나치게 가지고 있으며, 어머니가 형을 더욱 사랑한다고 생각하여 질투심을 많이 가지고 있다.

다. 가족관계 및 외부환경과의 관계

• 부부관계, 부모-자녀 관계

친정 언니나 형부가 이 부부의 일상생활에 간섭하여 그 일로 인해 부부싸움이 일어나는 경우가 잦다. 부부의 관계를 살펴보면, 갈등이 심하고 폭력행위도 나타나고 있다. 부부간에 자주 욕설이 오고가는 등 의사소통이 매우 부정적이고, 특히 부부생활(성생활)에 어려움이 있다고 호소하였다. 부부간에 따로 방을 쓰는데, 부인이 아들과 같은 방을 사용하였다.

어머니는 창수에 대한 애착이 많아 이혼을 하더라도 창수는 자기가 키우고, 동생은 아버지가 키우도록 해야겠다고 말했다. 아버지는 아들의 유치원생 성폭행 사건 이후로 포르노 테이프를 숨겨놓고 본다고 했다. 아들이 어린 여자애들을 성폭행한 사실에 대해 자주 비난하고 체벌을 많이 하고 아들과 갈등관계이다.

• 외부환경과의 관계

부인은 친정 언니, 형부, 큰오빠와 매우 가깝게 지내고 있으나, 남편이 처형을 매우 싫어하기 때문에 집으로 오는 일은 별로 없다. 이 부부가 서로 이해하고 잘 지낼 수 있도록 조언한다기 보다 동생 편에 서서 옹호해 왔기 때문이다. 그 밖에 형부, 오빠도 클라이언트 가정에 많이 관여하는 편이다.

한편 부인은 시집과 소원한 편이고, 남편도 본가 식구들과 자주 교류하지 않고 있다. 시어머니도 시아버지로부터 과거에 폭력을 많이 경험해 왔으며, 시어머니는 며느리에게 '여자가 참고 살아야 한다'고 항상 말해왔다고 한다.

부인은 이웃사람들과 왕래가 많고, 원만하게 지내는 편이지만, 부부싸움을 너무 많이 하여 이웃들이 다 알고 있기 때문에 이를 창피스럽게 여긴다. 남편은 이웃들과의 왕래가 없으며, 친구들도 거의 없는 편이고, 겨우 직장생활을 해나간다.

※ 본 사례는 필자가 굿네이버스 아동학대문제연구소에 재직 중 다루었던 사례임

CHAPTER

12 종결단계

1. 평 가

평가 및 종결은 사회복지실천과정의 마지막 단계이다. 사회복지실천에서의 평가란 실천과정이 클라이언트체계에 어떻게 도움이 되었으며, 목표를 얼마나 성공적으로 달성하였는지를 검토하는 것이다.

사회복지사는 서비스 전달과정에서 사회복지전문직의 윤리와 가치를 지키면서, 클라이언트와 계약한 내용대로 서비스를 제공하고, 기관의 정책 및 지침에 적합한 서비스를 제공할 책임이 있다(Johnson & Yanca, 2006).

사회복지 기관 및 시설은 한정된 자원과 서비스를 전문직의 가치에 적합한 방식으로 배분하는 것이 중요하다. 다시 말해, 서비스의 효율성과 만족도를 최대화하여 사회복지실천의 책임을 다하는 것이 필요하다. 이러한 책무성은 곧 사회복지실천의 전문성을 입증하는 것이기 때문에 실천과정에서 서비스 질을 검증하는 것은 중요하다.

여기서는 평가의 유형을 직접적 실천을 위한 평가와 간접적 실천을 위한 평가로 구분하여 살펴보고, 양적 평가방법과 질적 평가방법에 대해서도 알아보겠다.

1) 평가유형

(1) 직접적 실천을 위한 평가

직접적 실천 개입에서 가장 중요한 성공의 지표는 원조과정 동안 일어났던 긍정적 변화를 종결 후에도 꾸준히 유지할 수 있는 클라이언트의 능력이다. 직접적 실천의 평가는 주로 개별사례에 대한 평가로서 실천개입을 통한 목표달성 여부 및 클라이언트에게 일어난 변화를 평가한다.

평가내용은 실천기술의 효과성을 측정하는 것으로 결과평가와 과정평가가 있다. 평가대상은 서비스를 제공받은 개인 혹은 가족, 집단 등 개별사례이다.

① 사례에 대한 결과평가

결과평가는 클라이언트의 욕구충족이나 문제해결을 돕기 위해 서비스 계획 수립 시에 사회복지사와 클라이언트가 함께 설정하였던 목표가 원하는 바대로 달성되었는지에 초점을 둔다. 총괄평가(summative evaluation)라고도 불리는 이 방법은 개입의 결과가 효과적인지를 측정하게 된다. 따라서 현재의 결과가 사회복지사의 개입으로 인한 것이라는 점을 입증해야 한다.

예를 들면, 문제의 빈도(정시에 일하러 가기, 처방된 약물을 복용하지 못한 횟수, 부정적 인지경험 등), 문제의 심각성(불안, 우울 점수 등), 혹은 과업달성(직업 구하기, 숙제완성 등)과 같은 변화를 측정하게 된다. 이와 같이 측정 가능한 항목들은 클라이언트가 서비스를 제공받기 이전인 원래 상태와 비교할 때, 변화 정도를 파악하기 쉽도록 도움을 준다(Epstein & Brown, 2002, Hepworth et al., 2006 재인용).

② 사례에 대한 과정평가

과정평가는 실천의 과정을 살펴보는 것으로 서비스 제공의 여러 단계에서 진행한 활동들이 목표달성에 어떻게 기여했는지에 초점이 맞추어진다. 실천과정에서 진전(progress)에 도움이 되거나 방해가 되었던 방법과 기술에 대한 피드백은 사회복지사로 하여금 특정한 기술을 연마하고, 미래에 보다

차별화된 기법을 활용하도록 돕는다. 형성평가(formative evaluation)라고도 불리는 이 방법은 프로그램의 요소들이 원하는 변화를 가져오는 데 효과적이었는지, 사용했던 기법이 기관의 일반적인 규준에 맞는 것인지를 평가한다. 예를 들어, 자기주장적인 클라이언트에게 사용했던 기법은 우울한 클라이언트에게는 오히려 역효과를 가져올 수 있다(Hepworth et al., 2006).

과정평가의 도구는 변화를 달성하는 데 도움이 되었던 실천과정의 측면을 구체적으로 측정하기 위해 사용된다. 개입과정의 효과성을 정확하게 측정하기 위해서는 면담기록, 클라이언트의 자기모니터링, 관찰 등 여러 가지 방법을 병행하는 것이 바람직하다.

(2) 간접적 실천을 위한 평가

간접적 실천을 위한 평가는 기관의 전반적인 프로그램에 대한 평가, 기관운영의 효율성, 효과성 등을 사정하는 것을 말한다. 이때 클라이언트 만족도 설문조사를 하여 클라이언트로부터 의견을 구하는 방법 등도 있다.

① 프로그램 평가

프로그램 평가의 목적은 첫째, 새로운 서비스가 필요하다는 점을 기금제공자와 일반 대중에게 증명하고, 둘째, 지역사회의 승인과 재가를 위해, 셋째, 클라이언트 입장에서 볼 때 프로그램이 얼마나 좋은 것이었는지, 또는 개선되어야 할 점은 무엇인지를 알기 위해, 넷째, 사회복지사의 능력 향상에 필요한 정보제공을 위한 것이다.

프로그램 평가의 내용은 임상적 치료기법에 대한 것이 아니라, 정책이나 프로그램에 대한 것이다. 따라서 평가의 대상은 프로그램을 실시한 표적집단이 된다(Zastrow, 2007).

프로그램 평가는 다음의 네 가지 차원을 포함한다. 즉, 투입(input), 과정(process), 산출(outputs), 결과(outcomes)이다.

투입은 인력, 클라이언트, 물리적 자원 등으로 구성되고, 물리적 자원은 물적자원과 시설, 장비 등으로 이루어진다. 클라이언트를 제외한 나머지 요소들은 모두 예산과 결산의 지출 항목이다.

과정이란 클라이언트가 서비스를 받기 시작하고 나서 이들에게 일어난 모든 것을 의미한다. 즉, 제공받고 있는 서비스 유형과 지속기간에 대한 검토, 사회복지사의 특성과 능력 등을 포함할 수 있다.

산출이란 클라이언트와 기관의 공식적 관계가 끝나는 시점 또는 사례가 종결될 때 클라이언트 특성과 상황을 말하는 것이다. 예를 들어, 위탁가정지원센터의 경우 '18세가 되어 프로그램이 종결된 아동', '원가족과 결합', '다른 특별서비스를 받도록 하기 위해 타 기관 의뢰' 등이 산출이라고 할 수 있다.

결과란 사례종결 시점에서 클라이언트의 사회적 기능수행 수준을 말한다. 즉, 클라이언트가 프로그램에 참여하여 서비스를 받을 때 경험한 긍정적이고 유익한 변화의 정도에 초점을 둔다. 앞서 언급된 직접적 실천 평가에서 수집된 자료가 프로그램 평가의 결과에서 사용될 수 있다.

② 기관 평가

사회복지기관은 지속적으로 기관의 목적, 사업 등에 대하여 평가해야 할 의무가 있다. 즉, 기관의 기능에 대한 효과성을 평가해야 한다. 기관이사회, 입법부, 그 밖에도 재원 공급자들은 기관이 그들의 기능수행을 검토하고 정기적으로 그 평가결과를 보고하도록 요구한다. 기관평가는 프로그램이 지역사회에 반응하는 정도, 제공되는 서비스의 질, 클라이언트의 만족도, 자원이용의 효율성 등을 평가해야 한다. 다음은 기관의 목적과 관련하여 평가에서 고려되어야 할 핵심적 영역이다(Sheafor & Horejsi, 2008).

㉠ 반응성(responsiveness) : 기관과 기관의 프로그램은 공공의 혹은 지역사회의 요구와 확인된 관심사에 반응하는가?

㉡ 관련성(relevance) : 후원자, 지역주민, 클라이언트들이 그 프로그램이 그들이 원하는 요구에 적합하다고 느끼고 지역사회 가치에 맞다고 생각하는가?

㉢ **활용가능성**(availability) : 제공되는 서비스의 양과 종류가 지역사회의 욕구를 충족시키는 데 충분한가?

㉣ **접근성**(accessibility) : 서비스 제공의 장소, 비용, 시간은 기관의 클라이언트 대상에 적절한가?

㉤ **서비스 질**(quality) : 서비스가 클라이언트 만족도 혹은 외부전문가의 의견으로 비추어 보았을 때 질적 기대수준을 만족하는가?

㉥ **인식**(awareness) : 기관 외부의 다른 사회복지사, 전문가뿐 아니라 지역주민들이 어떻게 하면 서비스를 받을 수 있는지를 알 수 있을 만큼 충분히 인식하고 있는가?

㉦ **생산성**(productivity) : 기관의 프로그램은 기관 목적을 달성하기 위해 그 자원을 효율적으로 사용하고 있는가?

기관 평가를 위해 자료 수집 시 위와 같이 명확한 질문에 대한 응답을 한다면 기관의 성공 정도를 측정할 수 있고, 기관의 기능수행을 개선시킬 수 있는 지표를 선정하는 것이 가능해진다.

기관 평가에서 핵심적 영역을 측정하는 지표의 예는 다음과 같다.

㉠ **인사 관련 요인** : 직원의 이직율, 결근율, 공석률, 자원봉사자의 봉사시간, 직원 연수의 빈도, 기타

㉡ **접수과정** : 의뢰경로 및 접수 빈도, 전화접촉 빈도, 대기명부 클라이언트 수, 첫 접촉과 서비스 시작 사이의 시간 간격, 기타

㉢ **서비스 관련 요인** : 매달 신규 사례 수, 사례당 서비스의 평균시간, 서비스를 제공받는 클라이언트의 수, 다른 기관으로 의뢰하는 사례의 수와 유형, 서비스를 다시 받는 클라이언트의 수, 클라이언트당 평균비용, 서비스에 대한 클라이언트의 만족도, 기타

㉣ 직원 생산성 : 사회복지사당 할당된 사례의 유형과 수, 하루 상담 횟수, 사례당 할당 시간, 한 달 동안 기관 내부 혹은 다른 기관과의 접촉 빈도, 일주일 동안 출장 간 거리 및 시간, 기타

㉤ 서비스제공의 비용 : 사회복지사가 사례당 투입한 시간, 서비스 요금을 내는 클라이언트 수, 사례당 평균 출장비용, 사례기록에 사용된 평균 시간, 주당 자원봉사활동 시간의 가치 환산, 기타

위의 자료를 수집하여 신중하게 분석하여야 한다. 이는 그 기관의 동향분석과 기관의 효율성, 효과성을 개선하기 위한 토대가 된다. 또한 유사 사업을 하는 타 기관의 자료와 비교하여 상대적인 기능수준도 파악할 수 있다.

③ 클라이언트 만족도(CSQ : Client Satisfaction Questionnaire)

클라이언트 만족도 설문조사는 사회복지기관으로부터 받은 서비스에 대한 의견을 구하는 방법이다. 이는 기관의 분위기, 개입의 성공 정도, 직원의 유능함 등과 원조과정의 주요한 측면에 대해 클라이언트가 응답하도록 하는 것이다.

만족도 설문은 클라이언트가 완성하기 쉬워야 하므로 너무 세부적인 사항을 요구해서는 안 된다. 만일 세부적인 정보를 많이 필요로 한다면 클라이언트의 만족 혹은 불만족에 관련된 특정 변수에 대해 심층면접(전화나 대면) 등 질적 평가방법을 활용해야 한다.

만족도 설문의 구체적인 예를 들면 "사회복지사의 서비스에 대해 앞으로 가족 혹은 친구에게 이 서비스를 추천하고 싶은가?", "제공되지 않은 서비스 중 추가적으로 필요한 것이 있다고 생각하는가?"(Corcoran & Vandiver, 1996, Hepworth et al., 2006 재인용)와 같다. 이 밖에도 만족도에서 직원들의 친절도, 시설의 편리성 등에 대해서도 조사할 수 있다(Ackley, 1997).

만족도조사는 기관에 따라 3~5회의 면접 후에 진행하기도 하지만 일반적으로는 종결 시점이나 그 직후에 실시하게 된다.

2) 평가방법

평가는 서비스의 성과를 수치로 측정하는 양적 평가와 성과를 언어적 의미로 서술하는 질적 평가로 구분할 수 있다. 다시 말해 양적 평가는 서비스 계획단계에서 수립한 목표에 적합한 변화가 일어났는지를 측정하기 위해 빈도, 강도 등 수치화할 수 있는 지표를 활용하여 평가한다. 이에 비해 질적 평가는 서비스 과정을 통해 발생한 변화에 대한 구체적인 기술과 의미에 대한 해석을 하는 것이다.

(1) 양적 평가방법

직접적 서비스에서 가장 많이 사용되는 양적 평가기법은 단일사례평가이다. 이 기법은 개입 전에 기준선을 설정할 수 있어야 하고, 빈도, 강도, 지속기간 등으로 손쉽게 측정 가능한 구체적 행동이 있거나 개입의 초점이 명확할 때 적용할 수 있다. 앞서 결과평가에서 언급하였듯이, 예를 들어 폭력행동, 과식, 아동의 야뇨증, 산만함 등 행동문제나 우울, 불안과 같은 정서문제 등의 변화를 측정할 때 광범위하게 활용할 수 있다.

사회복지실천의 개입은 단일사례설계에서 요구되는 기준선 설정이나 측정유형에 맞지 않을 때가 종종 있다. 어떤 경우는 기준선 설정을 하지 못한 채 실천과정이 진행될 때도 있다. 이런 경우, 직접 실천의 효과를 평가하기 위해 목표달성척도, 과제성취척도 등의 기법을 사용할 수 있다.

① 단일사례설계

단일사례설계(SSD : Single-Subject Design)는 문제해결이나 변화결과를 평가하는 데 적합한 조사방법이다. 평가는 사회복지실천과 마찬가지로 문제해결과정에 기초를 둔다. 그러나 실천과 평가의 차이점은 강조점을 어디에 두느냐에 달려 있다. 즉, 사회복지실천의 목적이 원하는 결과를 이끌어 내는 것이라면, 평가의 목적은 실제로 결과가 달성되었는지를 검토하는 것이다(Zastrow, 2007).

㉠ 단일사례설계의 절차

단일사례설계는 개입하기 전부터 정교하게 설계될 필요가 있다. 다음에서 단일사례설계의 절차를 살펴보겠다.

〈표 12-1〉 **단일사례 평가 절차**

단일사례 평가 절차
1. 목표를 구체화
2. 적합한 측정도구 선택
(1) 직접관찰
(2) 자기보고식 척도(개별화된 척도)
(3) 표준화된 척도 등
3. 기준선 기록
4. 개입의 선택
5. 개입 실행과 모니터링
6. 변화사정
7. 효과성 평가

출처 : Zastrow(2007). The Practice of Social Work.

단일사례설계의 1단계는 사회복지사가 클라이언트와 함께 일해야 할 목표를 구체화하는 것이다. 일반적으로 사회복지실천의 목표는 클라이언트의 행동, 생각, 감정 또는 대인관계나 환경의 변화 등을 포함하고 있다. 목표는 클라이언트의 욕구와 바람을 반영해야 하고, 무엇보다도 현실적으로 달성할 수 있는 것이어야 한다. 또한 목표달성의 결과를 구체적으로 정의내리고, 측정할 수 있어야 한다.

2단계는 알맞은 측정도구를 선택하는 것이다. 클라이언트가 변화하기를 원하는 결과를 측정하기 위해 신뢰성 있는 도구가 필요하다. 측정이란 결과를 수량화하는 것으로 변화가 일어났는지 아닌지 여부를 알아보는 것이다. 클라이언트의 원래 상태로부터 변화된 결과를 측정하는 세 가지 방식으로는 직접관찰, 자기보고식 척도, 설문지와 같은 표준화된 척도를 들 수 있다.

3단계에서 기준선 기록을 해야 한다. 기준선이란 개입 전에 사전조사를 통해 클라이언트의 원래 상태를 관찰하여 기록한 내용이 된다. 이때 2단계에서 선택한 측정도구를 활용하여 기준선에서의 상태를 파악해 두는 것이다. 즉, 표적행동이 일어나는 빈도, 강도 그리고 기간 등을 1~2주 동안 정한다. 기준선 측정의 목적은 개입 전 상태와 개입 중간 또는 개입 후의 결과를 비교하기 위한 기준을 제공하는 것이다.

4단계는 사회복지사가 클라이언트와 함께 실행할 개입방법을 선택하는 단계이다. 효과적 실천을 위해서는 최선의 개입모델을 선택해야 한다. 따라서 선택한 개입방법이 효과적일 것이라는 경험적 근거가 뒷받침되어야 한다.

5단계는 개입을 실행하며 모니터링을 계속하는 것이다. 계획에 의해 사회복지사는 개입이 진행되는 과정 일체를 일일이 점검하고 기록한다. 필요에 따라 그래프를 작성할 수도 있다.

6단계는 변화를 사정하기 위한 단계이다. 개입이 이루어진 후에 어떠한 변화가 일어나게 되었는지를 살펴보는 것이다. 기준선 설정에 사용하였던 측정도구를 활용하여 변화를 측정한 다음, 기준선과 변화결과를 비교해 볼 수 있다.

마지막 7단계는 효과성을 평가한다. 개입이 효과적이었다는 것을 추론하기 위해 클라이언트에게 일어난 변화가 개입에 의한 것임을 논리적으로 보여줄 수 있어야 한다. 개입과 변화된 결과 간의 인과관계는 개입이 시작된 직후부터 일어나기 시작한 변화에 의해서만 성립될 수 있다. 만일 개입 후 지나치게 오랜 시간이 지난 후에 변화가 일어났다면 다른 추가적인 설명이 필요할 것이다(Zastrow, 2007).

㉡ 단일사례설계 방법

단일사례설계는 AB, ABA, ABAB 설계 등의 몇 가지 방법이 활용될 수 있다.

AB설계에서 A란 기준선을 말하고 B는 개입을 의미한다. 이 설계는 기준선을 설정하고 개입을 한 뒤에 결과를 살펴본다. 만일 개입결과가 기준선과 다른 변화를 보였다면 개입의 영향이라고 해석하게 된다.

ABA설계는 개입이 효과적인가를 검증하기 위해 기준선 측정 후 일정 기간 개입을 실시한 다음 일시 중단한다. 일시적으로 개입을 중단한 시기에 표적행동이 기준선 상태로 돌아간다면 그동안의 변화가 개입의 효과라는 것이 증명되는 것이다. 그러나 만일 변화가 없다면 그동안의 변화는 개입으로 인한 것뿐 아니라 클라이언트에게 영향을 준 다른 요인들이 있음을 추정하게 된다.

ABAB설계는 개입의 일시 중단 후에 다시 개입을 시작하는 설계방법이다. 두 번째 개입을 실시한 뒤에 또다시 변화가 나타난다면 개입의 효과라는 것이 명백하게 입증되는 것이다.

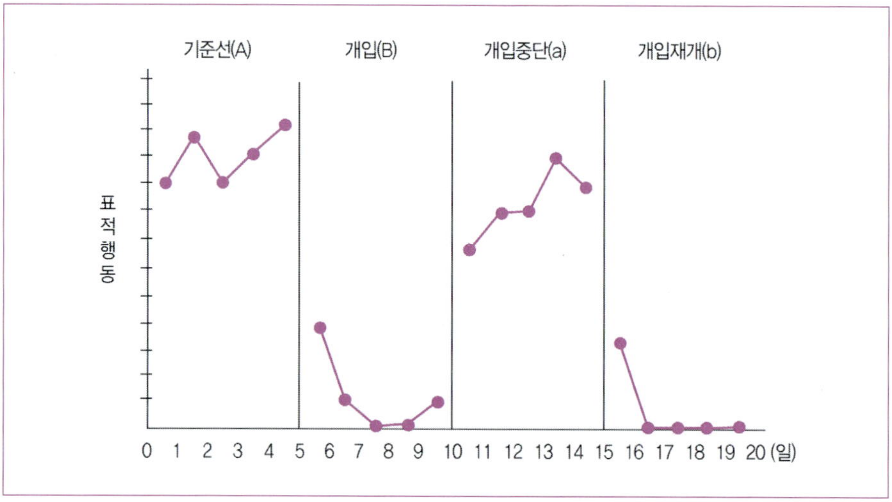

| 그림 12-1 | ABAB 단일사례설계

② 목적달성척도

목적달성척도(GAS : Goal Attainment Scaling)는 사회복지사와 클라이언트가 함께 설정하였던 '개별화된 목표'의 달성 정도를 평가하기 위한 것이다. 즉, 개입의 목표가 특정 클라이언트에게만 해당되는 고유한 것이라 할지라도 개입의 평가를 가능하게 하는 절차이다. 이 평가방법은 정신건강, 약물남용 프로그램, 보호관찰 등 많은 실천현장에서 사용되어 왔다. 목적달성척도는 목표설정 및 계약단계부터 적용되기 시작한다.

이 척도는 클라이언트의 기능수행 영역을 세분화하여 개입 후에 각 영역의 기능이 어느 정도 향상되었는가를 평가한다. 예를 들면, 대인관계, 직무수행, 양육행동 등 클라이언트의 주요한 기능수행 영역에 관한 것으로 개입에 의해 변화될 수 있는 것들을 측정하게 된다.

목적달성의 결과에 대해 주로 5점 척도를 사용하여 ㉠ 가장 바람직하지 않은 결과 ㉡ 기대한 성공수준보다 낮은 결과 ㉢ 기대한 성공수준 ㉣ 기대한 성공수준보다 높은 결과 ㉤ 가장 바람직한 결과로 나누어 평가한다.

③ 과업성취척도

과업성취척도(TAS : Task Achievement Scaling)는 사회복지실천에서 과제중심모델을 활용한 경우에 적합한 방법으로 사회복지사와 클라이언트가 계획하였던 과제를 어느 정도 완수하였는가를 평가하는 것이다.

이 척도는 개입의 효과성을 평가하기 위해 단일사례설계를 이용하기 어려울 때 흔히 사용된다. 다시 말해, 개입 전에 기준선을 설정할 수 없는 사례를 평가하기 유용하다. 예를 들어, 클라이언트를 기관에 의뢰, 클라이언트를 위한 정보 획득, 교통이나 주간보호의 제공, 클라이언트를 위한 주택제공 등의 경우이다. 또한 사회복지사와 클라이언트가 1~2회 정도 만나게 되는 단기서비스 개입에서 유용하게 사용될 수 있다.

과업성취척도는 각 과제의 달성 정도를 평가하기 위해 다음과 같이 4점 척도로 평가한다. ㉠ 완전성취 ㉡ 상당히 성취 ㉢ 부분적 성취 ㉣ 달성되지 않음으로 평가한다(Reid & Epstein, 1977).

예를 들면, '십대 아들과 귀가시간에 대한 합의에 도달하는 과제에서 사회복지사와 가족에 의해 개발된 각 달성수준에 대한 것이다.

- 완전성취(부모와 아들이 서명한 상호 합의된 귀가계약)
- 상당히 성취(대략적으로 논의된 귀가계약)
- 부분적 성취(귀가계약의 요소에 대해 부모와 아들이 조용히 논의)
- 달성되지 않음(귀가계약에 대한 논의가 이루어지지 않음)

(2) 질적 평가방법

질적 평가방법을 활용하기 위해서는 목표설정의 진술부터 양적 평가와는 달리해야 할 것이다.[1]

질적 평가는 사물의 양을 숫자로 단순화하지 않고, 그것이 가지고 있는 속성, 가치, 유용성 등을 파악하는 것이다. 다시 말해 '양보다 질' 또는 '서비스 품질평가'라고 말할 때 거기에 언급된 '질'을 의미한다.

예를 들어, 개입의 목적이 학교폭력 피해학생의 자아인식을 긍정적인 방향으로 변화시키는 것일 때 양적 평가방법을 활용하기 위해 설정하는 목표는 프로그램 종결시점까지 로젠버그 자아존중감 척도를 기준으로 클라이언트의 자아존중감을 통계적으로 유의미한 수준으로 향상시키게 된다.

한편 질적 평가방법을 활용하기 위해 설정하는 목표는 프로그램 종결시점까지 면접과 관찰을 통해 수집한 자료와 그것에 대한 범주화, 사전사후 비교분석 결과를 기준으로 클라이언트의 자아인식에서 의미 있는 변화를 살펴보는 것이다. 이 과정에서 애초에 목표로 정했던 성과 이외의 다른 변화들이 발견될 수 있다. 학교폭력 피해학생의 자아존중감을 향상시키기 위해 개입했는데 자아정체감, 문제해결능력, 사회성, 자기주장능력이 향상될 수 있다. 이는 목표와 간접적으로 관련되어 나타날 수 있는 긍정적 변화이고, 이를 확인하기 위한 평가수단으로 관찰, 인터뷰 등을 활용할 수 있다. 즉, 질적 평가방법으로 얻을 수 있는 성과라고 말할 수 있다.

다음 <표 12-2>는 A복지관의 아동사회교육에 대한 질적 품질 조사의 결과 중 '이용자의 소감' 일부를 발췌한 것이다. 프로그램을 이용하는 아동의 학부모대상 집단인터뷰를 통하여 클라이언트 의견을 들은 후 주제별로 묶어내는 방법이다.

1) 권지성 · 염태산(2019) 사회복지실천질적 평가방법론에서 일부 발췌함.

〈표 12-2〉 품질요소에 대한 평가 예시

구 분	특 징
접근성	마감률이 높음, 주차가 불편함, 이용을 희망하나 못하는 경우가 있음 ■ 복지관은 한번 이용을 하셨던 분들이 계속 이용을 하시는 것 같아요. (참여자1) ■ 주차도 쉽지 않잖아요. (참여자1) ■ 차 대기가 너무 어려워요. (참여자2) ■ 다니고 싶어 해요. 근데 거리도 있고, 마감도 되잖아요. 다니던 사람들이 계속 이용하시게 되는 거니까, …○○초 다니는데 거기서 여기까지는 거리가 좀 되기도 하고. 차 가지고 오기도 힘들고, 아이가 걸어서 오기도 좀 머니까 많이 망설이는 것 같아요. 저희 애가 여기 다닌다고 하면, '나도 보내고 싶은데, 계속 데리고 오기가 힘들다'고 해요. (참여자1)
강 사	긴장감이 없음, 일정 수준 이상을 바라는 것에 대한 거부감이 있음. 지속적인 강사 관리 필요 ■ 여기에 계신 선생님들은 긴장이 아예 없어요. 왜냐, 너무 오래 하셨어요. (참여자3) ■ 전반적으로 봤을 때는 선생님들이 엄마들이 많이 바라는 거에 대해서 거부감이 있어요. 어쩔 수 없는 현실인 것 같아요. '일반 학원 수준을 바라느냐?'는 마인드를 갖고 계신 것 같아요. (참여자3) ■ 복지관 측에서 지속적으로 강사 선생님들에 대한 관리가 필요할 것 같아요. (참여자2)
수업만족도	수업만족도는 가격대비 만족도가 있는 정도 ■ 잘 하시는 게 아니라 엄마들이 많이 참은 거예요. 왜냐하면 가격이 많이 싸잖아요. … 일반 학원이 아니기 때문에 . '우리가 이 가격을 내면서 너무 많이 바라면 안 되겠지' 하는 마음을 갖고 있어요. (참여자3)

위의 예시에서 살펴본 바와 같이 질적 평가는 단순히 수치의 변화를 나타내는 것이 아니라 실천과정에 대한 많은 유용한 정보들을 풍부하게 제공해 주는 장점을 가지고 있지만 인터뷰, 관찰 등 방법을 사용해야 하므로 시간과 노력이 좀 더 요구된다고 하겠다.

2. 종 결

종결은 사회복지실천활동을 계획에 따라 마무리하는 것이다. 종결은 일반적으로 사전에 계획된 개입기간이 끝났거나, 개입의 목적이 달성되었을 때 이루어지고, 때로는 사회복지사가 승진하거나, 다른 직장으로 이직하는 경우에도 상호 간의 관계는 종료된다.

클라이언트는 종결단계에서 불안과 긴장감, 상실의 두려움을 경험할 수 있다. 그러므로 종결에 대한 클라이언트의 감정을 표현하게 하고, 토론하는 시간을 가질 필요가 있다. 성공적인 종결을 위해서는 클라이언트가 개입과정에서 성취하였던 긍정적인 변화결과를 인식하고, 자기효능감(self-efficacy)을 가질 수 있도록 돕는 것이 필요하다.

헵워스 등(Hepworth et al.)은 종결의 유형을 '계획되지 않은 종결'과 '계획된 종결'로 나누고, 계획된 종결은 목표달성에 성공한 종결과 목표달성에 실패한 종결로 다시 구분하였다(Hepworth et al., 2006). 종결유형에 관한 자세한 내용을 다음에서 살펴보기로 하자.

1) 종결의 유형

(1) 계획되지 않은 종결

개입 중단에 따른 종결은 클라이언트에 의한 것과 사회복지사로 인한 것이 있다. 전자는 클라이언트가 사회복지사 앞에 더 이상 나타나지 않거나, 일방적으로 종결을 선언하는 경우이다. 클라이언트가 서비스 자체에 대해 회의적이거나, 사회복지사의 원조능력을 의심하는 경우라든가, 또는 기관이나 사회복지사에 대한 저항감이 해소되지 않았을 때 주로 일어난다. 후자는 사회복지사의 신변에 중대한 변화가 있다든가, 직장을 옮기거나 그만둘 경우처럼 사회복지사가 떠나게 되어 중단하게 된다. 이런 경우 클라이언트의 감정에 각별히 주의를 기울여야 한다. 클라이언트는 배신감, 거부당한 느낌 등으로 감정에 상처를 입을 수 있으므로 부정적 감정들을 표출할 기회를 제공하고, 이를 극복할 수 있도록 돕는 것이 필요하다. 사회복지사는 클라이언트의 분노와 슬픔을 수용할 준비를 해야 하고, 클라이언트가 새로운 사회복지사를 받아들일 수 있도록 도와야 한다.

(2) 시간제한에 의해 계획된 종결

사회복지기관은 대체적으로 사례에 개입할 때 일정한 시간을 계획하고 실천의 초기단계부터 클라이언트에게 시간제한에 대해 알려준다. 따라서 목표달성이 미진하더라도 제한된 시간 동안만 서비스를 제공하게 된다. 사회복지실천 기관은 한정된 자원이나 기금, 규칙 등에 의해 시간제한적 개입이 현실적으로 필요할 뿐 아니라, 시간제한이 없는 장기개입에 비해 효과성 측면에서도 별 차이가 없는 것으로 알려져 있다(Reid & Shyne, 1969).

시간제한에 의해 계획된 종결은 클라이언트가 더 이상 원조를 필요로 하지 않는 때를 기다린다는 의미가 아니라, 사회복지사와 클라이언트가 종결의 시기를 정해진 시간에 맞추도록 계획하는 것이다.

① 목표달성에 성공한 종결

개입의 목표가 정해진 기간 내에 달성되었기 때문에 종결하는 경우로 가장 이상적인 종결유형이다. 개입과정이 원활하고 클라이언트가 과업수행을 잘하여 소기의 목적을 달성하였을 때 종결이 뒤따르는 것이다. 이러한 경우일지라도 종결에 대한 클라이언트의 정서적 반응은 나타날 수 있다. 사회복지사와 클라이언트 관계의 친밀감이 높거나, 개입기간이 길어질수록 종결에 대한 두려움과 관계를 지속시키고 싶은 욕구를 나타낼 수 있다. 따라서 목적달성에 의한 종결을 하는 경우에도 정서적 반응을 다루는 것은 중요하다.

종결한 이후에도 만일 클라이언트에게 어려움이 새롭게 발생한다면, 언제든지 다시 사회복지사를 찾아올 수 있다는 것을 알려주는 것도 클라이언트의 정서적 반응을 다루는 데 도움이 된다.

② 목표달성에 실패한 종결

목표달성에 실패한 종결은 사회복지사와 클라이언트가 원조관계에 만족하지 못하여 종결을 하게 되는 것이다. 예를 들어, 열성적인 노력을 지속적으로 했음에도 불구하고 클라이언트가 절망스러울 정도로 진척이 없을 때, 사회복지사가 클라이언트 욕구를 충족시킬 능력이 없을 때, 혹은 클라이언트가 적절한 치료 요구에 응하지 않을 경우 등이다. 이런 형태의 종결은 앞서 언급한 '계획되지 않은 종결'과는 달리 클라이언트가 서비스에 나타나지 않는 것이 아니다. 따라서 사회복지사와 클라이언트는 종결단계에서 수행해야 할 과업을 달성할 기회를 갖게 된다. 개인뿐 아니라 집단도 때때로 성공적이지 못한 결과로 끝나는데, 이런 경우 다른 구성원이나 지도자에게 실망을 느끼고 화가 나 있게 된다(Smokowski, Rose, & Bacallao, 2001).

이와 같이 실천과정이 실패로 끝났을 때 종결단계에서 토론해야 할 내용은 좀 더 좋은 결과를 이루지 못한 이유와 미래에 추가적 도움을 구하는 것에 대해 클라이언트가 어떻게 느끼는가에 관한 것이다(Hepworth et al., 2006). 클라이언트가 원한다면 의뢰를 고려해야 한다. 이때 사회복지사는 실천과정의 참여자들이 솔직하게 말할 수 있도록 편안한 분위기를 만들 수 있어야 하겠다.

2) 종결단계의 과제

(1) 종결시기의 결정

실천과정에서 계획했던 목표를 달성하고, 클라이언트가 스스로 욕구충족과 문제해결을 할 수 있을 만큼 충분한 도움을 받았다고 느꼈을 때, 혹은 더 이상의 진전이 없을 때 종결하는 것이 바람직하다.

사회복지사는 서비스의 종결시기를 결정하기 위해 다음과 같은 몇 가지 요소를 고려해야 한다(Sheafor, 1994).

① 개입목표가 달성되었는가?
② 서비스 제공을 위해 합의되었던 제한시간이 종료되었는가?

③ 클라이언트가 기관에 오게 된 문제가 충분히 해결되었는가?
④ 사회복지사나 기관이 적절한 양의 시간, 에너지, 기술을 투여하였는가?
⑤ 클라이언트나 사회복지사가 더 이상 기대할 만한 이득이 없다고 생각되는 시점에 왔는가?
⑥ 클라이언트가 사회복지사나 기관에 부적절하게 의존하고 있는가?
⑦ 클라이언트가 다른 기관 및 전문가에게 의뢰하여 더 적절한 서비스를 받아야 하는가?

사회복지사는 이런 요소들을 충분히 고려하여 종결의 시기를 결정해야 한다. 또한 종결과정 자체가 클라이언트에게 긍정적인 경험이 될 수 있도록 노력해야 한다.

(2) 종결에 대한 반응과 해결책

종결시기에 일부 클라이언트는 긍정적 감정을 나타내는 경우가 있는가 하면 어떤 클라이언트는 부정적인 반응을 보이기도 한다.

긍정적 태도를 보이는 클라이언트는 실천과정을 통해 성취감과 자신감을 갖게 된 것에 만족스러워 한다. 예를 들어, 클라이언트가 수강명령 등에 의해 본인의 의지와 무관하게 서비스를 받는 경우에도 종결은 해방을 의미한다(Johnson & Yanka, 2006). 이들은 대처기술을 익힌 것에 대해 기뻐하고, 종결 이후에 사회복지사의 도움 없이 생활해 나갈 수 있다는 것에 대해 흡족해한다.

종결에 따른 클라이언트의 부정적인 정서적 반응은 이별에 대한 상실감, 분노, 슬픔 등이다. 많은 클라이언트는 살아오는 동안 의미 있는 사람과의 관계에서 거절당하거나, 상실과 고통, 유기를 경험하였다. 따라서 상실의 두려움이나 고통을 회피하고자 사회복지사와의 관계를 지속시키고 싶어 할 수도 있다.

사회복지사는 종결에 대한 클라이언트의 부정적 감정을 직접적으로 표현할 수 있도록 돕고, 이에 대해 함께 토론해야 한다.

종결에 대해 강한 거부감을 느끼는 클라이언트의 경우, 다음과 같은 전형적인 종결반응을 나타낸다(Levinson, 1977). 즉, ① 사회복지사에게 계속 만나달라고 매달린다. ② 과거의 문제가 재발했다고 말한다. ③ 종결단계에 들어와 새로운 문제가 발생했다고 보고한다. ④ 현재의 사회복지사를 대체할 새로운 대상을 찾는다.

이와 같은 종결반응을 다루는 방법은 첫째, 사회복지사는 클라이언트가 자신의 감정을 수용하고, 두려움, 불안 등의 감정의 원인이 되는 과거경험을 검토해 보도록 돕는 것이 중요하다. 감정을 점검해 봄으로써 클라이언트가 경험하는 힘든 감정상태를 거쳐나갈 수 있도록 돕는다.

둘째, 실천과정을 돌이켜 보고 클라이언트가 함께 했던 일에 대해 긍정적 측면을 볼 수 있도록 돕는다.

셋째, 새로운 문제를 왜 제기하였는지를 검토하고 서비스를 계속 제공할 타당한 이유가 있는지를 살펴보아야 한다.

넷째, 클라이언트의 강점을 인식하게 하면서 스스로 할 수 있다는 것을 강조한다.

(3) 변화의 안정화

개입과정에서 획득한 바람직한 변화를 안정화하고 계속적인 성장을 할 수 있도록 돕는 것이 중요하다. 변화의 안정화를 위한 한 가지 방법은 개입의 전 과정을 다시 점검하면서 함께 진행해 온 단계들이 삶의 과업에 좀 더 잘 대처할 수 있도록 하는 성장의 단계라는 것을 되새겨 준다.

변화의 안정화를 위한 또 다른 방법은 계속적인 성장을 도모하는 것이다. 사회복지사와 클라이언트는 종결 후의 단계를 논의하면서, 필요한 지지와 자원을 획득할 수 있는 방법을 계획해 보고, 삶의 다양한 상황에 대처할 수 있도록 한다. 클라이언트가 처음에 제기했던 문제상황과 비슷한 상황이나 혹은 다른 상황에 대처할 수 있는 가능한 방법들을 찾아보도록 한다(Johnson & Yanka, 2006).

마지막으로 클라이언트의 변화를 안정화하는 방법은 사후관리(follow-up services)이다. 종결 후 1~6개월 사이에 클라이언트가 잘 적응하고 있는지를 점검하는 과정을 말한다. 사회복지사가 클라이언트에게 계속 관심을 가지고 있다는 것을 보여줌으로써 변화된 상태를 지속시킬 수 있는 동기를 강화한다. 사후관리를 통해 필요한 경우에는 추가적인 서비스를 제공할 수도 있다.

(4) 의뢰

종결이 서비스를 완전히 종료하는 것이 아닐 때도 종종 있다. 의뢰는 클라이언트의 문제해결과 욕구충족을 위한 자원이나 서비스가 현재 기관에서 불충분할 경우 적절한 다른 기관이나 외부자원들과 연결시켜 주는 것을 의미한다. 클라이언트를 위해 의뢰가 필요한 경우가 자주 있으므로 의뢰과정에서 몇 가지 주의사항을 유념할 필요가 있다.

의뢰로 인해 클라이언트는 거부당했다는 느낌과 새로운 서비스에 대한 불신감, 걱정 등을 하지 않도록 배려하고 의뢰의 필요성에 대해 잘 설명해 주어야 한다.

둘째, 사회복지사는 지역사회 내의 다양한 자원과 서비스에 대한 지식을 충분히 갖고 유용한 정보를 제공하여 클라이언트가 잘 알고 판단할 수 있도록 해야 한다.

셋째, 사회복지사는 클라이언트에게 도움이 될 최선의 서비스가 무엇인가에 대해 함께 의논하되 최종적으로 클라이언트가 결정할 수 있도록 의견을 존중해 주어야 한다.

마지막으로 의뢰한 다른 기관의 기능을 알려주는 것이 필요하다. 그러나 세부적인 방법까지 구체적으로 밝히는 것은 바람직하지 않다. 왜냐하면 새로운 서비스에 대해 클라이언트가 선입관을 가질 수 있고, 만일 기대한 바와 다를 경우 오히려 실망하기 쉽기 때문이다.

생각해 볼 문제

1. 오늘날 사회복지기관에서 서비스에 대한 평가가 중요시되고 있다. 그 이유들에 대해 함께 토론해 보시오.
2. 이 교재에서 소개된 평가기법 이외에 어떤 평가기법이 있는지 알아보시오.
3. 사람들은 살아가면서 다양한 사람들과 여러 형태의 관계를 맺으면서 지내게 된다. 때로는 헤어져서 더 이상 만나지 않거나, 만날 수 없는 사람들도 생긴다. 여러분들의 이별경험과 그때의 정서적 반응을 회상해 보고, 동료들과 함께 이야기 나누어 보시오.

부록

1. 우리나라 사회복지사 윤리강령

2. 가족사정기록지

부록 1 우리나라 사회복지사 윤리강령

전문

사회복지사는 인본주의·평등주의 사상에 기초하여, 모든 인간의 존엄성과 가치를 존중하고 천부의 자유권과 생존권의 보장활동에 헌신한다. 특히 사회적·경제적 약자들의 편에 서서 사회정의와 평등·자유와 민주주의 가치를 실현하는 데 앞장선다. 또한 도움을 필요로 하는 사람들의 사회적 지위와 기능을 향상시키기 위해 저들과 함께 일하며, 사회제도 개선과 관련된 제반활동에 주도적으로 참여한다. 사회복지사는 개인의 주체성과 자기결정권을 보장하는 데 최선을 다하고, 어떠한 여건에서도 개인이 부당하게 희생되는 일이 없도록 한다. 이러한 사명을 실천하기 위하여 전문적 지식과 기술을 개발하고, 사회적 가치를 실현하는 전문가로서의 능력과 품위를 유지하기 위해 노력한다. 이에 우리는 클라이언트·동료·기관 그리고 지역사회 및 전체 사회와 관련된 사회복지사의 행위와 활동을 판단·평가하며, 인도하는 윤리기준을 다음과 같이 선언하고 이를 준수할 것을 다짐한다.

윤리강령의 목적

한국사회복지사 윤리강령은 사회복지 전문직의 가치와 윤리적 실천을 위한 기준을 안내하고, 윤리적 이해가 충돌할 때 고려해야 할 사항을 제시하고자 한다.

한국사회복지사 윤리강령의 목적은 다음과 같다.

1. 윤리강령은 사회복지 전문직의 사명과 사회복지 실천의 기반이 되는 핵심 가치를 제시한다.
2. 윤리강령은 사회복지 전문직의 핵심 가치를 실현하기 위한 윤리적 원칙을 제시하고, 사회복지 실천의 지침으로 사용될 윤리기준을 제시한다.

3. 윤리강령은 사회복지 실천 현장에서 발생하는 윤리적 갈등 상황에서 의사 결정에 필요한 사항을 확인하고 판단하는 데 필요한 윤리 기준을 제시한다.
4. 윤리강령은 사회복지사가 전문가로서 품위와 자질을 유지하고, 자기 관리를 통해 클라이언트를 보호할 수 있도록 안내한다.
5. 윤리강령은 사회복지의 전문성을 확보하고 외부 통제로부터 전문직을 보호할 수 있는 기준을 제공한다.
6. 윤리강령은 시민에게 전문가로서 사회복지사의 역할과 태도를 알리는 수단으로 작용한다.

윤리강령의 가치와 원칙

사회복지사는 인간 존엄성과 사회정의라는 사회복지의 핵심 가치에 기반을 두고 사회복지 전문직의 사명을 다하기 위해 노력해야 한다. 이러한 핵심 가치와 관련해 사회복지 전문직이 준수해야 할 윤리적 원칙을 제시한다.

핵심 가치 1. 인간 존엄성

윤리적 원칙 : 사회복지사는 인간의 존엄성과 가치를 인정하고 존중한다.

- 사회복지사는 개인적 · 사회적 · 문화적 · 정치적 · 종교적 다양성을 고려하며 개인의 인권을 보호하고 존중한다.
- 사회복지사는 클라이언트의 자율성을 존중하고, 자기 결정을 지원한다.
- 사회복지사는 클라이언트가 역량을 강화하고, 자신과 환경을 변화시킬 수 있도록 지원한다.
- 사회복지사는 사회복지 실천 과정에서 클라이언트의 개입과 참여를 보장한다.

핵심 가치 2. 사회정의

윤리적 원칙 : 사회복지사는 사회정의 실현을 위해 앞장선다.

- 사회복지사는 개인적 · 집단적 · 사회적 · 문화적 · 정치적 · 종교적 차별에 도전하여 사회정의를 촉진한다.
- 사회복지사는 개인, 가족, 집단, 지역사회의 다양성을 존중하는 포용적 지역사회를 만들기 위해 노력한다.
- 사회복지사는 부적절하고 억압적이며 불공정한 사회제도와 관행을 변화시키기 위해 사회의 다양한 구성원들과 협력한다.
- 사회복지사는 포용적이고 책임 있는 사회를 만들어 가기 위해 연대 활동을 한다.

사회복지사의 윤리기준

Ⅰ. 기본적 윤리기준

1. 전문가로서의 자세

1) 인간 존엄성 존중

가. 사회복지사는 모든 인간의 존엄, 자유, 평등을 위해 헌신해야 하며, 사회적 약자를 옹호하고 대변하는 일을 주도해야 한다.

나. 사회복지사는 모든 인간의 고유한 존엄성과 가치를 인정하고 존중하며, 이를 기반으로 사회복지를 실천한다.

다. 사회복지사는 클라이언트의 성, 연령, 정신 · 신체적 장애, 경제적 지위, 정치적 신념, 종교, 인종, 국적, 결혼 상태, 임신 또는 출산, 가족 형태 또는 가족 상황, 성적 지향, 젠더 정체성, 기타 개인적 선호 · 특징 · 조건 · 지위 등을 이유로 차별을 하지 않는다.

라. 사회복지사는 다양한 문화의 강점을 인식하고 존중하며, 문화적 역량을 바탕으로 사회복지를 실천한다.

마. 사회복지사는 문화적으로 민감한 실천을 제공하기 위해, 사회복지 실천 과정에서 자신의 개인적·사회적·문화적·정치적·종교적 가치, 신념과 편견이 클라이언트와 동료사회복지사에게 미칠 수 있는 영향을 고려하여 자기 인식을 증진하기 위해 힘쓴다.

2) 사회정의 실현

가. 사회복지사는 사회정의 실현과 클라이언트의 복지 증진에 헌신하며, 이를 위한 국가와 사회의 환경 변화를 위해 노력한다.

나. 사회복지사는 사회, 경제, 환경, 정치적 자원에 대한 평등한 접근과 공평한 분배가 이루어지도록 노력한다.

다. 사회복지사는 개인적·집단적·사회적·문화적·정치적·종교적 특성에 근거해 개인이나 집단을 차별·억압하는 것을 인식하고, 이를 해결 또는 예방하기 위해 노력해야 한다.

2. 전문성 개발을 위한 노력

1) 직무 능력 개발

가. 사회복지사는 클라이언트에게 최상의 서비스를 제공하기 위해, 지식과 기술을 개발하는 데 최선을 다하며 이를 활용하고 공유할 책임이 있다.

나. 사회복지사는 사회적 다양성의 특징(성, 연령, 정신·신체적 장애, 경제적 지위, 정치적 신념, 종교, 인종, 국적, 결혼 상태, 임신 또는 출산, 가족 형태 또는 가족 상황, 성적 지향, 젠더 정체성, 기타 개인적 선호·특징·조건·지위 등), 차별, 억압 등에 대해 교육을 받고 이에 대한 이해를 증진하기 위해 노력한다.

다. 사회복지사는 변화하는 사회복지 관련 쟁점에 대응할 수 있도록 실천 기술을 향상하고, 새로운 실천 기술이나 접근법을 적용하기 위해 적절한 교육, 훈련, 연수, 자문, 슈퍼비전 등을 받도록 노력한다.

라. 사회복지사는 사회복지 실천에 필요한 정보통신 관련 지식과 기술을 습득하기 위해 노력하며, 이를 사용하는 과정에서 발생할 수 있는 윤리적 문제를 인식하고 정보통신 관련 지식과 기술을 활용하도록 한다.

2) 지식기반의 실천 증진

가. 사회복지사는 사회복지 실천 과정에서 평가와 연구 조사를 함으로써, 사회복지 실천의 지식 기반 형성에 기여하고, 궁극적으로 사회복지 실천의 질적 향상을 위해 노력한다.

나. 사회복지사는 평가나 연구 조사를 할 때, 연구 참여자의 권리를 보장하기 위해, 연구 관련 사항을 충분히 안내하고 자발적인 동의를 얻어야 한다.

다. 사회복지사는 연구 과정에서 얻은 정보를 비밀 보장의 원칙에서 다루며, 비밀 보장의 한계, 비밀 보장을 위한 조치, 조사 자료 폐기 등을 연구 참여자에게 알려야 한다.

라. 사회복지사는 평가나 연구 조사를 할 때, 연구 참여자의 보호와 이익, 존엄성, 자기 결정권, 자발적 동의, 비밀 보장 등을 고려하며, 「생명윤리 및 안전에 관한 법률」 등 관련 법령과 규정에 따라 연구윤리를 준수한다.

2. 전문성 개발을 위한 노력

1) 품위와 자질 유지

가. 사회복지사는 전문가로서의 품위와 자질을 유지하고, 자신이 맡고 있는 업무에 대해 책임을 진다.

나. 사회복지사는 자신의 이익을 위해 사회복지 전문직의 가치와 권위를 훼손해서는 안 된다.

다. 사회복지사는 전문가로서 성실하고 공정하게 업무를 수행한다.

라. 사회복지사는 부정직한 행위, 범죄행위, 사기, 기만행위, 차별, 학대, 따돌림, 괴롭힘 등 불법적이고 부당한 일을 행하거나 묵인해서는 안 된다.

마. 사회복지사는 자신의 소속, 전문 자격이나 역량 등을 클라이언트에게 정직하고 정확하게 알려야 한다.

바. 사회복지사는 클라이언트, 학생, 훈련생, 실습생, 슈퍼바이지, 직장 내 위계적 권력 관계에 있는 동료와 성적 관계를 형성해서는 안 되며, 이들에게 성추행과 성희롱을 포함한 성폭력, 성적·인격적 수치심을 주는 행위를 해서는 안 된다.

사. 사회복지사는 한국사회복지사협회 등 전문가 단체의 활동에 적극적으로 참여하여, 사회정의 실현과 사회복지사의 권익 옹호를 위해 노력한다.

2) 자기 관리

가. 사회복지사는 정신적·신체적 건강 문제, 법적 문제 등이 사회복지 실천 과정에서의 전문적 판단이나 실천에 부정적 영향을 주거나 클라이언트의 이익을 저해하지 않도록, 동료, 기관과 함께 적절한 조치를 하도록 노력한다.

나. 사회복지사는 클라이언트에게 최상의 사회복지서비스를 제공하기 위해 사회복지사 자신의 정신적·신체적 건강, 안전을 유지·보호·관리하도록 노력한다.

3) 이해 충돌에 대한 대처

가. 사회복지사는 클라이언트의 이익을 우선으로 고려하고, 이해 충돌이 있을 때는 아동, 소수자 등 취약한 자의 이해와 권리를 우선시한다.

나. 사회복지사의 개인적 신념과 사회복지사로서 직업적 의무 사이에 이해 충돌이 발생할 때 동료, 슈퍼바이저와 논의하고, 부득이한 경우 클라이언트가 적절한 지원을 받을 수 있도록 클라이언트를 다른 사회복지사에게 의뢰하거나 다른 사회복지서비스로 연결한다.

다. 사회복지사는 전문적 가치와 판단에 따라 업무를 수행하는 과정에서, 기관 내외로부터 부당한 간섭이나 압력을 받아서는 안 된다.

4) 경제적 이득에 대한 실천

가. 사회복지사는 클라이언트의 지불 능력에 상관없이 복지 서비스를 제공해야 하며, 이를 이유로 차별해서는 안 된다.

나. 사회복지사는 필요한 경우에 제공된 서비스에 대해 공정하고 합리적으로 이용료를 책정할 수 있다.

다. 사회복지사는 업무와 관련해 정당하지 않은 방법으로 경제적 이득을 취해서는 안 된다.

Ⅱ. 클라이언트에 대한 윤리기준

1. 클라이언트의 권익옹호

사회복지사는 클라이언트의 이익을 최우선의 가치로 삼고 이를 실천하며, 클라이언트의 권리를 존중하고 옹호한다.

2. 클라이언트의 자기 결정권 존중

1) 사회복지사는 사회복지 실천 과정에서 클라이언트의 자기 결정을 존중하고, 클라이언트를 사회복지 실천의 주체로 인식하여 클라이언트가 자기 결정권을 최대한 행사할 수 있도록 돕는다.

2) 사회복지사는 의사 결정이 어려운 클라이언트에 대해서는 클라이언트의 이익과 권리를 보장하기 위한 적절한 조치를 취해야 한다.

3. 클라이언트의 사생활 보호 및 비밀 보장

사회복지사는 클라이언트의 사생활을 존중하고 보호하며, 전문적 관계에서 얻은 클라이언트 관련 정보에 대해 비밀을 유지한다. 그러나 클라이언트 자신과 타인에게 해를 입히거나 범죄행위와 관련된 경우에는 예외로 할 수 있다.

4. 정보에 입각한 동의

사회복지사는 클라이언트의 알 권리를 인정하고 동의를 얻어야 하며, 클라이언트가 받는 서비스의 목적과 내용, 범위, 합리적 대안, 위험, 서비스의 제한, 동의를 거절 또는 철회할 수 있는 클라이언트의 권리 등에 대해 정확하고 충분한 정보를 제공한다.

5. 기록 · 정보 관리

1) 클라이언트에 대한 사회복지 실천 기록은 사회복지사의 윤리적 실천의 근거이자 평가 · 점검의 도구이기 때문에 중립적이고 객관적으로 작성해야 한다.
2) 사회복지사는 클라이언트가 자신과 관련된 기록의 공개를 요구하면 정당한 비공개 사유가 없는 한 정보에 접근할 수 있도록 해야 한다.
3) 사회복지사는 클라이언트에 대한 문서 정보, 전자 정보, 기타 민감한 개인 정보를 보호해야 한다.
4) 사회복지사가 획득한 클라이언트 관련 정보나 기록을 법적 사유 또는 기타 사유로 제3자에게 공개할 때는 클라이언트에게 안내하고 동의를 얻어야 한다.

6. 직업적 경계 유지

1) 사회복지사는 클라이언트와의 전문적 관계를 자신의 개인적 이익을 위해 이용해서는 안 된다.
2) 사회복지사는 업무 외의 목적으로 정보통신기술을 사용해 클라이언트와 의사소통을 해서는 안 된다.
3) 사회복지사는 어떠한 상황에서도 클라이언트와 사적 금전 거래, 성적 관계 등 부적절한 행동을 해서는 안 된다.
4) 동료의 클라이언트를 의뢰받을 때는 기관 및 슈퍼바이저와 논의하는 과정을 거쳐야 하며, 클라이언트에게 설명하고 동의를 얻은 후 서비스를 제공한다.
5) 사회복지사는 정보처리기술을 이용하는 것이 클라이언트의 권리를 침해할 위험성이 있다는 사실을 인식하고 직업적 범위 안에서 활용한다.

7. 서비스의 종결

1) 사회복지사는 클라이언트에게 제공되는 서비스가 더 이상 클라이언트의 이해나 욕구에 부합하지 않으면 업무상 관계와 서비스를 종결한다.
2) 사회복지사는 개인적 또는 직업적 이유로 클라이언트와의 전문적 관계를 중단하거나 종결할 때 사전에 클라이언트에게 충분히 설명하고, 다른 기관 또는 다른 전문가에게 의뢰하는 등 필요한 조치를 취한다.
3) 사회복지사는 클라이언트의 고의적·악의적·상습적 민원 제기에 대해 소속 기관, 슈퍼바이저, 전문가 자문 등의 논의 과정을 거쳐 서비스를 중단하거나 거부권을 행사할 수 있다.

Ⅲ. 사회복지사의 동료에 대한 윤리기준

1. 동료

1) 사회복지사는 존중과 신뢰로써 동료를 대하며, 전문가로서의 지위와 인격을 훼손하는 언행을 하지 않는다.
2) 사회복지사는 사회복지전문직의 권익 증진을 위해 동료와 다른 전문직 동료와도 협력하고 협업한다.
3) 사회복지사는 동료의 윤리적이고 전문적인 행위를 촉진해야 하며, 동료가 전문적인 판단과 실천이 미흡하여 문제를 발생시켰을 때 윤리강령과 제반 법령에 따라 대처한다.
4) 사회복지사는 다른 전문직의 동료가 행한 비윤리적 행위에 대한 윤리강령과 제반 법령에 따라 대처한다.
5) 사회복지사는 동료의 직무 가치와 내용을 인정하고 이해하며, 상호 간에 민주적인 직무관계를 이루도록 노력해야 한다.
6) 사회복지사는 동료들에게 정보통신기술을 사용한 비윤리적 행위를 하지 않는다.
7) 사회복지사는 동료가 적법하게 업무를 수행하는 과정에서 부당한 조치를 당하면 동료를 변호하고 원조해 주어야 한다.

8) 사회복지사는 동료에게 행해지는 어떤 형태의 차별, 학대, 따돌림 또는 괴롭힘과 자신의 전문적 권위를 행사하는 다른 동료와의 부적절한 성적 행동에 가담하거나 이를 용인해서는 안 된다.
9) 사회복지사는 슈퍼바이지, 학생, 훈련생, 실습생, 자신의 전문적 권위를 행사하는 다른 동료와의 성적 행위나 성적 접촉과 성적 관계에 관여해서는 안 된다.

2. 슈퍼바이저

1) 슈퍼바이저는 슈퍼바이지가 전문적 업무 수행을 할 수 있도록 지원하고 슈퍼바이지는 슈퍼바이저의 전문적 지도와 조언을 존중해야 한다.
2) 슈퍼바이저는 전문적 기준에 따라 슈퍼비전을 수행하며, 공정하게 평가하고 평가 결과를 슈퍼바이지와 공유한다.
3) 슈퍼바이저는 개인적인 이익 추구를 위해 자신의 지위를 이용해서는 안 된다.
4) 슈퍼바이저는 사회복지사 수련생과 실습생에게 인격적·성적으로 수치심을 주는 행위를 해서는 안 된다.

Ⅳ. 기관에 대한 윤리기준

1) 사회복지사는 기관의 사명과 비전을 확인하고, 정책과 사업 목표를 달성하기 위해 노력해야 한다.
2) 사회복지사는 소속 기관의 활동에 적극적으로 참여함으로써 기관의 성장과 발전을 위해 노력해야 한다.
3) 사회복지사는 기관의 부당한 정책이나 요구에 대해 전문직의 가치와 지식을 근거로 대응하고, 제반 법령과 규정에 따라 해결하도록 노력해야 한다.

V. 사회에 대한 윤리기준

1) 사회복지사는 자신이 일하는 지역사회를 이해하고, 클라이언트가 지역사회에서 서로 도우며 함께 살아가도록 지원해야 한다.
2) 사회복지사는 정치적 영역이 클라이언트의 권익과 사회복지 실천에 미치는 영향을 인식하여 사회정의 실현을 위한 사회정책의 수립과 법령 제·개정을 지원·옹호해야 한다.
3) 사회복지사는 사회재난과 국가 위급 상황에서 문제를 해결하기 위해 적극적으로 활동해야 한다.
4) 사회복지사는 지역사회, 국가, 나아가 전 세계와 그 구성원의 복지 증진, 삶의 질 향상을 위해 적극적으로 노력해야 한다.
5) 사회복지사는 인간과 자연이 서로 떨어져 살 수 없음을 깨닫고, 인간과 자연환경, 생명 등 생태에 미칠 영향을 생각하며 실천해야 한다.

VI. 사회복지사 선서문

나는 모든 사람들이 인간다운 삶을 누릴 수 있도록, 인간존엄성과 사회정의의 신념을 바탕으로, 개인·가족·집단·조직·지역사회·전체사회와 함께 한다. 나는 언제나 소외되고 고통받는 사람들의 편에 서서, 저들의 인권과 권익을 지키며, 사회의 불의와 부정을 거부하고, 개인이익보다 공공이익을 앞세운다. 나는 사회복지사 윤리강령을 준수함으로써, 도덕성과 책임성을 갖춘 사회복지사로 헌신한다. 나는 나의 자유의지에 따라 명예를 걸고 이를 엄숙하게 선서합니다.

부록 2 가족사정기록지

가족사정기록지

1) 의뢰 및 상담자

상담 일시		상담 시간		상담자	
상담 장소	□ 방문 □ 내방 □ 전화	의뢰 기관		의뢰자	
				관 계	

2) 가족의 일반적인 특성

주 소				
전화 번호		긴급 연락처		
		성 명		관 계	
종 교	□ 기독교 □ 천주교 □ 불교 □ 없다 □ 기타			
학 력	□ 무학 □ 초퇴/졸/재 □ 중퇴/졸/재 □ 고퇴/졸/재 □ 대재 □ 대졸 이상			
보호 구분	□ 국민기초생활보장수급자(□ 의료보호 1종 □ 의료보호 2종) □ 취로사업 □ 보훈대상 □ 저소득 □ 일반 □ 조건부수급자 □ 교육특례 □ 의료특례 □ 기타( )			

가족사항	구 분	관 계	성 명	성 별	연 령	주민번호	학 력	직 업	동거 여부	건강 및 장애상황	비 고
	ct1										
	ct2										
	ct3										
	ct4										
	ct5										
가계도											

3) 의식주 영역

<table>
<tr><td colspan="2">항 목</td><td>가족 종합평가</td><td>특정 가족원의 평가/( )</td></tr>
<tr><td rowspan="3">1)
의생활</td><td>구비 여부
(속옷, 계절옷)</td><td>□ 적절
□ 부족
(경제적 문제, 의식의 문제)</td><td>□ 적절
□ 부족
(경제적 문제, 의식의 문제)</td></tr>
<tr><td>욕구부합</td><td>□ 만족 □ 보통 □ 불만족</td><td>□ 만족 □ 보통 □ 불만족</td></tr>
<tr><td>청 결</td><td>□ 상 □ 중 □ 하 (사유 :)</td><td>□ 상 □ 중 □ 하 (사유 :)</td></tr>
</table>

<table>
<tr><td colspan="6">의생활 종합평가</td></tr>
<tr><td>사정
내용</td><td></td><td>기제공
서비스</td><td></td><td>요구되는
서비스</td><td></td></tr>
</table>

<table>
<tr><td colspan="2">항 목</td><td>가족
종합평가</td><td>특정 가족원 평가/
( )</td><td>사 유</td></tr>
<tr><td rowspan="6">2)
식생활</td><td rowspan="3">(1) 식사횟수</td><td rowspan="3"></td><td>□ 양호</td><td></td></tr>
<tr><td>□ 1끼 결식</td><td>□ 건강문제 □ 경제문제
□ 귀찮아서 □ 보호상의 문제</td></tr>
<tr><td>□ 2끼 결식</td><td>□ 건강문제 □ 경제문제
□ 귀찮아서 □ 보호상의 문제</td></tr>
<tr><td rowspan="2">(2) 식사의 질</td><td rowspan="2"></td><td>□ 3찬 이상의 질 높은 식사를 하고 있다.</td><td></td></tr>
<tr><td>□ 3찬 이하의 질 낮은 식사를 하고 있다.</td><td>□ 건강문제 □ 경제문제
□ 귀찮아서 □ 보호상의 문제</td></tr>
<tr><td>(3) 부식비 지출
(1인 기준)</td><td colspan="3">□ 5만 원 미만(사유 :) □ 5~10만 원
□ 10~15만 원 □ 15만 원 이상(사유 :)</td></tr>
</table>

<table>
<tr><td colspan="6">식생활 종합평가</td></tr>
<tr><td>사정
내용</td><td></td><td>기제공
서비스</td><td></td><td>요구되는
서비스</td><td></td></tr>
</table>

<table>
<tr><td rowspan="6">3) 주거 환경</td><td>안정성</td><td colspan="2">□ 안정 □ 불안정 (　　　　)</td></tr>
<tr><td>형 태</td><td>□ 아파트 □ 단독주택 □ 다세대주택 □ 빌라 □ 기타(　　)
□ (반)지하 □ 1층 □ 2층 □ 3층 이상 □ 옥탑</td><td>방 개</td></tr>
<tr><td>환 경</td><td colspan="2">□ 부엌 □ 화장실(단독, 공용) □ 식수(단독, 공용) □ 목욕시설 □ 난방(　　)
□ 세탁기 □ 냉장고 □ 전화 □ TV</td></tr>
<tr><td>기능성</td><td colspan="2">□ 적절 □ 노후(　　　　) □ 고장(　　　　) □ 마비(　　　　)</td></tr>
<tr><td>안전성</td><td colspan="2">□ 안전 □ 불안전(사유 :　　　　　　　　　)</td></tr>
<tr><td>쾌적성</td><td colspan="2">□ 청결/쾌적 □ 보통 □ 불결/불량(　　　　　　)</td></tr>
</table>

주거환경 종합평가					
사정내용		기제공 서비스		요구되는 서비스	

4) 신체 · 정신건강 영역

<table>
<tr><td rowspan="2">신체 · 정신건강 영역의 어려움을 가진 구성원</td><td>□ 있다</td><td>누구</td><td></td><td>종류</td><td>□ 신체 □ 정신 □ 장애</td></tr>
<tr><td>□ 없다</td><td colspan="4"></td></tr>
</table>

신체 · 정신건강 종합평가					
사정내용		기제공 서비스		요구되는 서비스	

5) 여가생활 영역

<table>
<tr><td colspan="2">여가생활 종합평가</td></tr>
<tr><td>개 인</td><td>가족이 함께하는 활동</td></tr>
<tr><td>❖ 가족 개개인이 여가를 어떻게 활용하는지 체크하며 건강한 여가생활을 하는지 기록한다.</td><td>❖ 가족이 함께하는 여가활동이 어떤 것이 있으며 건강한 가족 여가활동이 이루어지고 있는지 기록한다.</td></tr>
<tr><td>기제공 서비스</td><td>필요 서비스</td></tr>
<tr><td></td><td></td></tr>
</table>

6) 경제영역

<table>
<tr><td colspan="2">수 입</td><td colspan="2">지 출</td></tr>
<tr><td>월 급</td><td></td><td>집세(임대료)</td><td></td></tr>
<tr><td>공적 부조</td><td></td><td>주거관리비
(수도+전기 등)</td><td></td></tr>
<tr><td>후원금</td><td></td><td>부채 상환</td><td></td></tr>
<tr><td>자녀(친척)의
경제적 지원</td><td></td><td>의료비</td><td></td></tr>
<tr><td rowspan="5">기타 수입(이자수입,
폐품수집) 등</td><td rowspan="5"></td><td>교육비</td><td></td></tr>
<tr><td>난방비</td><td></td></tr>
<tr><td>주・부식비</td><td></td></tr>
<tr><td>저축・보험</td><td></td></tr>
<tr><td>기 타</td><td></td></tr>
<tr><td>합 계</td><td></td><td>합 계</td><td></td></tr>
</table>

<table>
<tr><td colspan="6">경제 종합평가</td></tr>
<tr><td>사정내용</td><td></td><td>기제공
서비스</td><td></td><td>요구되는
서비스</td><td></td></tr>
</table>

7) 교육영역

가족구성원	교육욕구(normative desire)	교육 참여 여부	평 가

8) 종합평가

영 역		사정내용	기제공 서비스	요구되는 서비스	가능 여부	서비스 자원	장애요인
의식주	의생활						
	식생활						
	주거 환경						
건 강	신체 건강						
	정신 건강						
여가생활							
경제영역							
교육영역							
생활주기[1] ( )		• 기능적 • 역기능적					
W'er Comment							

1) '생활주기'는 '가족생활주기에 따른 발달과업'에 대한 지침을 참고하여 이 가족이 어떤 생활주기에 있으며 달성해야 하는 발달과업 중 잘 기능하고 있는 것은 무엇이고 잘 기능하지 못하고 있는 것은 무엇인지 기록한다.

출처 : 최선희 외(2005). 건강가정 실천 프로그램 매뉴얼Ⅰ. 한국성서대학교특성화사업단 건강가정서비스연구센터. '가족사례관리 기록지'를 재구성함.

참·고·문·헌

1급 사회복지사 시험연구회(2008). 1급 사회복지사 기본서 사회복지실천론. 나눔의 집.

강철희 · 정무성(2006). 지역사회복지실천론. 나남출판.

강혜규 · 김회성 · 안수란(2019). 사회서비스 정책 전망과 과제. 보건복지포럼.

고미영(2000). 구성주의와 정신보건 사회사업 실천의 접목에 관한 연구. 정신보건과 사회사업, 10, 5-23.

_____(2003). 사회복지 지식의 정치성과 예술성. 상황과 복지, 15, 45-79.

고미영 · 최경원 · 황숙연 공역(2002). 사회복지실천의 가치와 윤리. Frederic G. Reamer(1999). *Social Work Values and Ethics*(2nd ed.). 사회복지실천연구소.

교남소망의 집(2005). 장애인 주거시설에서의 사례관리 실제. EM커뮤니티.

국가인권위원회(2018). 인권의 이해 : 사이버인권교육 보조교재.

권육상 · 홍석자 · 송노원 · 김남식 · 김안자 · 이영주 · 유효순 · 권영은(2008). 사회복지실천기술론. 유풍출판사.

권진숙 역(2004). 사례관리 개념과 기술. Arthur J. 외 저. 학지사.

권진숙 외(2012). 사례관리론. 학지사.

권혜령(2018). 인권개념의 '세대'적 접근에 대한 비판적 고찰. 법학연구, 56, 87-113.

김근홍 · 서화자 · 심창학 외(2007). 사회복지역사와 철학. 학지사.

김기태 · 김수환 · 김영호 · 박지영(2007). 사회복지실천론. 공동체.

김기홍(2018). 사회구성주의를 변호하며 : 사회와 자연의 사회적 구성과 자기준거성에 대하여. 사회와 이론, 32, 101-143.

김동배 · 이희연(2003). 사회복지실천의 생태체계 패러다임과 연구방법론에 대한 고찰(Ⅰ). 연세사회복지연구, 9, 27-58.

김동원(1992). 사회구성주의의 도전. 철학연구, 30, 73-84.

김만두 역(1977). 케이스워크. 강남대학교출판부.

________(1982). 케이스워크 관계론. 강남사회복지학교출판부.

김범수 · 신원우(2006). 지역사회복지론. 공동체.

김성경(2024). 사회복지 사례관리론. 공동체.

김성천(2007). 한국가족사회복지의 정체성. 가족사회복지의 정체성 확립과 전문성 강화. 2007년 한국가족사회복지학회 추계학술대회 자료집, 7-29.

김옥순 · 김진호 · 신인순 · 안선영 · 이경화 · 이채식 · 전성민 · 조아미 · 최상호 · 최순종 공역(2009). 다문화교육 이론과 실제. Christine I. Bennett(2007). *Multicultural Education Theory and Practice*(6th ed.). Allyn & Bacon. 학지사.

김유숙(2005). 사회구성주의 관점의 가족치료 특성과 언어 활용. **상담학 연구**, 6(4), 1369-1381.

김융일 · 조흥식 · 김연옥(1995). **사회사업실천론**. 나남출판.

김인숙(2005). 한국 사회복지실천의 정체성 : 정치사회적 관점에서. **상황과 복지, 20**, 119-152.

______(2010). 바우처 도입에 따른 사회복지전문직 정체성의 변화와 그 의미. **한국사회복지학, 62**(4), 33-58.

김정진 · 임은희 · 권진숙(2007). **사회복지실천기술론**. 서현사.

김정진(2007). **사회복지실천기술론**. 서현사.

김종옥 · 권중돈(1993). **집단사회사업방법론**. 홍익재.

김태성(1998). 사회복지학, 사회복지전문직, 그리고 사회복지교육제도. **사회복지전문직과 교육제도**. 한림과학원 총서. 소화출판.

김현옥(2013). 한국의 아동보호사업에 대한 사회구성주의적 접근과 함의. **한국사회복지학, 65**(4), 91-114.

김형식 · 여지영 공역(2001). **인권과 사회복지실천**. **인간과 복지**. Ife, J.(2001). *Human Rights and Social Work : Towards Rights-Based Practice*. New York : Cambridge.

김혜란 · 홍선미 · 공계순(2006). **사회복지실천기술론**. 나남출판.

네이버백과사전. http://100.naver.com/, http://terms.naver.com

노영주 · 서동인 · 원효종 공역(1995). **가족관계와 의사소통 : 응집성과 변화**. Galvin, K. M., & Brommel, B. J.(1982). *Family Communication : Cohesion and Change*. 하우.

노충래 · 김정화(2011). 다문화 사회복지 실무자의 문화적 역량척도 개발 및 타당화. **한국사회복지학, 63**(2).

도광조(2008). **사회복지실천론**. 양서원.

류상열(2002). **사회복지역사**. 학지사.

문인숙 외 공역(1985). **임상사회복지학**. A. Pincus & A. Minahan 저. *Social Work Practice : Model and Method*. 집문당.

문인숙 · 조성경 · 김선심 · 김융일 · 조흥식 · 윤현숙 공역(1994). **사회사업방법론 : 통합적 접근**. Pincus, A., & Minahan, A.(1973). *Social Work Practice : Model and Method*. 보진재.

박명숙(1999). 생태체계이론에 대한 이해와 사회사업에의 적용에 관한 연구. **사회복지리뷰, 4**, 127-137.

박영숙 · 김주연 · 황희숙 · 김수정(2008). **사회복지실천기술론**. 대왕사.

박종우(1994). 사회사업가의 전문직업적 정체성 연구. 서울대학교 대학원 박사학위논문.

백은령(2008). **사회복지실천론**. 대왕사.

보건복지부(2017). 2017 읍면동 맞춤형 복지 업무 매뉴얼. 보건복지부.

__________(2018). 지역사회 통합돌봄 기본계획(안). 보건복지부.

__________(2018). 희망복지지원단 사업안내. 보건복지부.

__________(2019). 2019년 사회서비스원 시범사업 추진계획. 보건복지부.

__________(2019). 지역사회 통합 돌봄(커뮤니티케어) 선도사업 추진계획. 보건복지부.

서미경 · 김영란 · 박미은 공역(2000). **사회복지 실천윤리**. F. M. Loewenberg & R. Dolgoff 저. 양서원.

서울대사회복지실천연구회 역(1998). **사회복지실천 기법과 지침**. 나남출판.

서울복지재단(2005). 지역사회조직화 실천방법-사회복지 프로그램 매뉴얼 개발 연구보고서.

서울특별시사회복지협의회. http://www.s-win.or.kr/

성정현 · 여지영 · 우국희 · 최승희(2004). **가족복지론**. 양서원.

심진숙(1989). 할당모델에 의한 한국 정신의료사회사업의 전문성 고찰. 이화여자대학교 대학원 석사학위논문.

안기덕 외(2017), 공공사례관리 시행에 따른 개선방안 연구. 서울시복지재단.

양옥경 외(2004). **사회복지 윤리와 철학**. 나눔의 집.

양옥경 · 김정진 · 서미경 · 김미옥 · 김소희(2004). **사회복지실천론**. 나남출판.

____________________(2005). **사회복지실천론(개정3판)**. 나남출판.

양정남 · 최선령(2009). **사회복지실천론**. 양서원.

엄명용 · 김성천 · 오혜경 · 윤혜미(2005). **사회복지실천의 이해**. 학지사.

____________________(2019). **사회복지실천의 이해**. 학지사.

엄한진(2006). 전 지구적 맥락에서 본 다문화주의 이민논의-동북아 다문화시대 한국사회의 변화와 통합. 동북아시대위원회 용역과제 최종보고서, 45-75.

연세사회복지실천연구회 역(2004). **사회복지실천이론의 이해와 적용**. Turner, F. J.(1996). *Social Work Treatment*. 나남출판.

오혜경(2004). 사회복지실천의 가치와 윤리에 관한 연구. **사회복지리뷰, 9**, 115-143.

원석조(1998). **사회복지발달의 이해**. 한복연출판부.

이근홍(2006). **개별관리**. 공동체.

이문국(1999). **사회복지 대백과 사전**. 나눔의 집.

이영분 · 김기환 · 윤현숙 · 이원숙 · 이은주 · 최현미 · 홍금자(2001). **사회복지실천론**. 동인.

______________________________(2002). **사회복지실천론**. 동인.

이원숙(2007). **가족복지론**. 학지사.

_____(2008). **사회복지실천론**. 학지사.

이은주(2003). 사회복지실천의 전문성과 정체성 확립에 대한 고찰 : 간접적 개입과 관련하여. **상황과 복지, 16**, 203-245.

이종복 · 이성순 · 김재열 · 김현희 · 정명희 · 홍은미 · 이형진 · 조윤희(2012). **다문화사회의 이해와 복지**. 양서원.

이혜경(1995). 사회복지학의 정체성. 1995년 한국사회복지학회 춘계학술대회 자료집, 63-74.

_____(2009). 다문화가족 지원정책의 유형화에 관한 연구. **한국가족복지학, 25**, 147-166.

이화여자대학교사회복지학과 편(1993). **집단사회사업실천방법론**. 동인.

이화여자대학교사회복지연구회 역(2001). **가족복지실천론**. Collins, D., Jordan, C., & Coleman, H. (1999). *An Introduction to Family Social Work*. 나눔의 집.

이효선(2003). **사회복지 윤리와 철학의 이해**. 학지사.

임정기(2019). 사회복지사는 누구이며 무슨 일을 하는가?－사회복지사가 말하는 사회복지사의 정체성. 한국사회복지행정학, 21(2), 53-88.

장인협(1999). 사회복지실천론(중) : 제너럴리스트접근(통합편). 서울대학교출판부.

_____(2005). 사회복지실천방법론(下). 서울대학교출판부.

장인협・오세란 공역(1996). 사회지지체계론. 사회복지실천연구소.

전재일(1981). 사회사업 실제의 통합적 접근방법에 관한 연구. 한사대학.

정문자 외(2008). 해결중심 단기치료. 학지사.

정문자・정혜정・이선혜・전영주(2018). 가족치료의 이해(3판). 학지사.

정순둘(2005). 강점모델 : 노인장기요양보호와 사례관리 실천. 집문당.

_____(2006). 사례관리실천의 이해. 학지사.

정순둘・김고은・김미영・김은정・김지혜・박근혜・박향경・박현정・박현주・우재희・이혜숙・홍나미(2011). 임상사회복지이론. 학지사.

정진영・황성철 외 공역(1998). 현대집단사회사업. 학문사.

제석봉・이윤주・박충선・이수용 공역(2006). 사회복지상담심리학. Bob Shebib 저. *Choices : Counseling Skills for Social Workers and Other Professionals*. 학지사.

조남신(2013). 사회복지사의 전문직 정체성에 영향을 미치는 요인에 관한 연구 : 의료사회복지사와 학교사회복지사의 비교. 인천대학교 대학원 박사학위논문.

조학래(2006). 집단사회복지실천론. 침례신학대학교출판부.

조휘일(2009). 사회복지실천론. 서현사.

조휘일・강정숙・권순미・권현진・김경희(2005). 사회복지실천기술론－제너럴리스트접근－. 학현사.

조흥식・김인숙・김혜란・김혜련・신은주(2006). 가족복지학. 학지사.

최명민・이기영・최현미・김정진(2009). 문화적 다양성과 사회복지. 학지사.

천정웅・김미옥・최명민 외(2010). 강점관점 청소년 개발 레질리언스. 신정.

최선희・최정숙・박화옥(2008). 가족사회복지실천의 개념과 모델 한국가족사회복지 어디로 갈 것인가? : 전망과 과제. 2008년 한국사회복지학회 한국가족사회복지학회 추계공동학술대회 자료집, 93-111.

최옥채(2005). 사회복지사를 위한 조직화 기술. 학현사.

최일섭・류진석(1997). 지역사회복지론. 서울대학교출판부.

최종혁(2004). 사회복지실천에 있어서 사회구성주의 접근법 연구. 강남대학교 논문집, 44, 1-34.

최혜지・김경미・정순둘・박선영・장수미・박형원・배진형・박화옥・안준희(2013). 사회복지실천론. 학지사.

평택대학교 다문화가족센터 편(2008). 사회복지와 인권. 양서원.

한국사회복지사협회. http://www.ethicswelfare.net

한국사회복지학회(1996). 한국사회복지의 통합적 접근. 한국사회복지학회 춘계학술대회 자료집.

한인영・장수미・최정숙・박형원 공역(2006). 사회복지실천론－일반주의 관점－(제8개정판). Johnson, L. C., & Yanca, S. J.(2004). *Social Work Practice : A Generalist Approach*(8th ed.). 하나의학사.

함세남 · 이만식 · 김근홍 · 심창학 · 서화자 · 홍금자(2001). **사회복지역사와 철학**. 학지사.

홍은주 역(2010). **다문화 사회복지실천**. Derald Wing Sue(2006). *Multicultural Social Work Practice*. Hoboken, NJ : Willey. 학지사.

황성철(1995). 사례관리(case management) 실천을 위한 모형개발과 한국적 적용에 관한 연구. **한국사회복지학**, 27, 275-304.

_____(2000). 사회복지실천의 효과성. **한국사회복지학회 2000년 춘계학술대회 자료집**, 227-243.

Ballew, J. R., & Mink, G.(1996). *Case Management in Social Work*. The Charles C. Thomas, Publisher, Inc.

Baker, D. L.(1987). *The Social Work Dictionary*. Washington : NASW Press.

Bartlett, Harriett M.(1958). Toward Clarification and Improvement of Social Work Practice. *Social Work, 3*(2), 3-9.

_____________(1970). *The Common Base of Social Work Practice*. Washington, DC : National Association of Social Workers Inc.

Berger, P., & Luckman, T.(1966). *The social construction of reality : A treatise in the sociology of knowledge*. Garden City, NY : Dounleday.

Bernier(2002). 문화적 다양성에 기초한 새로운 국제기구의 창설. 문화과학, 31. Unpublished.

Biestek, F. P.(1957). *The Casework Relationship*. Illnois : Loyla Univ. Press.

Brown, J. A.(1992). *Handbook of Socail Work Practice*. Springfield Ⅲ. : Charles C. Thomas Publisher.

Brun, C., & Rapp, R. C.(2001). Strengths-Based Case Management : Individuals' Perspectives on Strengths and the Case Manager Relationship. *Social Work, 46*(3), 278-288.

Burr, V.(2003). *Social constructionism*(2nd ed.). London : Routledge.

Carter, E. A., & McGoldrick, M.(1999). *The Expanded Family Life Cycle : Individual, Family, and Social Perspectives*(3rd ed.). Boston : Allyn and Bacon.

Compton, B. R.(1983). Traditional Fields of Practice. *Handbook of Clinical Social Work*. San Francisco : Jossey-Bass, 983－1023.

Compten, B. R., & B. Galaway(1994). *Social Work Processes*(5th ed.). Belmont : Wadsworth.

___________________(1984). *Social Work Practice*(3rd ed.). Homewood, IL : The Dorsey.

___________________(1999). *Social Work Processes*(6th ed.). CA : Brooks/ Cole.

Compton, B. R., Galaway, B., & Cournoyer, B. R.(2005). *Social Work Processes*(7th ed.). Brooks/ Cole, Thomson Learning, Inc.

Cooper, M., & Lesser, J. G.(2007). *Clinical Social Work Practice : An Integrated Approach*(3rd ed.). Boston : Pearson Education, Inc.

Cross, T. L., Barzon, B. J., Dennis, K. W., & Issacs, M. R.(1989). *Towards a Culturally Competent System of Care*. Washington, DC : Georgetown University Child Development Center.

Diller, J. V.(2007). *Cultural Diversity : A Primer for the Human Services*. Belmont, CA : Brooks/ Cole.

Dolgoff, R., Loewenberg, F. M., & Harrington, D.(2005). *Ethical Decisions for Social Work Practice*. Itasca, Ill. : Cengage Learning.

Dolgoff, R., & Feldstein, Donald(2006). *Understanding Social Welfare*(7th ed.). Needham Heights, MA : Allyn and Bacon.

Dorwin Cartwright & Alvin Zander(1968). *Group Dynamics : Research and Theory*. NY : Harper and Row, p.48.

Duvall, E. M., & Miller, Brent C.(1985). *Marriage and Family Development*(6th ed.). Cambridge : Harper and Row.

England, H.(1986). *Social Work as Art*. London : Allen and Unwin.

F. Walsh(1998). Family Resilience : A framework for clinical practice. *Family Process*, *42*(2), 1-19.

Flexner, A.(1915). Is Social Work a Profession?. *Proceedings of the National Conference of Charities and Correction*. NY : National Conference of Charities and Correction, 576-590.

Ford, C. W.(2000). Develop Cross-Cultural Communication Skills. In M. Adams et al.(Eds.), *Readings For Diversity and social Justice*(pp. 130-132). New York : Routledge.

Garrett, A.(1972). *Interviewing : Its Principles and Methods*. New York : Family Service Association of America.

Gelbert, N., & Specht, H.(1980). Social Work : The Incomplete Profession. *Social Work, 25*, 665-674.

Gergen, K. J.(1999). *An Invitation to Social Construction*. Thousand Oaks, CA : Sage Publication.

Gergen, K. J., & Gergen, M.(2004). *Social Construction : Entering the Dialogue*. Chagrin Falls, OH : Taos Institute Publishing.

Germain, C. B.(1995). *The Life Model of Social Work Practice*. NY : Columbia Univ. Press.

Germain, C. B., & Gitterman, A.(1980). *The life Model of Social Work Practice*. NY : Columbia University Press.

__________________________(1995). Ecological perspective. In R. L. Edwards(Ed.), *Encyclopedia of Social Work*. Washinton, DC : NASW.

Gibelman, M.(1999). The Search for Identity : Defining Social Work—Past, Present, Future. *Social Work, 44*(4), 298-310.

Gitterman, A.(1996). The Life Model of Social Work Practice. In F. Turner(Ed.). *Social Work Treatment*. NY : Free Press.

Goldstein, H.(1973). *Social Work Practice : A Unitary Approach*. Columbia : Univ. of South Carolina Press.

Greene, Roberta R.(2000). *Human Behavior Theory and Social Work Practice*. NY : Aldine de Gruyter.

Greenwood, E.(1957). Attibutes of a Professsion. *Social Work, 2*(3), 45-55.

Hall. J. A., Carswell. C., Walsh. E., Huber, D. L., & Jampoler, J. S.(2002). Iowa Case Management : Innovative social casework. *Social Work*, *47*(2), 132-141.

Hartford, M.(1971). *Group in Social Work*. New York : Columbia University press.

Hepworth, D. H., & J. A. Larsen.(2006). *Direct social work practice : Theory and skills*(7th ed.). Pacific Grove, Calif : Brooks/ Cole.

Hepworth, D. H., Rooney, R. H., Rooney, G. D., Strom-Gottfried, K. S., & Larsen J.(2010). *Direct Social Work Practice : Theory and Skills*(8th ed.). Thomson : Brooks/ Cole.

Hollis, F.(1972). *Casework : A Psychosocial Therapy*(2nd ed.). NY : Random House.

International Federation of Social Workers(IFSW)(2000). New definition of social work, from http://www.ifsw.org/en/f38000138.html.

Johnson, L. C.(1989). *Social Work Practice*(3rd ed.). Massachusetts : Allyn and Bacon.

Johnson, L. C., & Yanca, S. J.(2004). *Social Work Practice : A Generalist Approach*(8th ed.). Boston : Pearson Education, Inc.

Kirst-Ashman, Karen K., & Hull, Grafton H., Jr.(2008). *Understanding Generalist Practice*(5th ed.). Belmont, CA : Brooks/ Cole Cengage Learning.

Levinson, H.(1977). Termination of psychotherapy : In Some salient issues. *Social Casework*, *58*, 480-489.

Loewenberg, F. M., & Dolgoff, R.(1996). *Ethical Decisions for Social Work Practice*(5th ed.). Itasca, Ill. : F. E. Peacock.

Lum, D.(2008). The Case for culturally competent practice in Korea. 평택대학교 다문화가족센터 제2차 국제심포지엄 자료집, 31-74.

Marks, L.(2002). Case Management Services at Ten Federally Funded Sites Targeting Homeless Children and Their Families. *Children's Services : Social Policy, Research and Practice,* 5(2), 113-122.

Mattaini, M. A., & Lowery, C. T.(2007). *Foundations of Social Work Practice*(4th ed.). Washington, D C : NASW Press.

Miley, K. K., O'Melia, M. W., & DuBois, B. L.(2001). *Generalist Social Work Practice : An Empowering Approach*. Allyn & Bacon.

____________________(2003). *Generalist Social Work Practice : An Empowering Approach*(4th ed.). Boston : Pearson Education, Inc.

____________________(2007). *Generalist Social Work Practice : An Empowering Approach*(5th ed.). Pearson Education, Inc.

Minahan, A.(1981). Introduction to Special Issues : Purposes and Objectives of Social Work Revisited. *Social Work*, Jan, 5-6.

Moor, S.(1990). A Social Work Practice Model of Case Management : The Case Management Grid. *Social Work, 35*(4), 444-448.

Morris, P. M.(2008). Reinterpreting Abraham Flexner's Speech, Is Social Work a Profession? : Its Meaning and Influence on the Field's Early Professional Development. *The Social Service Review, 82*(1), 29.

NASW. http://www.socialworkers.org

______(1995). *Encylopedia of Social Work.* Maryland : NASW.

National Association of Social Workers(1981). NASW working statement on the purpose of social work. *Social Work, 26*(6).

Nixon, H.(1979). *The Small Group*. Englewood cliffs, NJ : Prentice-Hall, Inc.

Noel, P.(2006). The Impact of Therapeutic Case Management on Participation in Adolescent Substance Abuse Treatment. *American Journal of Drug and Alcohol Abuse, 32*(3), 311-327.

Northen, M.(1969). *Social Work with Groups*. New York : Columbia University press.

O'Connor, G.(1988). Case Management : System and Practice. *Social Casework, 33*(1), 97-106.

Perlman, H. H.(1957). *Social Casework : A Problem-Solving Process*. Chicago : The Univ. of Chicago Press.

______________(1972). The Problem-solving Model in Social Casework. In R. W. Roberts & R. H. Nee(Eds.), *Theories of Social Casework*. Chicago and London : The Univ. of Chicago Press.

______________(1978). *Relationship : The Heart of Helping People*. Chicago : Univ. of Chicago Press.

Pincus, A., & A. Minahan(1973). *Social Work Practice : Model and Method.* Itasca : F. E. Peacock.

Popple, P.(1985). The Social Work Profession : A Reconceptualization. *Social Service Review*. December.

Popple, P., & Leighninger(1996). *Social Work, Social Welfare, and American Society*(3rd ed.). Boston : Allyn & Bacon.

Rappaport, J.(1985). The Power of Empowerment Language. *Social Policy, 17*.

Reamer, F. G.(1988). *The Philosophical Foundations of Social Work*. NY : Columbia University Press.

Reid, W. J.(1978). *The Task Centered System*. NY : Columbia Univ. Press.

__________(1992). *Task Strategies : An Empirical Approach to Clinical Social Work*. NY : Columbia Univ. Press.

__________(1996). Task-centered Social Work. In Turner(ed.). *Social Work Treatment(*4th ed.). NY : Free Press.

Reid, W., & Shyne, A.(1969). *Brief and extended casework*. New York : Columbia University Press.

Richmon, L. M., L. B. Rosenfeld, & G. L. Bowen(1959). A Theory of Therapy, Personality and Interpersonal Relationship, as Developed in the Client-Centered Framework. In *Psychology : A Study of a Science*, *Vol.3*. New York : McGraw-Hill.

Richmond, M.(1917). *Social Diagnosis*. New York : Russell Sage Foundation.

___________(1922). *What is Social Casework?*. New York : Russell Sage Foundation.

Ridgely. M. S., & Willenbering. M. L.(1992). Application of case management to drug abuse treatment : Overview of models and research issues. In R. Ashery(Ed.) *Progress and Issues in Case Management*. Rockvill. MD : U. S. Department of Health and Human Servicess. Alcohol, Drug Abuse and Mental Health Administration.

Rose, S. D.(1988). *Working with Adults in Group : Integrating Cognitive-behavioral and Small Group Strategies*. San Francisco : Jossey-Bass.

Rothman, J.(1991). A Model of Case Management : Toward Empirically Based Practice. *Social Work*, *36*, 520−525.

Saleebey, Dennis(1997). *The Strength Perspectives in Social Work Practice*(2nd ed.). New York : Longman.

Sheafor, B. W., C. R. Horejsi, & G. A. Horejsi(1997). *Techniques and Guidelines for Social Work Practice*(4th ed.). Boston : Allyn and Bacon.

Sheafor, B., & Horejsi, C. R.(2008). *Technique and Guidelines for Social Work Practice*(8th ed.). Pearson Education, Inc.

Shebib. B.(1997). *Counseling Skills*. Victoria : Province of British Columbia, Ministry of Education, Skills and Training.

Shulman, L.(2005) *The Skills of Helping Individuals, Families, Groups, and Communities*(5th ed.). Thomson : Brooks/ Cole.

Siporin, M.(1975). *Introduction to Social Work Practice*. New York : Macmillan.

Smokowski, P. R., Rose, S. D., & Bacallao, M. L.(2001). Damaging therapeutic groups : How vulnerable consumers become group casualties. *Small Group Research*, *32*(2), 223-251.

Souflée Jr., Federico(1993). A Metatheoretical Framework for Social Work Practice. *Social Work*, *38*(3), 317−331.

Sue, D. W.(2006). *Multicultural Social Work Practice*. Hoboken, NJ : Willey.

Toseland, R. W., & L. Hacker(1982). Self Help Groups and Professional Involvement. *Social Work*, *27*, 341−347.

Toseland, R. W., & R. F. Rivas(1995). *An Introduction to Group Work Practice*(2nd ed.). New York : Macmillan.

Trattner(1989). *From Poor Law to Welfare State : A Bistory of Social Welfare*(4th ed.). New York : Free Press.

Turner, F. J.(Ed.)(1996). *Social Work Treatment*(4th ed.). New York : The Free Press.

Weaver(2005). *Exploration in Cultural Competence : Journeys to Four Directions*. Belmont, CA : Thomson.

Whitney, D., & Trosten-Bloom, A.(2003). *The Power of Appreciative Inquiry*. San Francisco, CA.

Witkin, S.(2012). An introduction to social construction. In S. L. Witkin(Ed.), *Social Construction and Social Work Practice : Interpretations and Innovations*(pp. 13-37). New York.

Woodside, M., & McClam, T.(2006). *Generalist Case Management : a Method of Buman Service Delivery*. Belmont, CA : Thomson Brooks/ Cole.

Yalom, I. D.(1975). *The Theory and Practice of Group Psychotherapy*. NY : Basic Books.

Young, M. E.(1998). *Learning the Art of Helping*. Upper Saddle River, NJ : Merrill

Zastrow, C. H.(2007). *The Practice of Social Work*(8th ed.). California : Thompson Brooke/ Cole Publishing Co.

Zastrow, C., & Kirst-Ashman, K. K.(1997). *Understanding Human Behavior and the Social Environment*(4th ed.). Nelson-Hall Inc.

Zimmerman, M. A.(2000). Empowerment theory : psychological, organizational and community levels of analysis. In J. Rappaport & E. Seidman(Eds.), *Handbook of Community Psychology*. New York : Kluwer Academic.

여성가족부. http://www.mogef.go.kr

지역아동센터중앙지원단. http://www.icareinfo.info

한국노인종합복지관협회. http://www.kaswcs.or.kr/

한국사회복지관협회. http://www.kaswc.or.kr/

한국장애인복지관협회. http://www.hinet.or.kr/

찾·아·보·기

인 명

내 용

저/자/약/력

■ **김혜영**

이화여자대학교 사회복지학과 학사
이화여자대학교 대학원 사회복지학 석사, 동 대학원 사회복지학 박사
현 수원과학대학교 사회복지학과 교수
아동복지론(2005, 2009, 2013), 사회복지실천기술론(2017),
사회복지조사방법론(2018), 자원봉사론(2019)

■ **석말숙**

경북대학교 사회복지학 학사, 뉴욕주립대학(Albany) School of Social Welfare 석사(M.S.W.)
이화여자대학교 대학원 사회복지학 석사, 동 대학원 사회복지학 박사
현 나사렛대학교 사회복지학부 교수
사회복지개론(2018, 2007), 사회복지실천기술론(2017),
인간행동과 사회환경(2016), 대학인과 사회봉사(2005) 등

■ **최정숙**

연세대학교 신학/ 사회복지학 학사
이화여자대학교 대학원 사회복지학 석사, 동 대학원 사회복지학 박사
현 단국대학교 행정법무대학원 교수
사회복지실천기술론(2010, 2017), 가족복지론(2015, 2020),
사회복지조사방법론(2018)

■ **김성경**

이화여자대학교 사회학 학사
이화여자대학교 대학원 사회복지학 석사, 동 대학원 사회복지학 박사
전 한국성서대학교 사회복지학과 교수
가족복지론(2006), 성평등정책론(2007), 지역아동센터의 이해와 실제(2010), 아동복지론(2005, 2009, 2013), 사례관리론(2012), 사회복지사례관리론(2017)

[제4판]

사회복지실천론

|공저자| 김혜영 · 석말숙 · 최정숙 · 김성경

|1판 1쇄 발행| 2010년 2월 27일
|1판 8쇄 발행| 2013년 7월 20일
|2판 1쇄 발행| 2014년 2월 28일
|2판 9쇄 발행| 2019년 7월 30일
|3판 1쇄 발행| 2020년 3월 5일
|3판 7쇄 발행| 2023년 8월 10일
|4판 1쇄 발행| 2025년 8월 30일
|4판 2쇄 발행| 2026년 1월 20일

|발행인| 김동훈
|발행처| 공동체

|주소| 경기도 고양시 일산동구 호수로 358-39
동문타워 I 905호(백석동)
|전화| 031) 814-3000(대표)
|팩스| 031) 814-3100
|홈페이지| http://www.compub.co.kr
|전자우편| compub@naver.com
|출판등록| 2005년 10월 6일
|등록번호| 제396-2005-36호

|ISBN| 979-11-6725-991-2
정가 24,000원

memo

memo